风险投资学

Venture Capital

王　斌　编著

清华大学出版社

北京

内 容 简 介

　　本书从金融中介的视角详细、全面地阐述了风险投资运作的基本原理、体系和过程，构建了一个完整的风险投资理论体系。本书还系统地诠释和分析了风险投资运作中的一系列核心问题，包括投资策略、基金募集、尽职调查、估值方法、投资工具选择、交易结构设计、投资后管理和退出等。本书在内容安排上兼顾理论性和操作性，书中附有大量案例，以帮助读者更好地理解和掌握风险投资理论知识。

　　本书可作为金融、投资和经济管理类专业风险投资学课程的教材或教学参考书，也可供相关专业的教师、专业投资人士、风险投资机构的管理人员和员工阅读参考。

图书在版编目(CIP)数据

风险投资学 / 王斌 编著. —北京：清华大学出版社，2019 (2022.8 重印)
ISBN 978-7-302-51711-5

Ⅰ.①风… Ⅱ.①王… Ⅲ.①风险投资 Ⅳ.①F830.59

中国版本图书馆 CIP 数据核字(2018)第 267465 号

责任编辑：施　猛
封面设计：常雪影
版式设计：方加青
责任校对：牛艳敏
责任印制：杨　艳

出版发行：清华大学出版社
　　　　　网　　　址：http://www.tup.com.cn，http://www.wqbook.com
　　　　　地　　　址：北京清华大学学研大厦 A 座　　　　邮　　编：100084
　　　　　社 总 机：010-83470000　　　　　　　　　　邮　　购：010-62786544
　　　　　投稿与读者服务：010-62776969，c-service@tup.tsinghua.edu.cn
　　　　　质 量 反 馈：010-62772015，zhiliang@tup.tsinghua.edu.cn
印 装 者：三河市龙大印装有限公司
经　　销：全国新华书店
开　　本：185mm×260mm　　印　　张：29.25　　字　　数：587 千字
版　　次：2019 年 3 月第 1 版　　印　　次：2022 年 8 月第 4 次印刷
定　　价：79.00 元

产品编号：080017-02

前言

　　风险投资(Venture Capital)是一种特殊类型的私募股权投资,它在可用于投资的资本与具有高成长性的新企业之间扮演金融中介的角色。在资本市场上,一方是众多拥有闲置资本的投资者,另一方是大量急需资金来实现创意的创业企业。由于这些创业企业具有很高的不确定性,存在严重的信息不对称,缺少可用于抵押的实物资产,现金流通常为负,甚至处于亏损状态,因此,它们很难通过商业银行等传统的金融中介获得资金支持,其发展潜力由于资金短缺而受到了严重的制约。风险投资作为一种新型的金融中介,能够有效克服创业投资中存在的不确定性和信息不对称,能够提高预期的投资收益水平,因此,它成功地将投资者与创业企业连接在一起。通过风险投资的金融中介职能,资本市场上由众多分散的投资者所掌握的闲置资本被源源不断地注入创业企业,从而解决了创业企业面临的融资难题,促进了创新和创业活动的开展。

　　由于在推动创新和经济发展方面具有重要作用,风险投资日益受到重视。目前,国内已有不少介绍风险投资的书籍,而本书的不同之处则在于将风险投资定义为一种金融中介,从而将其与天使投资、公司风险投资和政府风险投资等直接投资行为区分开,这有助于建立一个逻辑清晰的论述框架。本书围绕狭义的风险投资,将风险投资理论概括为基本原理、运作体系和运作过程三个方面,然后分别从这三个方面对风险投资学的理论体系进行阐述,使读者能够正确理解风险投资的概念和内涵,深刻领悟风险投资的本质,并在此基础上了解风险投资运作的基本原理、组成体系和运作过程,从而对风险投资的理论和实务有一个较为完整的把握。

　　本书内容分为三大部分。第一部分主要介绍了基本原理。首先,阐述了广义和狭义的风险投资,分析了风险投资与私募股权投资的关系,探讨了风险投资对创新和经济发展的作用;其次,分析了创业融资障碍以及风险投资存在的原因及作用,介绍了风险投资的运作体系、运作过程以及商业模式;最后,回顾了风险投资的起源和发展历程,探讨了风险投资的制度演进。第二部分主要介绍了运作体系。首先,介绍了风险资本的提供者，重点分析了机构投资者的特点、投资动机和典型的投资方式；其次，介绍了风险投资基金的概念、组织形式，以及有限合伙协议的主要内容；再次，介绍了基金管理公司的基本知识；最后，介绍了风险投资家的作用，以及作为风险投资家需要具备的基本条件。第三部分主要介绍了运作过程。首先，介绍了基金投资策略的制定；其次，介绍了风险投资基金的募集过程；再次，以投资流程为主线，介绍了项目来源、初步筛选、尽职调查、估值、投资工具选择和交易结构设计等环节的原理与操作实务；最后，介绍了投资后管理与退出机制。

　　本书从理论和实务两个方面对风险投资进行了系统的阐述，覆盖与风险投资运作有关的所有重要原理和观点。通过对本书的学习，读者可以对风险投资的基本理论与知识有一个全面和系统的理解。

　　编者在编写本书的过程中，恩师中国人民大学风险投资发展研究中心的刘曼红教授给予了悉心的指导，并提出了许多宝贵的建议。同时，盈富泰克创业投资公司的刘廷儒先生为本书提出了珍贵的修改意见。另外，清华大学出版社的施猛编辑为本书的出版提供了诸多帮助。在此，对他们表示衷心的感谢！

　　由于水平有限，书中难免存在需要改进之处，恳请读者批评指正。反馈邮箱：wkservice@vip.163.com。

编　者

2018年5月

目 录

| 第 1 章 |

风险投资概述

1. 掌握广义和狭义的风险投资的概念。

2. 了解广义的风险投资的主要特征。

3. 掌握狭义的风险投资的定义和内涵。

4. 了解狭义的风险投资的作用和特点。

5. 掌握私募股权投资的定义和内涵。

6. 了解私募股权投资的类型及特点。

7. 了解风险投资与私募股权投资的联系和区别。

8. 理解风险投资对经济发展的推动作用。

1.1　风险投资的概念

风险投资的概念源自美国，英文为Venture Capital。在英语中，Venture的含义是冒险、冒险事业和冒险行动，而Capital是资本的意思，将Venture与Capital组合在一起就具有"冒险资本"或"冒风险投资的资本"的含义。例如，Alexander Haislip将Venture Capital解释为"Invest in things nobody has dared try before(对无人敢投资的事物进行投资)"[①]。虽然国内许多人将Venture Capital翻译为"创业投资"，但是，根据这个词的本义，我们认为还是将它翻译为"风险资本投资"(简称为风险投资)更合适[②]。

Venture Capital这个词来自John Hay Whitney和Benno Schmidt在1946年的一次讨论。J. H. Whitney是美国风险投资事业的开创者之一。当时，他刚继承了一笔丰厚的遗产，正准备发起成立一个投资公司，以解决那些无法从传统的融资渠道获得资金支持的技术型企业的融资难题。他想为新公司的业务取一个适当的名称，以使其区别于传统的投资银行业务。当J. H. Whitney征询B.Schmidt的意见，问他应该如何给这个基金定名时，B.Schmidt建议用"Venture Capital"一词，于是，J. H. Whitney便用Venture Capital来描述自己新创建的公司准备开展的新型投资业务。因此，"Venture Capital"从一开始就与高风险与高回报的投资业务紧密联系在一起[③]。

这种新型的投资业务以早期阶段的技术型企业作为投资对象。这些企业主要从事新技术和新产品的研发，具有很高的技术风险和市场风险，而且，由于这些企业的创始人多为初次创业，缺少经营和管理企业的经验，因此又具有很高的管理风险。另外，这种类型的企业还存在很高的信息不对称，容易发生逆向选择和道德风险。但是，高风险往往与高回报联系在一起，虽然这些企业具有很高的投资风险和失败率，但是一旦这些企业的新技术和创意被市场所证实并接受，它们就能获得快速的成长，并为投资者带来巨大的商业回报。从这个意义上来说，风险投资是一种通过承担很高的投资风险来获取超额的投资回报的新型投资业务，它具有以下几个特点。

● 将资金投入高风险和高成长性的创业企业。为了追求高额投资回报，风险投资者愿意主动承担风险并将资本投入那些拥有巨大成长潜力，但风险程度很高的

---

① Alexander Haislip. Essentials of Venture Capital[M]. New York: John Wiley & Sons，2011.
② 美国风险投资协会将Venture capital firm(风险投资公司)定义为Professional，institutional managers of risk capital that enable and support the most innovative and promising companies。在这里，Venture capital与Risk capital具有相同的含义。
③ Barbara Cornelius，The institutionalization of venture capital，Technovation，25(2005)，599.转引自：中国风险投资研究院.2006年中国风险投资年鉴［Z］.北京：民主与建设出版社，2006.

早期阶段的技术型企业。

- 在投入资金的同时，为被投资企业提供管理和商业资源。与一般的财务投资者不同，风险投资者在投资后会向被投资企业提供增值服务和商业资源以帮助其快速成长。
- 采取股权方式进行投资，并通过退出获得投资收益。在企业发展到一定阶段后，风险投资者会通过引导创业企业公开上市或并购等方式退出，以获取资本增值收益。
- 不需要抵押和担保。

随着时间的推移，Venture Capital这个概念逐渐在世界各地流行开来。但是，到目前为止，对于这一投资业务，学术界还没有形成一个被大家广泛接受的定义。一些早期的观点主要是从风险承担、投资阶段、投资行业和投资对象的角度来对风险投资进行定义。

从风险承担的角度来看，风险投资是一种为了获取高额的投资回报而主动冒风险的投资行为。虽然风险和不确定性是这种投资的一个重要特征，但是，对投资者来说，投资风险程度的高低在很大程度上取决于他们在特定的投资领域所拥有的知识和投资经验的多少，因为知识和经验可以降低投资的不确定性，从而减少投资风险。因此，对一个人而言是高风险的投资活动，对另外一个人来说可能只是中等或者低风险的投资活动。因此，将那些具有高风险的投资交易都定义为风险投资并没有太大的实际意义。

从投资阶段来看，传统的风险投资基金主要投资于企业发展的早期阶段，包括种子期、初创期和早期成长期。处于这个阶段的企业有一个显著的特点就是风险高。与之不同，其他类型的私募股权投资主要投资那些已经进入后期阶段的风险程度较低的企业。显然，这是风险投资区别于其他类型的私募股权投资的一个重要特征。近年来，随着风险投资基金承诺资本规模的扩大，它们已经不再那么专注于投资早期阶段的企业，而是转向投资那些进入扩张阶段，甚至是后期阶段的风险程度较低的企业。

从投资行业来看，风险投资主要集中于新兴的高科技行业，尤其是信息技术和医疗保健行业。除了投资这些高科技行业以外，风险投资还会投资能源、金融服务和零售行业的一些特定领域。近年来，风险投资的领域已经超出高科技行业的范围，并越来越多地涉及传统行业领域。因此，用投资行业来定义风险投资也不太合适。

从投资对象来看，虽然风险投资主要投资于创业企业，但并不是所有的创业企业都能够成为风险投资的对象。事实上，风险投资家感兴趣的只是其中一小部分具有很高成长性和具有很大资本增值潜力的创业企业。

从上述分析可以看出，要给风险投资下一个统一的定义存在一定的难度。但是，我们还是可以从广义和狭义两个方面来对风险投资进行界定。

1.1.1 广义的风险投资

❶ 广义的风险投资的定义

广义的风险投资，又称为创业投资，它是私募股权投资的一个分支。我们将它定义为通过股票交易市场以外的途径为具有很高成长潜力并伴随高风险的新企业提供股权或类似于股权资本的投资行为。

如图1-1所示，按照投资方式的不同，资本市场可以划分为不同的部分。股权投资是相对于债权投资(如银行贷款)而言的，私募股权是相对于公募股权(在股票市场上公开发行股票)而言的。作为资本市场上一个独立的分支，私募股权投资是对非上市公司进行的股权投资，它又包括创业投资和后期阶段的股权投资两个子集。

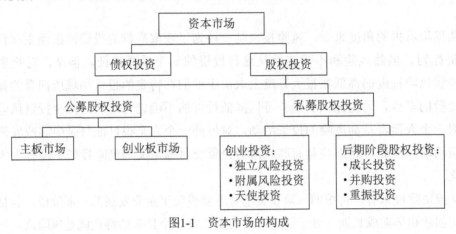

图1-1 资本市场的构成

❷ 广义的风险投资的内涵

一般来说，我们可以从以下三个方面来对广义的风险投资进行界定。

(1) 私募投资。广义的风险投资是一种私募投资行为，它通过参与企业的私募融资活动来对企业进行投资。

如图1-2所示，从企业融资的角度看，企业的融资行为可以分为两种：一种是公开募集；另一种是私下募集。公开募集是指企业在股票交易市场上通过公开发行股票的方式筹集资金。如果企业采取这种方式进行融资，那么，它的投资者可以是任何人。私下

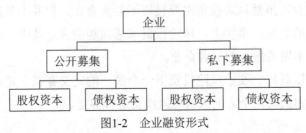

图1-2 企业融资形式

募集是指企业在非正式市场上以非公开的方式筹集资金，如果企业采取这种方式筹集资金，则它的投资者只能是特定的少数投资者。

(2) 股权投资。在广义的风险投资中，投资者一般采取股权投资的形式进入被投资企业。企业的股权是由普通股和优先股所代表的企业所有权结构，它等于企业的资产减去企业的负债。股权投资即投资者向企业投入资金以换取企业的所有权的投资方式。

需要注意的是，这里的"股权投资"中的"股权"一词并不是用来界定风险投资的标准，而是强调这种投资具有股权的特点。有时候，投资者也会使用一些具有股权特征的其他金融工具进行投资，例如，在对早期阶段的企业进行投资时，天使投资者经常会使用一些债权投资工具，如可转换债。但是，与商业银行所采用的传统贷款投资方式不同，天使投资者采用可转换债进行投资的目的并不是获得利息收入，而是更好地规避投资风险。当企业进行后续轮次的融资或者在企业准备进行首次公开发行(IPO)时，天使投资者就会根据可转换债券的条款将自己所持有的债券转换为企业的优先股或普通股，以获得参与分享被投资企业发展所带来的资本增值收益的机会。因此，从这个意义上讲，股权投资是指广义的投资者采用股权或者类似股权的投资工具对创业企业进行投资。

(3) 对早期阶段企业的投资。广义的风险投资是指对早期阶段企业的投资。创业企业的发展过程包括种子期、初创期、早期成长期、扩张期和后期5个阶段，其中，种子期、初创期和早期成长期属于早期阶段。处于早期阶段的企业一般具有很高的不确定性，还存在严重的信息不对称，而且现金流为负或处于亏损状态。由于不能从股票市场和商业银行这些传统的融资渠道获得其发展所需要的资金支持，因此，这些企业愿意接受来自风险投资者的投资。同时，这些企业还具有很高的成长性和资本增值潜力，可为投资者带来很高的投资回报。

❸ 广义的风险投资的作用

广义的风险投资是早期阶段企业重要的资本来源渠道，它对于支持创业活动的开展和创业企业的发展具有重要作用。创业企业在发展过程中具有很高的不确定性，还存在严重的信息不对称，尤其是那些处于早期阶段的科技型企业，它们一般只有一个未经证实的创意，缺少稳定的经营业务，经营现金流通常为负，还经常处于亏损状态，而且缺少可用于抵押的实物资产。因此，这些企业很难从银行等传统的融资渠道获得资金支持。由于资金短缺，这些企业的发展潜力受到了严重的制约。广义的风险投资的投资主体包括商业化的风险投资机构、政府、企业和个人投资者等，它们用自有资金或从其他投资者那里募集而来的资金为那些具有很高发展潜力并伴随高风险的创业企业提供股权资本，从而缓解了这些企业所面临的资金短缺，促进了企业成长潜力的发挥和快速发展。

❹ 广义的风险投资的特点

广义的风险投资具有以下几个特点。

(1) 高风险。广义的风险投资的投资对象主要是处于早期阶段的创业企业，尤其是科技型创业企业。这种类型的创业企业具有很高的不确定性，即使采取了风险控制措施，这些企业的失败率依然很高。

专栏1-1 风险投资的失败率[①] ————————————————

根据有关研究，决定企业发展和成败的因素很多，有些因素是可以预测与掌控的，而有些因素是无法预测和掌控的，这些不可预测和掌控的因素称为不确定性因素。在创业企业的发展过程中，能够影响企业成败的不确定性因素主要包括以下几个。

- 技术：能否按计划开发出新技术；
- 市场：产品能否满足顾客需要；
- 管理：创业企业的管理是否足够好、足够专注；
- 资金：创业企业是否拥有充足的资金；
- 竞争：竞争者的行为是否被成功预见；
- 生产：能否按计划完成部件外包和生产；
- 价格：预测的价格是否正确；
- 专利：专利能否获得主管部门的批准。

只有在将上述所有事情都做对的情况下，创业企业才有可能取得成功，而创业者在上述任何一个关键事件上发生失误都有可能导致公司的失败。事实上，即便创业者富有经验并具有先见之明，他们也可能会在上述这些关键事件上发生失误。

由于存在种种风险和不确定性因素，风险投资支持的企业经营失败的概率可能很高。我们假设企业在以上每一个关键事件上出现失误的概率为20%，那么，经过粗略计算，我们可以得出：风险投资支持的企业的失败率为70%左右。

另外，由于这些企业只有很少的资产，而且主要又是创意和知识产权这样的无形资产，一旦投资失败，投资者只能拿回很少一部分投资。因此，投资者在投资这些企业的过程中需要承担很高的风险。

(2) 高回报。虽然早期阶段的企业具有很高的不确定性和失败率，但它们也具有很大的成长力和资本增值潜力。一旦这些企业取得成功，投资者就可以从投资中获得高额回报。从实践来看，创业企业一旦成功，投资者往往能够获得巨大的商业回报。例如，红杉资本投资Yahoo公司获得了超过200倍的投资回报。Accel投资Fouebook获得了近50倍的投资回报。

(3) 信息不对称。证券管理法规对上市企业的信息披露有严格的要求，例如，必须

[①] Andrew Metrick & Ayako Yasuda. Venture Capital and the Finance of Innovation(2nd)[M]. Hoboken: John Wiley & Sons，2011.

定期向证券交易委员会提供财务和经营报告，并向公众披露企业经营状况。这些对信息披露的要求再加上那些专门针对上市公司股票交易所进行的研究和分析活动，将会使这些公司的经营变得透明。但是，广义的风险投资的投资对象是非上市私人企业，由于这些企业没有强制性的信息披露要求，而且经常缺乏足够的信息来源渠道，潜在的投资者可能无法了解这些企业的真实经营状况。私人企业在信息披露方面存在的不足将会导致企业管理层与投资者之间的信息不对称，并引发委托代理问题。

(4) 缺乏流动性。在广义的风险投资中，投资者通过购买私人企业发行的证券的方式对其进行投资。这些私人企业发行的证券称为私人证券(Private Securities)，它们未向证券交易委员会登记，不能在任何正式的证券交易市场上交易，其价格一般通过买家和卖家(证券发行者)之间的谈判来确定。在私人企业公开上市之前，由于没有正式的交易市场用于出售或转让这些证券，它们的流动性很差。

(5) 长期投资。风险投资一般投资于企业发展的早期阶段，这些企业在接受投资后到它们首次公开发行股票或者被大企业并购之前一般需要经过5～7年的时间，在这期间，投资者必须长期持有被投资企业的股份并耐心地等待。

❺ 广义的风险投资的分类

如图1-3所示，广义的风险投资按照是否有组织可以划分为天使投资和机构化风险投资两种类型。机构化风险投资可以分为独立风险投资和附属风险投资两种类型。附属风险投资又可以进一步细分为企业附属风险投资、银行附属风险投资和政府附属风险投资三种类型。

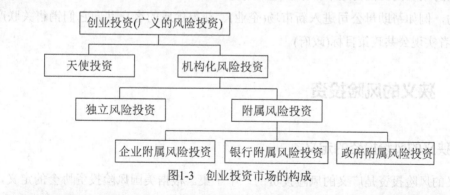

图1-3　创业投资市场的构成

(1) 天使投资。天使投资又称为非正式风险投资。根据美国风险投资协会(NVCA)的定义，天使投资是指富裕的个人投资者对处于早期发展阶段的企业进行的投资。传统意义上的天使投资是一种个体投资行为，它用自有资金进行投资，单笔投资额通常少于100万美元，而且其投资阶段主要是种子期和初创期。

(2) 机构化风险投资。机构化风险投资是相对于个体投资而言的。与天使投资这样的个体投资者不同，机构化风险投资是一种有组织的投资行为，它通过专门的风险投资机构进行投资，而这些风险投资机构都具有法律规定的组织形式。机构化风险投资机构包括两种类型，即独立风险投资和附属风险投资。

① 独立风险投资。独立风险投资通过职业投资者(风险投资家)管理的风险投资基金进行投资，并以追求财务回报最大化为经营目标。独立风险投资的典型代表是有限合伙制基金，它由风险投资家设立和进行管理。这些风险投资家从养老基金、捐赠基金和保险公司等机构投资者以及富裕的家族和高净值个人投资者那里筹集资金，组建基金，然后以基金的名义对创业企业进行投资。

② 附属风险投资。政府、大型企业、商业银行和其他金融机构一般通过设立附属风险投资公司或基金的方式来对创业企业进行投资。虽然这些附属风险投资基金与独立的风险投资基金在组织形式和运作方式上类似，但是它们在资金来源与投资目标两个方面都存在本质的区别。

从资金来源来看，这些企业、银行和政府机构附属的风险投资公司或基金的资本全部或者大部分来自其母公司或控股机构，这些母公司和控股机构通常是这些附属风险投资公司或基金的唯一出资者或有限合伙人。由于这些附属风险投资机构主要是以自有资本进行投资，因此它们更像直接投资者。与之不同，独立的有限合伙制基金更像金融中介机构，它们从养老基金、捐赠基金和保险公司等机构投资者和个人投资者那里募集资金，然后将这些资本投入创业企业。一般情况下，来自风险投资家的资本在这些基金的承诺资本中所占比例只有1%。

从投资目标来看，独立的风险投资基金往往以实现财务回报最大化为经营目标，而那些附属的风险投资机构通常都不以追求财务回报为经营目标。它们的投资一般都带有战略目的，例如帮助母公司进入新市场(企业)、获得优质的客户并向它们销售关联产品(银行)或者实现公共政策目标(政府)。

1.1.2　狭义的风险投资

❶ 狭义的风险投资的定义

狭义的风险投资是广义的风险投资的一个子集。根据美国风险投资协会的定义，狭义的风险投资是指经由机构化和职业化的风险投资中介为具有很高的成长潜力并伴随高风险的新企业提供股权资本的投资行为。这种机构化的风险投资中介的一个典范是独立的有限合伙制基金，这些有限合伙制基金由专业投资机构进行运作和管理，它们从机构投资人和个体投资者那里筹集资金，然后以自己的名义将资金投入创业企业，在投资者与创业者之间扮演金融中介的角色。通过风险投资的金融中介职能，资本市场上众多分散的投资者所掌握的可投资本将被持续不断地注入创业企业，从而促进创新和创业活动的开展。

❷ 狭义的风险投资的内涵

狭义的风险投资具有以下三个本质的属性。

(1) 机构化。狭义的风险投资通过风险投资基金进行投资。这些风险投资基金是依照法律规定的组织形式建立的实体,它所采取的组织形式大致有公司制(Corporation)、有限合伙制(Limited Partnership,LP)、信托制(Unit Trust,UT)和有限责任公司(Limited Liability Company,LLC)4种。在美国,大部分风险投资基金都采用有限合伙制组建。在国内,风险投资基金主要采用公司制和有限合伙制组建。

作为机构化的投资者,首先,风险投资基金拥有更强的实力和更高的信誉,因而可以更容易地从投资者那里募集到资金,并更容易获得投资机会。其次,这些风险投资基金以集合方式募集资金,可以筹集规模更大的资本,从而提高投资能力,可以更好地满足创业企业的融资需求。同时,风险投资基金以组合投资方式进行投资,可以更有效地分散投资风险。另外,它们还实行专业化管理,从而极大地提高了投资运作的效率。

(2) 职业化。从投资管理的角度来看,狭义的风险投资是一种由职业投资者来负责组织和实施的投资行为。这里的职业投资者即风险投资家,他们是一些训练有素并具有丰富投资经验的投资专家或专业人士,显然,普通的天使投资人并不属于这个专业人士的范围。

由职业投资家来管理风险投资是由风险投资自身的特点所决定的。风险投资的对象主要是那些处于早期阶段的创业企业,这些企业的一个典型特征就是具有很高的不确定性,并存在严重的信息不对称,尤其是那些高科技企业,它们具有很高的技术复杂性,这种技术复杂性将会增加投资者在筛选和甄别投资项目时所面临的困难,导致普通投资者很难参与其中。

在狭义的风险投资运作中,风险投资家将负责投资机会筛选、尽职调查、谈判与交易结构设计、投资决策、投资后管理和退出等风险投资运作全程。这些风险投资家在自己的职业生涯中积累了丰富的专业知识和投资经验,借助这些专业知识和经验,他们能够准确判断投资项目的质量,从而极大地降低风险投资运作中存在的不确定性。同时,这些风险投资家还拥有丰富的行业背景,对自己所要投资的行业具有深刻的了解,因此他们比普通投资者更具有信息优势,能够有效降低与创业者之间存在的信息不对称。另外,他们还会按照专业化的投资流程来完成项目投资,从而进一步降低投资中的不确定性和信息不对称。因此,由风险投资家来管理风险资本并负责各项投资活动可以最大限度地降低和减少投资风险,提高预期的投资回报率,从而吸引机构投资者将资本不断地投入风险投资领域,这是风险投资运作取得成功的关键。

根据狭义的风险投资的定义,并非每一种为创业企业提供资本的投资行为都属于风险投资的范围,风险投资是指那些由具有专业水平的职业投资者进行管理和运作的投资,而大多数天使投资者都是业余投资者,从这个意义说,狭义的风险投资的范围并不包括天使投资。

(3) 间接投资。从投资模式来看，狭义的风险投资是一种经由风险投资中介进行的间接投资行为。这是它区别于公司风险投资和天使投资等其他广义上的风险投资行为的一个本质特征。投资模式可以分为直接投资和间接投资两种类型。它们之间的主要差异在于投资过程中是否存在中介机构。在直接模式中不存在中介机构，投资者用自有资金对投资对象进行投资；而在采取间接投资模式时，投资者需要借助中介机构来完成对创业企业的投资。

在广义的风险投资中，天使投资是一种直接投资行为，独立的风险投资是一种间接投资行为，而附属风险投资既可以是直接投资行为，又可以是间接投资行为。

如图1-4所示，在狭义的风险投资运作中，投资者并不直接对创业企业进行投资，而是将自己拥有的资金投入由风险投资家进行运作和管理的风险投资基金，然后，由风险投资基金将资本投给创业企业。

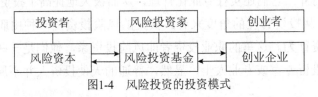

图1-4　风险投资的投资模式

❸ 狭义的风险投资的作用

狭义的风险投资作为投资者与创业企业之间的金融中介，可以有效克服不确定性和信息不对称，减少投资风险，降低交易成本，提高投资效率，从而吸引投资者将更多资本投入风险投资领域，促进了风险投资的良性发展。

(1) 担任金融中介。在广义的风险资本市场上，一方面是大量急需资金的创业者，另一方面是众多分散的投资者，包括机构投资者和富裕的个人投资者，如养老基金机构和捐赠基金这样的投资者通常管理着大量可用于投资的资产。虽然创业企业也可以直接从这些投资者那里筹集其发展所需的资金，但由于创业企业具有很高的不确定性和信息不对称，对这些企业进行投资要求投资者具备专门的知识和经验，而个人投资者一般缺少这方面的专业知识和经验，因此他们无法有效率地完成对创业企业的直接投资。虽然那些机构投资者的管理人员具备一定的投资经验和技能，但他们可能缺少必要的行业背景，而且，即使他们具备相关的知识和技能，他们也可能没有足够的时间和精力来实施对创业企业的直接投资。这些投资者需要得到金融中介的帮助，才能顺利地完成对创业企业的投资。

狭义的风险投资的主要作用是担任投资者与创业企业之间的金融中介，并将市场上可用于投资的资本与可带来巨大商业回报的新创意进行匹配。狭义的风险投资作为一种机构化和专业化的新型金融中介，能够有效地降低投资过程中的不确定性和信息不对称，将市场上那些拥有闲置资本的投资者与急需资金来使自己的创意实现商业化的创业者联系在一起，从而实现风险资本与创业企业的有效对接。

如图1-5所示，风险投资从分散的投资者那里筹集资金，并将这些资金汇聚成一个规模较大的基金，然后以风险投资基金的名义将资金投给那些正在寻找资金的创业企业。通过风险投资的这种金融中介职能，投资者所拥有的闲置资本被源源不断地注入创业企业，从而推动了创业活动的开展和创业企业的发展。

图1-5　风险投资的金融中介职能

(2) 降低交易成本。狭义的风险投资通过中介机构来进行，这有助于降低交易成本。交易成本是指投资者为达成交易而花费在寻找投资机会、进行筛选和尽职调查、与创业者进行投资谈判和签约以及对被投资企业进行监督等方面的成本，具体包括：信息搜集和交流方面的成本；投资谈判、签约和投资后管理方面的成本。

首先，在资本市场上，一方是数量众多的投资者，另一方是急需资金的创业者，当采用直接投资模式时，投资者与创业者需要相互搜寻。信息发送和信号甄别都需要花费大量的时间和精力，从而产生大量的交易成本。由风险投资家充当投资者和创业者之间的投资中介，并通过风险投资家完成投资交易，可以让众多的投资者与创业者只与风险投资家进行信息交流，而不需要在它们之间进行信息发送和信号甄别，这样就可以显著地减少信息搜寻和交流的次数，从而有效减少交易成本。

其次，在找到合适的投资机会之后，投资者还需要对投资对象进行筛选和详细的尽职调查，完成估值、交易结构设计、投资谈判和签约，最终才能达成交易。在投资后，他们可能还需要对被投资企业进行严密的监督，以确保投资协议得到正确的履行。在这个过程中又将会花费大量的时间和精力，并产生大量的成本。风险投资家是职业投资家，他们拥有丰富的专业知识和投资经验，可以高效地完成尽职调查、交易结构设计、投资谈判以及在投资后对企业进行监督，从而节省大量的交易成本。

(3) 示范作用。处于发展初期的创业企业具有很高的不确定性，这种不确定性减少了投资者的投资意愿，从而导致创业企业面临严重的资金短缺问题。风险投资家对一个创业企业的投资还可以起到发送信号的作用。由于其他投资者知道风险投资家在降低投资项目的不确定性方面具有特殊的专长，因此，当风险投资家对一个企业进行投资的时候，其他投资者会认为这个企业的不确定性已经有效降低了，并愿意追随风险投资家进行投资。风险投资家所发挥的这种示范作用可以带动社会上的其他投资者对创业企业进行投资，使创业企业获得更多的资金支持，从而有助于解决创业企业的融资难题。

❹ 狭义的风险投资的特点

狭义的风险投资具有以下7个特点，如图1-6所示。

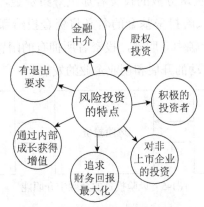

图1-6　狭义的风险投资的特点

(1) 金融中介。狭义的风险投资是一种专业化的金融中介，这是它的本质特征。这种金融中介功能与商业银行的作用类似。商业银行从储户那里获得资金，再将这些资金转贷给企业和个人，而风险投资也是从个人和机构投资者那里筹集资金，然后将这些资金投入创业企业。

在狭义的风险投资运作中，风险投资使用其他投资者的钱进行投资，需要在未来将这些钱再归还给投资者。这样，风险投资从一开始就带有明确的退出意图，即将来要将自己所持有的创业企业的股权转让出去，换取现金，并将资本及其投资收益归还给投资者。由于天使投资使用自己的钱进行投资，因此它可以长期持有被投资企业的股权，这是风险投资与天使投资的本质区别。

(2) 股权投资。风险投资是一种股权投资或近似股权投资的行为，这是风险投资区别于传统的银行融资功能的一个本质特征。这意味着，风险投资基金在投资后将成为企业股权的所有者。除了以股权形式投资以外，风险投资家也可能会采用可转换债券和附认股权的债券等类似股权的投资工具进行投资。

(3) 积极的投资者。这是狭义的风险投资比较重要的一个特点，也是其运作能够取得成功的关键。风险投资家是积极的投资者，这意味着，在对企业进行投资后，他还会积极参与对被投资企业的管理，并为创业企业提供商业资源和增值服务，以促进其快速成长和价值提升。

一个能够向被投资企业提供更好的增值服务的风险投资机构将会比其他类型的投资者拥有更大的竞争优势，如果缺少这个特征，风险投资家将仅仅是一个资金的提供者，风险投资的成败也将完全取决于他们是否具有将那些拥有巨大发展潜力的项目挑选出来进行投资的能力。这样，风险投资家与其他那些在投资后并不为被投资企业提供增值服务和后续帮助的传统金融中介相比并不会拥有太多的竞争优势。

(4) 对非上市企业的投资。风险投资的投资对象是私人企业。目前，对什么是私人企业和公众企业尚没有统一的定义，两者之间较为关键的区别是：公众企业的股票可以在正规的股票交易市场上流通和交易，而私人企业的股权则不能流通和交易。因此，公众企业称为上市企业，而私人企业又称为非上市企业。从这个意义上来说，风险投资是一种私募股权投资(Private Equity)。它是指一种以私下认购企业非公开发行和交易的股权的形式为企业提供资金的投资行为。我们在下一节"风险投资与私募股权投资"中还会详细分析和讨论风险投资的这个特点。

由于风险投资基金购买的是非上市企业的股权，这些股权不能进行公开交易和流通，因此很难为这些股权找到买方。风险投资基金只有在这些企业进行首次公开发行或者被并购时才能转让股权并实现投资退出。由于风险投资基金在最终卖出这些证券之前通常需要长期持有它们，这决定了狭义的风险投资是一种长期投资。

(5) 追求财务回报最大化。狭义的风险投资主要是指经由独立的有限合伙制基金所进行的投资，而广义的风险投资除了独立的风险投资基金以外，还包括天使投资、公司风险投资和政府风险投资等。在投资目标和动机上存在差异是狭义的风险投资与广义的风险投资活动的一个重要区别。独立的有限合伙制基金从其他投资者那里募集资本，然后将其投入创业企业，风险资本的提供者之所以将自己拥有的资金投入风险投资领域，其根本目的就是获取高额的投资收益。因此，狭义的风险投资，即通过独立的有限合伙制基金进行投资所追求的目标是投资收益最大化。一些广义的风险投资活动的投资动机可能不是追求财务收益最大化，而是出于对战略利益的追求。例如，天使投资可能会出于社会责任而进行投资，政府风险投资为了促进地方经济的发展而进行投资，企业为了获得新技术而进行投资。

(6) 通过内部成长获得增值。风险投资通过被投资企业的内部成长来实现资本增值。所谓内部成长，是指企业将风险投资基金投入的资金用于研发、生产和市场开拓，以支持企业的快速发展。

从盈利模式来看，风险投资与私募股权投资的其他投资方式，如并购基金的盈利模式类似，都是通过私募形式对非上市企业进行股权投资，然后通过上市、并购和管理层回购等方式出售其所持有的被投资企业的股权来获得投资收益。但是，并购基金主要通过套利的方式获取投资收益。它们一般投资企业发展的后期阶段，它的投资收益主要来自低价买进和高价卖出企业股权之间的差价。与之不同，风险投资主要投资于企业的早期阶段，它通过被投资企业的快速发展来使企业资产价值获得大量增值，然后选择适当的时机退出来获取投资收益，其投资收益主要来自企业成长所带来的资本增值。

另外，风险投资基金所投入的资金在进入被投资企业之后，主要用于研发、生产或市场开拓，以支持企业的快速发展；而并购基金的投资主要作为收购企业的对价被支付给企业的股东或外部投资者，它们并没有真正进入企业，而是被外部投资者或企业原有的股东拿走了。这是风险投资与并购基金的一个重要差异。

风险投资主要通过被投资企业的内部成长来获得投资收益。由于风险投资的投资对象大多是处于早期阶段的创业企业，这些处于早期阶段的企业一般需要经过3~7年的时间才能发展成熟，并通过退出为风险投资基金创造预期的投资收益。因此，从风险投资的投入到退出之间需要经历一段较长的时间，这就决定了风险投资是一种长期性投资。

(7) 有退出要求。风险投资基金是一种金融中介，这决定了它对创业企业的投资并不以控制和长期持有为目的。一般来说，风险投资基金是一个具有固定存续期限的有限合伙制企业，在基金的存续期到期时，它需要采用某种退出机制，通常是IPO和并购方式来实现投资的退出，并将资金归还给风险资本的提供者。与之不同，公司风险投资可能会长期持有和经营被投资企业。这是区分风险投资与公司风险投资的一个重要标准。

1.2 风险投资与私募股权投资

1.2.1 私募股权投资概述

❶ 私募股权投资的概念

私募股权投资(Private Equity，PE)是指通过股票交易所之外的途径为企业提供股权或类似股权的资本的投资行为。私募股权中的Private(私募)是指私募股权投资者通过私下认购的方式来获得企业非公开发行和交易的股权，而私募股权中的Equity(股权)是指私募股权投资以股权资本的形式进入企业。

需要注意的是：第一，私募股权投资中的"私募"是指私募股权投资者通过参与企业的私募融资活动来获得其股权，而不是指通过私募的方式筹集用于投资的资金。事实上，一些私募股权投资基金，例如，世界上第一家风险投资公司美国研究与发展公司(ARD)就是通过公开上市发行股票的方式来筹集资金的。第二，虽然私募股权的投资对象主要是非上市的私人企业，但这并不意味着私募股权只会对非上市的私人企业进行投资。事实上，公开上市的公司的非公开发行和交易的股权也可能成为私募股权基金的投资对象。第三，虽然私募股权主要是以股权投资的形式进入被投资企业，但这并不排除它们会采用其他一些具备股权特征的投资工具进行投资，例如，夹层资本(Mezzanine)就是后期阶段投资中经常采用的一种投资工具。在英语中，Mezzanine的本意是指在建筑物的两个主层之间存在的一个过渡层，这个过渡层被称为夹层，因此它又具有承上启下的意思。在私募股权投资行业，夹层资本是指一种介于股权与债权之间的投资形式，它同时具备股权和债权这两种投资工具的许多特征。

从本质来看，这种夹层资本是一种次级债权，次级债权是指在企业变现收益的分配中优先级别比高级贷款低的贷款。但在夹层资本的投资协议中通常都有一个允许投资者在特定的条件下根据自己的意愿将其转换为被投资企业的股权的附加条款，也就是说，这些次级债权可以在一定条件下转换为被投资企业的股权，从而使其投资者能够以企业股东的身份参与分享企业成长所带来的资本增值收益。由于夹层资本带有股权投资的特征，因此它们通常又被归入股权投资工具的范围。

❷ 私募股权投资的类型

一般来说，我们可以从广义和狭义两个方面来对私募股权投资作进一步的界定。广义与狭义的区分主要与投资的阶段有关。广义的私募股权投资可以分为早期阶段私募股权投资和后期阶段私募股权投资两个部分。其中，后期阶段私募股权投资又称为狭义的私募股权投资。

狭义的私募股权投资专指对后期阶段的成熟企业的股权投资，它的投资对象是那些已经形成一定规模并产生稳定现金流的成熟企业。狭义的私募股权投资包括成长投资、并购投资和重振投资等形式。

如图1-7所示，根据投资阶段的不同，私募股权投资可以分为风险投资、成长投资、并购投资、重振投资4个部分。

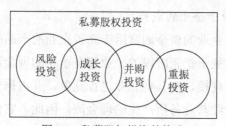

图1-7　私募股权投资的构成

(1) 风险投资。广义的风险投资又称为创业投资，它是指以股权形式为早期阶段的创业企业提供融资，以帮助他们获得更快的成长并取得成功的投资行为。风险投资是私募股权投资的一个子集，它由天使投资和机构化的风险投资两个子集共同构成。

从投资策略来看，风险投资的对象主要是那些处于种子期、初创期和早期阶段的创业企业。这一类型的创业企业往往具有很高的不确定性和较高的失败率，但同时也具有快速发展与增值的潜力。大多数处于早期阶段的创业企业的销售收入都很少，还没有形成稳定的现金流，甚至处于亏损状态，因此对早期阶段的融资而言，投资者并不期望从企业日常经营所产生的利润中获得投资收益，他们的目标是获取股权增值所带来的投资收益。因此，企业在投资期间能否获得快速成长并由此产生大量的股权增值，对投资者来说具有重要的意义。

创业资本的盈利模式是：在一个中长期的投资期限内，通过投资使企业获得快速的成长以及资本的增值，从而使投资者可以通过在资本市场上出售企业股权来获得巨大的投资收益。

(2) 成长投资。成长投资(Growth Capitd)也称为成长资本投资,在私募股权投资行业,成长投资是指以少数股权形式,对那些进入扩张阶段的企业所进行的少数股权投资。这些进入扩张阶段的企业一般已经拥有了成熟的业务,并能够自己创造销售收入和利润。同时,这些企业所面对的市场正处于快速增长状态,它们需要寻求外部资金的支持来进行市场扩张。成长投资策略的核心逻辑是希望通过支持企业的快速发展来获利,投资者对获得企业的控制权没有兴趣,一般只占企业的少数股权。

根据美国风险投资协会的定义,成长投资的投资对象具有以下特点。

● 销售收入迅速增长;
● 已经有了正的现金流,已经盈利或正接近盈利;
● 由企业创始人拥有和管理;
● 投资者不寻求对企业的控制并且只购买企业的少数股权;
● 融资用于公司的发展或原有股东的退出;
● 投资者的投资组合具有与投资早期阶段的风险投资基金的投资组合类似的特征;
● 在退出之前不再进行额外的融资;
● 不使用杠杆或只使用少量的杠杆;
● 投资回报主要来源于企业的成长。

在成长投资中,投入企业的资金通常用于完善企业的产品线、扩大生产规模以及完成市场扩张。虽然大多数处于扩张阶段的企业都有了正的现金流,但这个阶段的企业需要大量资本用于扩大生产规模,与其他企业进行竞争,并占据更多的市场份额。由于扩张所需要的资金超过企业经营业务所产生的现金流,因此,它们需要从外部筹集资金以支持其快速扩张。

成长投资的投资形式通常为优先股或普通股,有时也采用夹层资本进行投资。这种夹层资本附加期权形式的认股权,优先级别比银行贷款低,是一种次级债。

从事成长投资的主要是私募股权投资基金中那些非风险投资类别的基金,还有一些其他类型的金融中介,如银行、保险公司、特定的金融公司。此外,一些风险投资基金也会从事这种类型的投资,因此,美国风险投资协会的年报就将一部分成长期投资也纳入风险投资的统计范围。如图1-7中所显示的那样,风险投资与成长投资之间并没有明确的界限,这也是图中风险投资与成长投资发生重叠的原因。

(3) 并购投资。并购投资(Buyout)是私募股权投资的一个子集。并购投资是指外部投资者(采用杠杆收购的方式)或企业内部的管理团队(采用管理层收购的方式)购买企业的控制性股份,从而获得企业的控制权。并购投资的对象主要是那些已经拥有稳定的经营业务和现金流的后期阶段企业。

并购投资是私募股权投资中最大的一个类别。并购交易起源于20世纪80年代中期,当时，投资者开始使用一种与次级债相同并附加一些认股权的投资工具来为高杠杆的并购交易活动提供债务融资。如今，并购投资机构所管理的总资金规模大约是风险投资基金总规模的3倍。

虽然并购投资机构会采用不同的投资策略，但是所有这些并购投资策略都具有一个共同的特征，那就是它们都会要求获得被投资企业的控制性股权；与之不同，风险投资和成长投资的投资者一般只希望获得被投资企业的少数股份。

除了使用自有基金来进行收购，并购投资者可能还会采用举债的方式来收购目标企业，这种收购方式称为杠杆收购。在杠杆收购中，并购投资者以目标企业的资产作为抵押向商业银行贷款以获得额外的资金用于收购目标企业的股权。与使用自有资金进行并购相比较，采取杠杆方式进行并购的投资者通常都希望被投资企业的经营绩效能够更快地获得改善并产生效益。杠杆并购的主要风险在于被并购企业在销售收入和效益方面的增长可能无法产生足够多的现金流和净利润，以支付在杠杆收购中所发生的债务的利息成本。

一些并购投资者以公开上市的公司作为收购对象，并通过收购这些公开上市的公司的股份来获得对这些公司的控制权，从而导致其从证券交易所摘牌退市，这称为上市公司的私有化。

一般来说，并购投资的目标并不是向被投资企业提供融资。并购投资者投入的资金主要包括两部分：一是自有资金；二是通过将目标企业进行抵押所获得的贷款资金。这些资金一般作为收购企业股份的对价支付给企业的原有股东，这些企业的原有股东在获得资金后将退出目标企业。在并购过程中，由于投资者所投入的资金并没有进入企业的生产和经营环节，而是被企业的原有股东拿走了，因此，被投资企业并未从并购交易中获得可用于经营和发展的资金。

并购投资主要采取以下三种策略。

● 内部重组。并购投资者采取的第一个投资策略是对企业进行内部重组。通过内部重组，可以帮助被投资企业改善经营绩效和竞争水平，提升其在行业中的排名，从而使企业的估值大幅提升，并最终为投资者带来巨大的投资收益。采取这一投资策略的并购投资者希望在短期内，通过投资和改组被投资企业来提高企业的经营绩效，从而提升企业的估值。一般来说，当企业经营不善时，它们的业绩就会下降，其估值也会随之降低。这时候，并购投资者就可以采用杠杆收购的方式从企业的原有股东那里购买企业的股权，并要求获得控制性股权。在投资后，并购投资者将以企业控制者的身份对企业的财务和经营状况进行重大调整和改组。例如，完善企业的治理结构，对企业原来的管理层进行调整，实施新的经营和发展战略，开发新的产品和服务，或大幅削减企业的经营成本，以达到提升企业经营绩效的目的。在采取一系列整改措施之后，企业的经营业绩将会获得有效改善，而企业的估值也会极大地提高。这时，并购投资者就会以比收购企业股权时更高的价格出售企业的股权，并从中获利。

- 行业整合。行业整合是并购投资者经常采取的另外一种投资策略。采取这一策略的投资者首先会在一些分散的行业中收购一系列相关的企业，然后对这些企业的业务进行整合，以实现规模化经营，从而提升企业的运作效率和企业的估值。

- 管理层收购。一些并购投资者会为企业的现有管理层获得企业的控制权提供资金方面的帮助，这称为管理层收购。管理层收购的对象主要是那些已经拥有稳定经营业务的企业。这些企业一般都有可持续的现金流，但由于经营规模有限或缺少继续成长的潜力而不能通过公开上市的方式退出并为现有的投资者带来高额的投资收益。在这种情况下，并购投资者就可以介入这些企业，他们可以为企业管理层提供融资，帮助他们从现有的投资者那里购买股权，从而获得对企业的控制权。

(4) 重振投资。私募股权的最后一个类别是重振投资。一般来说，私募股权投资者会专注于一个资产类别开展投资业务，但是，许多并购基金会同时开展企业并购和重振投资业务。重振投资的投资对象主要是那些陷入财务危机或经营困境的企业。重振投资者在对这些企业进行投资之时将会要求获得其控制性的股权，然后以企业控制者的身份对这些企业的财务和经营状况进行调整和改造。例如，改善企业的资产负债状况，或者对企业的业务流程进行再造，以改善企业的经营绩效，并提升企业资产的价值。有时候，为了迅速提高企业的经营绩效，重振投资者可能会要求企业进行大规模的裁员，以降低企业的运作成本。随着企业经营绩效的改善，其估值也会得到提升，这时，重振投资者就会将自己持有的企业股权出售给其他投资者以获取投资收益，投资收益为他们买进与卖出企业股份的差价。

1.2.2 风险投资与私募股权投资的区别

作为广义的私募股权投资的一个子集，风险投资与狭义的私募股权投资的区别如表1-1所示。

表1-1 风险投资与私募股权投资的区别

类　别	风险投资	狭义的私募股权投资
投资对象	处于早期阶段，并具有快速成长潜力的创业企业	进入扩张阶段的企业，拥有稳定的经营业务和可持续的现金流，并具有资本增值空间
投资阶段	早期阶段	后期阶段
风险程度	高	低
投资期限	长	短
持股比例	少数股权	多数股权

❶ 投资对象

风险投资的投资对象主要是那些处于早期阶段的创业企业，这些企业通常具有快速成长的潜力。私募股权投资的投资对象主要是已经进入后期发展阶段的企业，这些企业通常已经拥有稳定的经营业务和可持续的现金流，而且具有一定的资本增值空间。

❷ 投资阶段

风险投资与私募股权投资的一个重要区别是投资阶段的差异。如图1-8所示，企业的发展过程可以分为种子期、初创期、早期成长期、扩张期和后期5个阶段。广义的私募股权投资覆盖了企业发展的所有阶段。狭义的私募股权投资(成长投资、并购投资和重振投资)的投资对象主要是成熟的企业，即进入扩张阶段的企业；而风险投资的投资对象主要是不成熟的企业，这些企业主要处于种子期、初创期和早期成长期，其现金流一般为负。虽然随着风险投资基金承诺资本规模的扩大，投资者也开始投资那些进入扩张阶段的企业，但只有前面这3个阶段才属于真正的风险投资阶段。

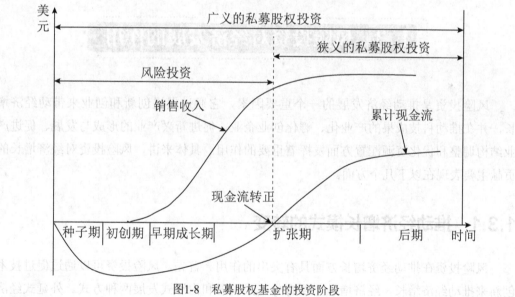

图1-8　私募股权基金的投资阶段

❸ 风险程度

风险投资的投资对象主要是那些处于早期发展阶段的创业企业。这种类型的企业可能具有很高的不确定性，还存在严重的信息不对称，而且，它们普遍缺少实物资产，其现金流一般为负。因此，投资这类企业具有极高的风险。与之不同，狭义的私募股权的投资对象主要是那些已经进入扩张阶段的企业。这类企业的不确定性和信息不对称已经有效降低了，它们大多拥有了稳定的经营业务和可持续的现金流。因此，投资这类企业的风险程度一般较低。

④ 投资期限

风险投资的投资对象主要是处于早期阶段的创业企业。这些企业从接受投资到退出通常需要经历长达数年的时间，因此，风险投资是一种长期投资，风险投资家需要长期持有被投资企业的股权。根据投资时被投资企业所处的发展阶段的不同，风险投资的期限大多为3～5年，也可能为7～10年。与之不同，由于私募股权投资的投资对象主要是已经进入扩张阶段的企业，因此，它们的投资期限往往较短。例如，并购基金一般都是短期持有被投资企业的股权，通常为2～3年。

⑤ 持股比例

风险投资者一般只要求获得被投资企业的少数股权，通常不超过30%。与之不同，并购和重组投资者通常都要求获得被投资企业的多数股权，并对被投资企业进行全面控制，从而可以对这些企业实施重大的调整和改组，以提高其经营管理水平和绩效。

1.3 风险投资对经济发展的作用

风险投资是推动经济发展的一个重要因素，它通过促进创新和创业来带动经济增长，并在推动科技成果的产业化、孵化创业企业、促进新兴产业的形成与发展、促进产业结构调整和优化资源配置方面发挥着重要的作用。具体来讲，风险投资对经济增长的贡献主要表现在以下几个方面。

1.3.1 推动经济增长模式的转变

风险投资在推动经济增长方面具有突出的作用。首先，风险投资可以通过促进技术创新来推动经济增长。经济增长主要有外延式发展和内涵式发展两种方式。外延式经济增长通过增加生产要素投入的数量来提高经济活动的产出；而内涵式经济增长则是在生产要素的投入数量不变的情况下，采用新技术和新的生产方式来增加经济活动的产出。在过去，增加经济活动产出的主要方式是增加生产要素，包括增加劳动力和物质资源的投入来获得更高的经济产出。但是，生产要素投入的增加往往意味着消耗更多的社会和自然资源，而且这种经济增长方式还会带来严重的环境问题。因此，这种外延式发展越来越不受欢迎。与此同时，内涵式发展正在得到越来越多的重视。这种经济增长方式主要通过采用新技术和新的生产方式来增加经济产出。

这种内涵式的经济增长方式主要是由技术创新推动的。通过对1870—1950年美国经济增长的研究，经济学家发现，整个经济产出的增加量中大约只有15%可归结为生产要素投入的增加，而剩余的85%则不能归结为生产要素投入的增加，这种非生产要素的投入所带来的经济增加量称为索洛余量。罗伯特·索洛(Robert Solow)发现，85%是一个几乎恒定的"残差"。这些研究结果令人惊讶，因为此前200多年中的大多数经济学家都把要素投入的增加视为经济增长的主要动力：只要你有更多的人和钱，必然会有更多的产出。而这些新的研究结果显示，经济增长的主要动力并不是要素投入的增长，而是要素使用方式的变化。由于经济增长中的这一无法解释的部分太大，而且使用各种不同方法的研究者都发现了这一点，大多数经济学家都开始相信创新是产出增长的一大动力[①]。

索洛余量的发现表明，当代经济增长的动力已不是生产要素投入的增加，而是技术创新和生产方式的变革。20世纪50年代以来的经济发展进一步证实了索洛模型的结论。在这期间，信息技术领域的创新促使生产效率大大提高，并在生产要素投入数量大致不变的情况下极大地推动了经济的增长[②]。

首先，风险投资是激励创新的有效机制。它对创新的促进作用主要表现在风险资本的投入可以加速科技成果的商业化，科技成果的商业化可以加速新技术的推广和应用，而新技术的推广和应用又能够提高社会生产效率，并在生产要素投入不变的情况下提高经济产出数量，从而推动经济增长。其次，风险投资可以通过支持创业来带动经济增长。在风险投资的支持下创建和发展起来的企业在美国经济中发挥重要的作用。据有关统计，在美国，约有80%的高科技创业企业在建立和成长的过程中得到过风险投资的支持，尤其是许多处于世界领先地位的高科技公司，如英特尔、微软、苹果、康柏、网景公司等，它们都是在风险投资的支持下发展起来的，并成为美国经济中增长最快的部分。有关研究发现，这些由风险投资支持的企业的增长速度比其他企业快50%。据有关统计，1991—1995年，美国风险投资支持的企业的销售收入年增长率大约为38%，而同一时期《财富》杂志500强公司的销售增长率仅为3.5%。1975—1995年，美国较为成功的24家生物科技和信息技术公司的营业额增长了100倍，而这些企业绝大多数都得到过风险资本的支持。对2000—2003年美国软件行业的调查结果显示，得到风险资本支持的软件企业的年均产值增长达到31%，而与此对应的整个软件行业的平均年增长率只有5%[③]。在我国，根据有关统计，2009年、2010年、2011年由风险投资支持的企业的工业与服务业的增幅分别为71.20%、96.35%和59.58%，分别高出全社会平均增长幅度62.91、78.46和42.25个百分点。

另外，由风险投资支持的企业的收入在国民经济中所占的比例也在不断提高。由Global Insight公司所做的一项调查显示，1979—1995年，美国风险投资支持的企业所创造的收入每年占整个国民收入GDP的21%以上。同一时期，财富500强企业的产出从占整

① 乔希·勒纳. 梦断硅谷[M]. 乔江涛，译. 北京：中信出版社，2012：41.
② 乔希·勒纳. 梦断硅谷[M]. 乔江涛，译. 北京：中信出版社，2012：42-44.
③ 马军伟. 美国风险投资与经济增长分析[J]. 科技和产业，2008(2).

个国民经济产出的58%下降到不足37%。

如图1-9所示,2000年,美国风险投资支持的企业所创造的收入占GDP的14.9%;而到了2010年,美国风险投资支持的企业所创造的销售收入占到整个国民收入的21%。

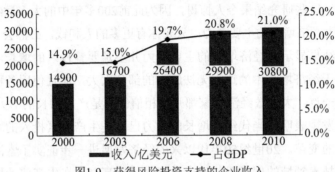

图1-9　获得风险投资支持的企业收入

资料来源:谈毅. 风险投资与创新[M]. 上海:上海交通大学出版社,2015.

1.3.2　促进技术创新

斯坦福大学商学院管理学教授罗伯特·伯格曼(Robert Burgelman)认为,技术创新是指创造新的资源组合,并以一种可以产生商业利润的方式将技术和市场需求结合起来的过程。如图1-10所示,技术创新的本质是技术和市场的结合。

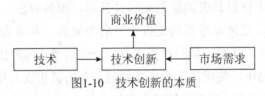

图1-10　技术创新的本质

按照技术创新活动产生的结果来划分,技术创新过程大致可以分为基础研究、应用研究、商业化和产业化4个阶段,如图1-11所示。

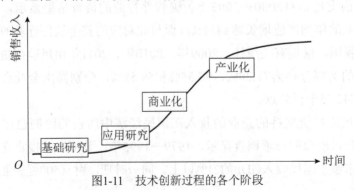

图1-11　技术创新过程的各个阶段

资料来源:珀威茨·K.阿曼德,等. 创新管理[M]. 陈劲,等. 译. 北京:北京大学出版社,2014:115.

技术创新源于基础研究。基础研究主要由大学、研究所和政府的实验室来承担。基础研究的成果主要表现为新发明和新技术。这些新发明和新技术要转化为现实的生产力还需要经过应用研究、商业化、产业化三个阶段。

应用研究的任务主要是通过反复试验提高技术以使其能够适应市场需求。在这一阶段，来自基础研究的新技术开始形成概念化的产品、服务和技术[1]。这个阶段的研究成果主要是具有应用推广和再开发价值的技术成果，但尚不具备商业化运作的条件，一般也不会带来直接经济效益。企业研发机构成为承担这一阶段研发任务的主体。

科技成果的商业化是指将新技术推向市场以创造商业价值的过程。承担科技成果商业化任务的主体是企业。它们将为有潜力的技术成果寻找市场应用，然后以满足特定的市场需求为目标开发新产品，并将新产品推向市场，从而获得商业回报。例如，创业企业MODE公司对美国桑迪亚国家实验室开发的垂直腔面发射激光器(VCSEL)进行了改进和完善，并将其作为终端产品推向市场，从而产生巨大的经济效益。

在产业化阶段，技术已经被更加广泛地了解，大量的竞争者开始利用新技术来开发自己的产品并进行大规模推广[2]，从而逐渐形成一个新兴的产业。

如图1-12所示，基础研究阶段的资金投入量相对较大，周期也相对较长，一些长期性的研发项目投资期限可能会超过10年，资金投入主要依靠政府的公共资金来保证。应用研究阶段的资金来源主要是政府和大企业。后期产业化阶段的资金来源主要是商业银行等传统的融资渠道。在中间的商业化阶段，除了少数创新项目是由大公司承担的以外，大多数创新项目，尤其是破坏性创新项目都是由中小型企业和创业企业来承担的。

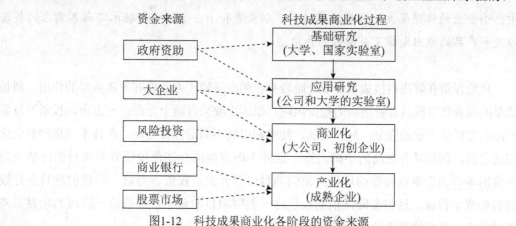

图1-12　科技成果商业化各阶段的资金来源

专栏1-2　**创业激发创新**[3]

最初，经济学家基本忽略了新企业的创新能力，他们认为绝大多数创新都来自大型企业。例如，最早对创新领域进行深入研究的先驱之一约瑟夫·熊彼特就曾假定，在创新方面，大企业相对小企业来说具有一种内在优势。但是这些早期的观念并没有经受住

[1] 珀威茨·K. 阿曼德，等. 创新管理[M]. 陈劲，等，译. 北京：北京大学出版社，2014：115.
[2] 珀威茨·K. 阿曼德，等. 创新管理[M]. 陈劲，等，译. 北京：北京大学出版社，2014：115.
[3] 乔希·勒纳. 梦断硅谷[M]. 乔江涛，译. 北京：中信出版社，2012.

时间的检验，今天看来，这些观念像是那个特定历史时代的一个副产品——因为在那个时代，大型企业和它们的工业实验室(如IBM和美国电话电报公司)取代了在19世纪末和20世纪初的独立发明家，成为创新活动的主力军。

在当今世界，熊彼特对大企业内在优势的假设与现实并不相符。在诸如医疗设备、通信技术、半导体和软件这样的行业中，居于领导地位的都是相对较为年轻的企业，而这些企业的成长离不开风险投资家和股市的支持，例如思科、英特尔和微软公司。即使是在金融业这样仍由成熟企业占据统治地位的行业，小企业也在创新活动中扮演越来越积极的角色，而且它们经常会将自己创造的新理念授权或出售给更大的公司。

新企业在创新活动中扮演核心角色的这种模式，在过去的10年中体现得尤其明显。在生物技术和互联网行业，也就是技术创新或许最具革命性意义的两大领域中，引领这些新技术潮流的既不是大名鼎鼎的医药企业，也不是电脑软件制造商，而是小企业。总体来看，关键性的遗传工程技术或互联网协议并不是由小企业发明的，而是由学术机构和研发实验室依靠政府资助开发出来的。但是，率先抓住商机的是小企业。即使是在像能源这样的传统上由大企业统治的领域中，创业企业的地位似乎也在日渐提高。

周坦·阿斯(Zoltan Acs)和戴维·奥德雷奇(David Audretsch)的一项研究证实，在20世纪比较重要的创新中，几乎有一半是由新企业和小企业做出的。这项研究证明了创业企业在创新中的核心作用。但他们也发现，小企业的核心作用并非体现于所有的行业中。事实上，小企业的角色与行业的条件有关。在市场力量相对分散的不成熟的行业中，小企业的作用最大。这些发现证明，创业者和小企业对于新技术与顾客需求的契合以及新产品的推出发挥了关键性的作用。

风险投资在解决科技成果商业化阶段存在的融资障碍方面能够发挥重要的作用。科技成果的商业化阶段具有特别高的投资风险，原因主要来自两个方面：一方面，投资开发新产品需要耗费大量的资金；另一方面，技术和市场不确定性都很高。在技术成果的商业化完成之前，创新具有很高的不确定性。这种不确定性的存在使投资者对项目的评估变得非常困难。由于难以将好的项目与差的项目区分开来，投资者对这一阶段的项目进行投资的失败率很高，这将会降低他们投资这一类型项目的意愿，导致这一阶段的项目很难获得融资，并面临严重的资金短缺问题。

风险投资家一般具有深厚的行业背景和丰富的投资经验，他们善于在高度不确定的环境中选择好的投资项目，尤其是在计算机软件、互联网和生物技术等对信息和专门知识要求较高的领域，他们拥有更多信息方面的优势，这种优势使他们能够比普通投资者更准确地辨别创新项目的好坏，事先将劣质的项目淘汰，从而降低投资过程中的不确定性，并提高投资成功的概率。由于其他投资者相信风险投资家能够有效地降低投资项目存在的不确定性和信息不对称，提高投资的成功率和预期收益水平，因此，他们愿意将自己所拥有的可投资金交给这些风险投资家去运作和管理。这样，风险投资家就可以发挥融资中介作用，筹集大量的社会资金并将其投入有前途的创新项目，从而成功地解决科技成果商业化过程中存在的融资难题。

1.3.3 促进创业活动的开展

大量的研究发现，风险投资在促进创业活动的开展方面具有重要的作用。风险投资不仅能够为创业企业提供资金方面的支持，而且能为它们提供重要的增值服务和商业资源，从而有力地促进创业活动的开展。

❶ 解决融资难题

那些处于早期阶段的创业企业往往面临严重的融资障碍。这些企业一般只有一个不太成熟的创意，具有很高的不确定性，还存在严重的信息不对称，并缺少可以用于抵押的实物资产，因此，它们很难从银行这样的传统金融中介那里获得资金支持。风险投资能够为这些创业企业解决融资难题，并为它们提供持续的资金支持。在过去的40年中，美国的风险投资基金支持了谷歌、思科和微软等一大批创业企业，为这些企业的创建和快速成长做出了重要贡献。

❷ 提供增值服务

除了为创业企业提供资金，风险投资家还能为创业企业提供重要的增值服务和商业资源，以弥补其在资源方面存在的不足，并促进其快速发展。风险投资家所提供的这些增值服务的内容包括指导被投资企业制定战略规划、帮助招募核心团队成员、完善公司治理、为被投资企业介绍客户和合作伙伴、担任企业融资顾问以及帮助企业设计退出方案等。

1.3.4 促进新兴产业的形成

风险投资在促进新兴产业的形成和发展中扮演着重要的角色。首先，风险投资对技术成果商业化的投入提高了科技成果的转化率，推动了技术成果的产业化，从而创造出许多全新的行业。其次，风险投资还通过为新兴行业中的初创企业提供融资的方式催生了大量的初创企业。在新兴行业发展的初期阶段，由于行业主导设计尚未确立，技术和市场都存在很高的不确定性，这些不确定性经常让普通投资者望而生畏，并尽量避免对这些行业中的初创企业进行投资。风险投资家一般拥有丰富的专业知识和精准的投资眼光，他们能够事先将那些劣质项目淘汰，并将那些具有巨大发展潜力的优质企业挑选出来进行投资，从而减少了投资过程中存在的不确定性，提高了投资项目的成功率。因为这个原因，普通投资者更愿意将自己的资金交给风险投资家去运作。风险投资家将这些资金聚集起来，组建风险投资基金，然后对新兴行业中的初创企业进行投资，从而成功地解决了在新兴行业中的创业企业所面临的融资难题。在美国，在风险投资支持下创建和发展起来的高科技公司包括微软、英特尔、思科、太阳微系统、谷歌、亚马逊、雅虎以及基因技术等。这些企业在风险投资的支持下发展成为新兴行业的领导者，并在这些新兴行业的形成和发展中起到了核心作用。

在美国，风险投资的大量投入推动了计算机软硬件、通信、互联网、电子和生物科技等行业的建立和快速发展。例如，在电脑软件行业中，曾在创业阶段获得风险投资的企业占整个软件行业总价值的75%以上。有风投背景的企业在生物科技、电脑服务和半导体行业中也发挥着核心作用[①]。从20世纪80年代末到90年代中期，风险投资成功地推动了信息技术行业的形成和迅速发展。据有关统计，1987—1996年，美国风险资本家向包括计算机硬件、计算机软件及服务、通信等在内的信息技术产业的投资就从21亿美元增加到1996年的48亿美元，年均增长7%。在风险投资的支持下，美国信息技术产业的总产值从2175亿美元增加到4445亿美元，年均增长65%[②]。

1.3.5 创造就业机会

风险投资可以为社会创造大量的就业机会。根据美国风险投资协会于2001年发表的一份研究报告，风险投资所支持的企业在过去30年中为美国创造了760万个就业岗位，而根据美国风险资本协会于2006年公布的一项研究，当年风险投资支持的企业所创造的就业人数占整个美国私营机构就业人数的9.1%。而且，这些由风险投资支持的企业所创造的工作岗位大多属于技术和技能型岗位。在这些风险投资支持的企业中，有超过61%的员工从事的都是与技术和管理有关的工作，而在美国全部的职工中，从事与技术和管理有关的工作的人员所占的比例为14%。

一般来说，风险投资主要通过以下方式来为社会创造就业机会。首先，风险投资通过促进新兴行业的形成和发展为社会提供了大量的就业机会。例如，风险投资催生了生物科技产业的形成和发展。到2005年，风险投资对这个行业的投资总额达到了500亿美元，雇用了超过8万名雇员，其中，仅安进公司一家企业就创造了2000多个工作岗位。根据有关统计，在生物科技、软件和半导体行业中，绝大多数的就业岗位都是由风险投资支持的企业创造的。在这三个行业中，风险投资支持的企业雇用了所有就业人员的90%、74%和72%。其次，由风险投资支持的企业还通过增加雇用人员的数量来为社会创造就业岗位。风险投资所支持的企业具有较高的成长性，随着企业的快速发展，它们需要不断增加员工的数量。据调查，风险投资支持的企业是近年来雇用人员数量增加最快的机构，它们所提供的就业机会每年都会大幅度地增加。据有关研究，有风险投资支持的企业雇用员工的平均人数是其他公司的8倍。Coopers & Ly brand的调查显示，

① 乔希·勒纳. 梦断硅谷[M]. 乔江涛，译. 北京：中信出版社，2012：57.
② 马军伟. 美国风险投资与经济增长分析[J]. 科技和产业，2008(2).

1992—1996年，风险投资支持的企业每年增加约40%的员工，而同期大公司每年约裁员2.5%。另外，根据美国风险投资协会(NVCA)对500家风险投资支持企业的调查，1991—1995年，这些企业提供的就业机会每年以34%的速度增长，而同期《财富》杂志500强公司每年以4%的速度在减少工作职位[①]。1979—1995年，财富500强所提供的就业岗位共计下降了400万个。另外，风险投资还通过支持区域创新来带动就业增长。20世纪50年代中期，美国的硅谷地区还是一个只有约10万农业人口的偏僻乡村。一些由风险投资支持的创业企业，如英特尔公司的出现和发展，为硅谷地区创造了大量高质量的就业机会。到了20世纪60年代中期，硅谷的就业人数已经增加到27万人。到了1984年，就业人数达到了75万人，几乎每年都能增加4万个工作岗位。

1.3.6 优化资源配置

风险投资家以风险投资基金的形式向社会上众多分散的投资者筹集资金，然后将资金投入经过精心挑选的高技术企业。这些资金将被用于新产品的研发和市场开拓，从而促进新兴行业的形成和发展。在风险投资家的精心培育下，许多创业企业获得了快速的发展，并在股票交易市场公开上市融资，从而吸引更多社会资金投入新兴的高科技行业。这样，通过风险投资家的运作，大量闲置的社会资本，如养老金、捐赠基金、个人资金以及那些本来属于传统行业的企业资金就被源源不断地导入计算机、通信和互联网等新兴的科技行业，从而实现了资源的优化配置。

如图1-13所示，在计算机软件行业中，风险投资支持的企业的销售收入占到整个行业总销售收入的46%。在生物科技和半导体两个行业中，那些曾获得风险投资支持的企业也发挥着关键的作用，它们创造的销售收入占整个行业销售收入的比例高达80%和88%。近年来，风险投资又对清洁能源和环境保护等新兴行业进行了大量的投资，并对这些行业的形成和发展起到了重要的促进作用。

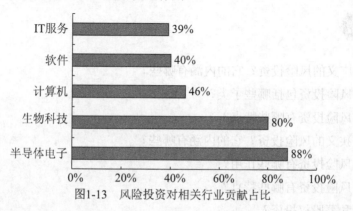

图1-13　风险投资对相关行业贡献占比

资料来源：谈毅. 风险投资与创新[M]. 上海：上海交通大学出版社，2015.

---

① 马军伟. 美国风险投资与经济增长分析[J]. 科技和产业，2008(2).

本章小结

我们从辨析风险投资的定义入手，区分了广义和狭义的风险投资。广义的风险投资是私募股权投资的一个子集，它是指一种通过股票市场以外的途径为具有很高成长潜力并伴随高风险的新企业提供股权或类似股权资本的投资行为。广义的风险投资包括天使投资和机构化风险投资两种类型。机构化风险投资又可以细分为独立和附属风险投资两种类型。它们的投资对象主要是处于早期阶段(种子期、初创期和早期成长期)的企业。狭义的风险投资是指经由机构化和职业化的风险投资中介为具有很高发展潜力并伴随高风险的新企业提供股权资本的投资行为。通过狭义的风险投资的中介职能，投资者所拥有的闲置资本被持续不断地注入急需资金的创业企业。狭义的风险投资的内涵包括3个方面，即机构化、职业化和间接投资。它有7个方面的特点，即金融中介、股权投资、积极投资者、对私人企业的投资、追求财务回报的最大化、通过内部成长获得增值以及对退出的要求。

接下来，我们探讨了私募股权投资的概念和类型，分析了风险投资与私募股权投资之间的区别和联系。广义的私募股权投资是指企业现有股东之外的第三方通过股票市场以外的途径为企业提供股权或者类似股权形式的资本的投资行为，它包括创业投资、夹层投资、并购投资和重振投资4种类型。从这个角度来说，风险投资是广义的私募股权投资的一个子集。狭义的私募股权投资专指对后期阶段的成熟企业所进行的股权投资，它包括成长投资、并购投资和重振投资等形式。风险投资与狭义的私募股权投资之间的差异主要体现在投资对象、投资阶段、风险程度、持股比例和投资期限等方面。

最后，我们探讨了风险投资对经济发展的促进作用。风险投资对经济发展的促进作用主要体现在6个方面，即推动经济增长模式的转变，促进技术创新，促进创业活动的开展，促进新兴产业的形成，创造就业机会以及优化资源配置。

思考题

1. 什么是广义的风险投资？它的内涵有哪些？
2. 广义的风险投资包括哪些子类？
3. 广义的风险投资有哪些特点？
4. 什么是狭义的风险投资？它的内涵有哪些？
5. 狭义的风险投资有哪些作用？
6. 狭义的风险投资有哪些特点？
7. 什么是私募股权投资？
8. 广义与狭义的私募股权投资的区别是什么？

9. 私募股权投资包括哪些子类？它们有何不同特点？

10. 简述风险投资与私募股权投资的联系和区别。

11. 简述风险投资对经济发展的作用。

12. 简述风险投资推动科技成果商业化的作用机制。

| 第 2 章 |

风险投资运作的基本原理

学习
目标

1. 了解什么是创业企业融资障碍并理解导致创业融资障碍的原因。

2. 了解传统金融中介存在的局限性。

3. 理解风险投资存在的原因及其作为融资中介的优势。

4. 了解风险投资的运作体系。

5. 了解风险投资运作过程及各阶段的基本任务。

6. 理解风险投资的盈利模式。

7. 了解风险投资的价值创造模式。

2.1　风险投资存在的原因

2.1.1　创业企业的融资需求

创业企业的发展需要资金的支持，尤其对于那些技术创新型企业而言，在其能够从产品销售和服务中获得收入并实现盈亏平衡之前，通常需要投入大量的前期研发和市场开拓资金。在许多情况下，创业企业都没有足够的自有资金来支撑企业的发展计划。因此，它们需要通过向外部投资者融资来解决资金缺口问题。

企业的现金流入主要包括两个部分：一是企业的经营现金流，即企业经营业务所产生的现金流；二是企业的融资现金流，即企业向外部投资者进行融资所获得的资金。企业的现金流出主要用于产品研发和市场开拓。在不考虑向外部融资的情况下，企业的现金流主要来自经营的现金流入。由于早期阶段的企业的销售收入和经营现金流都很少，而用于产品研发和市场开拓的费用很多，因此企业的现金流一般为负数，之后，随着企业的发展，它们的销售收入快速增加，现金流也迅速增加，并在某一时间节点之后由负数转为正数，这一时间节点称为现金流平衡点。

如图2-1所示，在企业的累计现金流转正之前，它们需要获得外部融资的支持。

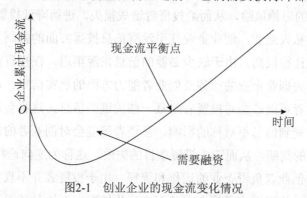

图2-1　创业企业的现金流变化情况

2.1.2　创业融资障碍

风险投资的投资对象主要是处于早期阶段的创业企业。处于这个阶段的企业一般具有很高的不确定性和严重的信息不对称，并且缺少经营记录和可用于抵押和担保的实物资产。由于这些因素的存在，当这些企业向传统的金融媒介寻求融资时，它们往往会遇到严重的困难，这称为创业融资障碍。由于创业融资障碍的存在，许多具有良好发展前景的企业可能无法筹集到足够的资金，从而使其发展潜力受到极大的束缚。

导致创业融资障碍的因素主要有以下几个。

❶ 不确定性

不确定性是指人们的行为可能产生多种结果，包括好的结果和坏的结果，不确定性的存在使人们无法准确地预测自己行为的后果。投资中的不确定性是指投资结果的所有可能的概率分布。这些结果越分散，不确定性就越高。

风险投资的对象主要是早期阶段的创业企业，这些企业具有很高的不确定性，它们的技术能否商业化、新产品的开发能否获得成功、对新产品的市场需求是否存在、竞争对手的反应如何，这些都是不确定的。这些不确定性的存在将使投资者无法对被投资企业未来的发展状态或结果做出准确的预测。因此，即使投资者拥有丰富的经验，并对项目进行了仔细的筛选和尽职调查，他们依然不能确定哪些被投资企业可能会取得成功，而哪些企业又将会失败。由于受到不确定性的影响，投资者很可能会做出错误的判断和投资决策，从而导致投资损失。因此，投资对象存在的不确定性将会降低投资者的投资意愿，并导致许多优秀的创业企业无法获得融资。

❷ 信息不对称

除了不确定性以外，处于早期阶段的企业还存在严重的信息不对称。信息不对称是指创业者比投资者更加了解企业真实情况的现象。这种信息不对称可能导致投资者的逆向选择，并引发创业者的道德风险，从而给投资者造成损失，进而降低投资者的投资意愿。

作为非上市的私人企业，创业企业几乎没有信息披露方面的强制要求，因此，它们的信息不透明程度往往很高。由于缺少必要的信息来源渠道，在投资前，投资者很难全面和准确地了解有关创业企业的业务及创业者能力方面的真实信息。在某些情况下，为了获得融资，创业者可能还会对投资者隐藏一些关键的信息，这将会进一步加重信息不对称的程度。由于受到信息不对称的影响，投资者可能会对创业者的能力和创业企业的发展前景做出错误的判断，从而造成投资项目的失败，这称为逆向选择。

在投资后，由创业者负责企业的运作和管理。由于投资者并不直接参与企业的日常经营和管理，因此，他们很难了解企业的真实运作情况。在这种情况下，创业者可能会利用自己的行为难以被投资者所观察到的有利条件，采取一些机会主义行为，从而损害投资者的利益，这称为道德风险。

❸ 高失败率

创业企业具有很高的失败率。根据欧盟创业投资和风险资本协会的研究结果，欧洲国家和地区的创业企业完全失败的概率为30%，部分失败的概率为42%。这种高失败率将会降低投资者的投资意愿，尤其是对于那些风险偏好较低的投资者来说，他们很可能会因此而放弃对创业企业的投资。

❹ 缺少实物资产

创业企业一般都缺少实物资产，这可能会增加投资的风险，并降低投资者的投资意愿。一般来说，企业所拥有的实物资产在企业整体资产中所占的比例越高，那么，企业清算后的剩余资产价值越高，而债权人能够得到的补偿也越多。那些传统行业的成熟企业一般都拥有大量的实物资产，包括厂房、土地和机器设备等。一旦这些企业经营失败，它们可以通过变卖实物资产来对投资者进行补偿。因此，投资这类企业的风险较小。与之不同，处于早期阶段的创业企业，尤其是高科技企业，它们所拥有的主要是创意和知识产权等无形资产。这些企业一旦遭遇失败，它们能够拿出来对投资者进行补偿的资产将会极为有限。因此，在对这种类型的企业进行投资时，投资者往往面临极高的投资风险。

❺ 财务状况不佳

商业银行的贷款收益主要是利息收入，而这些利息又主要来自借款企业的经营现金流，因此，在对借款企业进行审查和评估时，银行都会重点考察企业的财务和现金流状况。但是，那些处于早期阶段的创业企业一般缺少稳定的现金流，并且经常处于亏损状态，因此，它们很难通过商业银行的贷款审查。

❻ 缺少经营记录

商业银行的贷款是建立在企业的信用的基础上的，但是，由于经营时间较短，大多数处于早期阶段的企业都还来不及建立自己的商业信用。

2.1.3 传统金融中介的局限性

传统的金融中介主要是商业银行和股票交易市场。由于创业融资障碍的存在，那些处于早期阶段的创业企业一般难以从这些传统的金融中介那里获得其所需要的资金支持。

❶ 从商业银行融资的局限性

商业银行是重要的金融中介机构，也是大多数进入成熟阶段的企业的主要融资渠道。但是，由于这些商业银行在盈利模式、对贷款安全性的追求以及它们对投资项目的评价能力等方面所存在的局限性，它们很难完成向创业企业提供融资服务的任务。

(1) 对安全性的要求。商业银行对贷款的安全性具有很高的要求，它们主要投资那些具有很高安全性的资产。由于创业企业的不确定性和投资风险都较高，它们很难满足商业银行对投资安全性的要求。

(2) 对流动性的要求。在商业银行的客户中，有大量的小额存款人，这些小额存款人可能会随时支取他们在银行的存款。为了满足这种对流动性的要求，银行对其所持有的资产的流动性具有很高的要求。但是，作为非上市的私人企业，创业企业的股权的流动性很差，难以满足商业银行对资产流动性的要求。

(3) 缺少评估技巧。创业企业具有很高的不确定性和信息不对称，对这些企业进行投资需要具备一些专业的知识和经验。但是，银行的项目评估人员可能并不具备对具有很高的不确定性和信息不对称的投资项目进行评估所需要的专业知识和技能。

(4) 要求抵押物。商业银行贷款一般要求提供抵押物和担保。可以作为贷款抵押物和担保的主要是借贷人的实物资产，包括房地产和机器设备等。在借款人偿还所有贷款之前，银行将对这些抵押物和担保品拥有法定的权益。但是，处于早期阶段的创业企业，尤其是那些高科技企业，它们所拥有的主要是那些难以进行准确估值的创意和技术成果，由于缺少实物资产，它们很难从商业银行获得贷款支持。

(5) 盈利模式。商业银行的贷款利息主要来自企业日常经营所获得的现金流，而这些现金流又来自企业销售产品和服务的收入。但是，那些处于早期阶段的创业企业可能还没有开发出成型的产品，也没有稳定的销售收入，即使是那些已经有现金流收入的企业，它们的现金流也不会太多。由于缺少足够的现金流来支付银行贷款利息，这些企业一般难以从商业银行获得贷款支持。

(6) 投资收益。创业企业的失败率很高，因此向创业企业发放贷款可能会面临很高的风险，一旦这些企业失败或破产，银行的贷款也将会遭受严重的损失。为了对自己所承担的风险进行补偿，投资者可能会要求获得很高的投资收益。但是，商业银行可以收取的贷款利息的上限一般是由中央银行规定的，因此，它们不能通过收取高额利息的方式来对其所承担的高风险进行补偿。

另外，根据相关的政策法规，商业银行一般不能直接持有被投资企业的股权。因此，它们也不能像风险投资家那样通过股权投资来分享企业高速成长带来的资本增值收益。这样，即使贷款创业企业获得了成功，银行能够从中分得的利润也不多。由于无法从投资中获得与其所承担的高风险相匹配的投资收益，因此，商业银行缺少向创业企业提供贷款的动力。

❷ 债券市场融资的局限性

虽然企业可以通过公开发行债券的方式来获取资金，但对于公开发行债券的企业一般都有很高的资质要求。例如，要求发行人拥有稳定的收入和现金流，并可以用这些收入和现金流来偿还债券的本息。但是，处于早期阶段的创业企业一般缺乏稳定的收入来源，现金流一般为负。由于无法确保自己可以定期支付债券的利息和本金，因此，这些企业很难通过公开发行债券的方式来筹集资金。另外，即使这些创业企业能够获得批准发行债券融资，由于它们缺少足够的业绩记录和商业信用，一般难以筹集到足够多的资金。

❸ 股票市场融资的局限性

为了保护股票交易市场上的公众投资者，政府一般会制定相应的政策和法规来对可以发行股票的企业设置门槛，如要求首次公开发行股票的企业有足够长的经营时间，并拥有较大的资产规模和较好的经营业绩。在美国，根据证券交易法的有关规定，首次公开发行股票的企业的资产规模不应低于1000万美元，年销售收入必须超过1500万美元，并且要有盈利记录。但是，创业企业的经营时间一般都较短，它们的资产规模也很有限，而且缺少足够的业绩记录，大多数创业企业都处于亏损状态，因此，它们很难满足政策法规对公开上市发行股票融资的企业的资质要求。根据有关统计，在美国的500多万家企业中，只有不到2%的企业的年销售收入超过1000万美元。虽然近年来首次公开发行股票的门槛已经大为降低，但是对于那些年销售收入少于1000万美元的创业企业来说，它们依然无法通过股票交易市场来筹集资金。

2.1.4　风险投资存在的重要性

❶ 创业融资缺口

创业融资缺口的存在是风险投资得以存在和发展的一个重要因素。根据有关实证研究，那些处于种子和初创期的创业企业主要是从家人、朋友和天使投资者那里获得小额融资，而那些已经进入后期阶段的企业主要从银行和股票交易市场上获得融资，而那些处于中间阶段的企业很难通过上述两个渠道来获得其所需要的资金支持。一方面，这些企业的融资需求为200万~1000万美元。由于朋友、家庭和天使投资者所能够提供的融资通常都不会超过200万美元，因此，这一融资规模已经超过个人投资者所能提供的投资额的上限。另一方面，处于这个阶段的企业一般具有很高的不确定性，并存在严重的信息不对称，它们无法提供足够的可用于抵押或担保的实物资产，也缺少足够的经营记录和信誉，因此，它们很难通过商业银行的贷款审查。同时，它们的资产规模和业绩也达不到从公开交易的股票市场筹集资金的资质要求。这样，当创业企业试图筹集200万~1000万美元的融资时，它们面临很大的困难。它们既无法从个人投资者那里获得资金支持，也不能从商业银行等传统的融资渠道获得融资，这称为创业融资缺口。正因为创业融资缺口的存在，有很大一部分具有很高成长潜力的创业企业无法从个人投资者以及传统的金融中介那里获得资金支持，它们的发展由于资金短缺而受到严重的制约。这才使风险投资这种新型的专业化金融中介得以产生和发展起来。

❷ 风险投资的职能

在资本市场上，一方面是众多正在寻找资本来将自己的创意转化为商业价值，或者支持企业快速发展的创业者；另一方面存在大量拥有闲置资本，并希望通过投资创业企业来获取高额投资回报的机构投资者和个人投资者。但是，由于在创业企业的发展过程中存在很高的不确定性和严重的信息不对称，因此，普通投资者很难有效率地完成对创业企业的直接投资，他们需要得到金融中介的帮助才能顺利地完成对创业企业的投资。但是，根据上述分析，由于银行和股票市场等传统的金融中介自身存在局限性，它们无法很好地担当投资者与创业企业之间的融资中介。

这样，风险投资作为一种新型的金融中介就应运而生。如图2-2所示，风险投资家从投资者那里募集资金，组建风险投资基金，然后将资金通过风险投资基金投入创业企业，使创业企业能够获得其所需要的资金。通过将掌握大量闲置资本的投资者与急需要融资的创业企业联系在一起，风险投资成功地解决了创业融资难题，并很好地填补了创业融资缺口。

图2-2　风险投资的金融中介职能

作为一种专业化的金融中介，风险投资具有以下职能。

● 筛选投资项目，选择有潜力的项目进行投资。
● 在投资后对被投资企业进行监控。
● 为被投资企业提供增值服务以促进其快速发展。

2.1.5　风险投资的优势

作为资本市场上一种新型的金融中介，与传统金融中介比较，风险投资具有以下一些特点或优势。

❶ 降低投资风险

通过引入风险投资家来管理和运作投资，可以有效减少风险投资运作中存在的不确定性和信息不对称。首先，作为职业投资家，风险投资家具有丰富的专业知识和经验，这些知识和经验能够帮助他们更准确地判断项目的优劣，从而减少投资的不确定性。其次，风险投资家比普通投资者更具有信息优势，他们与创业者之间的信息不对称的程度也较低。同时，他们还会采用一整套专业化的程序来对投资项目进行筛选和评估，并在投资后对项目进行严密的监控，从而进一步减少信息不对称所带来的投资风险。

❷ 股权投资

风险投资采取股权形式进行投资，因此它不需要企业提供抵押物和担保，也不需要企业支付利息和归还投资，而且它也不会增加企业的负债率，不会对企业的后续融资产生不利的影响。

❸ 放弃担保

由于风险投资不需要担保和抵押，因此更适合于那些处于早期阶段的创业企业，这些企业大多缺少可以用于抵押和担保的实物资产。

❹ 盈利模式

风险投资采用股权形式进行投资，并通过退出来获得投资收益。虽然股权投资形式可能会增加投资的风险，但也使投资者获得了分享企业成长所带来的资本增值收益的机会。事实上，风险投资获得的投资收益中绝大部分来自出售企业股权所获得的资本增值收益，只有很少一部分股息收入来自企业日常经营产生的现金流。因此，这种风险投资更加适合那些具有高成长性的创业企业。

❺ 投资规模

风险投资基金的投资额一般在数百万美元到数千万美元之间，这一投资规模可以更好地满足那些处于早期阶段的创业企业的融资需求。

❻ 激励机制

银行等传统金融中介通常采取的是工资加奖金的激励机制。在这一激励机制下，它们的项目评估人员更倾向于选择那些风险程度较低，但能带来稳定回报的投资项目。与这些传统金融中介不同，风险投资基金通常采取投资收益分成制度。在这种激励机制下，风险投资家更愿意冒风险，选择那些具有高风险，但也能带来高回报的项目进行投资。这种投资收益分成机制更适合于对处于早期阶段的创业企业进行投资，这一阶段的企业一般具有高风险和高成长性。

❼ 投资后管理

传统的金融中介一般不会深度介入被投资企业的经营管理，与之不同，风险投资机构除了向投资对象提供资金支持以外，它们还会在投资后对被投资企业进行严密的监控和管理，包括派代表参加被投资企业的董事会，收集企业经营活动的信息，参与企业的经营管理，从而有效减少信息不对称，防范道德风险的发生。同时，风险投资家还会向被投资企业提供增值服务，包括管理咨询、人力资源支持、网络资源、安排后续融资和设计退出方案等，以减少企业发展过程中的不确定性，促进其快速发展和资本增值。

2.2 风险投资的运作

2.2.1 风险投资运作的基本任务

狭义的风险投资运作的根本目的是在风险可控的前提下实现投资收益的最大化。风险投资运作的两个基本任务是创造投资收益和控制投资风险。

❶ 创造投资收益

在风险投资运作中，风险投资家并不是用自己的资金在进行投资，而是用养老基金和捐赠基金等机构投资者所提供的资金进行投资运作。这些风险投资家先从机构投资者那里募集资金并成立风险投资基金，然后将资金以基金的名义投入创业企业。机构投资者之所以愿意将自己拥有的资本投入风险投资领域，是因为他们相信风险投资运作能够为他们带来高额的投资回报。同时，风险投资具有高风险和流动性差的缺点。投资者在收获投资回报之前不仅需要承担很大的投资风险，而且需要等待很长的时间。因此，投资者通常都会要求获得很高的投资回报来对自己所承担的这些风险进行补偿。另外，作为中介的风险投资机构还会收取一定的管理费，并拿走一部分基金的投资收益，通常为20%，作为自己的报酬。

由于上述这些原因，风险投资运作必须能够创造足够高的投资收益以弥补其较高的运作成本，并对投资者产生足够的吸引力，只有这样风险投资运作才能够顺利进行并一直维持下去。

❷ 控制投资风险

对投资风险进行有效的控制和管理是风险投资运作能够正常进行的一个前提条件。风险投资的对象是处于早期阶段的创业企业，这些企业具有很高的不确定性，并存在严重的信息不对称，这些不确定性和信息不对称可能会导致很高的投资风险，从而给投资带来损失。这些风险的存在会降低预期的投资收益水平，进而影响投资者的投资意愿。因此，在风险投资运作中，必须对投资风险进行有效的管理，最大限度地降低投资风险，以降低投资项目的失败率，提高预期的投资收益水平，从而吸引投资者向风险投资基金投入资本。

2.2.2 风险投资的运作体系

❶ 风险投资的运作体系概述

在美国，有限合伙制风险投资基金较为流行。以这些有限合伙制风险投资基金为中心所构成的风险投资运作体系主要由5部分组成。

如图2-3所示，在这个风险投资运作体系中，投资者并不直接对创业企业进行投资，而是将自己所拥有的资金投入一个由基金管理公司发起并负责管理的有限合伙制风险投资基金，然后通过这个基金来对创业企业进行投资。风险投资基金在这里充当了一个投资者和创业企业之间的投资中介的角色。

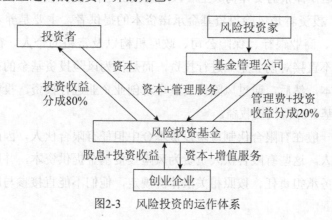

图2-3 风险投资的运作体系

基金管理公司是一个独立于风险投资基金的实体，它由风险投资家发起并进行管理，在风险投资运作体系中的作用是发起和管理风险投资基金。这些基金管理公司作为有限合伙制基金的普通合伙人将持有风险投资基金1%的股份，并在基金成立后负责基金的管理和运作。

虽然从表面上看，有限合伙制基金是由基金管理公司在负责运作和管理，但事实上，风险投资家才是有限合伙制基金的实际运作者。风险投资家是一群拥有丰富投资管理经验的专业投资者，他们作为股东或有限合伙人发起成立基金管理公司，并通过基金管理公司控制风险投资基金。在风险投资的运作中，风险投资家担负着为风险投资基金寻找投资机会、对投资项目进行初步筛选和尽职调查、做出投资决策、在投资后对被投资企业进行监控管理并为其提供增值服务的任务。

创业企业是风险投资基金的投资对象，但风险投资的投资对象并不是所有的创业企业，而是其中一部分具有高风险和高成长性的创业企业。这些创业企业大部分是高科技企业，而且一般处于早期发展阶段，需要借助风险投资家的资金和资源来完成创新和快速扩张。

一般情况下，风险投资基金与基金管理公司是两个相互独立的实体。风险投资基金负责对创业企业进行投资并持有被投资企业的股权，而风险投资基金一般由基金管理公司负责运作和管理。由一家基金管理公司来发起和管理多只风险投资基金，可以提高风险投资运作的效率。同时，将多个风险投资基金交由一家管理公司来进行运作和管理，可以保证基金管理具有更好的延续性。在某些情况下，也存在基金与基金管理公司合二为一的情况。例如，一些公司制风险投资基金，它们既可以像基金一样对外进行投资，也可以作为基金管理公司发起、管理和运作其他的基金，因此它们同时具备基金和基金管理公司的职能。

除非特别说明，本书中所说的风险投资机构是基金与基金管理公司的统称。

❷ 风险投资运作体系的组成

从风险投资运作体系的实体构成上看，风险投资运作体系包括以下5个组成部分。

(1) 投资者。投资者是风险投资基金承诺资本的提供者，主要是养老基金、大学捐赠基金、大企业、商业银行、保险公司、政府机构以及富裕的个人。在风险投资运作中，投资者一般不直接对创业企业进行投资，而是作为风险投资基金的有限合伙人或者股东为其提供资本，然后，通过风险投资基金对创业企业进行投资。投资者按照一定的比例从风险投资基金分得投资收益。

由于投资者一般在有限合伙制风险投资基金中担任有限合伙人，因此，他们又经常被称为有限合伙人。这些有限合伙人负责为风险投资基金提供资本，并以自己的出资额为限对基金的债务承担责任。按照相关法律的规定，他们不能直接参与风险投资基金的投资运作。

(2) 风险投资基金。风险投资基金(Venture Capital Fund)是一种特殊类型的集合投资工具。它在风险投资运作中担任投资者与创业企业之间的金融中介，将来自众多分散的投资者的资金汇集成一个具有一定规模的资金池，然后通过资金池来对创业企业进行投资。

从法律上看，风险投资基金是一个采用有限合伙制或公司制组织形式组建的企业。在美国，风险投资基金通常采用有限合伙制组织形式组建。在这些有限合伙制基金中，基金管理公司担任普通合伙人，负责基金的运作和管理，并对基金承担无限责任。普通合伙人向基金收取管理费并从基金的投资利润中分得一定的比例作为自己运作和管理基金的报酬。投资者作为基金的有限合伙人负责为基金提供承诺资本，并承担有限责任。

(3) 基金管理公司。基金管理公司又称为风险投资公司，它是职业化和机构化的风险资本的管理者。从法律形式上看，基金管理公司是一个由多名风险投资家作为股东或合伙人发起设立的有限责任公司或合伙制企业。基金管理公司在风险投资运作中扮演的角色是风险投资基金的发起人和管理人。它从投资者那里筹集资金，建立风险投资基金，然后通过风险投资基金将资金投入创业企业，并在创业企业发展成熟后引导创业企业公开上市和并购等，以此方式退出以获取资本增值收益，最后将从创业企业撤出的资金及其投资收益返还给投资者。

(4) 风险投资家。风险投资家(Venture Capitalist)是在某一特定的行业和投资领域具有丰富投资经验的职业投资家。他们在风险投资运作中所承担的职能包括发起并成立基金管理公司，利用基金管理公司作为发起人从投资者那里募集资金并成立风险投资基金以及负责风险投资基金的投资运作和管理等。在这个过程中，风险投资家还将完成为风险投资基金寻找投资机会、对找到的投资机会进行初步筛选和尽职调查、与创业者进行谈判、设计交易结构，以及对被投资企业进行监控管理和为其提供增值服务等具体的工作任务。

(5) 创业者和创业企业。创业企业是风险投资的对象，它们构成了风险投资基金的投资组合。风险投资基金主要投资那些处于早期阶段的创业企业，但并非所有的创业企业都是风险投资的投资对象。事实上，风险投资的对象主要是一部分具有很高的成长性的创业企业，尤其是那些创新型和科技型的企业。

虽然，这些企业具有快速成长和增值的潜力，但它们面临创业融资障碍。由于它们的技术尚不成熟，创意未经过市场检验，因此具有很高的不确定性。同时，这些企业还存在严重的信息不对称，只有很少一些资产，缺少经营和业绩记录。因此，它们很难从商业银行等传统的金融中介那里获得其所需要的资金支持，并面临严重的资金短缺。这些创业企业希望从风险投资基金那里获得支持其快速发展所需要的资金和资源。虽然，对这种类型的企业进行投资具有很高的风险，但一旦获得成功将会给投资者带来巨大的商业回报。

创业者(Entrepreneur)是指那些创建自己的企业的个人，他们希望借助风险投资来将自己的创意转化为现实，或进行快速的扩张。对创业者来说，只有当风险投资家能够为他们创建的企业提供快速发展所需要的资源和动力时，他们才愿意将那些能够带来高成长和高收益的创意和投资项目贡献出来。

2.2.3　风险投资的运作过程

❶ 风险资本的循环

风险投资的运作是一个周期性的过程。首先，投资者将其所拥有的资金投入由风险投资家发起和管理的风险投资基金形成风险资本。然后，风险投资家将这些资本通过风险投资基金投入创业企业，并获得企业的股权。当创业企业发展成熟之后，它们将首次公开发行股票或者被大企业并购。这时，风险投资基金会将其持有的企业股份出售给其他投资者以获取现金。在基金的存续期到期前，风险投资家会对风险投资基金进行清算，并将资本及其投资收益归还给投资者。此后，投资者可能会将这些资本及其投资收益再次投入新的风险投资基金，从而开启一个新的风险投资循环。风险资本的循环过程如图2-4所示。

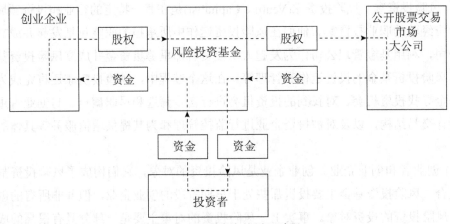

图2-4　风险资本的循环过程

❷ 风险投资的运作的4个阶段

　　风险投资的运作是一个由多阶段构成的连续的过程。我们以有限合伙制基金为例，对风险投资的运作过程做一个简单的介绍。如图2-5所示，典型的有限合伙制基金的投资运作过程由融资、投资、投资后管理和退出4个阶段构成。

　　(1) 融资阶段。募集基金是风险投资运作过程的起点。在这个阶段，风险投资家采用私募方式向投资者募集资金，并采取有限合伙制组织形式成立风险投资基金。这个风险投资基金通常是一个存续期为10年加3个1年的延长期的有限合伙制企业。

　　基金的募集流程可以分为多个步骤。首先，基金管理公司根据对市场发展趋势的研究和分析，以及对自身的条件和资源优势的评估，选择一个高速增长的新兴市场作为基金的投资领域，并制定基金的投资策略和初步募集方案。其次，组建基金投资管理团队，由它来具体负责基金的募集工作。投资管理团队将确定潜在的投资者，选择募集方式并撰写私募备忘录。再次，投资管理团队将针对潜在的投资者进行路演，向其推销基金。有意向的投资者将会对基金管理人进行尽职调查。然后，双方就合同条款进行谈判，以敲定投资的细节。最后，投资者交纳出资、签署正式的投资协议并注册成立基金。

　　(2) 投资阶段。在基金募集成立后，风险投资家将着手为基金寻找合适的投资机会，并将基金的承诺资本投入选定的目标企业中去。基金的投资期一般是在新基金成立后的3～5年。在这期间，风险投资家将通过各种项目来源渠道搜集有关投资机会的信息，并对投资项目进行筛选和尽职调查，进行交易结构设计，与创业者展开谈判以达成投资协议。然后，将基金的承诺资本投入选定的投资项目中。如图2-5所示，风险投资基金的投资流程一般由项目来源、初步筛选、尽职调查、交易结构设计、签署投资协议和交易实施6个环节构成。

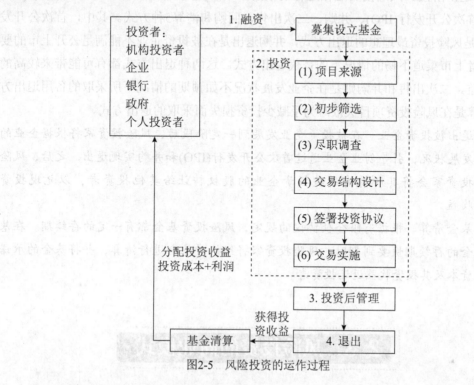

图2-5　风险投资的运作过程

- 项目来源。在这个环节，风险投资家将通过多种项目来源渠道获取有关投资项目的信息。
- 初步筛选。在这个环节，风险投资家将按照基金的投资策略和投资标准对前期所获得的有关投资机会的信息进行筛选，将那些没有投资价值的项目淘汰掉，并将有巨大发展潜力的项目挑选出来。
- 尽职调查。在这个环节，风险投资家将对通过初步筛选的项目进行尽职调查，从多种渠道搜集有关投资项目的信息，并对其进行深入分析，以核实项目的投资价值是否属实，并揭示投资风险。
- 交易结构设计。在尽职调查所获得的数据和信息的基础上，风险投资家将对目标企业进行估值，并对交易结构进行设计。交易结构设计的内容将集中体现在投资条款清单中。之后，双方将就这份投资条款清单进行谈判，直到达成一致。
- 签署投资协议。在就投资条款清单达成一致的基础上，风险投资家与创业者将签署正式的投资协议。
- 交易实施。按照双方已经签署的投资协议，将资金投入创业企业，完成相应的股权变更手续，从而完成投资交易。

(3) 管理阶段。在投资之后，风险投资家将对被投资企业进行监控，参与企业的经营管理，以减少信息不对称，防范道德风险。同时，风险投资家还将向企业提供增值服务和商业资源，以促进企业的快速发展和资本的快速增值。

(4) 退出阶段。风险投资运作过程的最后一个阶段是投资的退出。风险资本的退出主要有首次公开发行(IPO)、并购、二次出售、回购和清算5种方式。其中，首次公开发行(IPO)是风险投资最理想的退出方式，并购退出是在被投资企业不能满足公开上市的要求，或者上市渠道不畅的情况下的替代退出方式。这两种退出方式都有可能带来较高的投资收益。二次出售和并购则是在企业发展状况不如预期的情况下所采取的备用退出方式。清算是在风险投资项目失败时为了减少投资损失而采取的退出方式。

- 退出被投资企业。在被投资企业发展到一定阶段后，风险投资家将根据企业的发展状况，引导创业企业通过首次公开发行(IPO)和并购实现退出。之后，风险投资家会将其所持有的被投资企业的股权转让给其他投资者，以兑现投资收益。
- 基金清算。根据有限合伙协议的规定，风险投资基金都有一定的存续期。在基金的存续期快要到期时，风险投资家将组织对基金进行清算，并将基金的承诺资本及其投资收益返还投资者。

2.3 风险投资的商业模式

风险投资所获得的高额投资回报源自风险投资特殊的商业模式。

2.3.1 盈利模式

❶ 收益的来源

传统的投资者主要通过其所持有的企业普通股的股息分配或分红来获取投资收益。但是，这种收益模式并不太适合对处于早期阶段的企业的投资。由于处于早期阶段的企业的投资风险较高，而且缺乏流动性，因此，投资者一般会要求获得更高的投资收益以弥补其所承担的高风险。那些投资处于早期阶段的企业的风险投资基金所要求获得的年投资收益率通常在30%～50%。但是，由于这些创业企业大多处于亏损状态，或者只有很少一些利润，因此，如果投资者持有被投资企业的普通股，那么他们能够从被投资企业分得的收益将是非常有限的。现在，我们来看一个例子，假设风险投资基金采用优先股对一家创业企业进行投资，这些优先股每年都按照固定的息率分得股息。一般情况下，优先股的息率是5%～15%(这取决于投资者冒险的程度)。为了计算简单起见，我们选取10%作为企业为优先股分配股息的息率。为了进一步简化计算,我们再假设这些优先股的股息是按照不计复利的方式计算的,这样投资者每年所获得的股息即为投资额的10%。

如果采取这种收益分配方式,那么,在这个例子中,风险投资基金可能需要等上100年才能够获得10倍于它们的投资额的投资收益。另外,考虑到风险投资基金的存续期限一般为10年,这就意味着,如果仅通过股息分配的方式来获得投资收益(假设风险投资基金从成立后的第一天就进行投资,并且,在风险投资基金的整个存续期限内一直持有这项投资)。那么,在基金的存续期结束时,它只能获得1倍于其投资额的投资收益。显然,这家创业企业所能够提供的股息收入并不能满足风险投资基金对投资收益率的预期。

从上面的分析可以看出,创业企业的股息分配并不能满足投资者对高额回报的要求。如果风险投资基金仅能够从被投资企业的股息分配中获得投资收益,那么,这些基金将永远无法实现预期的投资收益率。

与传统投资者通过股息分配获得投资收益不同,风险投资基金的投资收益主要来自被投资企业的高速发展和退出所产生的资本增值收益。假设风险投资基金对一家创业企业投资1000万美元,这家企业在接受投资后的5年之内进行首次公开发行。那么,在被投资企业上市后,风险投资基金通过出售其所持有的企业的股权就可以获得5亿美元的投资收益,这意味着风险投资基金将获得其原始投资额50倍的投资回报。

现在,我们再假设上述投资所产生的股息按照每年10%的息率并以非复利的方式累积计算。那么,风险投资基金每年的股息将是1000万美元×10%=100万美元,5年累计股息为500万美元。也就是说,风险投资基金从投资项目所获取的股息收入使其投资收益从5亿美元增加到了5.05亿美元。从上述分析可以看出,虽然分到股息对风险投资基金来说并没有什么坏处,但是它并不能显著增加风险投资基金的投资收益。

从上述例子我们可以看出,风险投资基金的盈利模式的核心是获取被投资企业快速成长所带来的资本增值收益,并且这种资本增值收益主要是通过被投资企业的公开上市和并购退出来实现的。事实上,在风险投资基金所获得的高额投资收益中,只有很少一部分来自企业的股息分配,而绝大部分来自企业的高速成长所产生的资本增值收益。这是传统投资者与风险投资家在盈利模式上的主要差异。

❷ 风险收益特征

处于不同发展阶段的企业的投资风险和投资收益是不同的。风险投资基金之所以会选择在企业的早期发展阶段投入资金,是因为处于这个阶段的企业估值比较低,风险投资家可以较低的价格购买企业的股份,从而能够获得更高的投资收益率。

一般来说,那些成功的创业企业的估值是随着时间的推移而逐步增加的。随着企业的发展，企业所面临的各种不确定性将会有效降低，投资风险也随之减少，与此同时，企业的估值会相应地得到提升。随着企业估值的上升，投资者需要投入更多的资金才能够获取等额的企业股份，而投资成本的上升将会导致投资收益相应减少。下面我们来看一个例子，假设现在投资者向一家处于早期阶段的企业投资100万美元，并以1美元1股的价格购得100万股的企业股票。当企业进行首次公开发行时，这些股票的价格变成30美元/股，这时，投资者所持有的股票的价值将是3000万美元，因此它所获得的投资回报倍数是30倍。现在假设投资者在企业发展的后期阶段进入，这时企业股票的价格已变成10美元每股，那么投资者投资1000万美元将获得100万股的企业股票。企业进行首次公开发行时的股票价格依然为每股30元，这时，虽然投资者所持有的股票价值依然为3000万美元，但是，它所获得的投资回报倍数只有3倍。从上述例子我们可以看出，对处于早期阶段的企业进行投资所能获得的投资回报倍数要远远高于在后期阶段投资所能获得的投资回报倍数。

专栏2-1　对Facebook的投资与回报[①] ——————————————

　　2004年2月，扎克伯格在哈佛大学正式创立Thefacebook.com。随后，它的用户数量开始呈直线增长，其影响力扩展到麻省理工、波士顿大学和波士顿学院等。

　　Facebook的第一笔融资来自彼得·蒂尔(Peter Thiel)。彼得·蒂尔是在线支付公司PayPal的创始人之一，也是一个天使投资者。在彼得·泰勒对Facebook进行投资时，Facebook的估值为500万美元，Peter Thiel投入50万美元，占10%股份。此后，Facebook又陆续获得了来自Accel Partners、微软、李嘉诚、尤里·米勒等的一系列投资。

　　Accel于2005年4月对Facebook进行投资。当时Facebook估值是1亿美元，Accel向其投入1370万美元。2006年4月，两家风险投资公司Greylock Partner和Meritech Capital Partner对Facebook进行投资，这时Facebook的估值是5亿美元，两家公司投入2000万美元。2007年10月，微软与李嘉诚对Facebook进行投资，其中，微软投资2.4亿美元获得了1.6%的Facebook股权，李嘉诚投资1.2亿美元获得了0.8%的Facebook股份。在这轮融资中，Facebook的估值已达到150亿美元，但这个估值并没有得到Facebook的认可。从2007年到2009年，Facebook的估值发生了很大的变化，原因是2008年6月，Facebook与ConnectU发生法律诉讼，Facebook将自己的估值定为37.5亿美元。2009年11月，Elevation Partners对Facebook投资9000万美元，此时Facebook的估值为90亿美元。2010年6月，Elevation Partners再次向Facebook投资1.2亿美元，这时Facebook的估值已达到230亿美元。2011年1月，高盛在Facebook上市之前对其投资14.5亿美元，此时Facebook的估值已经达到500亿美元。

　　2012年5月，Facebook作为全球最大社交网站在纳斯达克股票交易市场进行首次公

————————————
① 根据网络资料改编。

开发行，这时，公司的估值达到1000亿美元。这也是硅谷当时最大规模的一次IPO。Facebook上市后的市值达到1000亿美元，公司创始人扎克伯格持有公司28.4%股份，价值近300亿美元。彼得·泰勒当初投入Facebook的50万美元，在出售部分股票之后依然持有的Facebook的股份价值达30亿美元，获得的投资收益超过6000倍。Accel在出售小部分股权后所持有的Facebook股份价值为90亿美元，获得的投资回报达1000倍。Greylock Partner和Meritech Capital Partner一直没有减持，它们持有的Facebook股份在其上市后所获得的投资回报达200倍。微软与李嘉诚获得了其当初原始投资6.67倍的回报。到Facebook上市时，李嘉诚持有的Facebook股份价值达到8亿美元。Elevation Partners的第一笔投资所获得的投资回报为11倍，而它的第二笔投资则获得了4.35倍的投资回报。最后，那些通过高盛购买Facebook股份的投资者最终在一年后获得了2倍的回报。

从上述Facebook的案例可以看出，投资者在对不同发展阶段的企业进行投资时可以获得的投资回报存在很大的差异。对投资者而言，投资处于早期发展阶段的企业的风险最高，但获得高额投资回报的机会也最大；相反，虽然投资处于后期阶段企业的风险较小，但能够获得的投资收益也较低。

如图2-6所示，风险投资的投资风险与投资收益之间总体上呈正相关，即投资的风险越大，其投资收益可能也越高。一般来说，投资种子期的不确定性和投资风险都很高，但由于企业的估值较低，因此投资的成本较低，投资者能够获得的投资回报倍数也更高。随着企业的发展，企业的不确定性和投资风险将会逐步降低，但企业的估值将会增加，投资的成本也会随之增加，因此投资者能够获得的投资回报倍数将会降低。

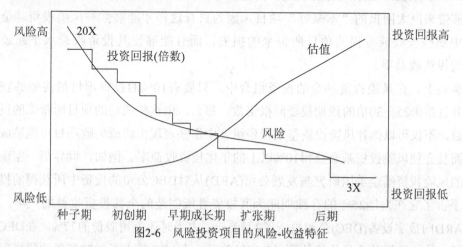

图2-6 风险投资项目的风险-收益特征

由于那些成功的创业企业的估值会随着企业的发展和不确定性的降低而逐步增加，因此，在投入等量资本的情况下，虽然那些在早期轮次融资中进入的投资者要比后加入的投资者承担更大的投资风险，但他们能够获得的投资回报率也会更高。

❸ 盈利机制分析

虽然风险投资项目的失败率很高，但是，由于风险投资项目一旦获得成功所能够产生的投资收益率也很高，因此，即使有大量的风险投资基金项目最终会失败，但由那些成功的项目所创造的巨大的投资收益依然有可能使风险投资基金作为一个整体实现盈利并获得高额的投资回报。采用投资回报倍数作为评价风险投资基金业绩的方法，每1000美元的投资效果分布如表2-1所示。

表2-1　风险投资基金的投资效果分布

项目	坏	存活	一般	好	优秀	总数
投资额	200	400	200	100	100	1000
5年的业绩	0	1X	5X	10X	20X	
税前回报	0	400	1000	1000	2000	4400
净回报	−200	0	800	900	1900	3400

资料来源：Bob Zider. How Venture Capital Works[J]. Harvard Business Review，1998(11-12)：136.

在所有风险投资中，20%会完全损失；40%会勉强收回投资；20%的项目能够获得5倍的投资回报；有大约10%的项目能够获得10倍的投资回报；还有10%的项目能够获得巨大的成功，并获得20倍以上的投资回报。

风险投资项目业绩表现的概率分布规律将会决定风险投资家如何选择投资项目。那些优秀的风险投资家一般不会选择投资那些风险较小但只能带来稳定利润的企业，而是会冒着很大的风险去投资那些拥有巨大成长潜力的创业企业。例如，红杉资本曾经投资了苹果、Google和Yahoo等具有很高投资风险，但同时也具有巨大发展前景的企业。一般来说，每家成功的风险投资基金都需要找到一两个如谷歌或者Facebook这样能够带来巨大回报的"本垒打"项目，因为只有这样才能够弥补风险投资基金投资组合中那些失败或亏损的项目所带来的损失，而且能够使其投资收益水平超过社会的平均投资收益率。

事实上，在风险投资基金的投资组合中，只要有10%的投资项目最终能够获得成功，并且带来25～30倍的预期投资回报倍数，那么，由这些成功的项目所带来的巨大投资收益，不仅可以弥补风险投资基金投资组合中那些表现平庸或失败项目可能造成的损失，而且会使风险投资基金获得10%以上的年化投资收益率。例如，世界第一家现代意义上的风险投资基金美国研究与发展公司(ARD)从对DEC公司的投资中所获得的投资回报几乎占了它在为期25年的存续期间为其投资者所创造的全部投资收益的一半。1957年，ARD向数字设备(DEC)公司投资了7万美元，占当时该公司股份的77%。在DEC公司上市后，这些股票的市场价值达到了3.55亿美元，为ARD带来了5000多倍的投资回报。事实上，如果不考虑从DEC公司所获得的投资收益，那么在ARD的存续期间，它的年化投资收益率只有7.4%。正是因为对DEC公司的成功投资，才使ARD的年化投资收益率达到了15.8%。

专栏2-2 **评价风险投资基金业绩的方法**[①]

在风险资本市场上，只有那些能够带来较高投资收益率的基金才能获得投资者的青睐。为了能不断地筹集到足够的资金设立新基金，风险投资家必须定期向潜在投资者展示其发起和管理的风险投资基金所取得的投资业绩。当投资者对风险投资基金的业绩进行评价时，他们经常用到的两个指标是内部收益率(IRR)和投资回报倍数。

1. 内部收益率法

对风险投资基金的业绩进行评价的第一种方法称为内部收益率法。内部收益率(Internal Rate of Return，IRR)是能够使今天所投资的一定数量的资本在未来特定的时间节点增值到特定的价值的利息率。我们一般根据基金的现金流出和流入以及发生的时间来计算其内部收益率。因此，内部收益率是将基金所有因为对外投资而发生的现金流出以及因为从投资项目退出而发生的现金流入等全部的现金流按一定的贴现率折为现值，当这一现值扣除基金投资组合的当前价值恰好为零时的贴现率(%)。它代表基金的年度收益率。

计算IRR的数学公式表示为

$$0=\sum_{i=0}^{n}\frac{C_i}{(1+r)^{t_i}}$$

式中：t_i表示从基金设立(0)到第i次(现金流发生的时间)；C_i表示t_i的现金流量(基金对项目的投资为负的现金流、基金从项目退出所获得的投资收益为正的现金流)；r表示内部收益率IRR。由于实际计算中的现金流比较复杂，一般会利用计算机软件来求解。

下面我们通过一个案例来说明用内部收益率评价基金业绩的原理。

假设基金的承诺资本为2000万美元，管理费与投资收益分成均为0(此时，基金的毛利润与净利润相等)。

在2012年1月，基金对第一个项目投资500万美元，有一个500万美元的净流出。

在2013年1月1日，基金对第二个项目投资1500万美元，有一个1500万美元的净流出。

在2015年11月30日，基金从第一个投资项目中退出，产生1000万美元的净流入。

在2017年12月31日，基金从第二个投资项目中退出并获得5000万美元的退出收益，产生5000万美元的现金流入。这也是基金投资组合的最终退出价值。

IRR的计算如下：

$0=-500$万美元-1500万美元$\div(1+\text{IRR})+1000$万美元$\div(1+\text{IRR})^4+5000$万美元$\div(1+\text{IRR})^6$

通过求解这个方程，就可以获得一个可行的年内部收益率，IRR=25.31%。

[①] 改编自：Andrew Metrick，Ayako Yasuda. Venture Capital and the Finance of Innovation(2nd)[M]. Hoboken：John Wiley & Sons，2011.

2. 投资回报倍数法

用内部收益率指标可以评价风险投资家在拥有投资者提供的资本的时间期限内，使用这些资本进行投资运作所取得的业绩。但是，一些投资者可能更关心风险投资家用这些资本最终获得了多少投资回报，而内部收益率无法对这一结果进行评价。例如，考虑下面的两只基金，甲基金在第一年年初投资了200万美元，并且在第一年年末收获了400万美元的收益。乙基金在第一年年初投资了200万美元，并且在第5年年末获得了6400万美元的收益。两只基金的内部收益率都是100%。但是很明显，在正常的通货膨胀的情况下，所有的投资者将会更加倾向于对乙基金的表现做出好评。

对风险投资基金的业绩进行评价的第二种方法称为投资回报倍数法，投资回报倍数法是投资者向风险投资基金投入的资金与从风险投资基金拿回的资金之间的比率。它可能还有其他名称，但都代表同样的含义，即将投资者最终收获的资金与投资者最初投入的资金进行比较。

投资回报倍数的计算方法主要有两种：第一种方法是计算投资者收回的资金与投入的资金的比率，即考察投资者收回的资本与投入的资本的比率。假设投资者向风险投资基金投资5000万美元，在10年后，基金清算时获得了5亿美元的投资回报，那么风险投资基金的投资回报倍数是5亿美元/5000万美元=10倍，即投资者对风险投资基金的投资最终获得了10倍的投资回报。第二种方法是计算投资者已经分得的投资收益加上其所拥有的基金投资组合中的企业股权的现值之和与投资者当初所投入的资本的比率。根据这些方法，可以对那些在相同年份募集的基金的业绩进行比较。

2.3.2　价值创造模式

风险投资的价值创造主要来源于三个方面：一是项目筛选；二是投资后管理；三是退出策略。研究发现，风险投资基金所创造的高额投资收益中的大部分来源于项目筛选阶段，投资后的监控管理以及提供增值服务也可以显著提高被投资企业创造价值的能力，从而提升企业的价值。另外，对投资退出时机和退出方式的选择也会对投资收益产生重要的影响。

如图2-7所示，风险投资家的价值创造过程包括价值发现、价值持有、价值提升、价值放大和价值兑现5个环节。

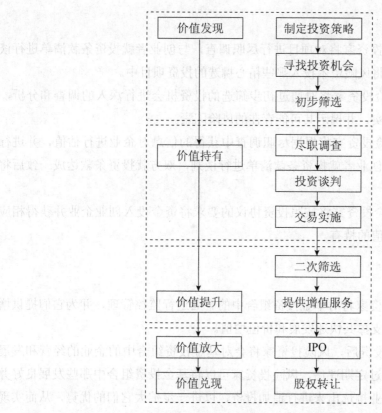

图2-7 风险投资的价值创造过程

① 价值发现

(1) 制定投资策略。在价值发现阶段，风险投资家的第一个任务是对市场发展趋势进行研究和分析，找出那些正在形成中的新兴市场，并结合自身的能力和资源优势，选择一个高速增长的细分市场作为风险投资基金的投资领域，在此基础上设计一个针对特定的投资行业、阶段或区域的基金投资策略。接下来，风险投资家将在投资策略的指导下，在选定的投资领域中寻找合适的投资机会，以建立基金的投资组合。

(2) 寻找投资机会。在这个环节，风险投资家将通过多种项目来源渠道搜寻和发现有关投资机会的信息。风险投资家努力寻找的投资机会一般是那些处于早期发展阶段并具有很高成长性的创新型企业，这些企业一般拥有新技术、新市场和新的商业模式。

(3) 初步筛选。在获得了有关投资项目的信息之后，风险投资家将会按照风险投资基金的投资策略和投资标准，对项目所处的行业、发展阶段、地理位置以及投资规模、投资期限、产品技术、市场前景、创业团队、商业模式、竞争优势和退出可行性等方面进行考察和评估，将那些没有投资价值的项目淘汰掉，并将那些拥有很高成长潜力的项目挑选出来。在这个环节，风险投资家所关注的一般是那些能够带来巨大投资回报的"本垒打"项目，这些项目有望在未来数年里快速成长，通过首次公开发行退出能够给风险投资家带来10倍或20倍以上的投资回报。

❷ 价值持有

在这个环节，风险投资家将对项目进行尽职调查，与创业者就投资条款清单进行谈判并达成一致，并最终将风险资本投入那些精心挑选的投资项目中。

(1) 尽职调查。风险投资家将对通过初步筛选的投资机会进行深入的调查和分析，核实其投资价值是否属实，并揭示其可能存在的风险因素。

(2) 投资谈判。风险投资家将根据尽职调查中获得的信息对企业进行估值，并进行交易结构设计，然后与创业者就投资条款清单进行谈判，双方就投资条款达成一致后将签署正式的投资协议。

(3) 交易实施。风险投资家将按照投资协议的要求将资金投入创业企业并获得相应的股份，从而完成对价值的持有。

❸ 价值提升

在投资后，风险投资家将对基金投资组合中的企业进行监控管理，并为它们提供增值服务和商业资源，以支撑其快速发展和价值增值。

(1) 二次筛选。在投资后，风险投资家将会对基金投资组合中的企业的经营和发展前景定期进行评估。通过定期评估，风险投资家可以将基金投资组合中那些发展良好并拥有价值增值潜力的企业挑选出来进行追加投资，以进一步扩大它们的优势，从而实现投资价值的最大化。一般来说，在那些获得了第一轮融资的企业中，只有大约20%的企业能够通过二次筛选并获得追加投资。

(2) 提供增值服务。风险投资家将为基金投资组合中的企业提供增值服务，包括帮助企业制定发展战略、提供指导和建议、帮助招聘管理团队的核心成员、介绍商业合作伙伴和顾客、安排后续融资以及设计退出方案等多个方面。风险投资家向创业企业所提供的这些增值服务可以显著地提升创业企业的价值创造能力，促进其快速发展和绩效提升，从而为投资的退出与获得高额的投资回报奠定基础。

❹ 价值放大

在经过数年的快速发展后，被投资企业的价值将会得到极大的提升，这时，企业就可以进行首次公开发行或者以并购的方式退出。在这个过程中，风险投资家将利用自己的经验和资源帮助被投资企业选择合适的退出时机和退出策略，以实现企业退出价值的最大化。

❺ 价值兑现

在企业进行首次公开发行后，风险投资家可以在锁定期满之后通过股票交易市场将其所持有的被投资企业的股票出售给公众投资者，以获取现金并兑现投资收益。另外，在锁定期之后，风险投资家还可以根据自己的经验来判断企业股价的走势，并选择在最佳时机出售自己所持有的企业股票，以获得较高的溢价，从而实现投资收益的最大化。

2.3.3　投资收益分配

在风险投资基金投资组合中的项目实现退出，或基金的存续期满时，风险投资基金将按照下列步骤将基金的投资收益分配给投资者。

(1) 向每一个投资者返还原始的投资。

(2) 按照优先回报率，向每一个投资者支付优先回报。

(3) 按照投资收益分成比例，将基金剩余的投资收益在有限合伙人和普通合伙人之间进行分配。

(4) 基金管理公司分得的利润在投资管理团队的成员之间进行分配。

优先回报率又称为门槛收益率。在私募股权投资基金的有限合伙协议中，通常都会包含一个门槛收益率的条款，作为基金管理公司获得投资收益分成的一个前提条件。在存在门槛收益率(私募股权投资基金的门槛收益率一般为8%)的情况下，只有当投资者已经获得门槛收益之后，基金管理人才可以参与基金投资收益的分配。也就是说，只有在基金的投资收益率超过门槛收益率的情况下，基金管理人才能够获得投资收益分成。

一般来说，进入后期阶段的企业大都已经有了稳定的收入和利润，因此，投资处于后期阶段的企业的私募股权投资基金的有限合伙协议中都会包含有关门槛收益率的条款。由于处于早期阶段的企业具有很高的不确定性，并缺少稳定的收入和利润，因此，投资这个阶段企业的风险投资基金一般不会设置门槛收益率。

在向投资者返还资本并支付门槛收益之后，风险投资基金剩下的投资收益通常会按照80/20的比例在有限合伙人和普通合伙人之间进行分配，即有限合伙人拿走基金剩余投资收益的80%，普通合伙人拿走基金剩余投资收益的20%，这种投资收益分配机制又称为附带收益(Carry Interest)分成制度。

基金管理公司作为普通合伙人所分得的20%的基金投资收益将按照基金管理公司章程或有限合伙协议的有关规定在基金投资管理团队的成员之间进行分配。

本章小结

本章阐述了与风险投资运作过程有关的几个基本原理。创业企业的融资障碍以及传统金融中介的局限性是风险投资出现和存在的原因。在创业企业的发展过程中存在很高的不确定性和严重的信息不对称，它们几乎没有什么可供抵押的实物资产，而且缺少经营和业绩记录，它们所面对的市场环境极不稳定，很多时候这些企业没有收入或者现金流为负，因此难以从银行等传统的金融中介那里获得发展所需要的融资支持。尤其是那些技术创新型企业，它们面临更加严重的资本束缚，这种资金短缺限制了它们在研究和开发上的投入，从而使它们的成长潜力受到极大的制约。

风险投资作为一种专业化的金融中介，具有消除和减少信息不对称以及降低交易成本的作用。风险投资家从众多分散的投资者(如养老基金、捐赠基金以及富裕的个人)那里筹集资金，然后将这些资金汇集成规模较大的基金，再以基金的名义将资金投入那些需要融资的创业企业，从而成功地解决了创业企业的融资难题。

风险投资运作的根本目的是在风险可控的前提下实现投资收益的最大化。风险投资运作的两个基本任务是创造高额的投资收益和最大限度地降低投资风险。风险投资的运作体系由投资者、创业企业、风险投资基金、基金管理公司和风险投资家5个部分构成。其中，投资者是风险投资基金的出资者；创业企业是风险投资基金的投资对象；风险投资基金是联系投资者与创业企业，并进行融资和投资运作的中介机构；基金管理公司由风险投资家联合成立，它是风险投资基金的发起人和管理者；风险投资家是一些拥有丰富的专业知识和投资经验的职业投资家，是风险投资基金的实际运作者。风险投资运作过程是一个周期性的循环，由融资、投资、投资后管理和退出4个阶段组成。风险投资的运作从风险投资基金的募集开始，然后寻找投资机会，并对合适的投资机会进行投资，在投资后对被投资企业进行管理并向它们提供增值服务，以促进被投资企业的快速发展和资本增值，最后通过退出来获得资本增值收益。

风险投资的商业模式包括价值创造模式、盈利模式和投资收益分配模式。本章重点分析了风险投资的盈利模式和价值创造模式，并介绍了评价风险投资基金业绩的两种方法。

思 考 题

1. 什么是创业企业融资障碍？导致创业企业融资障碍的原因主要有哪些？

2. 简述传统金融中介存在的局限性。

3. 风险投资存在的原因是什么？

4. 风险投资作为融资中介的优势有哪些？

5. 风险投资运作的基本目的和任务是什么？

6. 风险投资的运作体系包括哪些组成部分？它们各自的作用是什么？相互之间又有什么联系？

7. 风险投资的运作过程可划分为哪几个阶段？各阶段的主要任务是什么？

8. 风险投资的收益主要来自哪里？

9. 简述风险投资的风险收益特征。

10. 请简要说明风险投资的盈利机制。

11. 风险投资的收益是如何分配的？

| 第 3 章 |

风险投资的发展

1. 了解风险投资在美国的起源和发展历程。

2. 了解风险投资的发展现状。

3. 了解风险投资形成与发展的条件。

4. 理解风险投资机构化的原因。

5. 理解风险投资采取间接投资模式的原因和优势。

6. 了解有限合伙制形成的过程和原因。

7. 了解风险投资模式的转变过程。

3.1 风险投资的发展历程

3.1.1 风险投资的起源

从历史来看，作为一种专门资助那些具有广阔发展前景和很高风险的创业活动的投资行为，风险投资可追溯到15世纪的欧洲。当时，在西班牙皇后伊丽莎白二世的资助下，哥伦布成功发现了新大陆，从而开辟了从欧洲到美洲的新航线，促进了商业的发展。

从19世纪到20世纪初，在美国，洛克菲勒、菲利普斯、范德比尔特、惠特尼等因为成功投资电力、钢铁、石油和铁路建设而集聚了大量的财富。这些富裕的家族和个人希望通过投资来使自己拥有的资产获得最大限度的增值。同时，在20世纪初期的美国，一些来自大学和研究机构的创业者拥有许多优秀的技术和商业创意，他们希望获得资金的支持来将自己的技术和创意转化为商业价值。于是，从19世纪开始到20世纪初的20年里，这些富裕的家族和个人开始以股权投资的方式对新兴的创业企业进行投资，以获取高额的投资回报。一大批创业企业，包括美国电话电报公司的前身、美国东方航空以及麦克唐纳公司等在来自这些富裕的家族和个人的资金的支持下发展起来并获得了成功，这些富裕的家族和个人对创业企业的投资活动开创了风险投资的先河。

但是，创业企业存在很高的不确定性和信息不对称，并由此带来很高的投资风险。同时，对创业企业的投资是一个异常复杂的过程。这些富裕的家族和个人由于缺少相关的行业背景和投资管理经验而无法很好地完成这个投资任务。

为了更有效地开展投资活动，一些富裕的家族成立了家族基金会，并雇用一些专业的投资人士来帮助他们完成对创业企业的投资。例如，洛克菲勒家族成立了文罗克(Venrock)基金会来管理自己的投资。这些家族基金会是专业化的投资管理机构，它们负责管理家族的财产及其对外投资。这些由富裕家族设立的家族基金会成为现代意义上的风险投资机构的先驱，今天许多著名的风险投资机构就脱胎于这些家族基金会。例如，著名的柏尚合伙投资公司(Bessemer Venture Partners)就起源于菲利普斯(Phillips)家族基金会；J. H. Whitney风险投资机构则起源于Whitney家族基金会。

3.1.2 风险投资行业的形成

在20世纪40年代之前，美国的风险投资还处于萌芽状态，这一时期风险投资活动的主要特征是非机构化和直接投资。

第二次世界大战后,现代意义上的风险投资开始出现,这是一种机构化和职业化的投资行为。当时,哈佛商学院的教授乔治斯·多里奥特(Georges Doriot)看到许多新兴的创业企业难以从传统的融资渠道获得资金支持,导致其发展受到严重制约。同时,他还看到一些掌握了大量可投资本的机构投资者,如养老基金和捐赠基金,由于缺少必要的知识和经验,或者没有足够的时间和精力,无法独立完成对这些创业企业的投资任务。于是,乔治·多里奥特提出了一个帮助这些新兴的创业企业获得融资的解决方案,即设立一个专门的风险投资公司来帮助那些拥有大量资本的机构投资者完成对这些创业企业的投资。乔治·多里奥特希望这个风险投资公司担任机构投资者与创业企业之间的金融中介,它从机构投资者那里募集资金,然后再将这些资金投入那些处于早期阶段的具有巨大发展潜力的创业企业。同时,乔治·多里奥特还提出要为这些创业企业提供管理方面的咨询和建议,以促进其快速发展。

1946年6月6日,乔治·多里奥特在马萨诸塞州的波士顿发起成立了美国研究发展公司(American Research and Development Corp,ARD)。ARD是第一家现代意义上的风险投资机构,它的诞生标志着机构化和职业化的风险投资的出现,是风险投资行业发展过程中一个重要的里程碑。

作为一家职业化的风险投资机构,ARD由风险投资家运作和管理,主要投资于技术创新型企业。同时,它还为被投资企业提供管理咨询。但是,在初期,ARD公司的运作并不成功。由于ARD的投资对象主要是处于早期阶段的创业企业,这些企业一般难以在短期内取得良好的业绩,因此ARD一直无法从其投资业务中获得良好的收益。作为一家公开上市交易的公司制风险投资基金,ARD的股票价格也由于投资业绩不理想而表现低迷。

但是,ARD对数字设备公司(Digital Equipment Corp,DEC)的投资取得了巨大成功,并为ARD的发展带来了转机。DEC公司是一家由4名来自麻省理工学院的大学生发起成立的高科技企业,在公司创建初期面临严重的资金短缺。1957年,ARD向数字设备公司投资了7万美元,并获得了该公司77%的股份。1966年8月16日,DEC公司的股票公开上市交易,价格为每股22美元,ARD所持有的股票价值达到3850万美元。到1971年ARD退出DEC时,它所持有的DEC公司的股票价值为3.55亿美元,是其原始投资的5000倍。这项成功的投资案例不仅让ARD获得了巨大的成功,而且验证了它所开创的风险投资这一新型的投资业务的可行性。风险投资的核心逻辑是对那些处于早期阶段的拥有巨大发展潜力的创业企业进行投资,并为其提供商业资源和管理方面的支持,以促进这些企业的快速发展和资本增值,最终通过被投资企业的公开上市实现投资的退出并获取高额的投资收益。

ARD对DEC的投资所取得的成功还发挥了良好的示范作用,让其他投资者认识到这种新型的风险投资业务所拥有的巨大潜力,并激励他们采取同样的模式投资创业企业,从而促进了风险投资行业的兴起和发展。

J. H. 惠特尼是美国风险投资行业的另外一个先驱人物，他在1946年出资500万美元设立了惠特尼投资公司(Whitney & Company)，并先后投资了包括康柏公司在内的350多家创业企业。同时，惠特尼还率先认识到了风险投资运作的专业性和复杂性，并雇用职业投资人士来负责风险资本的运作，从而为风险投资的机构化和职业化做出了重要的贡献。

3.1.3　风险投资行业的发展初期

❶ 第一次发展浪潮

美国的风险投资行业在20世纪50年代一直处于缓慢发展的状态，进入20世纪60年代后，风险投资行业终于迎来了第一个发展浪潮，其中的原因主要有两个：一是以半导体和集成电路为代表的新兴的高科技行业的发展为风险投资带来了大量的投资机会；二是在这个时期，股票市场进入了一个繁荣时期。随着风险投资支持的企业纷纷以首次公开发行(IPO)的方式上市，投资者也获得了高额的投资收益。例如，1968年，数字设备(DEC)公司首次公开发行为ARD带来了巨大的商业回报。

在这个时期，小企业投资公司(SBIC)也开始出现，这是美国风险投资行业发展过程中的第二个里程碑。20世纪50年代中期，美国政府开始认识到那些新兴的创业企业所面临的融资难题，希望通过扶持风险投资行业的发展来解决这一难题，以促进高科技产业的发展。1958年，美国国会通过了《小企业投资公司法》(Small Business Investment Act)，根据这个法案成立了小企业管理局(Small Business Administration，SBA)，并推出了小企业投资公司(Small Business Investment Company，SBIC)计划。小企业投资公司是得到小企业管理局的批准成立的私人风险投资机构，这些小企业投资公司可以通过联邦政府获得低息贷款，或是在得到政府担保的情况下从商业银行获得贷款，然后再将这些贷款用于对创业企业的债权或股权投资。这些小企业投资公司最多可以获得4倍于其自有资本，但最多不超过9000万美元的贷款。也就是说，小企业投资公司的私人投资者每投入1美元资本就可以依靠联邦政府所提供的担保从商业银行获得4美元的贷款，并将这些资金用于对创业企业的投资。

小企业投资公司在20世纪60年代获得了快速的发展，据统计，自1959年第一家小企业投资公司诞生，到1963年，共有692家小企业投资公司成立。虽然由于市场的变化以及自身制度设计上存在的缺陷，小企业投资公司在20世纪70年代后逐渐走向衰落，但小企业投资公司计划的实施还是极大地促进了美国风险投资行业的发展。

❷ 风险投资行业的低潮

高科技行业和股票市场的不景气使风险投资行业的发展在20世纪70年代遭受了严重

的挫折。在这个时期，风险投资基金每年新募集的资本额一直低于10亿美元。另外，在1974年，为了保护退休者的利益，美国国会还通过了《雇员退休保障收入法》，对企业养老金的使用范围做出了严格的限制，从而阻碍了企业养老基金进入风险投资领域。在这部法案出台后，风险投资基金每年新募集的资本额迅速下降。1975年，风险投资基金新募集的资本额甚至只有1000多万美元。

3.1.4 风险投资行业的复苏

❶ 相关政策与法规的调整

到了20世纪70年代后期，大多数美国人开始认识到风险投资在推动经济发展方面的重要作用。在这一背景下，美国政府开始着手制定一系列有利于风险投资行业发展的政策法规。1978—1981年，美国国会通过了5个促进风险投资行业发展的法案。例如，1978年通过的国内税收法案大幅降低了资本利得税的税率，将其从49.5%降至28%；1979年美国劳工部对"雇员退休收入保障法案"中的"谨慎人规则"进行了修改，放宽了对企业养老基金进入风险投资领域的限制。这一系列政策与法规的出台清除了风险投资行业发展的障碍，推动了风险投资行业的快速发展。

❷ 有限合伙制的形成

在20世纪70年代之前，大多数风险投资机构和小企业投资公司都采用公司制组织形式来设立基金。进入20世纪70年代之后，一些风险投资机构开始采用有限合伙制组织形式来发起设立风险投资基金。世界上第一家有限合伙制风险投资基金是1958年成立的Draper，Gaither and Anderson(D&G)。D&G成立后投资了一系列优秀的创业企业，并取得了很大的成功，对有限合伙制组织形式的形成产生了积极的影响。

采用有限合伙制组织形式有利于明确投资者和基金管理人的责任和义务，尤其是有限合伙制基金采用投资收益分成制度来对风险投资家进行激励，有助于实现激励相容，减少道德风险的发生。同时，有限合伙制还可以对风险投资家的机会主义行为形成有效制约，能最大限度地减少委托代理问题，打消机构投资者的顾虑，让它们可以放心地将自己所拥有的资本交给风险投资家去运作，从而对吸引机构投资者进入风险投资领域起到积极的作用。另外，采用有限合伙制组织形式可使风险投资家拥有更大的自由度和投资决策权，便于它们更加灵活和高效地投资创业企业。

由于具有上述优势，有限合伙制组织形式在20世纪60年代后开始盛行，并逐渐发展成为风险投资基金的主流组织形式。在20世纪70年代，由商业化的风险投资机构设立的有限合伙制基金以及由大企业和小企业投资公司所设立的公司制投资基金所管理的风险资本分别占美国风险资本市场三分之一的份额。从20世纪80年代初期开始，大量新的风险投资基金采用有限合伙制组织形式建立起来，有限合伙制风险投资基金所管理的资本占整个资本市场的份额开始稳步上升。到1980年，这三种类型的风险投资机构所管理的风险资本占整个风险资本市场的份额分别为40.0%、31%和28.9%，而到了1988年，有限合伙制基金的资本占整个资本市场的比例超过80%。

❸ 风险资本来源的多元化

由于受到"审慎人准则"的限制，养老基金在1979年以前只能将其所管理的资产中的很小一部分用于投资风险投资基金。据有关统计，1976年到1978年，养老基金对风险投资基金的投资额仅为500万美元。在1979年美国政府对养老基金的监管制度进行改革之后，养老基金开始大规模进入风险投资领域。从20世纪70年代到80年代末，养老基金对风险投资基金的投资额由每年1亿～2亿美元增加到每年40多亿美元。同时，养老基金对风险投资基金的投资还起到了很好的示范作用，并带动了捐赠基金和保险公司等其他类似的机构投资者进入风险投资领域。

机构投资者纷纷进入风险投资领域极大地增加了风险资本的供给，使风险投资基金每年新募集的资本额大量增加。例如，1978年，风险投资基金新募集的资本额为7.5亿美元，而到了1987年，风险投资基金新募集的资本额已经达到44亿美元，增长了4.87倍。同时，机构投资者的进入还导致了风险投资基金的承诺资本的大量增加。例如，1978年设立的风险投资基金的承诺资本的平均规模为1700万美元，1986年设立的风险投资基金的承诺资本的平均规模为5000万美元，而到了1999年，风险投资基金的承诺资本的平均规模达到2.17亿美元，由那些顶级风险投资机构所发起设立的基金的承诺资本规模增加更加显著。另外，机构投资者的进入也使风险资本的来源结构发生了很大的变化，养老基金等机构投资者逐渐成为风险投资基金的主要资本来源渠道，而来自个人投资者的风险资本占整个风险资本市场的比例则大幅下降。

3.1.5 风险投资行业的繁荣

❶ 第二次发展浪潮

20世纪80年代，美国风险投资行业迎来了第二次发展浪潮。在这个阶段，以个人计算机为代表的电子信息技术行业快速兴起并获得了很大的发展。起初是苹果公司在个人计算机市场取得了成功。之后，IBM公司也进入该领域，并发布了自己研发的个人计算机产品。接着康柏、戴尔和惠普公司纷纷进入个人计算机市场。随着个人计算机行业的兴起和普及，一大批优秀的高科技企业基于个人计算机的应用创建起来，从而为风险投资基金提供了大量的投资机会。从1981年到1990年，风险投资基金每年投入个人计算机行业的资本占整个风险投资额的比例都超过15%。另外，在20世纪80年代，养老基金和捐赠基金等机构投资者开始大举进入风险投资行业，极大地增加了风险资本的供给。在上述两股力量的推动之下，美国的风险投资行业快速发展起来，并成长为一个具有相当规模的行业。

在20世纪80年代，美国风险投资基金每年新募集的资本额获得了快速的增长。1980年，风险投资基金新募集的资本额为20亿美元，而到了1989年，风险投资基金新募集的资本额为49亿美元，增长了145%。

根据2001年美国《总统经济报告》，美国风险资本的投资额在20世纪80年代的年均增长率为17%。整个20世纪80年代，美国的风险投资额为388亿美元。其中，1983—1987年是这次风险投资浪潮最活跃的阶段，在此期间发生的风险投资额为247亿美元，占整个80年代的64%。在这期间，得到风险投资支持的创业企业的数量也显著增长，从1980年的504家增加到1990年的1176家，总计有1万多家创业企业获得了风险投资的支持，在这些企业中有许多都进行了首次公开发行。例如，戴尔电脑公司成立于1984年，它于1988年在纳斯达克上市；康柏电脑公司成立于1982年，它于1985年在纽约证券交易所上市；Sun公司成立于1982年，它于1986年在纳斯达克上市。风险投资基金在这些企业公开上市后获得了高额的投资收益，从而发挥了良好的示范作用，进一步吸引新的投资者进入风险投资领域。

美国的风险投资行业在经过了20世纪80年代的快速发展后终于成为一个拥有相当规模的行业，并进入黄金时代。

❷ 第三次发展浪潮

进入20世纪90年代，美国发生了以互联网为核心的信息技术革命。在这个时期，信息技术和生物科技等行业获得了快速发展，美国的风险投资行业也迎来了第三次发展浪潮。20世纪90年代初，网络通信技术和设备制造行业兴起，为风险投资行业提供了大量的投资机会。到了20世纪90年代中期，互联网行业的快速兴起为风险投资带来了更多的投资机会。从1995年到2000年，创业企业的数量大量增加，它们大部分都是基于新兴的互联网技术建立起来的。

在整个20世纪90年代，美国风险投资基金新募集的资本额处于一个快速增长的状态。1996到2005年，有1204家风险投资支持的企业进行了首次公开发行。随着这些企业的公开上市，风险投资基金也获得了丰厚的回报，而这又反过来激励投资者投入更多的资本，从而显著地增加了风险资本供给。随着风险资本供给的增加，风险投资基金的筹资规模也获得了快速的增长。1990年美国风险投资基金的筹资规模为32亿美元，而1999年风险投资基金的筹资额达到558亿美元，增长了16.4倍。在这期间，美国的风险投资额也获得了快速的增长，1990年美国风险投资总额为23亿美元，1998年的风险投资总额达到了215亿美元，增加了8.3倍。到了2000年互联网巅峰时期，美国的风险投资额达到了创纪录的1050亿美元，是1990年的45倍。

随着投资额的增加，获得风险投资支持的企业的数量也快速增长。1990年，获得风险投资的企业数量为1176家，而到了2000年，获得风险投资的企业数量达到7812家，增长了5.6倍。在这些得到风险投资支持的互联网和生物技术企业中产生了一批极为成功的投资案例。例如，雅虎公司成立于1995年，1996年在纳斯达克上市；谷歌公司成立于1998年，2004年在纽约证券交易所上市；亚马逊公司成立于1995年，1997年在纳斯达克上市；基因技术公司成立于1976年，1999年在纽约证券交易所上市。

❸ 网络经济泡沫的产生与破灭

风险投资在促进美国的高科技行业快速发展的同时，也推动了互联网泡沫的形成。在1995年到2000年的互联网泡沫时期，随着股票市场的繁荣，大量互联网企业纷纷进行首次公开发行，其股票市值也不断创新高。例如，雅虎公司上市后其市值一度达到1500亿美元，市盈率曾高达1000倍。一方面，丰厚的投资回报激励了大量的资本涌入风险投资行业，从而导致企业的估值被不断推高，加速了泡沫的形成与发展；另一方面，对投资项目的要求却越来越低，甚至一些没有任何收入的创业企业也获得了数量可观的投资，并且估值达数十亿美元。但是，这种状况是无法长期持续下去的。2000年3月10日，纳斯达克指数达到历史最高点5048点，较两年前上涨80%，但此后，股市开始大跌，2002年10月4日，纳斯达克指数跌至谷底，仅为1139点，从而导致互联网泡沫的破灭。在互联网泡沫破灭后的近一个月内，纳斯达克总市值的损失达数万亿美元。雅虎公司的市值从2000年初最高的1500亿美元跌至2001年底的40亿美元。从2000年到2001年，共有700家互联网公司倒闭。随着互联网泡沫的破灭，风险投资行业也随之跌入一个低谷。

3.1.6 风险投资行业的持续增长

2001年，美国风险资本新募集的资本额为391亿美元，比2000年的1050亿美元下降了62%。美国风险投资基金新募集的资本额在2002年跌入谷底，仅为93亿美元。但从2003年开始，随着信息技术企业业绩的逐步回升，风险投资行业也进入了一个新的繁荣阶段。2003年，美国风险投资基金新募集的资本额增加到116亿美元，这是风险投资基金新募集资本额在连续3年减少后，首次出现上升的态势。

根据美国风险投资协会2007年的报告，在2007年的第一季度，风险投资基金在美国进行了778笔交易，投资总额71亿美元，这是自2001年风险投资进入衰退期以来投资额的最高纪录。在这期间成功的风险投资案例包括YouTube和Google等。

3.2　风险投资的发展现状

3.2.1　基金筹集

如图3-1所示，进入20世纪80年代以后，随着个人计算机行业的兴起以及养老基金等机构投资者进入风险投资行业，风险资本供给大量增加，美国的风险资本市场进入了一个繁荣期。在这期间，风险投资基金的年筹资额不断增长，并在1989年达到一个小高峰，在这一年，风险投资基金新募集的资金额为49亿美元，而接下来是为期两年的萧条时期。

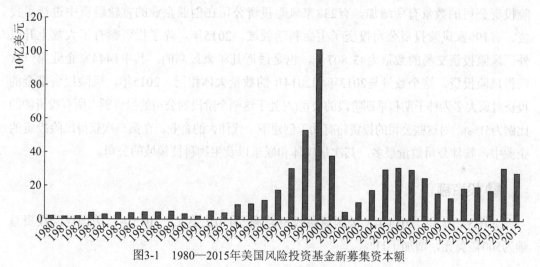

图3-1　1980—2015年美国风险投资基金新募集资本额

资料来源：根据NVCA历年年报整理

到了20世纪90年代，随着互联网行业的兴起，风险投资行业进入了一个新的繁荣时期。在这期间，风险资本的筹资规模获得了快速的增长。1995年，美国风险投资基金的年新募集的资本总额达到了98.5亿美元，是1985年39.7亿美元的2.48倍。2000年，风险资本的筹资规模达到了巅峰，该年风险投资基金新募集的资本额为1046亿美元，是1985年的26.3倍。2000年之后，随着互联网泡沫的破灭，在接下来的2年中，风险投资基金的筹资规模迅速缩小，并在2002年跌入谷底，这一年风险投资基金新募集的资本额仅有38.8亿美元。

2003年后，风险投资基金新募集的资本额重新开始上升，并在2006年达到一个小高峰。这一年风险投资基金新募集的资本额达到了311亿美元，但随后进入另一个长达数年的衰退期。

2011年以后，美国风险投资基金的资本募集进入了一个新的周期。2012年，风险投资基金新募集的资本额达到199亿美元。2013年，风险投资基金新募集的资本额出现了轻微的下降，从2012年的199亿美元下降到178亿美元。2014年，风险投资基金新募集的资本额达到311亿美元。2015年，风险投资基金的承诺资本下降到282亿美元，比2014年下降了9%，但是，它依然比2012年和2013年的承诺资本高出很多。

3.2.2 基金投资

从2009年到2015年，美国风险投资行业连续保持6年的上升势头。2015年，美国风险投资基金管理的资本额达到1653亿美元，原因是风险投资基金在2014年的资本募集活动表现强劲。虽然风险投资基金管理的资本额在2015年获得了大幅增加，但与2006年风险投资基金管理的2889亿美元的资本相比较，这一数字还是较小。2015年，活跃的风险投资公司的数量有所增加，有238家风险投资公司在创业企业的首轮融资中进行了投资，有199家风险投资公司投资了生命科学领域。2015年，除了投资额有了大幅上升以外，风险投资交易的数量为43 807个，也是最近几年来最高的，其中1444家企业第一次获得风险投资，这个数量与2013年和2014年的数量大体相同。2015年，风险投资基金的投资对象大多为种子期和早期阶段的公司(对处于这两个阶段的公司的投资额占所有投资额的比例为51%)，对这些公司的投资将有助于创建下一代伟大的企业。在第一次获得风险投资的企业中，软件公司数量最多，其次是媒体和娱乐以及生物科技领域的公司。

❶ 投资额

如图3-2所示，2014年，美国风险投资总额为450亿美元；2015年，美国风险投资总额为500亿美元，增加了11%。

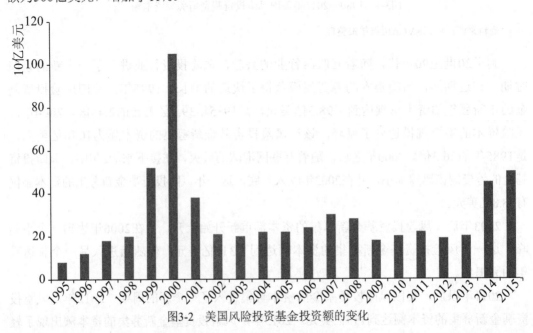

图3-2　美国风险投资基金投资额的变化

资料来源：2016年NVCA年报

如图3-3所示，2015年，有3709家创业企业获得了风险投资基金的投资，其中，718家创业企业获得的风险投资额超过500万美元。

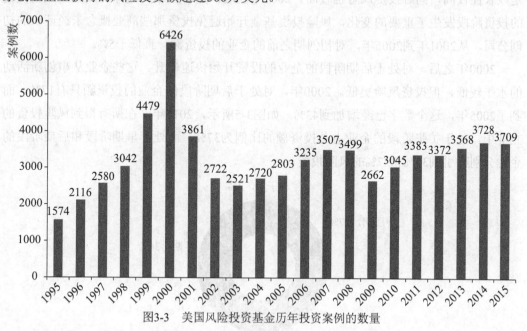

图3-3　美国风险投资基金历年投资案例的数量

资料来源：2016年NVCA年报

❷ 投资阶段

如图3-4所示，1995—2000年，获得风险投资份额最大的是处于扩张期的企业，这些企业已经拥有完善的商业模式，但需要更多资本来支持其实现快速扩张。相较于处于种子期/初创期以及成长期的企业，处于这个阶段的企业的投资风险更低，当然投资收益

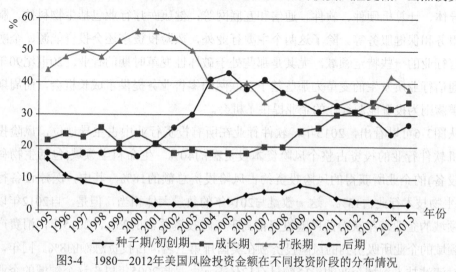

图3-4　1980—2012年美国风险投资金额在不同投资阶段的分布情况

资料来源：2016年NVCA年报

率也较低。同时，对处于早期阶段的企业的投资额一直处于下降状态。这些企业的特点是成长性较高，同时投资风险也较高。2001年以后，随着互联网泡沫的破灭，风险投资的投资阶段发生了重要的变化，风险投资基金开始避免投资那些商业概念未经证实的初创公司。从2001年到2005年，对初创期之前的企业的投资额一直低于5%。

2000年之后，对处于后期阶段的企业的投资开始快速飙升。这些企业从事创新活动的水平较低，但投资风险更低。2000年，对处于后期阶段的企业的投资额只有17%；而到了2005年，这个数字已经增加到43%。如图3-5所示，2015年，在所有得到风险投资的企业中，处于扩张阶段的企业占总投资额的比例为37%，而处于早期阶段和后期阶段的企业分别吸引到34%和27%的风险投资。

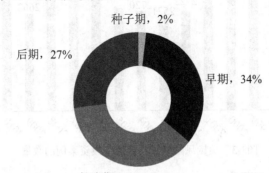

图3-5　2015年风险投资基金投资额阶段分布情况

资料来源：2016年NVCA年报

❸ 投资行业

风险投资基金集中投资的两个行业是信息技术和健康医疗行业。信息技术行业包括半导体、计算机硬件、软件、通信和互联网等；健康医疗行业包括生物科技、制药、医疗服务和保健服务等。除了这两个主要行业外，风险投资家还会投资能源、金融服务和零售行业的一些特定领域，尤其是那些处于破坏性变革时期的行业。20世纪90年代后期，通信行业所发生的变革为那些基于互联网的零售业务提供了成长机会，而周期性的油价震荡则为投资能源行业的企业提供了机会。

从图3-6可以看出，2015年，软件行业在所有投资行业中占主导地位，风险投资对计算机软件行业的投资占整个风险资本投资额的40%。生命科学领域(包括生物科技和医疗设备)的企业所获得的风险投资约占风险投资总额的18%，其中，医疗设备行业占5%，生物技术行业占13%。这一数量与2014年的数量大体相当，但是，自2012年以来，这个领域的企业每年获得的风险投资都高于风险投资总额的25%。2015年，消费产品和服务领域的企业所吸引到的风险投资额在美国排第三名，占投资总额的8%。同年，风险投资对清洁技术领域企业的投资额只有12亿美元，是自2005年以来这个领域的企业获得风险投资最少的一年。

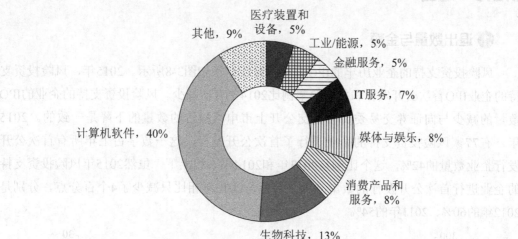

图3-6　风险投资基金投资额的行业分布情况

资料来源：2016年NVCA年报

④ 投资区域

如图3-7所示，2015年，加利福尼亚的创业者获得的投资最多，整个投资额的57%和投资交易数量的41%发生在该州。除了加利福尼亚以外，风险投资比较集中的地区还有马萨诸塞和纽约等。2015年，加州、马萨诸塞、纽约、德克萨斯和华盛顿所获得的风险投资额占整个风险投资额的82%，风险投资交易数量约占整个风险投资交易数量的69%。位于加州的风险投资机构向加州的投资占其所有投资的72%，它们还向其他37个州的创业企业进行了投资。

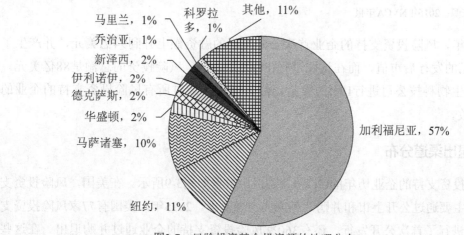

图3-7　风险投资基金投资额的地理分布

资料来源：2016年NVCA年报

3.2.3 退出

❶ 退出数量与金额

风险投资支持的企业历年的IPO数量和发行金额如图3-8所示。2015年，风险投资支持的企业IPO首次公开发行和并购的案例比2014年有所减少。风险投资支持的企业的IPO数量的减少与向证券交易委员会提交公开上市申请报告的数量的下降是一致的。2015年，有77家风险投资支持的企业进行了首次公开发行，这一数字占上年所有首次公开发行企业数量的42%，这个比例与2013年和2014年不相上下。虽然2015年风险投资支持的企业进行首次公开发行的数量减少了，但与2013年相比只减少了4个百分点，分别是2012年的60%、2011年的54%。

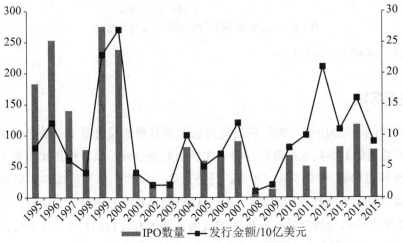

图3-8　风险投资支持的企业历年的IPO数量和发行金额

资料来源：2016年NVCA年报

2015年，风险投资支持的企业首次公开发行的融资额上升到94亿美元，并产生了588亿美元的发行后市值，而在这些进行IPO的企业中，风险投资的总额是88亿美元。2015年，生物科技公司进行IPO的数量已经连续三年超过所有风险投资支持的企业的IPO的半数。

❷ 退出渠道分布

风险投资支持的企业历年的IPO和并购退出数量如图3-9所示。在美国，风险投资支持的企业主要通过公开上市和并购两种方式实现退出。2015年，美国有77家风险投资支持的公司进行了首次公开发行，还有360家风险投资支持的企业通过并购退出。在这些企业中，87家披露信息的企业总的退出价值达到了170亿美元，大约为上一年通过并购退出企业的估值的1/3。在所有已经报告的并购交易案例中，软件企业约占50%。

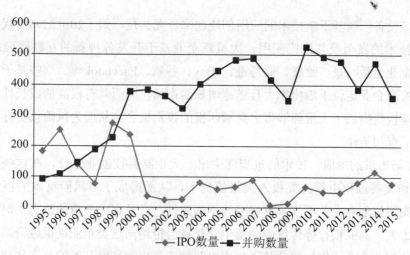

图3-9 风险投资支持的企业历年的IPO和并购退出数量

资料来源：2016年NVCA年报

3.3 风险投资的发展路径

3.3.1 风险投资形成与发展的条件

风险投资形成与发展的条件包括以下4个方面。

❶ 技术进步

技术进步是促进风险投资行业发展的一个主要推动力，主要体现在两个方面：一是技术进步是创新的源泉，创新速度和数量的增加为风险投资提供了大量的投资机会；二是大量高科技创业企业基于新技术的应用建立起来，这些企业的融资需求促进了风险投资的产生和发展。

(1) 投资机会的来源。风险投资的投资对象主要是那些具有高成长性的创业企业，但是，在20世纪70年代之前，由于技术发展比较缓慢，这种类型的企业还只是一些零星个案。20世纪70年代之后，新技术的大量出现为新企业的创建提供了有利的条件。例如，20世纪70年代，硅晶体管的发明催生了英特尔和其他一些从事半导体业务的新企业。进入20世纪80年代之后，随着个人计算机技术的发展，苹果、微软、康柏、戴尔、惠普、太阳微系统、硅谷图文、甲骨文等一大批从事计算机软硬件开发生产的创业企业纷纷建立起来。到了20世纪90年代初，随着网络通信技术的发展，3Com、思科和Sybase

等一批网络设备厂商基于新技术的应用创建起来。尤其是，到了20世纪90年代中期，随着互联网技术的发明及其推广应用，大量新企业基于开发各种新的互联网应用建立起来，这些企业包括网景、雅虎、亚马逊、eBay、谷歌、Facebook等。这些基于新技术应用而创建的新企业定位于规模庞大且迅速增长的市场，因而具有很高的成长性。它们的出现为风险投资提供了大量能够带来高额回报的投资机会，从而为风险投资行业的快速发展创造了有利条件。

(2) 市场需求的形成。技术的进步催生出一大批高科技创业企业，在这些高科技企业的创立和发展过程中都需要投入大量的资本，从而形成了对风险资本的巨大市场需求。这些高科技创业企业不仅具有很高的不确定性，而且存在严重的信息不对称，由于投资风险太大，商业银行等传统的融资中介往往会拒绝向这类企业提供融资。尤其是许多技术型的创业企业，例如那些从事集成电路制造和生物技术开发的公司往往需要大量的前期投入用于建设生产线或开发新产品，由于不能从商业银行获得贷款支持，这些企业只能向风险投资家寻求资金支持，从而形成了对风险资本的规模化需求。

❷ 政府引导

风险投资在美国的快速发展在很大程度上得益于政府的大力支持。美国政府扶持风险投资行业发展的措施包括制定税收优惠政策，通过放松管制允许养老金等机构投资者进入风险投资领域，以及发起小企业投资公司计划(SBIC)来增加风险资本的供给等。

(1) 税收优惠。1978年，美国政府将资本利得税率(Capital Gains Tax Rate)从49%大幅降低到28%。1981年，美国政府继续降低资本利得税率到20%。资本利得税率的降低提高了投资创业企业的预期投资收益率，增加了投资者的投资意愿，从而吸引资本进入风险投资领域，增加了风险资本的供给。

(2) 放松管制。1974年，美国通过《雇员退休收入保障法》(ERISA)，其中的"谨慎投资者"(Prudent Man)条款规定养老基金的投资需要遵循谨慎原则，从而限制了养老基金进入具有较高风险的投资领域。为了促进风险投资行业的发展，1979年美国政府对上述"谨慎投资者"条款进行了修改，允许养老基金在不影响其整个投资组合的安全性的前提下对风险较高的私募股权和风险投资基金进行投资，从而放宽了对养老基金进入风险投资领域的限制。在养老金制度改革后，养老基金开始进入风险投资领域。尽管养老基金只是拿出其所管理的资产的很少一部分，通常为5%～6%投入风险投资领域，但由于养老基金所管理的资产的规模庞大，因此，还是极大地增加了风险投资行业的资本供给。据有关统计，1978年养老基金投资于风险资本的金额为6400万美元，而到了1986年这一金额已经达到44亿美元。更重要的是，在养老基金的带动下，捐赠基金、保险资金等机构投资者也纷纷进入风险投资领域，从而极大地增加了风险资本的供给，推动了风险投资行业的发展和繁荣。

(3) 政府引导基金。美国政府实施的小企业投资公司(SBIC)计划也对促进风险投资行业的发展发挥了重要的作用。据统计,从1958年到2002年,在SBIC计划实施期间,大约有90 000家美国的中小企业从小企业投资公司获得了超过400亿美元的资金支持。同时,SBIC计划的实施还吸引了大量的民间和社会资本参与投资创业企业,从而极大地增加了风险资本的供给。另外,SBIC计划的实施还催生了大量新的风险投资机构。据有关统计,从1959年3月到1963年,共有686家小企业投资公司设立,从而显著地增加了风险投资机构的数量。许多在SBIC计划支持下建立起来的风险投资机构今天已成为美国风险投资机构家族中的重要一员。最后,SBIC计划的实施还培养出一大批具有丰富投资经验的职业投资家。大量投资管理人员在运作小企业投资公司的过程中成长起来,并成为有经验的风险投资家,他们在后来的几十年中为美国风险投资行业的发展做出了重要的贡献。

专栏3-1 美国政府扶持风险投资发展的SBIC计划[①] ————

1958年,为了解决美国中小型企业所面临的融资难题,美国国会通过了《小企业投资法案》。根据这一法案设立了小企业投资公司(Small Business Investment Companies,SBIC)计划,它通过为风险投资机构提供财政担保的方式来增加其资本,并引导它们投资中小企业和处于早期阶段的创业企业,从而对美国风险投资行业的发展起到了积极的促进作用。

SBIC是一种经由SBA批准设立的私人风险投资机构,它是专门投资于中小型企业的风险投资公司。SBIC与其他商业性风险投资公司的主要差异是它的初始投入可以很少。大多数SBIC的初始投资只有1000万美元,而其他类型的风险投资公司的初始资本一般在3000万美元以上,原因是SBIC设立后,它可以在政府的支持下获得更多的资金来进行投资运作。

SBIC的资本包括两个部分,即常规资本与额外资本。常规资本主要来自富裕的个人、州政府发展基金、机构投资者和养老基金等,而额外资本是通过政府担保所获得的杠杆融资。SBIC杠杆融资方式包括两种:一是公司债券杠杆融资(Debenture Leverage);二是参与式证券杠杆融资(Participating Securities Leverage)。每一个获得SBIC许可证的风险投资公司都可以通过发行获得政府担保的公司债券或者参与式证券的方式进行杠杆融资,通过这种杠杆融资方式,SBIC最多能够获得相当于其实收资本300%的额外资金,这些资金将用于补充SBIC的资本。SBIC的投资对象主要是那些具有较高成长性的创业企业,投资方式包括长期贷款、可转换债券和股权投资等,投资期限为3~5年。

从1994到2003年,SBIC管理下的风险资本的规模以平均20%的增长率增长。1998年7月,SBIC的数量达到138家,初始注册资本达18亿美元。2000年9月,被授权的SBIC有404家,遍及45个州,管理着超过160亿美元的资金。其中,108亿美元是私人资本,52亿美元是SBA担保的资金。到了2003年9月末,SBIC总数达448家,资本总规模达220亿

———————————

① 胡芳日,曹毅,等.创业投资守门人[M].北京:经济科学出版社,2010:46-52.

美元。在SBIC的数量及其管理的资本快速增加的同时，其对创业企业的投资也获得了显著的增长。2002年，SBIC所进行的风险投资占到美国风险投资案例总数的58%以及投资额的11%。从1958年至2002年，SBIC通过近140 000个投资项目已向近9万家创业企业提供了大约400亿美元的长期贷款和股权资本。在SBIC的投资案例中，绝大多数接受投资的企业都是中小型企业。另外，SBIC的投资对象中还有很多企业处于那些风险投资业不发达的州，SBIC对这些企业的投资促进了当地经济的发展。可以看出，SBIC计划的实施对支持创业企业的发展，尤其是对处于早期阶段的企业的发展发挥了重要的作用。

❸ 制度创新

在美国风险投资行业发展的初期，公司制是风险投资基金采用的主导组织形式。但是，公司制基金存在的双重纳税问题增加了风险投资的运作成本。同时，公司制基金的激励机制也缺乏灵活性，不能有效地解决风险投资运作中存在的委托代理问题。这些问题的存在制约了风险投资行业的发展。有限合伙制的形成是风险投资行业发展的一个重要的里程碑。有限合伙制可以避免双重纳税，降低投资者的税负，从而增加投资者预期的投资收益率。此外，有限合伙制还有利于解决风险投资运作中存在的委托代理问题，从而降低投资风险。有限合伙制组织形式解决了公司制基金存在的局限性，有利于吸引机构投资者进入风险投资领域，扩大风险资本的来源，增加风险资本的供给，从而推动风险投资行业的发展。

❹ 资本市场完善

纳斯达克股票交易市场的建立为创业企业的首次公开发行和风险资本退出提供了有利的条件，成为推动美国风险投资行业发展的一个重要因素。纳斯达克股票交易市场是一个专门为高科技企业提供融资和退出服务的创业板市场，与主板市场比较，它对上市公司的资质要求更为宽松、上市费用也较低，因此它更有利于那些高科技企业上市筹集资金。随着纳斯达克股票交易市场的逐步完善，它已经成为风险资本退出的主要渠道。大量的风险投资支持的企业通过纳斯达克股票交易市场实现退出，并给投资者带来了高额的投资收益，而这又进一步刺激了投资者将资本源源不断地投入风险投资领域，从而极大地增加了风险资本的供给，促进了风险投资行业的发展。

3.3.2 风险投资的制度演进

❶ 风险投资的机构化

在风险投资行业发展的早期阶段，风险资本市场上的投资者主要是一些富裕的个人和家族，他们作为天使投资者为那些具有发展前景且伴随高风险的创业企业提供资金支持，并获得高额的投资回报，但这种个体投资模式存在投资规模小和风险难以分散等缺陷。到了20世纪50年代，以美国研究与发展公司(ARD)为代表的一批机构化的风险投资基金的出现，标志着美国的风险投资开始从个体投资模式向机构投资模式转变。到了20世纪70年代，机构化的风险投资基金已成为主要的风险投资主体。

机构投资者是相对于个体投资者而言的，它与个体投资之间存在的一个本质差异是它具有正式的组织形式，是按照法律规定的组织形式建立起来的，而个体投资不具有正式的组织形式。机构化的风险投资是由基金管理人向众多分散的投资者募集资金，然后将这些资金汇聚在一起，并按照法律规定的组织形式设立风险投资基金，再以基金的名义进行投资，而非机构化的风险投资一般由个体投资者以自有资本进行投资。

(1) 个体投资的局限性。个体投资者无论是在投资能力、投资管理经验，还是在项目来源渠道等方面都存在较大的局限性，而且，由于个体投资者的投资能力有限，他们的投资风险也很难得到有效的分散。

- 有限的投资能力。由于掌握的财务资源较少，个体投资者的投资能力一般都很有限，这样，他们在选择投资的行业和阶段时也会受到很大的限制。一般来说，个体投资者很难满足那些资金需求量较大的高科技行业。例如，难以满足生物技术或集成电路行业的初创企业的大规模融资需求，也难以对那些进入扩张期和后期发展阶段的资金需求量较大的企业进行投资。

- 难以分散投资风险。由于可用于投资的资金规模有限，个体投资者一般只能对单个或少数几个项目进行投资。这样，由于不能建立多元化的投资组合，投资风险难以得到有效的分散。一些个体投资者甚至把自己的全部资本都投资在一个项目上，一旦这个项目失败，他们很可能会损失全部资本。

(2) 风险投资机构化的原因。

- 企业融资规模的增加。与传统行业比较，高科技行业的创业企业对资本的需求更大，尤其是集成电路、生物科技和互联网行业中的企业，在创建之初就需要投入大规模的资金用于研发新产品、建立生产线或者开拓市场。例如，在获得盈利之前，一些互联网门户网站企业必须投入大量的资金来发展用户，只有当用户的数量达到某个门槛值之后，才能通过广告业务获得销售收入和现金流。由于这些企业的前期投资很大，个体投资者的投资能力很难满足它们的融资需求。此外，投资者为了分散投资风险经常需要采用组合投资方式进行投资。如果投资者投资10个大额融资项目，每个项目的融资额为1000万美元，那么，投资组合的总投资额就是1亿美元。但是，大多数个体投资者所拥有的财务资源都难以达到这一规模。如果还要考虑对项目进行追加投资，那么，对投资者的投资能力的要求将会更高。由于受到投资能力的限制，绝大多数的个体投资者都无法进行这种大规模的投资。随着高科技行业的发展，企业的融资规模还会越来越大。个体投资模式已经难以满足这些企业的融资需求，这是风险投资从个体投资模式向机构投资模式演变的一个重要原因。

● 机构投资者的加入。机构投资者的加入是推动风险投资机构化的一个重要因素。1979年，美国政府对《雇员退休收入保障法》(ERISA)中的"谨慎投资者"(Prudent Man)条款进行修改并放松了对养老基金对风险较高的资产类别的投资限制，之后，养老基金等机构投资者纷纷进入风险投资领域。由于既缺少必要的专业知识和投资管理经验，又缺少寻找投资机会和管理投资项目所需要的时间和精力，这些机构投资者大多是以被动投资者的身份出现在风险投资领域的，并不直接对创业企业进行投资，而是经由金融中介者对创业企业进行间接投资。同时，这些机构投资者的投资规模较大，投资期限也更长，另外，它们还希望获得长期和稳定的预期投资收益并对投资的安全性具有较高的要求。出于这样的考虑，机构投资者往往更希望将自己的资金交给机构化的风险投资基金而不是个人去运作和管理。与个体投资者比较，以风险投资基金为代表的机构化风险投资不仅具有正式的组织形式，而且能够更好地分散投资风险，从而增加了为投资者带来稳定的预期回报的可信度。

(3) 机构化的好处。风险投资的机构化可以扩大投资规模、更好地分散投资风险，有利于企业实施专业化管理、降低运作成本和提高投资效率，从而克服个体投资不断增强的局限性，具体体现为以下几个方面。

● 提高投资能力。风险投资基金是机构化风险投资的一个典型。它采用集合出资的方式将来自众多分散的投资者的资本汇聚在一起，形成较大的资本规模，从而提高投资能力，可以满足企业较大规模的融资需求，可以投资更多的项目，从而更容易接触到好的投资机会。另外，由于拥有更多的可投资本，风险投资基金还能够对投资组合中那些发展良好的企业进行追加投资，增加在这些企业中的股权份额，从而不断增强获取高额投资收益的能力。

● 分散投资风险。与个人投资者比较，由于风险投资基金的资本规模更大，因此可以采用组合投资方式进行投资，并投资数量更多的项目，从而可以更加有效地分散投资风险。

● 委托专家管理。风险投资的机构化可以产生规模效益，这为风险投资的专业化管理创造了有利条件。风险投资基金将来自众多的分散投资者的资金聚集在一起，形成大规模的资金池，然后委托专业的投资管理人士(风险投资家)进行管理，可以获得规模效益，所产生的费用要远远低于单个投资者将自己的资金委托给专家进行管理所发生的费用。

● 专业化管理。个人投资者的投资流程一般带有很强的主观性，而他们在进行投资决策时通常又是一个人说了算，因此很容易发生投资决策失误。与之不同，风险投资基金采用更为成熟和专业的投资流程来对投资项目进行筛选和尽职调查，而且拥有更加完善的投资决策机制，从而可以有效减少投资决策的主观性和随意性，降低投资风险。

- 提高融资效率。风险投资的机构化有利于提高融资过程的效率。与个人投资者比较，风险投资机构更容易建立和培养自己的声誉，因此更容易得到投资者的信任，从而有利于缩短融资周期，提高融资过程的效率，并募集规模更大的资金。

- 提高投资效率。个体投资者往往缺少多样化的项目来源渠道，尤其是在寻找与其投资策略和风险偏好相匹配的投资机会方面存在较大的困难。由于找不到足够多的投资机会，个体投资者所拥有的资金经常因为得不到有效的利用而处于闲置状态。与之不同，机构化的风险投资基金能够更容易地建立和培养自己的声誉，建立更加广泛的社交网络和项目来源渠道，从而可以让创业者更容易找到资金。另外，与个体投资者比较，那些具有一定规模和声誉的风险投资机构更容易取得创业者的信任，使自己获得更多更好的投资机会，并从事更多的投资，从而提高投资的频率和资金使用效率。与个体投资者比较，风险投资基金的单笔投资额更大，一般为数百万美元，这使它们为每笔投资所花费的交易费用更低。

- 有利于声誉约束机制发挥作用。风险投资的机构化减少了风险资本市场上参与方的数量，从而有利于声誉约束机制更加有效地发挥作用，降低发生道德风险的可能性。在风险投资机构化之前，市场上存在大量的个体投资者，这些个体投资者直接对创业企业进行投资。这些个体投资者与创业企业之间所发生的交易大多是一次性的，在这些一次性的交易中经常会发生欺诈行为，而这些欺诈行为又会进一步降低投资者的投资意愿，从而影响资本市场运作的效率。

在风险投资机构化之后，投资者不再直接面对数量众多的创业企业，而是将资金投入风险投资基金，再由风险投资基金来对创业企业进行投资。这些风险投资基金是由数量有限的风险投资机构发起和管理的，一旦其中的某个风险投资机构做出了有损投资者利益的行为，它们的不端行为将很快为整个圈子所知晓，从而使它们的声誉受到损害。这样，这个风险投资机构以后将不能为自己发起的新基金募集到资金。为了避免这种情况的发生，风险投资机构就会避免采取机会主义行为，从而减少了发生道德风险的可能性。由于风险投资的机构化使创业者所面对的投资者的数量大为减少。因此，创业者可能需要与同一家风险投资机构进行重复交易。这样，一旦某个创业者的行为不端，那么，原来对创业企业进行投资的风险投资机构就会拒绝对其进行后续投资，而且这一信息还会为其他风险投资机构所知晓。这样，该创业者将很难获得后续融资。为了避免这种情况的发生，创业者就会避免采取机会主义行为，从而减少了发生道德风险的可能性。

❷ 间接投资模式的确立

在风险投资行业发展的初期阶段，投资主体主要是富裕的家族或大企业，它们对创业企业进行直接投资。到了20世纪80年代，这种直接投资行为开始减少，而经由风险投资基金来对创业企业进行投资的间接投资模式成为风险投资的主要形式。从直接投资转变为间接投资的原因有以下几个方面。

(1) 降低投资风险。风险投资中存在的信息不对称及由它所引发的委托代理问题是导致中介机构出现的一个重要原因。风险投资的对象主要是未上市的私人企业，由于这些私人企业没有信息披露的强制性要求，因此它们在信息披露方面往往缺少足够的透明性，这导致投资者与创业企业之间的信息不对称，这种信息不对称增加了投资者进行投资决策的困难程度。由于普通投资者缺少相关的经验和技巧，他们更容易做出错误的投资决策，从而导致逆向选择。风险投资家一般拥有深厚的行业背景和丰富的投资经验，他们与创业者之间的信息不对称程度更低，这有利于减少逆向选择的发生。同时，风险投资家还拥有较丰富的企业运营和管理经验，能够对被投资企业进行有效监管，从而减少发生道德风险的可能性。因此，引入风险投资家作为投资中介可以有效降低投资风险。

(2) 降低交易成本。间接投资模式可以在一定程度上降低交易成本。由于投资者与创业者之间存在信息不对称，为了避免发生逆向选择和道德风险，双方都会尽量收集与对方有关的信息，这样做将会产生额外的信息收集成本。由于风险投资家比普通投资者具有更多的信息优势，他们与创业者之间的信息不对称也较少，这有助于减少信息收集的工作量，从而减少交易成本。同时，风险投资家比普通投资者拥有更加广泛的人脉和社交网络，可以更容易地获得有关投资机会的信息，从而减少信息收集成本。因此，引入风险投资家作为投资中介可以降低风险投资的运作成本。

(3) 满足机构投资者的需要。风险投资运作是一个专业性很强的领域，对投资机会进行筛选和尽职调查、与创业者进行投资谈判和签约、进行投资后管理以及为创业企业提供增值服务等都需要具备丰富的专业知识和经验。另外，投资者在与创业企业达成投资交易的过程中还需要花费大量的时间和精力。但是，一般来说，机构投资者往往缺少对投资项目进行筛选和甄别、对被投资企业进行有效的监督管理并为其提供增值服务所需要的专业知识和经验，尤其是缺少对某些特殊的技术领域的了解。而且，他们还可能缺少足够的时间和精力来执行与实施相关的投资流程。因此，机构投资者可能难以完成对创业企业的直接投资，通常需要经由专业化的风险投资机构来完成对创业企业的投资。这些专业化的风险投资中介机构将代替他们对投资机会进行搜寻、筛选和尽职调查，并完成投资谈判和投资后管理工作。

(4) 提高专业化水平。在对高技术企业进行投资时，机构投资者需要得到风险投资家的帮助，以减少投资过程中的不确定性和风险。

风险投资基金的主要投资领域是高科技行业。高科技行业的发展为风险投资基金提供了大量的投资机会，并对风险投资形成了旺盛的市场需求。但是，高科技行业具有技术复杂和知识密集的特点，这要求投资高科技行业的投资者具备很高的专业化水平。例如，如果投资者想要投资一家生物技术企业，那么他就需要具备一定的生物技术方面的专业知识，只有这样他才能高效地完成对投资项目的筛选和尽职调查。但是，大多数天使投资者可能并不具备投资高科技领域所需要具备的专业知识和经验，而机构投资者的投资管理人员虽然具备一定的专业知识和投资经验，但他们很可能缺少对技术高度复杂的投资项目进行筛选和尽职调查所需要的技巧和能力，因此也难以独立完成对高科技企业的投资。

❸ 有限合伙制的主流化

1) 风险投资组织形式的变迁

(1) 公开上市的公司。在风险投资行业发展初期，公开上市的公司制基金是风险投资基金的主要形式。例如，世界上第一家现代意义上的风险投资基金美国研究与发展公司(ARD)就是一家公开上市的公司制基金。ARD是按照公司制组织形式成立的，它通过向机构投资者出售股份筹集到了350万美元的启动资金。然后，ARD在1961年3月在纽约证券交易所上市并通过在股票交易市场上向公众投资者出售股份来募集资金。在ARD成立后的10年中，新成立的风险投资基金大多数都是与ARD一样的公开上市公司。由于这些公开上市的公司制基金通过股票交易市场从公众投资者那里募集资本，它们所发行的基金份额可以在股票交易市场上流通并进行交易，因此，任何人都可以购买这些基金份额并成为其股东。这种公开上市的公司制基金存在以下局限性：第一，基金的股价很容易受到股票市场涨跌的影响，而且由于股票市场上的投资者主要是个人投资者，他们很容易受到市场情绪的影响盲目跟风进行炒作，从而导致基金股价的频繁波动，并给基金的管理者带来很大的压力，使他们难以坚持长期的投资战略。由于风险投资是一种长期性投资，而且在很长的一段时期内都无法盈利，因此，它并太不适合股票市场上那些投机性很强的个人投资者进行投资。第二，这种公开上市的公司制基金也不利于建立良好的激励机制。公司制基金的投资收益或利润一般按照股东所持有的股份比例进行分配。但是，风险投资家作为上市公司的管理人员一般并不持有基金的股份，因此，他们并不能像基金的股东一样参与基金利润的分配。这样，即使他们所操作的投资项目取得了成功并带来了很高的投资收益，他们也只能拿到数额有限的工资和奖金不能产生激励作用。例如，当美国研究与发展公司投资的光学扫描公司上市后，公司的投资者和股东都从这项投资所产生的利润中获得了丰厚的回报，但负责这项投资的投资管理团队的成员只拿到了很少的报酬，具体负责该项目的投资经理只拿到2000美元的奖励。由于缺少有效的激励机制，公司制基金往往很难留住优秀的投资管理人才。事实上，正是由于流失了大量有经验的专业投资人才，ARD公司最终不得不退出风险投资领域。第三，公开上市的公司将根据证券监管法规的要求受到严格监管，它们需要定期向公众披露有关公司经营和交易状况的信息，这不利于风险投资基金保持投资策略和运作的隐秘性。

(2) 非公开上市的公司。风险投资组织形式发展的第2个阶段是非公开上市的公司制基金。这种非公开上市的基金类似于一般的股份有限公司，投资者通过购买基金的股份成为基金的股东，并享受分红的权利，股东以其出资额为限对基金的债务承担有限责任。那些根据1958年美国政府颁布的《小企业投资公司法》建立的第一批小企业投资公司(SBIC)和大企业的附属风险投资公司大多是采用这种组织形式建立的。这些非上市的公司制基金主要面向特定数量的投资者募集资金，并使用公司的注册资本进行投资。

这些非上市的公司制基金的投资者主要是机构投资者，它们的数量一般都很有限。由于股东人数较少，因此可以更容易地对基金的运作进行控制和管理。同时，由于非上市的公司制基金不受证券监管法规的约束，因此，它们在信息披露和激励机制方面都具有更大的灵活性。这些公司制基金可以采取基于业绩的奖金或股票期权的方式来对投资管理团队进行激励。由于基金的管理者不用担心股票市场对他们的投资决策的反应，也不会受到来自媒体和公众的压力，因此，他们在进行投资运作和决策方面拥有更大的自主性。

但是，这种非上市的公司制组织形式也存在一些缺陷和不足：第一，与有限合伙制比较，这种公司制基金存在双重纳税的问题，不利于吸引机构投资者的加入。第二，由于采取与业绩挂钩的激励机制，因此，作为基金管理人的风险投资家所获得的报酬与基金当年的投资收益和利润成正比。但是，由于风险投资基金的投资对象主要是处于早期阶段的创业企业，这些企业在发展成熟和退出之前都不能为风险投资基金带来足够的投资收益，因此，风险投资基金在这期间不能获得高额的投资收益和利润，而风险投资家也只能得到有限的报酬。第三，公司制基金的收益分配方式不利于建立灵活的激励机制。公司制基金的投资收益需要按照投资者所持有的公司股份的比例进行分配。但是，由于风险投资家一般不持有或只持有很少一些基金的股份，因此，他们只能够从基金的投资收益中分得有限的部分。这样，即使风险投资家所负责的投资项目获得了巨大的成功，他们能够得到的报酬也会极其有限。由于缺少激励，公司制基金的投资管理团队往往不愿意去选择那些能够带来高收益并伴随高风险的投资项目，而宁愿投资那些只能带来稳定收益的低风险项目。同时，由于激励不足，公司制基金也很难吸引和留住那些具有丰富投资经验的投资管理人才。

由于上述原因，在美国，除了一些大企业附属的风险投资基金以外，目前，已经很少采用这种非上市的公司制组织形式组建风险投资基金。

(3) 有限合伙制。风险投资组织形式发展的第3个阶段是有限合伙制基金。世界上第一家采用有限合伙制组建的风险投资基金是1957年在硅谷成立的Draper，Gaither and

Anderson风险投资公司。在美国，20世纪70年代之前只有很少一些风险投资基金采用有限合伙制组建，从20世纪70年代开始，有限合伙制组织形式逐渐兴起并成为为流行的风险投资基金组织形式。

与公司制基金比较，有限合伙制组织形式具有以下优势：第一，有限合伙制基金通过私下募集的方式向特定的投资者募集资金，这些投资者主要是养老基金、捐赠金和保险资金等机构投资者。这些机构投资者一般管理着庞大的长期性储蓄资金，可以为风险投资基金提供长期和稳定的资本供给。第二，有限合伙制组织形式可以避免双重纳税。由于有限合伙制基金不具备法人资格，因此它不需要在基金层面上缴纳所得税，而是由每个合伙人根据自己从基金分得的投资收益以及各自需要承担的税率分别缴纳所得税，从而避免了双重纳税。尤其是对于那些本身就享有免税待遇的机构投资者来说，由于他们不需要为自己从基金分得的投资收益缴纳所得税，因此可以继续保持免税待遇。由于有限合伙制组织形式降低了投资者的税负并提高了投资者预期获得的投资收益率水平，因此，它更有利于吸引机构投资者对风险投资基金进行投资。第三，在有限合伙制下，可以根据普通合伙人与有限合伙人所签订的有限合伙协议来灵活分配基金的投资收益，从而有利于建立更为合理的激励机制。

(4) 有限责任公司。有限责任公司(Limited Liability Company，LLC)是一种同时拥有公司制和合伙制企业特点的混合型法律实体。需要注意的是，有限责任公司是一种美国特有的私人有限公司的组织形式，它本身并非公司(Corporation)，而是一种让其所有者承担有限责任的企业(Company)的法律组织形式。这种有限责任公司将合伙制企业的穿透性税收与公司制的有限责任结合起来，从而兼具合伙制与公司制两种企业形式的优点。虽然目前有限合伙制仍然是美国风险投资基金的主导组织形式，但由于有限责任公司所拥有的优势，相信必将有更多的风险投资基金采用有限责任公司作为自己的组织形式。

2) 有限合伙制形成的原因

风险投资组织形式的发展同时受到法律制度、机构投资者的需求和交易成本等方面因素的影响。在美国，大部分风险投资基金目前都采用有限合伙制组织形式设立。促成风险投资基金的组织形式从公司制向有限合伙制转变的因素主要有以下几个。

(1) 避免双重征税。有限合伙制形成的一个重要原因是避免双重征税。世界各国通行的做法是对具有法人资格的主体征收所得税，因此，公司制基金作为一个法人主体需要为它自己所获得的利润或投资收益缴纳所得税。由于有限合伙制企业不具备法人主体资格，因此它不需要在基金层面上缴纳所得税。在美国，养老基金和大学捐赠基金等机构投资者本身也享有免税地位，因此，这些机构投资者不用为自己从风险投资基金所获得的投资收益缴纳任何税收。

(2) 减少委托代理问题。风险投资组织形式应该有利于减少委托代理问题。引入风险投资家作为投资中介有效降低了风险投资运作中的不确定性，提高了投资项目的成功率，但同时也在投资者与风险投资家之间增加了一层新的委托代理关系，并可能导致新的委托代理问题。因此，能否有效解决这一委托代理问题事关风险投资运作的成败，也是选择风险投资基金组织形式时考虑的一个重要因素。

与公司制组织形式比较，有限合伙制组织形式能够更好地解决投资者与风险投资家之间的委托代理问题。第一，有限合伙制采取了一系列制度安排来对基金管理人进行激励和约束。从激励来看，有限合伙制基金采取投资收益分成制度，基金管理人可以从基金的投资利润中拿走20%～30%作为自己的报酬。这种投资收益分成制度将风险投资家的报酬与基金的业绩直接挂钩，并进而与风险投资家的努力程度联系在一起。在这一机制下，风险投资家所获得的报酬与他们所付出的努力成正比。风险投资家付出的努力越多，风险投资基金的投资收益越多，风险投资家能够分得的利润也越多。这样风险投资家为了获得更多的报酬就会努力工作，为基金和投资者创造更多的投资收益，从而实现风险投资家与投资者的激励相容，有利于减少委托代理风险。从约束机制来看，有限合伙制基金通过固定存续期、分期出资和限制性条款等机制来对风险投资家的行为进行约束，有效减少了他们采取机会主义行为的风险。第二，从监督机制来看，有限合伙制基金所具有的固定存续期能够极大地提高基金运作过程的透明度，确保投资者能够对基金的运作实施有效的监控。与公司制比较，由于有限合伙制基金的投资者只需要等待一段不长的时间，通常为10年，就可以对风险投资家的能力及努力程度进行评价，从而强化了对基金管理人的监管。第三，有限合伙制组织形式还为声誉机制发挥作用提供了有效的条件。声誉机制可以从外部对风险投资家的行为进行激励和约束，从而减少了发生道德风险的可能性，有利于打消机构投资者的顾虑和担忧，吸引它们对风险投资基金投入资本。

(3) 增加风险投资家的自主性。风险投资家在投资决策方面需要拥有很大的灵活性和自主性，这样做的原因主要有两个方面：第一，风险投资家面对的是一个高度不确定性和快速变化的环境。由于投资机会稍纵即逝，风险投资家往往需要在很短的时间内做出投资决策。第二，处于早期阶段的创业企业具有很高的不确定性，而且投资决策的依据主要是创业企业的人力资本和无形资产。因此，风险投资家往往需要依赖自己的直觉和判断能力来做出投资决策。

公司制基金的投资者作为基金的股东有权参与基金的投资运作和管理，而且公司制基金可以根据公司法设立董事会来对基金的经营管理层实施监督和控制。在这种多层治理结构下，风险投资家进行投资决策的灵活性和主动性都受到了很大的制约。在有限合伙制下，风险投资家对基金的投资运作拥有更多的控制权，而且他们在投资决策方面也拥有更大的灵活性和自主权。有限合伙制基金的投资者作为有限合伙人不能参与风险投资基金的投资运作，也不能干预风险投资家的投资决策，从而有利于确保风险投资家在投资决策上的自主权。同时，有限合伙制基金采用的扁平治理结构能让风险投资家拥有更多的灵活性。因此，在有限合伙制下，风险投资家能够更快更好地做出投资决策以抓住投资机会，从而提高风险投资运作的效率。

(4) 有利于资本与知识的结合。资本与知识的有效结合是风险投资成功的一个关键。管理大量金融资本的机构投资者很可能缺少管理和运作风险资本所需要的知识与技巧，而拥有丰富的知识和技能的风险投资家又往往缺少可用于投资的资本。在有限合伙制下，风险投资家从机构投资者那里募集资金，并采用有限合伙制组织形式成立风险投资基金。在这些基金中，机构投资者作为有限合伙人提供了99%的资金，但他们并不需要从事基金的运作管理；而风险投资家作为普通合伙人，虽然只向基金投入了1%的资金，但他们可以实际负责基金的投资运作和管理，这样，就可以很好地将风险投资家拥有的知识与机构投资者掌握的资本结合起来。

(5) 满足机构投资者的需要。由于机构投资者缺少必要的知识、经验和能力，也没有足够的时间和精力来参与风险投资的运作和管理，因此，养老基金和捐赠基金等机构投资者大多希望以被动投资者的角色对风险投资基金进行投资，并且在投资后也不参与对风险投资基金的管理。在有限合伙制下，风险投资家将担任基金的普通合伙人并负责其运作管理。机构投资者作为基金的有限合伙人只需要为其提供资本，并不需要参与基金的运作和管理，而且，他们只需要以投资额为限对基金承担有限的责任。有限合伙制组织形式的这一特点很好地满足了机构投资者希望以被动投资者参与风险投资的需要，有利于吸引机构投资者对风险投资基金进行投资。

(6) 风险投资家队伍的成长。有限合伙制基金对普通合伙人的个人素质和技能具有较高的要求，它的成功运作依赖于一支成熟的风险投资家队伍的存在。投资处于早期阶段的创业企业具有很高的风险。投资者之所以愿意将自己拥有的资金交给风险投资家来运作和管理，是因为他们相信风险投资家具有的专业素质和能力能够有效地降低投资风险，提高预期的投资收益水平。另外，在有限合伙制下，风险投资家作为普通合伙人全面负责基金的投资运作。他们的职责包括为基金挑选投资项目、进行交易结构设计、对被投资企业进行投资后管理并为其提供增值服务等。风险投资家必须具备较高的素质和技能，才能高效地完成这些工作。可以说，有限合伙制基金的成功在很大程度上依赖于风险投资家的个人素质和能力。如果缺乏一支拥有足够经验的风险投资家队伍，那么，有限合伙制将难以形成和壮大。

在风险投资行业发展的初期，有限合伙制并未成为风险投资基金的主流组织形式，一个重要的原因可能是缺乏有经验的投资管理人才。

如图3-10所示，随着风险投资行业的发展，有经验的投资管理人才的数量不断增加。尤其是从20世纪60年代初到80年代末，美国实施的小企业投资公司计划培养了一大批有经验的投资管理人才，这为有限合伙制的形成创造了有利条件。

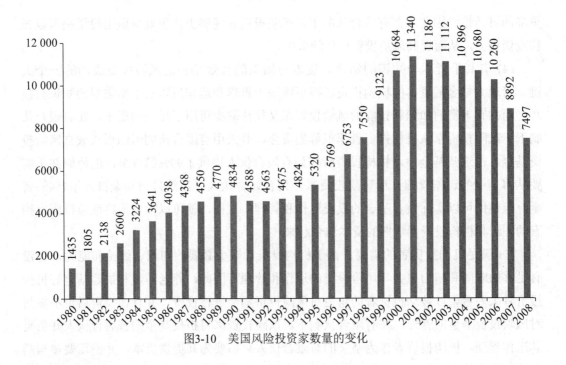

图3-10　美国风险投资家数量的变化

本章小结

　　本章首先回顾了风险投资的产生和发展的过程。现代风险投资行业起源于美国，以1946年美国研究与发展公司(ARD)的创立作为标志，到目前为止已经有70多年的发展历史。推动风险投资行业形成与发展的动力主要来自四个方面：一是集成电路和个人计算机等为代表的电子信息产业的兴起，为风险投资提供了大量的投资机会，同时这些新兴行业的发展需要大量的融资，从而形成了对风险投资的旺盛需求；二是政府的引导作用，包括政府对养老基金管制的放松、施行税收优惠政策以及政府引导基金的支持；三是制度创新，有限合伙制成为风险投资基金的主导组织形式并成功解决了风险投资运作中存在的委托代理问题；四是资本市场的完善，尤其是纳斯达克股票市场的建立，对推动风险投资的发展起到了积极的作用。

　　风险投资形成与发展具有以下三个特点：一是风险投资的机构化；二是从直接投资模式向间接投资模式转变；三是有限合伙制成为风险投资基金的主导组织形式。风险投资的机构化有利于扩大投资规模、分散投资风险和提高投资效率。通过引入风险投资基金这个金融中介，风险投资从直接投资转变为间接投资模式，有利于减少交易成本和降低投资风险。有限合伙制的形成有利于减少风险投资的运作成本，降低投资风险，增加风险投资家的自主性。上述转变有利于风险投资交易在更广泛的范围内发生，从而推动风险投资行业的发展。

　　美国是世界风险投资的领导者，它的投资额占世界风险投资总额的40%。在美国，风险投资集中投资的行业主要是信息技术和医疗保健行业。风险投资集中投资的阶段主要是企业的成长期。风险投资较为集中的两个区域是硅谷和环波士顿地区，发生在这两个地区的风险投资交易占美国国内风险投资交易的一半以上。

思考题

1. 简述风险投资在美国的产生和发展历程。
2. 简述风险投资的发展现状。
3. 风险投资形成与发展的条件有哪些？
4. 风险投资机构化的原因是什么？它的好处有哪些？
5. 间接投资模式形成的原因有哪些？
6. 请分析有限合伙制形成的原因。

第4章

风险资本的提供者

学习
目标

1. 了解风险资本的特点。

2. 了解风险资本的提供者。

3. 了解风险资本提供者的类型。

4. 了解风险资本的来源结构。

5. 了解影响风险资本供给的因素。

6. 了解机构投资者的概念及其特点。

7. 了解机构投资者的投资动机。

8. 了解机构投资者的资产配置和投资途径。

4.1 风险资本概述

4.1.1 风险资本的特点

广义的风险资本是指所有投入具有创新性和广阔发展前景的创业企业的股权资本，而狭义的风险资本专指那些通过职业化和机构化的风险投资中介投入具有高成长性并伴随高风险的新企业的股权资本。风险资本具有高风险、流动性差和高收益的特点。

❶ 高风险

风险投资的投资对象主要是处于早期阶段的高科技创业企业，这种类型的企业具有很高的不确定性和投资风险，即使经过严格的筛选和尽职调查，这些企业的失败率依然很高。这些被投资企业一旦失败，将会给风险投资基金和投资者造成重大的损失。因此，对于风险资本的提供者来说，虽然有可能从风险投资中获得高额回报，但也存在很高的投资风险。

❷ 流动性差

风险资本主要以风险投资基金的形式存在。风险投资基金的存续期一般为10年，在基金存续期到期之前，投资者不能从风险投资基金撤出投资，而且由于不存在供有限合伙制基金流通的市场，投资者转让或出售所拥有的基金份额也将面临很大的困难。因此，风险资本作为一个投资类别具有流动性较差的特点。

在美国，早期风险资本市场的投资者主要是个人投资者，但后来这些个人投资者逐渐被机构投资者所取代，其中一个原因就是机构投资者比个人投资者更容易接受风险资本投资流动性差这个缺点。

❸ 高收益

风险投资能够为投资者带来较高的投资收益。据有关统计，20世纪90年代初，美国风险投资基金的年回报率达到28.4%。1996年，美国风险投资基金的回报率达到17.3%，而在互联网繁荣期，风险投资基金的回报率甚至达到了创纪录的54.5%。从长期来看，风险投资基金的回报率远远高于同期银行存款利率水平。

4.1.2　风险资本来源的结构

风险资本来源的结构是指风险资本的来源及其比例。风险资本来源的结构因为时期和国家的不同而存在很大差异。

❶ 国外风险资本的来源

(1) 美国风险资本来源。在美国，早期风险资本市场的投资者主要是个人投资者。Rockefeller(洛克菲勒)、菲利普斯(Phillips)和Whitney(惠特尼)等富裕的家族所设立的基金会是风险资本的重要来源。在20世纪70年代以前，美国风险资本的主要来源还是富有的个人和家庭。例如，1969年，由Greylock、Mayfield、Patricof & Co. 和TA Associates发起的第一只风险投资基金的资本就全部来自个人投资者。

在1979年之前，由于受到政府有关法规的限制，养老基金和捐赠基金等机构投资者很少投资风险投资基金等另类资产。据统计，1978年，个人投资者提供的资本占整个风险资本市场的比例为32%，是风险资本的最大的单一来源渠道。风险资本的其他来源主要是政府和大企业。

1978年，美国政府开始放松对养老基金投资高风险行业的限制，允许养老基金将其管理下的资产中的一定比例用于投资高风险行业。之后，养老基金开始大规模进入风险投资行业。据有关统计，1978年，养老基金投资于风险资本的金额为6400万美元，而到了1986年，这一金额已经上升到44亿美元。

从1980年以来，随着对养老基金进入风险投资领域的管制放松，美国陆续有40多个州的公共基金或私人养老基金进入风险投资领域。此外，在养老基金的带动下，捐赠基金等其他机构投资也纷纷进入风险投资行业。随着越来越多的机构投资者开始投资风险投资基金，风险资本的来源结构发生了重大的变化。

如图4-1所示，到了20世纪80年代，在养老基金和捐赠基金等机构投资者进入风险投资领域以后，美国风险资本市场的资本来源结构变得更加多元化。来自机构投资者的资本超过来自个人投资者的资本成为风险资本市场的主要来源，尤其是养老基金成为风险资本的第一大来源，而个人和家庭投资者所提供的风险资本占整个风险资本市场的比例降到20%。

到了1998年，机构投资者成为美国风险资本的主要来源，其中大部分的资本又来源于养老基金。养老基金包括公众及私人的养老基金，它们提供的风险资本占美国风险资本市场的比例大约为60%。仅次于养老基金的第二个重要的风险资本来源是捐赠基金，它为风险投资机构提供的承诺资本占整个风险资本市场的比例大约为17%。排在捐赠基金后面的是金融机构和保险公司，来自它们的风险资本占风险投资基金承诺资本的10%。此外，来自个人投资者和家庭的资本占整个风险资本市场的比例约为13%，来自企业的风险资本约占风险资本市场的12%。

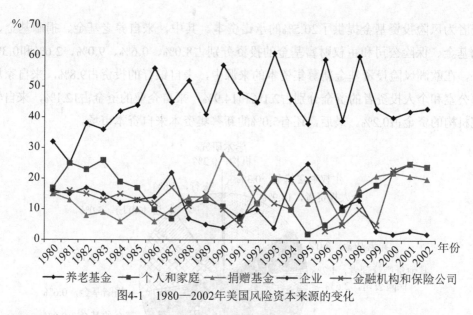

图4-1 1980—2002年美国风险资本来源的变化

资料来源：Andrew Metrick，Ayako Yasuda. Venture Capital and the Finance of Innovation(2nd)[M]. Hoboken：John Wiley & Sons，Inc，2011.

如图4-2所示，根据美国风险投资协会的统计，2004年，来自养老基金和捐赠基金等各种机构投资者的风险资本占整个风险资本市场的比例为88%。其中，养老基金为风险投资行业提供了42%的承诺资本，金融机构和保险公司提供的风险资本约占风险资本市场全部资本来源的25%，大学捐赠基金和其他慈善基金为风险资本市场提供了21%的资本，而个人和家庭投资者所提供的资金占整个风险资本市场的比例为10%，来自大企业的风险资本只有2%。

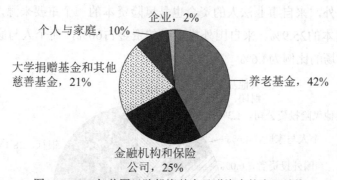

图4-2 2004年美国风险投资基金承诺资本的来源结构

资料来源：NVCA年报

虽然在2004年之后，美国风险投资协会已经不再提供这方面的数据，但是，美国风险资本的来源结构并没有发生显著的变化，而且看起来这一状况还将会长期维持不变。

(2) 欧洲风险资本来源。如图4-3所示，2011年，政府机构是欧洲风险资本市场上主要的投资者，它们为风险投资基金提供了34.0%的承诺资本。除了政府机构以外，机构投资者为风险投资基金提供了20.5%的承诺资本。其中，来自养老基金、捐赠基金、基金的基金、保险公司和主权财富基金的投资分别占8.0%、0.6%、9.0%、2.6%和0.3%。另外，在欧洲风险投资基金新募集资本的来源中，来自银行的投资占9.8%，来自家族理财办公室和个人投资者的资金分别占2.1%和14.9%，来自企业的资金占12.1%，来自学术研究机构的资金占0.2%。最后，还有5.0%的新募集资本来自资本市场。

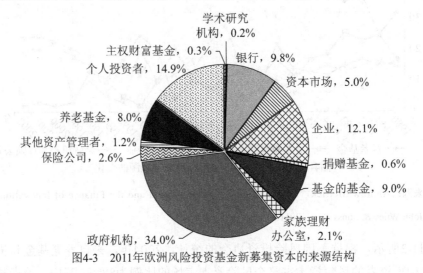

图4-3　2011年欧洲风险投资基金新募集资本的来源结构

资料来源：欧洲风险投资协会(EVCA)年报

（3）日本风险资本来源。长期以来，金融机构都是日本风险资本市场的主要投资者。如图4-4所示，2005年，来源于金融机构的资本约占风险资本市场的50.3%。其中，来自银行的资本占28.1%，来自证券公司的资本占5.9%，来自保险公司的资本占16.3%。除了金融机构以外，来自事业法人的资金也是风险资本的一个重要来源，它所提供的资金占全部风险资本的25.9%。来自国外投资者的资金占60%，而个人与家庭所提供的资金占风险资本市场的比例为4.6%。

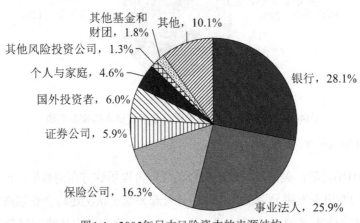

图4-4　2005年日本风险资本的来源结构

资料来源：平力群.日本风险投资研究[M].天津：天津社会科学院出版社，2013：368.

❷ 我国风险资本的来源

(1) 风险资本的来源分布概况。我国风险资本市场上的资本来源分为内资和外资两个部分。内资风险资本的来源主要有以下4个。

- 政府,包括政府和国有独资企业。
- 企业,包括上市公司、非上市公司和具有一定规模的民营企业。
- 金融机构,包括银行、证券机构、保险公司和信托投资机构等。
- 个人,指高净值个人。

外资风险资本的来源包括政府基金、机构投资者(主要包括养老基金、银行和金融机构、保险公司、捐赠基金等)、企业、基金中的基金和个人。外资在我国风险资本来源中所占的比例总体上呈现先升后降的态势。在我国风险投资行业发展的初期,来自境外的风险资本,尤其是来自美国的风险资本曾经在我国风险资本市场上占据了很大的比例。

2009年以后,随着国内主板市场的完善和创业板的推出,在A股和创业板上市逐渐成为风险投资基金支持的企业的一个主要退出渠道。在这一背景下,由于人民币基金投资的企业更容易在境内上市退出,因此外资风险投资机构开始更多地寻求与本土创投机构合作发起和设立人民币基金,境外资本在中国风险资本来源中所占的比例开始逐步下降。根据《中国风险投资年鉴》对全国77家创业投资机构的调查资料显示,2009年外资风险资本占中国整个风险资本市场的19.28%,比2008年下降了61%。

如图4-5所示,2012年,在提供资本来源信息的673.50亿元风险资本中,外资风险资本所占的比例为10.37%,而内资风险资本所占的比例为89.63%。

图4-5 2012年我国外资与内资风险资本的比例

资料来源:中国风险投资研究院. 2013中国风险投资年鉴[Z]. 北京:民主与建设出版社,2014.

(2) 内资风险资本的来源结构分析。在我国风险资本市场发展的早期阶段,政府是风险资本的主要提供者。随着我国风险投资行业的发展,国内风险资本的来源开始变得多元化。根据《中国风险投资年鉴》对全国75家创业投资机构调查的资料显示,2003年这些风险投资机构管理资本总额达603.67亿元人民币。其中,来自政府的风险资本占到26%以上;来自企业的资本占52%,超过风险资本总额的一半;来自个人的资本约占11%。

2006年,我国推出了《创业投资企业管理暂行办法》,它对于促进民营资本以及个人资本进入风险投资领域起到了积极的作用。此后,在我国内资风险资本构成中,来自企业和个人的资本在整个风险资本市场所占的比例开始增加。2006年当年，个人投资占整个风险资本来源结构的比例增加约90%，2007年末已超过10%，2008年则达到19.28%。从2005年到2012年，排在我国风险资本来源第一位的一直是企业，其次是政府和金融机构。

2005—2012年我国内资风险资本来源结构的变化情况如表4-1所示。

表4-1 2005—2012年我国内资风险资本来源结构的变化情况 %

来源渠道	政府	金融机构	企业	个人	其他
2005	32	15	46	3	4
2006	33.6	13	44.9	5.7	2.7
2007	24.13	7.88	53.53	10.46	4
2008	25.24	10.65	39.70	19.28	5.13
2009	29.64	14.14	32.75	17.73	5.44
2010	28.68	14.77	32.59	16.68	7.29
2011	23.78	26.06	27.96	18.58	3.62
2012	27.61	10.65	35.83	21.52	4.39

资料来源：中国风险投资研究院. 2013中国风险投资年鉴[Z]. 北京：民主与建设出版社，2014.

如图4-6所示，2012年，在新募集的风险资本中，来自国内企业与个人的资本所占的比例最高，分别为51.34%和25.60%。可见，中国内地风险资本来源已经多元化，有越来越多的社会资金(包括来自企业和个人的)投入风险投资领域。

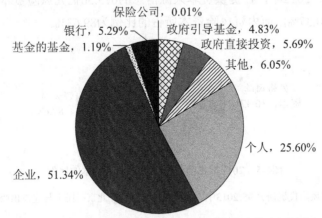

图4-6 2012年我国新募集资本中内资风险资本的来源结构

资料来源：中国风险投资研究院. 2013中国风险投资年鉴[Z]. 北京：民主与建设出版社，2014.

4.1.3 影响风险资本供给的因素

以下这些因素会影响风险资本市场的供给。

❶ 监管政策的变化

养老基金监管政策的放松将增加风险资本的供给。例如，1978年，美国政府对养老基金的管理法规中的"谨慎人"进行了修订，这一修订放松了对养老金的管制，允许养老基金将一部分资产用于投资风险投资基金这样的另类资产。在养老基金进入风险投资行业的带动下，捐赠基金和保险金等机构投资者也纷纷进入风险投资领域，从而极大地增加了风险资本的供给。根据有关统计，从1975年到1982年，美国的风险资本总量从1000万美元增加到14亿美元。

❷ 资本市场状况

历史经验证明，股票市场，尤其是IPO市场的状况与提供者的投资意愿之间存在相关性。股票市场的状况将会影响风险投资的回报，从而影响投资者的投资意愿，进而增加或减少风险资本的供给。

风险资本实现高额回报的一个重要途径是通过公开上市退出。当IPO市场繁荣的时候，风险投资支持的企业大量上市，并为投资者带来高额的投资回报，这将会极大地提升投资者提供风险资本的意愿，具体表现为：一是原有投资者增加投资规模；二是吸引新的投资者进入风险投资领域，从而增加风险资本的供给。例如，20世纪90年代中后期，随着IPO市场的繁荣，大批风险投资支持的企业成功上市，为投资者带来了丰厚的回报，从而吸引了更多的资本进入风险资本市场。到了20世纪90年代末期，随着互联网泡沫的破灭，纳斯达克股票市场暴跌，风险资本的供给也随之迅速减少。

❸ 税收政策

(1) 资本利得税率。资本利得税的变化是影响风险资本供给的一个因素。有关研究发现，资本利得税政策的变化会影响风险资本的供给。Compers和Lener考察了1972—1994年美国的风险投资筹资活动，发现资本利得税率的降低会增加那些应交税的投资者的投资回报，从而吸引他们向风险投资领域投入更多的资本。

(2) 税收优惠政策。对风险投资实行免税或减税政策也会增加风险资本的供给，原因是减免风险投资收益的税收可以提高投资者的投资收益率，增加投资者的投资意愿，吸引投资者投入更多的资本，从而增加风险投资行业的资本供给。

❹ 经济发展状况

经济的发展可以为投资者提供更多的资本用于投资，经济发展与风险资本的供给具有正相关性。

4.2 机构投资者

4.2.1 机构投资者的概念

广义上的机构投资者是指所有区别于个人投资者的投资机构。这些投资机构是有组织的投资者，它们按照法律规定的组织形式建立起来，并使用自有资金或者从分散的个人那里筹集得来的资金从事各种类型的投资活动。根据这一定义，各种养老基金、捐赠基金、基金会、银行及其他金融机构、企业和政府等都是机构投资者。一般来说，机构投资者都拥有或管理着大量的长期性资产，能够从事较大规模和较长期限的投资。与之不同，个人投资者所拥有的资产规模往往很有限，而且主要从事小规模与短期的投资。

狭义的机构投资者是指通过委托代理关系从资金持有人那里获得资金并代其进行管理和投资运作的专业化投资机构。这种类型的机构投资者是一种特殊的金融机构，它们代表小投资者的利益，将它们的储蓄集中在一起管理，为了特定的目标，在可接受的风险范围和规定的时间内，追求投资收益的最大化[①]。狭义的机构投资者主要包括养老基金、大学捐赠基金、保险公司和母基金等，它们作为受托人代表受益人(Beneficiary)管理长期储蓄资金并进行投资，以实现受托管理资产的保值增值。本书所说的机构投资者主要是指这种狭义上的机构投资者。

养老基金和捐赠基金这些狭义的机构投资者是财务投资者，它们的投资动机比较单纯，即为其所管理资产获取较高的投资收益率而进行投资。与之不同，企业、商业银行和政府部门这些广义的机构投资者的投资往往带有战略目的，如与被投资企业建立更加广泛的联系，或者与实现公共政策目标、促进创新和增加就业有关。这些战略投资者主要通过内部部门或附属机构来进行投资，以更好地实现其战略目标。

狭义的机构投资者在风险资本市场上一般作为被动投资者而存在。它们并不直接投资创业企业，而是为那些由商业性基金管理公司发起和管理的有限合伙制基金提供资本，并通过这些基金来间接投资创业企业。作为基金的有限合伙人，这些机构投资者以自己的投资额为限对基金承担有限责任，并且不能参与被投资基金的运作管理。

4.2.2 机构投资者的特点

机构投资者一般拥有特定的投资策略、成熟的投资理念和较为丰富的投资经验，而且，它们还管理着规模庞大的资产，对投资运作进行专业化管理，具有投资规模大、投资期限长和追求长期回报等特点。

---

① 菲利普·戴维斯，贝恩·斯泰尔. 机构投资者[M]. 唐巧琪，周为群，译. 北京：中国人民大学出版社，2005：1.

❶ 财务投资者

在狭义的机构投资者中，养老基金和捐赠基金属于财务投资者，它们的投资是以获得财务回报为中心的。一般来说，狭义的机构投资者投资风险投资基金的目的主要是增加其投资组合的绝对回报(Absolute Return)。[①]而且，它们主要通过独立的有限合伙制基金投资创业企业并获取高额投资回报。

❷ 被动投资者

按照是否参与被投资企业管理以及参与的程度，投资者可以分为两种类型：一是积极的投资者；二是被动投资者。

积极的投资者一般采用专注投资策略，它们的投资领域往往有一定的限制，通常专注于投资某一特定行业、阶段或者地区的企业。在投资后，积极的投资者会派代表参加被投资企业的董事会并对其经营管理施加重要影响，以降低投资风险，并通过为被投资企业提供增值服务来促进企业的快速发展和资本增值。与之不同，被动投资者一般采取组合投资策略，他们通过将资金分散投资于不同的资产类别来降低投资风险。同时，他们不太关注被投资企业的经营发展和公司治理方面的问题，也不会参与被投资企业的管理。

在风险投资领域，狭义的机构投资者一般是以被动投资者的角色存在的，其中原因主要有以下几方面：首先，风险投资是一个专业性很强的领域，对风险投资基金的运作进行有效的监督和管理需要具备专业知识和经验，但是，机构投资者可能缺少这些必要的专业知识和经验来监督和管理投资项目。其次，对风险投资基金的运作进行有效的监督和管理需要花费大量的时间和精力，虽然养老基金和捐赠基金这些机构投资者通常拥有自己的分析师和基金管理专家，或者拥有专业投资顾问公司来为其管理资产，但是，由于机构投资者管理着庞大的资产，它们的投资组合的数量很大，因此，即使机构投资者拥有管理项目所需要的知识和经验，它们也可能没有足够的时间和精力来对投资项目进行有效的管理。出于上述原因，这些狭义的机构投资者在投资后一般不参与风险投资基金的投资运作和管理，而是通过组合投资的方式来降低投资风险，并获得稳定的投资收益。

❸ 成熟的投资理念

机构投资者一般拥有成熟的投资理念，他们一旦进行投资就会选择长期持有自己的投资组合中的资产，而不会因为受到市场短期价格波动的影响而随意放弃自己的投资项目。

---

① 道格拉斯·卡明，等.私募股权投资[M].孙春民，杨娜，译.北京：中国金融出版社，2016：12.

④ 专业化管理

机构投资者一般都会雇用专业的投资管理人员来进行信息搜集和分析，与个人投资者比较，机构投资者可以更有效地解决信息不对称的问题。因此，它们在投资那些存在严重信息不对称的资产类别时拥有较大的信息优势。

⑤ 投资规模大

机构投资者一般管理着庞大的资产。例如，美国耶鲁大学捐赠基金管理的资产净值达到152亿美元，这使它们拥有更多可用于对外投资的资金，其单笔投资额也更大。因此，与个人投资者比较，这些机构投资者能够更好地满足风险投资基金对最低出资额的要求，也更加适合作为风险投资基金的有限合伙人。

⑥ 投资期限长

机构投资者管理的一般都是长期性资金。例如，养老基金每年都会收到参加养老基金计划的企业员工所缴纳的款项，只有在这些员工退休后，养老基金才需要向他们支付退休金。养老基金从收到本金到需要支付退休金往往要经历长达数十年的时间间隔，因此，养老基金可以长期拥有这些资金，并用它们来进行长期性投资。

一般来说，由于机构投资者持有资金的期限都较长，因此，与个人投资者比较，它们更能够接受风险投资的低流动性，并以此来换取高于市场平均收益的投资回报。

⑦ 组合投资

机构投资者一般都管理着大量的资金，它们将这些资金分散投资于多个资产类别，可以更有效地分散投资风险。

⑧ 享受免税待遇

在美国，养老基金和捐赠基金等机构投资者一般都能够享受免税待遇。由于不需要交纳资本利得税，因此，这些机构投资者从投资风险投资基金中获得的投资收益比那些需要纳税的投资者所获得的投资收益更高。这种免税待遇增加了机构投资者投资风险投资基金的意愿。

4.2.3　机构投资者的投资动机

一些广义的机构投资者，如政府和企业可能会为了追求非财务方面的回报而投资风险投资基金。例如，政府投资者为了实现公共政策目标进行投资；企业为了获得新技术进行投资。但是，大多数狭义上的机构投资者都是为了获得高额的财务回报而进行投资。例如，养老基金和捐赠基金这些机构投资者主要是为了获得更高的投资收益率才选择投资风险投资基金的。

除了希望获得较高的投资收益率，这些狭义的机构投资者还试图通过投资风险投资基金来优化其投资组合的风险特征。

综上，这些机构投资者进入风险投资领域的动机大致可以分为三个类型：一是获取高额投资收益；二是分散投资风险；三是规避政策限制。

❶ 获取高额投资收益

机构投资者进入风险投资领域的一个主要动机是获取高额投资收益。根据汤普森风险投资研究所(Thomson Venture Economics)与欧洲风险投资协会的研究，从1980年到2004年，956家风险投资基金每年的平均投资收益率是9.5%(IRR方法)。这一投资收益率远高于当期全球重要股票市场的基本投资收益率。那些所谓的顶级风险投资基金能够实现的年均投资收益率甚至会更高，自1982年以来，这些顶级基金的年平均投资收益率是23%(IRR方法)。对机构投资者来说，虽然投资公开上市企业的股票这些传统类别的资产能够获得较为稳定的投资收益，但很难从这些投资中获得如此高的投资收益率。正是由于投资风险投资基金可以带来高额的投资收益，机构投资者才愿意忍受其高风险和低流动性的缺点，并源源不断地将其所管理的资产提供给风险投资基金作为其承诺资本。

❷ 分散投资风险

风险投资作为一个投资类别，虽然只占机构投资者投资组合中很小的一部分，但有助于显著改善投资组合的风险收益特征。

机构投资者的传统投资组合通常包括能够获得固定利息的债券、上市公司的股票和现金等，由于这些资产类别之间存在较强的联动关系，它们的价值很容易受到同一市场因素的影响而发生较大的变化。因此，如果投资者将自己所管理的全部资金都投入债券、股票或不动产这些传统的投资类别中，一旦市场发生不利的变化，那么投资者的整个资产组合的价值将会遭受巨大的损失。

根据组合投资理论，投资者可以通过同时投资多个关联性较差的资产类别的方式来分散投资风险。有关研究证明，另类资产与机构投资者的投资组合中的传统资产类别关联性较差，因此，当机构投资者在其投资组合中适当增加一部分另类资产后将有助于提高投资组合的安全性，从而可以更加有效地抵御市场不利因素的冲击，保持投资组合整体价值的稳定。实证研究发现，风险投资作为一个另类投资类别，尽管它一般只占机构投资者整个投资组合的一小部分，但由于它与传统资产类别存在的关联性较小，在投资组合中增加一部分风险投资类后，可以显著降低整个投资组合的关联性，使投资组合的风险特征得到极大的改善。例如，在机构投资者的资产组合中增加一只风险投资基金，那么整个资产组合发生投资亏损的概率将降低为21%，而发生完全亏损的概率甚至降为10%。而当投资者的投资组合中全部为风险投资基金时，投资发生亏损的概率几乎为零。

❸ 规避政策限制

规避政策限制是机构投资者参与风险投资的一个重要原因。一些国家的政策限制机构投资者投资实业领域和投资金额。以养老金为例，由于其特殊的性质，各国政府对其使用均有严格限制，如不得以股票形式进行投资、投资额不得超过被投资项目总资本的某一比例。这些机构投资者只能通过风险投资基金的方式来规避这些限制措施，达到投资于创业企业的目的。

另外，各国法律都限制银行直接从事股权投资业务。例如，许多国家的法规都禁止银行直接拥有、控制和经营企业，因此银行提供的资金一般很少直接投资创业企业，而是通过投资风险投资基金，再由风险投资基金去投资创业企业。这样，银行通过投资风险投资基金就可以绕开法律的限制。

❹ 获得其他好处

风险投资还能够使机构投资者获得其他方面的好处。例如，上市公司有义务将大量数据公布于众，而未上市企业无须披露投资者的情况，因此投资未上市的企业不会将自己暴露在公众的视野之中。

4.2.4 机构投资者的资产配置

资产配置(Asset Allocation)是指机构或个人投资者将其投资组合在不同种类的投资类型之间进行分配的过程。机构投资者一般管理着庞大的资产，为了更好地分散投资风险并提高收益，它们一般不会将其资金集中投资于单一的资产类别，而是会按照事先制定的投资策略分散投资于多个相互之间联动性较小的资产类别，并建立多个投资组合。

不同的资产类别会给机构投资者的资产组合带来不同的风险和收益结构。每个投资者的资产配置由其对风险、回报和流动性的不同偏好所决定。一般来说，机构投资者的投资组合主要由4种资产类别所组成，它们是上市公司的股票、各种固定收益的债券、现金和另类资产。据有关统计，在机构投资者的资产配置中，股票资产占整个机构投资者所管理的资产组合的30%左右，各种债券占40%左右，另外30%主要是现金、房地产、稀有金属和私募股权投资等。机构投资者投资组合中各类资产的配置如图4-7所示。

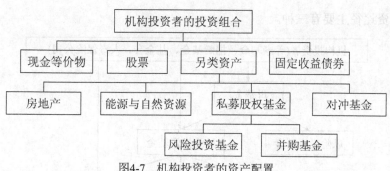

图4-7 机构投资者的资产配置

资产的流动性是影响投资者资产配置的一个重要因素。由于可以公开交易的资产类别如债券和上市公司的股票一般具有很高的流动性，因此，它们经常被养老基金、捐赠基金和保险公司等机构投资者作为其资产组合的主要构成部分。

机构投资者的传统投资类别一般是股票和债券等可以公开交易的资产。这些资产类别除了具有较高的流动性以外，通常还具有投资风险小、信息不对称程度较低的特点。

除了投资债券、股票和现金等传统的资产类别以外，为了获得更高的投资收益率，机构投资者也会投资一些另类资产。这些另类资产都是非公开交易的资产，主要包括私募股权投资、自然资源、商品、房地产和基础设施等方面的投资，其中私募股权投资又包括风险投资基金、并购基金和重振基金等。与那些能够公开上市交易的资产类别比较，这些另类资产一般具有投资风险高、信息不对称程度高(缺少公开的信息披露渠道)和流动性差的特点。为了补偿高风险和缺少流动性可能带来的损失，投资者在投资这类资产时通常都会要求获得更高的投资收益率。根据有关研究，投资者投资私募股权投资和风险投资类资产时，预期收益率比投资公开股票市场高4%。

对机构投资者来说，风险投资属于另类资产类别下面的私募股权投资类别下面的一个子类别。养老基金和捐赠基金这些机构投资者一般会从其所管理的资产中拿出一部分来对风险投资基金进行投资。这部分投资主要是由中间人(商业性基金管理公司)所管理的风险投资基金来完成的。

尽管风险投资作为一个资产类别具有高风险和流动性差的缺点，但是，由于它可以为机构投资者带来较高的投资收益，并有助于改善其投资组合的风险收益特征，因此，对机构投资者来说，风险投资作为一个资产类别仍然具有很大的吸引力，而且它在机构投资者的资产组合中的份额也在不断增加。

一般来说，另类资产在机构投资者的投资组合中所占的比例平均约为20%，而私募股权投资和风险投资类别约占7%。

4.2.5 机构投资者的投资途径

机构投资者可以采取直接和间接的方式为创业企业提供资本。如图4-8所示，机构投资者的投资途径主要有三种。

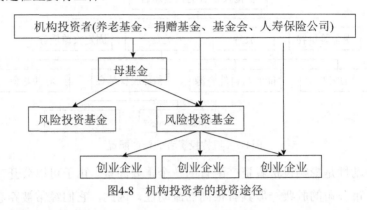

图4-8　机构投资者的投资途径

❶ 通过母基金进行投资

许多大型的机构投资者，如养老基金、捐赠基金和保险公司可能会选择通过母基金来对风险投资基金进行投资。这些母基金作为专业的投资中介机构，可以帮助机构投资者挑选合适的风险投资基金进行投资，并负责对投资组合进行管理。Ang、Rhodes-Kropf和Zhao在2005年对母基金的研究中发现，母基金帮助机构投资者挑选基金的专业中间人可以增加的价值高于机构投资者自己挑选基金所增加的价值。[①]

这些母基金的管理团队时刻关注市场发展趋势，并通过对市场发展趋势的分析发现新的投资机会。与机构投资者自己挑选和管理风险投资基金比较，通过母基金进行投资可以显著地提高投资效率，并增加价值，但这种投资模式的不利之处是投资者需要向母基金的管理者额外支付一笔费用。

❷ 通过风险投资基金进行投资

由于缺乏选择和管理风险投资项目所需要的专业知识、经验、关系网络以及尽职调查的技巧，养老基金、捐赠基金等机构投资者一般并不直接对创业企业进行投资，而是将自己所拥有的资金投入一个由专业的基金管理公司所发起和设立的有限合伙制基金，然后由这些基金来对创业企业进行投资。

在对这些风险投资基金进行投资时，一些较大的机构投资者还会聘请投资顾问，这些投资顾问将对机构投资者的资产配置方案提出有益的建议，并帮助机构投资者选择合适的目标基金进行投资。此外，这些投资顾问还能帮助投资者完成对基金的尽职调查，做出投资决策以及在投资后对项目进行监控等。

❸ 直接投资创业企业

在从事直接投资时，机构投资者主要通过自己的关系网络或途径获得有关投资机会

---

① 道格拉斯·卡明，等. 私募股权投资[M]. 孙春民，杨娜，译. 北京：中国金融出版社，2016：18.

的信息。一些大型的机构投资者采用与独立风险投资基金共同投资的方式来直接投资创业企业，以增加对风险投资业务的了解，并降低费用水平。

4.3 风险资本提供者的类型

风险资本的提供者大致可以分为5种类型，它们是机构投资者、银行及其他金融机构、企业、政府以及个人与家族基金。这5种类型的投资者之间的比较如表4-2所示。

表4-2 风险资本提供者的主要特点[①]

投资者类型	投资动机	资金来源	投资模式	法律形式
1.机构投资者 (养老基金、捐赠基金、保险公司、母基金)	获得高额财务回报，优化资产配置	受托管理资金	通过独立的有限合伙制基金对创业企业进行间接投资	有限合伙制(有固定存续期，重复募集资金)
2.银行及其他金融机构	获得财务回报和实现战略目标(发展优质客户，并向它们销售银行产品)	资产负债表内的资金	1. 通过附属投资公司对创业企业进行直接投资	公司制(没有存续期限制)
			2. 通过独立的有限合伙制基金进行间接投资	有限合伙制
3. 企业	战略目标(获取新技术和/或产品，获得协同效应或者进入新市场)、财务回报	商业开发或研发预算资金	1. 通过内部业务部门或附属投资公司对创业企业进行直接投资	子公司(没有存续期限制)
			2. 通过独立的有限合伙制基金进行间接投资	有限合伙制
4. 政府 (国家和地方政府)	实现公共政策目标：促进创新，支持本地经济发展和创造就业岗位	公共财政资金	1. 通过附属投资公司对创业企业进行直接投资	公司制
			2.通过政府引导基金资助的独立的有限合伙制基金进行间接投资	有限合伙制(通常有行业、地理区域、投资阶段和公司类型的限制)
5.个人与家族基金	获得高额财务回报/实现个人价值	自有资金	1. 直接投资	个人
			2. 直接或通过母基金投资独立的有限合伙制基金，再通过其间接投资创业企业	有限合伙制

---

① 改编自：道格拉斯·卡明，等.私募股权投资[M].孙春民，杨娜，译.北京：中国金融出版社，2016：13.

4.3.1　养老基金

在欧美市场上，私人或者公共养老基金是风险资本的主要来源之一，尤其是在美国，公共或私人养老基金为风险投资基金提供了大部分资本，它们是风险资本较为重要的来源。

养老基金是为支付政府和企业雇员的退休金而建立的专项基金，它的经营目标是为其受益人，即政府和企业的员工提供退休后的财务保障。

在美国，政府机构、上市公司或私人企业都会制订养老基金计划，参加这些养老基金计划的员工会将自己的一部分薪水定期存入专门的储蓄账户中作为退休金，而养老基金作为一个专门机构将负责代为管理员工缴纳的退休金。

美国的养老基金由私人养老基金和公共养老基金两部分构成。私人养老基金是由企业按照法律规定为公司雇员设立的养老基金，主要用于发放企业员工的退休金，如通用汽车养老基金。公共养老基金又称为政府养老基金，它是由政府设立和管理并为各级政府雇员发放退休金的基金，如加州公务员退休基金(如CalPERS)、加州教师退休基金(CalSTRS)退休基金等。

这些私人养老基金和公共养老基金都管理着庞大的资产，以美国最大的公共养老基金加州公务员退休基金为例，该基金有160多万名受益人，管理的资产超过2000亿美元。

养老基金可以定期从雇员那里获得收入，其资金来源比较稳定，而且随着政府和企业员工数量的增加，他们所缴纳的退休金的金额也会逐年稳定增加，这使养老基金所管理的资产呈现逐年上升的趋势，并逐渐拥有一笔数量可观的资金。另外，由于收到雇员缴纳的退休金与向雇员支付退休金的时间间隔较长，养老基金可以长期持有这些资金，并用其从事较长期限的投资。

风险投资基金这样的另类资产能够带来较高的投资收益，但也存在较高的风险，一旦投资失败将会给投资者带来重大的损失。如果养老基金因为投资风险投资行业遭受严重的损失并影响职工退休金的正常发放，甚至可能引起社会的不安定。因此，许多国家的政府都对养老基金的资产进入风险投资领域的比例做出了严格限制。例如，美国政府在1933年的证券法和1940年的投资法中都对养老基金的投资行为进行了严格限制。根据有关法律的规定，养老基金通常只能将其所管理的整个资产的很小一部分，例如8%～10%用于对风险资本市场的投资。但是，由于养老基金管理下的资产规模庞大，它还是成为风险投资基金一个主要的资本来源。

养老基金必须每月向退休人员发放一定数额的退休金，因此，养老基金的投资组合必须具有较高的流动性。一般情况下，养老基金会将其所管理资产中的大部分用于投资具有很高流动性的资产类别，如公开上市公司发行的股票。养老基金用于对流动性相对较差的另类资产的投资一般只占其总资产的10%～15%。这些另类资产主要包括对冲基金、自然资源(例如石油和天然气企业)、私募股权投资和风险投资。表4-3显示了美国公共养老基金的典型资产配置和这些资产类别的预期收益率。

表4-3 美国公共养老基金的资产配置 %

资产类别	典型配置	CalPERS	预期收益率
股票——国内股票与国际股票	52	54.6	7.5～9.5
固定收益证券	28	23.1	4.5～7.5
房地产	5	7.1	8.0
另类资产	14	13.9	6.0～8.5
现金/现金等价物	1	1.3	3.5
加权平均预期收益率			7.0

资料来源：Karl C.Mergenthaler，Helen Zhang. Public Pension Funds: Allocation Strategies. J.P. Morgan，accessed January 23，2011. 转引自：马亨德拉·拉姆辛哈尼. 如何成为一名成功的风险投资人[M]. 路蒙佳，译. 北京：中国金融出版社，2015：46.

随着养老基金资产规模的不断膨胀，对其所管理的资产进行保值增值的压力也在增加。为了获得更高的投资收益，近年来，养老基金将其所管理的资产中越来越大的部分投资于风险投资基金。其中，公共养老基金对风险资本市场的投资增长最快，2009年它投资于风险投资行业的资金呈现爆发式增长。目前，公共养老基金对风险投资行业的投资已经超过私人养老基金。

另外，近年来，养老基金投入风险投资行业的资金占其所管理的总资金规模的比例也在不断增长。例如，迪士尼公司的养老基金大约将其所管理资产的25%用于对风险投资基金的投资。2005年，加州公务员退休基金对风险投资基金的投资为87亿美元，占其所管理的2000亿美元资产的4.7%。

除了一些大型的养老基金选择直接投资以外，由于缺少足够的投资创业企业所需要的专业知识和投资管理经验，大多数养老基金以被动投资者的角色进入风险投资领域，主要通过投资那些独立的风险投资基金来间接投资创业企业。

4.3.2 捐赠基金

与养老基金一样，捐赠基金(Endowments)也是美国风险资本的一个重要来源。目前，来自捐赠基金的投资大约占整个风险投资本市场的10%。

捐赠基金是指为了资助某个特定领域的公益事业和慈善活动，接受来自企业、家庭或个人的捐款成立的基金。在美国，大学、私立学校、医院、文化机构与宗教机构等非营利性机构经常会收到大量来自个人和企业的捐款，它们将收到的捐款存入专门的账户进行保管从而形成捐赠基金。

捐赠基金的一个重要类别是大学捐赠基金。目前，在世界较为知名的50所大学和学院中，几乎都设立了捐赠基金。这些捐赠基金的资本总额达到了200亿美元，其中相当大一部分被投入风险投资领域。

在美国，私立大学一般都会建立一个捐赠基金会以接受来自社会的捐助，企业或个人将自己的捐款汇入这些捐赠基金的银行账户从而形成大学捐赠基金。私立大学的捐赠基金是风险投资基金较早的机构投资者之一。早在20世纪60年代到70年代，这些捐赠基金就开始为有限合伙制基金提供资本。到目前为止，它们一直是风险投资基金的一个重要的资本来源渠道。一般情况下，大学每年将捐赠基金的5%用于维持学校的日常运作，而剩下的大部分资金将被用于投资运作，其所产生的投资收益已经成为大学收入的一个主要来源。例如，在耶鲁大学的收入中，来自学费的收入只有10%，而来自捐赠基金的投资运作的收入占到了40%。

根据美国法律的规定，捐赠基金每年需要将其资产的5%用于无偿资助，而剩下的95%则可以用于投资运作。由于这些捐赠基金对其资产流动性的要求较低，而且与养老基金比较，捐赠基金所受到的政府监管也较少，因此，它们更倾向于将其所管理的资产的较大比例用于对风险投资基金这类流动性较差的另类资产的投资。据有关统计，作为一个资产类别，风险投资占捐赠基金投资组合的比例远高于其在养老基金的投资组合中所占的比例。例如，耶鲁大学的捐赠基金(The Yale Endowment)是第一家进入风险投资行业的大学捐赠基金，它在1976年投资了第一个风险投资基金。目前，它用于投资风险投资基金的资金占其所管理资产的比例达到了20%。

在为风险投资基金提供大量资本的同时，大学捐赠基金也从风险投资基金的运作中获得了高额的投资回报。例如，耶鲁大学的捐赠基金从其风险投资业务中获得的投资回报率(IRR)高达39.5%。受到耶鲁大学捐赠基金参与风险投资所取得的成功的影响，其他大学的捐赠基金也纷纷进入风险投资领域。

从1995年到2009年，大学捐赠基金对风险投资基金的投资占其所管理资产的比例获得显著增长。例如，1995年，捐赠基金投资风险投资基金的投资额占其管理的资产的比例为8%；到了2001年，这个比例已经上升为13.9%；到了2009年，这个比例甚至超过15%。

专栏4-1 耶鲁大学捐赠基金VC配置比例创新高[①]

耶鲁大学捐赠基金(The Yale Endowment)引领了大学捐赠基金配置VC/PE资产的风潮，而且耶鲁捐赠基金所投资的风险投资基金的业绩也是最优秀的。在这些基金的投资组合中，有康柏、戴尔、亚马逊、谷歌、思科、Facebook、LinkedIn、Twitter、Uber、Snapchat、AirBnB等一些著名的创业企业。这使耶鲁大学捐赠基金成为美国VC行业乃至科技产业的幕后大功臣。

由耶鲁大学捐赠基金投资的一些中国风险投资基金还投资了很多优秀的中国互联网企业，例如，耶鲁大学捐赠基金作为有限合伙人的高瓴资本就投资了京东商城。

2017年，耶鲁大学捐赠基金的年报显示，截至2017年6月底，耶鲁大学捐赠基金管

[①] 陶辉东. 30年资产翻20倍 耶鲁大学捐赠基金：VC回报不可阻挡. 投中网，2018.

理的资产总额为272亿美元，与1985年比较，在30年中翻了近20倍。这些资产主要包括七大类，它们是绝对收益类资产、国内股票、固定收益类资产、国外股票、杠杆并购、自然资源、不动产以及风险投资。

耶鲁大学捐赠基金过去20年的年化收益率为12.6%，过去30年的年化收益率为12.9%，是美国表现较好的大型机构投资者之一。在年报中，耶鲁大学捐赠基金还公布了在过去10年中，这七大类资产各自所带来的投资收益率。如图4-9所示，在耶鲁大学捐赠基金的投资组合中，不动产的年化收益率是最低的，仅为2.1%；风险投资的年化收益率是最高的，达到14%。

美国大学捐赠基金在风险投资类资产上的平均配置比例是4.8%，而耶鲁大学捐赠基金在风险投资类资产上的配置比例远远超出这一水平。从2015年开始，在耶鲁大学捐赠基金的投资组合中，风险投资类资产成为仅次于绝对收益类资产的第二大资产配置类别。

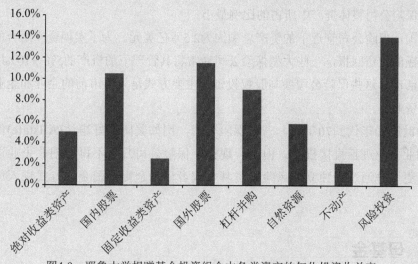

图4-9 耶鲁大学捐赠基金投资组合中各类资产的年化投资收益率

由于风险投资类资产表现优异，耶鲁大学捐赠基金在2017年进一步增加了在这一类别资产上的配置比例，达到17.1%，从而创下历史新高。需要注意的是，耶鲁大学捐赠基金投资组合中的风险投资类资产包括所有投资于非上市企业股权的基金。

4.3.3 保险公司

保险公司分为财产保险和人寿保险两个类别，其中，寿险公司具有超长的投资期限，是风险资本市场上一个重要的机构投资者。

与养老基金一样，保险公司拥有来自保费的大量现金收入。例如，人寿保险等保险计划的参加者会为他们自己所购买的保险产品逐月或者每年向保险公司缴纳保费。从保险公司收到参保人所缴纳的保费到支付赔偿之间通常会有很长的一段时间间隔，在此期间，保险公司可以用这些保费来进行投资。

为了实现保险资产的保值增值，保险公司需要为其所管理的资产寻找能够带来长期和稳定投资收益的投资渠道。但是，保险公司有对其参保人未来可能发生的保险事故的损失进行赔偿的责任。如果保险公司因为投资高风险资产而遭受重大损失，从而影响其赔偿能力，将会对参保人的利益造成损害。为了保护参保人的利益，法律一般会对保险公司的投资行为进行严格的限制。例如，规定保险公司对外进行股权投资占用的资产不能超过其所管理的资产总额的一定比例。

另外，除了人寿保险公司以外，大多数保险公司对其投资组合的流动性具有较高的要求。为了应对可能发生的赔付需要，保险公司需要随时保持一定的赔偿能力，例如，保有一定数量的现金和流动性较好的资产，以应对发生灾难时需要进行赔偿的需求。因此，在配置资产时，大多数保险公司都不愿意投资流动性较差的另类资产，而更倾向于购买公开发行的债券等流动性较好的资产。由于这个原因，与其他机构投资者比较，风险投资在保险公司整体资产中所占的比例最小。

在美国，保险公司管理下的资产总额约为2.5万亿美元。为了实现资产组合的多元化并获得高额的投资回报，一些大型保险公司通常将其管理下的资产的5%～10%用于各种股权投资活动，这些保险公司参与股权投资的主要方式是为上市前的企业和企业并购提供过桥融资业务。

在20世纪60年代到70年代，一些保险公司，例如美国的好事达(Allstate)保险公司曾经对创业企业进行直接投资，但是，现在，保险公司几乎不再对创业企业进行直接投资，而更多是通过为独立的风险投资基金或者母基金提供资金的方式进入风险投资领域。

4.3.4 母基金

在美国，风险投资基金的承诺资本中有10%～20%来自母基金。所谓的母基金是指专门创建并投资于其他风险投资基金的基金，又被称为基金中的基金。这些母基金一般采用有限合伙制组织形式组建，并具有与其他私募股权投资基金相同的特征。这些母基金与普通风险投资基金的区别在于它们并不直接对企业进行投资，而是对风险投资基金进行投资。

美国母基金的发展始于20世纪70年代。20世纪90年代以后，母基金的数量及其管理的资本都有了较快的成长。据美国投资公司协会的统计，1990年，美国仅有16只母基金；到了2014年，美国母基金的数量超过1000只，增长了60多倍。1990年，美国母基金所管理的资本规模为14亿美元；到了2008年底，美国母基金所管理的资本规模为6000多亿美元，增长了420多倍。

目前，母基金主要分布在美国和欧洲等一些资本市场比较发达的国家。在美国市场上，母基金每年新募集的资本约为300多亿美元，最大的母基金包括高盛(Goldman

Sachs)和Harborvest Partners等。

作为一种集合投资工具，母基金具有与风险投资基金类似的作用，即在机构投资者与市场上那些独立的风险投资基金之间担任金融中介。这些母基金从一些个人或机构投资者那里筹集资金，并用这些资金建立规模较大的资金池，然后通过这个资金池对其他风险投资基金进行投资。

如图4-10所示，通常情况下，母基金并不直接对创业企业进行投资，而是对风险投资基金进行投资，再通过这些风险投资基金来投资创业企业。

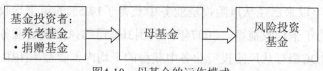

图4-10　母基金的运作模式

母基金的资本来源包括机构投资者和个人投资者。在母基金发展的初期，它的主要资本来源渠道是机构投资者，到20世纪90年代以后，有越来越多的个人投资者开始对母基金进行投资，并成为其重要的资本来源渠道。原因可能是风险投资基金的承诺资本的规模变得越来越大，对投资者的最低投资额的要求也随之提高，并将很大一部分个人投资者排斥在外。作为一种替代，这些个人投资者只好选择投资母基金。据有关统计，1995—1998年，母基金的资本中大约有24%来自个人投资者。

虽然，大多数时候，母基金都将养老基金和捐赠基金这些机构投资者作为募资对象，但也有一些母基金开始面向高净值的个人募集资金。一些由投资银行发起设立的母基金，它们主要面向那些高净值的个人客户募集资金。

母基金主要投资那些新成立的风险投资基金，但有时候它们也会直接投资创业企业。在进行直接投资时，大多数母基金都会采取跟投的方式进行投资，即与它们所投资的风险投资基金一起对创业企业进行投资，而且主要投资于企业后期轮次的融资。

4.3.5　银行及其他金融机构

❶ 商业银行

商业银行是指以吸收公众存款和发放贷款为主要业务的金融机构。在美国风险投资行业发展的早期阶段，银行是风险投资基金主要的机构投资者之一。1946年成立的世界第一家现代意义上的风险投资机构——美国研究与发展公司(ARD)就是由美国波士顿联邦储蓄银行参与创建的。

在德国、日本和英国等国家，来自银行的资本在风险资本市场中占有重要的地位，银行是这些国家风险资本的主要提供者。例如，德国和日本的风险投资体系基本上是以银行为主导的，这些国家市场上大多数的风险投资机构都有银行和金融机构的背景。

商业银行业开展风险投资业务的动机主要有4个：一是获得高额的投资收益；二是培养新的业务增长点；三是交叉销售产品；四是分散投资风险。

(1) 获得高额的投资收益。虽然投资创业企业具有很高的风险，但同时也能够带来高额的投资收益。另外，以股权而不是贷款形式进行投资还可以获得分享企业未来成长所带来的资本增值收益的机会。在风险投资的高额投资收益的刺激下，许多商业银行都成立了自己的风险投资部门和附属投资机构。虽然商业银行用于投资创业企业的资金只占其所管理资产的很小一部分，却可以较大限度地提高其整体盈利水平。例如，美国的硅谷银行自1993年以来已经从风险投资业务中获得了17.5%的年平均收益率，远高于同期银行业12.5%的年平均收益率。2007年，英国3i公司的风险投资业务的投资收益率为34%。加拿大的BDC银行从风险投资业务中获得的平均内部收益率(IRR)为33%。

(2) 培养新的业务增长点。商业银行的传统业务主要是发放商业贷款，但是，随着市场竞争日趋激烈，这些传统业务的增长空间变得很有限，而中间业务和股权投资逐渐成为商业银行新的业务增长点，尤其是20世纪后期，商业贷款在银行业务中的重要性不断下降，而中间业务和股权投资逐渐成为商业银行一个重要的收入来源。目前，作为一个投资类别，风险投资已经成为商业银行新的业务增长点，并得到越来越多的重视。

(3) 交叉销售各种金融产品。一些商业银行通过风险投资来与一些有巨大发展潜力的创业企业建立关系，这些创业企业将来有可能成为商业银行的优质客户。还有一些商业银行将股权投资活动与传统的贷款业务进行捆绑，在参与投资后期阶段的企业的同时为其提供商业贷款，以获得协同效应。

商业银行主要通过下面三种途径来为创业企业提供资本：一是设立附属的风险投资公司或基金来投资创业企业；二是为有限合伙制基金提供承诺资本，并通过这些基金来对创业企业进行投资；三是为母基金提供承诺资本，并通过这些母基金对独立的风险投资基金进行投资。

一些在风险投资业务方面积累了丰富经验的商业银行可能会开展对创业企业的直接投资业务。例如，美国的硅谷银行就设有风险投资部门，并通过这一机构来直接投资创业企业。英国3i集团附属的3i Venture在中国先后投资了分众传媒和中芯国际等企业。2001年，花旗银行集团设立了花旗风险资本国际的附属机构，专注于投资包括中国和印度在内的新兴市场国家的创业企业。还有一些大型的商业银行，包括UBS、巴黎银行、巴克莱银行和汇丰银行等也都设有自己的风险投资部门。

商业银行附属的风险投资机构在直接投资创业企业时一般会面临以下问题：首先，风险投资是一种股权投资，它与商业银行传统的贷款业务之间存在很大的差异，而且，投资创业企业还需要具备一些专门的知识和技巧，尤其是在项目评估和投资后管理方面的技巧和经验，而商业银行的投资管理人员所拥有的贷款业务方面的知识和经验往往不能满足其开展风险投资业务的需要。其次，银行传统的贷款业务还可能会与股权投资业务发生利益冲突。再次，股权投资业务具有一定的风险性，出于维护金融市场稳定的目的，大多数国家都会对商业银行开展股权投资业务做出严格的限制。由于受到有关政策法规的限制，在这些国家和地区，商业银行不能直接持有被投资企业的股权。

这些银行附属的风险投资机构更倾向于投资处于后期阶段的企业，尤其是参与并购投资和企业上市前融资，原因是商业银行对投资的安全性具有较高要求，而处于后期阶段的企业的投资风险较处于早期阶段的企业的投资风险低。同时，投资处于后期阶段的企业还可以发挥商业银行在贷款业务上拥有的优势，例如，为那些进入扩张期的企业提供贷款，以支持其快速扩张。另外，出于安全方面的考虑，这些银行附属投资机构更倾向于建立多元化的投资组合，而且其投资组合的关联性更小，以更好地分散投资风险。

一些大型的商业银行还经常以有限合伙人的身份为独立的风险投资基金提供承诺资本。例如，英国3i集团对中国的鼎晖创投基金投资了5000万美金。另外一些商业银行则会同时投资母基金。例如，瑞士银行不仅作为有限合伙人投资独立的风险投资基金，而且经常参与母基金的募资活动。

❷ 投资银行和证券公司

投资银行和证券公司是从事证券发行承销和经纪业务的金融机构，它们通常以成立附属的风险投资机构的方式来进行风险投资。这些投资银行附属的风险投资机构的资本大部分来自它们所管理的客户资产。

投资银行与证券公司参与风险投资的方式主要有两种类型：一是以摩根士丹利为代表的大型投资银行，这些投资银行一般从事偏后期阶段的投资业务，包括杠杆收购、过桥融资和上市前融资。上市前融资是指那些已经取得前期的成功，正在准备公开上市的企业可能具有暂时性的融资需求。这些投资银行一般会设立附属的风险投资机构，以夹层(又称为麦则恩)资本的形式对这些进行上市前融资的企业进行投资。二是以美国著名的汉鼎投资银行为代表的一些投资银行，它们创建了自己的风险投资基金来专门从事对高科技初创企业的投资，并通过对这些创业企业的投资来承揽它们未来上市时的股票承销业务。在诸多投资银行中，大通曼哈顿银行是开展这一类风险投资业务的典型，它在1999年互联网的巅峰时期通过自己的风险投资基金向100多家互联网企业投入了13亿美元的资金。

❸ 企业财务公司

企业财务公司是从事非银行金融业务的实体，这些金融机构通过将企业的资金汇集起来用于投资以获取投资收益，一般附属于某个大型企业。例如，著名的通用资本(GE Capital)是通用电气公司下属的财务公司，它管理超过50亿美元的资产，并投资了500多家有限合伙制基金。

4.3.6 企业

企业是风险资本的一个重要来源。公司所提供的风险资本包括它们作为独立风险投资基金的有限合伙人所进行的间接投资，以及作为有限合伙人发起设立具有固定存续期的有限合伙制风险投资基金所提供的资本，但不包括公司直接投资创业企业的资本，后者称为公司风险投资(Corporation Venture Capital)。企业风险投资是指由企业对本企业之外的创业企业或者从属于本企业的创业企业进行投资。它们的投资动机主要是获取战略利益，例如，帮助母公司获得新技术。因此，这种类型的投资又称为战略投资。

由于企业风险投资主要是通过公司内部设立的机构或子公司，而不是通过独立的有限合伙制基金进行的，因此，公司对创业企业进行的直接投资不包括在它们所提供的风险资本中。

一般来说，大企业参与风险投资的投资模式主要有两种：一是通过大企业的内部业务部门和附属风险投资机构对创业企业进行直接投资；二是采取间接投资模式，通过由第三方基金管理人所发起成立的有限合伙制基金投入创业企业。据有关调查，直接投资于创业企业的资本大约占企业风险资本的60%，而企业以有限合伙人的身份投资于独立的风险投资基金的资本占企业风险资本的40%。

与采取间接投资模式比较，大企业进行直接投资更有利于它们在相关领域建立起重要的影响力。一般来说，那些有经验的大公司更倾向于对创业企业进行直接投资，而不会选择通过独立的风险投资基金进行投资。

但是，许多大公司并不直接参与对企业的投资活动，而是通过为独立的风险投资基金提供风险资本的方式来间接投资特定行业和领域的创业企业，并通过被投资的基金来分享投资收益。这些独立的风险投资基金是由商业性的风险投资机构发起并管理的。大企业采用间接投资模式的原因主要有以下两个方面。

首先，这些大公司可能缺少向某些特殊的领域进行直接投资所需的专业知识、经验和相关资源(例如项目来源渠道)。因此，这些大公司只能通过独立的风险投资基金来间接投资这些特定的领域。

其次，间接投资模式的一个好处是可以借助商业性风险投资机构在特定领域所拥有的专业知识和经验、项目来源渠道以及激励机制上的优势，从而提高企业风险投资业务的运作效率。

因为这些原因，投资由第三方发起设立的风险投资基金成为大公司参与风险投资的一种重要方式。从20世纪80年代开始，SAP、陶氏化学和IBM等大公司都曾经作为有限合伙人对独立的风险投资基金进行投资，并通过这些独立的风险投资基金投资创业企业。例如，IBM将2亿美元投资于5个欧洲的风险投资基金和4个亚太地区的风险投资基金以及12个美国的风险投资基金，再通过这些独立的风险投资基金来投资Internet、通信和计算机行业中的企业。

4.3.7 政府

在风险投资行业发展初期,政府(包括国家和地方政府)的公共财政资金往往是风险投资基金承诺资本的一个重要来源。政府提供的风险资本是指政府作为有限合伙人为由商业性基金管理机构所发起设立的独立的有限合伙制基金所提供的资本。

实现公共政策目标是政府为风险投资行业提供资本、扶持风险投资发展的一个主要动机。这些公共政策目标往往包括推动科技成果商品化、支持创业、创造就业岗位或促进当地风险投资行业发展等。

政府可以通过两种方式来为那些难以从传统金融中介获得融资的创业企业提供资本:一是直接投资;二是间接投资。政府对创业企业的直接投资又称为政府风险投资。由于政府风险投资主要是通过政府设立的事业性机构或者附属投资公司,而不是通过独立的有限合伙制基金进行的,因此,这部分投资一般不包括在政府所提供的风险资本中。

在采用间接投资模式时,政府将成立引导基金,然后由引导基金作为有限合伙人投资独立的风险投资基金。政府引导基金本质上是一种母基金,它们并不对创业企业进行直接投资,而是投资市场上的商业性风险投资基金,然后通过这些基金投资创业企业。以色列的YOZMA基金和澳大利亚的创新投资基金(IIF)是政府引导资金的两个典型案例。政府引导基金在对风险投资基金进行投资时,通常会与民间资本进行匹配投资。那些接受政府引导基金资助的风险投资基金通常会有更多的投资限制,例如支持新兴行业和本地企业的发展等。

4.3.8 个人与家族基金

根据凯捷美林全球财富报告,世界上的富裕家族和高净值个人控制着大约42.2万亿美元,他们是风险投资基金的一个重要资本来源渠道。据有关研究,美国风险投资基金募集的资本中有10%来自这些高净值个人和富裕家族。

❶ 高净值个人

据有关调查,美国高净值个人的数量一直在快速增长。1996年,美国有超过100万高净值个人。例如,1996年西贝尔系统公司(Siebel System)公开上市后,公司全体员工中有6000人成为百万富翁。根据斯坦福的调查,1985年,美国企业设置的员工股票期权池的股票总数大约价值590亿美元;而到了1996年,这个数字达到6000亿美元。目前,美国大约有10万人拥有超过1000万美元的财富,他们平均每人拥有100万美元的流动性资产。这些高净值个人是风险资本的一个重要来源,尤其是一些成功的创业者,他们通常会拿出一部分钱来投资创业企业,例如,比尔·盖茨。

在美国,虽然个人投资者可以作为有限合伙人来为风险投资基金提供资本,但由于风险投资基金一般采取私募方式募集资金，而私募行为受到联邦政府于1933年颁布的证券法中的条例D的管辖，因此，个人投资者在对风险投资基金进行投资时将受到限制。

根据条例D的规定，只有合格投资者才能投资于进行私募的公司。所谓合格投资者，是指净资产和收入达到一定的资质要求，并拥有做出理智的投资决策所需要的判断能力的成熟的个人或公司和信托基金等法律实体。同时，条例D还对合格投资者(Accredited Investor)需要满足的条件进行了规定。目前，证券交易委员会已经提议对合格投资者的定义进行修改，这一修改可能会使风险投资基金的投资者的定义发生变化。根据现行法规，自然人作为合格投资者需要满足的条件是：至少拥有100万美元的净资产，或者个人年收入超过20万美元，或者与配偶的收入合计超过30万美元。另外，进行私募的公司的董事、普通合伙人和企业的管理层也被认为是合格投资者。

除了参与私募以外，个人投资者还可以通过投资公开上市的风险投资基金来为风险资本市场提供资本，例如，美国研究和发展公司(ARD)。据统计，在20世纪80年代初，个人投资者为风险投资基金提供的资本达到5亿美元。

❷ 家族基金

家族基金(Family Foundation)是指资金主要来源于同一家族的多个成员的基金。这些家族基金是专门为管理某个富裕家族的财产而设立的投资服务机构。在美国，一些富裕家族拥有大量的财富。这些家族一般会聘请专业投资人士来负责对家族的财富进行有效配置和管理，以达到对财富进行保值增值的目的。在风险投资行业发展的早期，这些家族基金会是风险投资基金承诺资本的一个主要来源。

这些家族基金会分为单个家族基金会和多个家族基金会两种类型。据有关调查，美国有大约3000个单个家族基金会和150个多个家族基金会，它们管理的资产总额接近3500亿美元。其中，单个家族基金会管理的资产规模为4200万美元至15亿美元，而多个家族基金会管理的平均资产规模为5000万美元，资产规模的中值约为10亿美元。

在风险投资行业发展的早期阶段，洛克菲勒这样的富裕家族曾经是风险投资基金重要的出资者之一。在风险资本的来源变得多元化之后，这些来自个人和富裕家族的资本在资本市场的重要性已经大大降低。但是，那些富裕家族的基金一直都是风险投资基金一个主要的资金来源渠道。例如，20世纪70年代初，希尔曼(Hillman)家族为凯鹏华盈(KPCB)的一期基金提供了大部分资本。这个基金后来投资了一大批成功的创业企业，这些企业包括基因泰克和天腾电脑等，并获得了高达43倍的投资收益。

本章小结

风险资本是指那些投入高风险和高成长性的创业企业并追求高额回报的资本。它们一般具有高风险、流动性差和高收益的特点。作为一种股权投资类别，风险资本具有特殊的风险特征和较高的预期回报率，这些将会在很大程度上影响投资者的投资意愿和选择。风险资本的提供者可以分为机构投资者和个人投资者。广义的机构投资者是指所有区别于个人投资者的有组织的投资者，各种养老基金、捐赠基金、基金会、银行及其他金融机构、企业和政府等都是机构投资者。狭义的机构投资者是指通过委托代理关系帮助受益人管理其长期储蓄资金的专业化投资机构，包括各种养老基金、捐赠基金、基金会、保险公司和母基金。这些机构投资者管理着庞大的资产组合，并将其中一部分资产投资于风险投资基金，它们是风险资本主要的提供者。

在美国，养老基金和捐赠基金等机构投资者是风险资本的主要来源。与个人投资者主要从事小规模与短期的投资不同，这些机构投资者一般拥有或管理着大量长期性的资产，它们具有成熟的投资理念，一般采取被动投资策略，能够从事较大规模和较长期限的投资。机构投资者期望通过进入风险投资行业来获得一个能够带来高额投资回报率的机会，同时，它们还希望通过投资风险投资基金来使它们的资产结构得到优化。机构投资者进入风险投资领域的途径主要有三种：一是通过风险投资基金进行投资；二是通过母基金进行投资；三是直接投资创业企业。一般来说，机构投资者并不对创业企业进行直接投资，而是把自己的资金委托给风险投资家进行运作和管理，并通过风险投资基金和母基金进行投资。

风险资本的其他一些提供者主要是商业银行及金融机构、企业、政府和个人。本章介绍了这些组织和个人作为风险资本提供者的特点、投资动机及投资方式。

思 考 题

1. 风险资本有哪些特点？

2. 风险资本的提供者有哪些？

3. 简述狭义和广义的机构投资者的概念。

4. 养老基金成为美国风险资本主要来源的原因是什么？

5. 简述美国风险资本的来源构成。

6. 影响风险资本供给的因素有哪些？

7. 机构投资者的特点是什么？有哪些类型？

8. 母基金的主要作用是什么？为什么投资者选择投资于母基金？

9. 机构投资者投资风险投资基金的动机有哪些？

10. 机构投资者的投资途径有哪些？

11. 简述企业参与风险投资的动机。

12. 企业资金进入风险投资领域的方式有哪些？

13. 简述政府参与风险投资的模式。

14. 家庭/个人资金进入风险资本市场的途径有哪些？

| 第 5 章 |

风险投资基金

1. 掌握风险投资基金的概念。

2. 了解风险投资基金的特点和作用。

3. 了解风险投资基金的类型。

4. 了解公司制和有限合伙制风险投资基金的制度特征。

5. 了解有限合伙协议的主要内容。

5.1　风险投资基金概述

5.1.1　风险投资基金的概念

基金(Fund)或者投资基金(Investment Fund)又称为集合投资工具(Collective Investment Vehicles)或集合投资计划(Collective Investment Scheme)。由专业投资人士管理的投资基金或集合投资计划起源于荷兰。1774年，一个名为亚伯拉罕·范·凯特维奇(Abraham van Ketwich)的荷兰商人和经纪人在阿姆斯特丹建立了世界上第一只共同基金。

集合投资是指两个以上的多名投资者共同进行投资，以获得集体投资所带来的好处的一种投资方式。集合投资主要有以下这些特点。

- 提高投资能力。基金通过集合出资的方式向众多分散的投资者筹集资金，并形成具有一定规模的资金池，可以提高投资能力，并克服分散的单个投资者在知识、技能以及时间和精力上存在的不足。
- 基金一般由具有丰富投资经验的专业人士进行管理。可以雇用专业的投资经理来管理投资，从而能够获得更高的投资收益并进行更有效的风险管理。
- 获得规模经济效应，降低交易成本。
- 增加投资组合的多元化程度以降低某些非系统性风险。基金采用组合投资方式进行投资，将其资本分散投资于多个相互之间关联性较差的项目，以降低投资组合的风险程度。
- 基金通常都有一定的投资目标。基金一般是为了某种投资目的而设立的，并专门投资于某个特定的资产类别或领域。例如，专门投资特定地理区域(新兴市场或欧洲国家)，或者特定的行业(技术行业)。

投资基金是指两个以上的多名投资者按照集合投资方式，共同投资组成的企业组织。它可以是由公众所持有和公开上市交易的基金，例如共同基金；也可以是向私人投资者募集的基金，例如私募股权投资基金和对冲基金。投资基金还包括特殊的投资工具，例如集合与共同信托基金，它们是由银行负责管理的特殊类型的基金。

风险投资基金是一种特殊类型的基金，它的投资对象主要是那些处于早期发展阶段并拥有很高成长性的创业企业。虽然，这种类型的企业在获得充足的资金支持之后可能会表现出巨大的成长潜力并给投资者带来丰厚的投资回报，但是，由于这些企业通常具有很高的不确定性和信息不对称，投资这种类型的企业的基金在获得高额投资回报的同时也面临巨大的投资失败的风险。由于这种类型的基金的投资组合的风险程度较高，我们将其称为风险投资基金。

风险投资基金在本质上是一个以开展风险投资业务为目的，由风险投资家进行运作和管理的集合投资计划。它将来自众多分散的投资者的资金汇集在一起，形成一个具有一定规模的资金池，然后在风险投资家的运作和管理下完成对创业企业的投资。

风险投资基金是采用法律规定的组织形式建立起来的经济实体。从法律的角度来看，它是一个具有融资和投资功能的企业组织，这是它与天使投资等个人投资者的本质区别。

5.1.2　风险投资基金的特点

作为一种新型的金融中介，风险投资基金具有集合出资、组合投资、机构化、专业化管理和专注投资的特点。

❶ 集合出资

风险投资基金是一种集合投资工具，它采用集合出资的方式筹集资金并进行投资。在风险投资运作中，风险投资家从众多分散的投资者，如养老基金、大学捐赠基金、保险公司等机构投资者以及富裕的个人那里募集资金，并将募集到的资金组建成一个大型资金池，然后通过资金池对创业企业进行投资，这称为集合出资或投资。

这种集合出资方式的优点是可以形成较大规模的投资能力，从而更好地满足企业大规模融资的需要。同时，投资者还可以在投入小额资金的情况下参与大型融资项目。由于单个投资者投入的资金额较小，因此每个投资者需要承担的投资风险也较小，从而有利于降低投资风险。另外，采用这种集合出资方式还有利于进行组合投资，从而进一步降低投资风险。

❷ 组合投资

风险投资基金可采用组合投资方式进行投资，在采用这种投资方式时，基金的资本将分散投资于多个独立的创业企业。这些创业企业可能分别处于不同的细分市场、不同的发展阶段和不同地区，由不同的管理团队进行运作。

采用组合投资的方式进行投资有助于风险投资基金减少投资风险并获得更加稳定的投资收益。根据组合投资理论，如果投资组合的数量太少，则不利于风险的分散。通过组合投资可以增加投资组合的数量，从而更有效地分散投资风险，降低投资组合的风险程度。另外，采用组合投资方式还有利于基金整体实现盈利。虽然基金投资组合中的一些投资项目最终可能会遭遇失败并给基金带来损失，但由于可以用那些成功项目所产生的利润来弥补这些失败项目所带来的损失，因此，从整体来看，风险投资基金仍然可以盈利。

❸ 机构化

风险投资基金是依照相关的法律法规成立的，是一个具有正式组织形式的实体。风险投资基金所采取的组织形式包括股份有限公司、有限合伙企业、单位信托以及有限责任公司。另外，作为一个正规的组织，风险投资基金通常都建立了规范的内部组织机构并配备了相关的专业人员。

❹ 专业化管理

风险投资基金的一个重要特点是其投资和运作都实行高度专业化的管理。首先，风险投资基金是由风险投资家负责运作和管理的，这些风险投资家是一些训练有素的职业投资家，他们拥有丰富的行业背景和投资经验，能够更加准确地判断投资项目的好坏，从而减少投资过程中的不确定性和风险。

其次，风险投资基金的专业化管理还体现为投资流程的高度专业化。天使投资等个人投资者的投资流程往往带有很强的随意性和主观性。与之不同，风险投资基金通常会依照一个专业化和程序化的投资流程来对投资项目进行筛选和评估。这一投资流程通常包括项目来源、初步筛选、尽职调查、投资谈判和交易实施5个阶段。采用这种专业化的投资流程可以有效降低投资过程中的不确定性和风险。

❺ 专注投资

专注投资是指风险投资基金根据自己的管理团队所具有的不同的行业背景和特长专门针对某个特定地区、特定行业和特定阶段的创业企业进行投资。事实上，除了极少数的通才型的风险投资基金以外，大多数风险投资基金，尤其是一些中小型基金，它们都会对自己的投资领域进行限制。例如，一些基金专门面向某一行业进行投资，如计算机软件或生物科技行业的企业；一些基金面向特定的企业发展阶段进行投资，如专注于投资处于早期阶段和成长阶段的基金；一些基金专门面向特定地理区域的企业进行投资，如专注于中国市场的基金；还有一些基金专门投资于特定的产品领域；另一些基金专门面向特定类型的企业进行投资，如技术型基金。

这种专注投资策略可以带来多方面的好处，包括帮助基金管理团队积累相关领域的专业知识和经验、建立声誉和更加广泛的人脉关系等，从而提高基金的专业化管理水平和运作效率。

5.1.3 风险投资基金的作用

在风险投资运作体系中，风险投资基金主要具有以下几方面作用。

❶ 充当金融中介

风险投资基金的首要功能是在风险投资运作体系中充当机构投资者与创业企业之间的中介，它从机构投资者，如养老基金、捐赠基金以及富裕的个人投资者那里筹集资金，然后将这些资金以自己的名义投入创业企业，从而将投资者与创业企业连接起来。

❷ 提高投资规模

当企业的融资规模较大时，由于受到投资能力的限制，一些规模较小的投资者将无法参与投资。风险投资基金可以将众多分散的投资者的资本汇聚在一起，形成较大规模的资金，从而可以进行大规模的投资，满足企业的大规模融资需求。

❸ 分散投资风险

通过基金进行投资有助于更好地分散风险。由于单个投资者的资金规模有限，他们只能对一个或少数几个项目进行投资，因此不能有效地分散投资风险。风险投资基金可以将众多单个投资者的小额资金聚集成较大规模的资金，并采用组合投资方式进行投资。一般来说，风险投资基金会将其所拥有的资本分散投资于10～12家创业企业，对每一家企业的投资一般只占基金承诺资本的10%～15%。由于所占份额较小，即使项目失败，也不会给基金带来重大的损失，而且由于基金投资的范围更广，投资组合数量也更多，可以有效地降低投资风险。

❹ 提高投资效率

风险投资基金将资金交给风险投资家进行管理，可以提高投资运作效率。作为专业投资人士，这些风险投资家一般拥有丰富的专业知识和投资管理经验。与普通投资者比较，他们在寻找投资机会、对项目进行筛选、尽职调查、进行交易构造和投资后管理方面都具有丰富的经验且工作效率更高。另外，风险投资基金对资金进行集中化管理，还可以降低投资运作的成本，获得规模效益。

5.1.4 风险投资基金的分类

❶ 按存续时间分类

依据基金存续时间的不同，风险投资基金可以分为自我清算基金和长青基金(Evergreen Fund)两种类型。大部分风险投资基金都采取有限合伙制组织形式设立，这些有限合伙制基金具有固定的存续期限，它们必须在存续期限到期时进行清算，因此称为自我清算基金。长青基金可以用其利润进行再投资以确保其未来投资所需要的资本的可获得性。那些公开上市的公司制基金是长青基金，如美国研究与发展公司(ARD)和英国的3i公司，这些长青基金没有存续期的限制，因此投资期限较长。

❷ 按所有者结构分类

风险投资基金有着不同的所有权结构，根据单一出资者在风险投资基金中所占的份额的大小，可以将风险投资基金大致分为三种类型，即半独立风险投资基金、独立风险投资基金和附属风险投资基金。

(1) 独立的风险投资基金。独立的风险投资基金与其投资者之间不存在关联性，也不隶属于其他公司或者机构。这些独立的风险投资基金的投资者十分松散，而且其中任何一个投资者所占的基金份额都不超过基金承诺资本的20%。

在美国，80%以上的风险投资基金都是独立基金。这些独立基金的发起人一般是商业性的基金管理公司，它们面向养老基金、捐赠基金、保险公司等众多分散的投资者募集资金，然后以有限合伙制组织形式设立风险投资基金。

(2) 半独立风险投资基金。半独立风险投资基金由单一投资者提供大部分资本。如果有单一投资者持有风险投资基金的份额为20%~50%，那么，这样的基金就称为半独立基金。一般来说，半独立风险投资基金的投资者的数量十分有限，而且这些投资者还有可能属于一个较为封闭的圈子。

半独立风险投资基金的一个典型是那些由政府引导基金参股的风险投资基金，这些基金可能是由商业性的基金管理公司所设立和管理的，但它的资本有很大一部分来自政府引导基金。半独立风险投资基金的投资往往是为了实现某些政策性目标，例如，促进本地经济的发展和创造就业机会等。与之不同，独立风险投资基金往往以获取最大化的财务收益作为经营目标。这是半独立风险投资基金区别于独立风险投资基金的一个主要特征。

(3) 附属风险投资基金。如果单一投资者所持有的风险投资基金的份额超过50%，那么，这样的基金就称为附属风险投资基金。今天，在美国以外，附属风险投资占据了相当大的比例。

附属风险投资基金一般隶属于大企业、商业银行或者政府。根据资本来源的不同，附属风险投资基金又可以分为企业附属风险投资基金、银行附属风险投资基金和政府附属风险投资基金三种类型。

从组织形式来看，大企业和商业银行通常采用公司制组建风险投资基金。当然，这些机构也可以采用有限合伙制组织形式设立基金，但在运作管理上与独立风险投资基金没有太大的差别，它们之间的区别主要是资金来源不同。这些附属基金的资本全部或大部分来源于作为基金发起人的母公司或控股股东。虽然这些附属风险投资基金在有些情况下也会接纳一部分外部投资者的资金作为补充，但是外部投资者一般只占基金很小的份额，基金的绝大部分资本都是由作为其控股股东的大企业或金融机构所提供的。

另外，附属风险投资基金的投资通常带有战略动机(企业、银行附属风险投资基金)或为了实现公共政策目标(政府附属风险投资基金)。

❸ 按投资阶段分类

除了一些由大型基金管理公司发起成立的多阶段风险投资基金，大多数风险投资基金都会专注于投资处于某一个发展阶段的企业。一般来说，基金的投资阶段越早，投资的不确定性和风险越高，企业估值越低，投资收益也就越高；投资的阶段越靠后，投资的不确定性和风险就越低，企业的估值越高，投资的收益也就越低。

如表5-1所示，根据投资阶段的不同，风险投资基金可划分为超级天使基金、种子期基金、早期基金、中期基金和后期基金5种类型。

表5-1　风险投资基金的类型

基金类型	承诺资本规模	投资轮次	投资规模
超级天使基金	2000万美元	种子轮	5万～100万美元
种子期基金	5000万～1.5亿美元	种子轮、A轮	50万～200万美元
早期基金	1亿～3亿美元	A轮、B轮	200万～2000万美元
中期基金	2亿～10亿美元	B轮、C轮、D轮	500万～5000万美元
后期基金	2亿～10亿美元	Pro-IPO、并购	500万～1亿美元

(1) 超级天使基金。随着精益创业模式的兴起，只需要消耗有限的资本就可以创建一家互联网新企业，这导致创业成本和融资额的大幅下降。近年来，针对这种类型的小额融资成立了许多微型风险投资基金(Mirco VC Fund)，例如500Startup。这些基金的承诺资本一般不超过2000万美元，它们只投资种子期的企业，而且投资额较小。由于投资阶段与天使投资的阶段重合，因此这些基金又被称为超级天使投资基金。

(2) 种子期基金。种子期基金(Seed-stage Fund)的规模比超级天使基金大，这些基金的承诺资本的规模通常为5000万～1.5亿美元，它们一般投资A轮以前的融资轮次。

(3) 早期基金。早期基金(Early-stage Fund)的承诺资本的规模通常是1亿～3亿美元。这种类型的风险投资基金主要投资种子期和A轮融资的企业，但偶尔也会进行B轮投资。

(4) 中期基金。中期基金(Mid-stage Fund)又称为成长期基金。这种类型的风险投资基金的承诺资本和投资额都较大，通常为2亿～10亿美元，它们主要投资B轮以及之后的融资轮次。

(5) 后期基金。后期基金(Late-stage Fund)主要投资企业IPO前的融资。这种类型的投资一般具有投资规模大、投资期限短的特点，从投资到退出需要1～2年。

5.2　风险投资基金的组织形式

风险投资基金的组织形式是指基金的法律形式。在国外，风险投资基金采取的组织形式有公司制(Corporation)、有限合伙制(Limited Partnership，LP)、信托制(Unit Trust，

UT)和有限责任公司(Limited Liability Company，LLC)。在美国，大部分风险投资基金都采用有限合伙制组建，这些有限合伙制基金所管理的资本约占整个风险资本市场的80%。在国内，风险投资基金主要采用公司制和有限合伙制组建。

下面我们将重点介绍风险投资基金较为常见的两种组织形式，即公司制和有限合伙制。

5.2.1 公司制

❶ 公司制的概念

公司是一种以法人财产制度为核心、具有法人资格并依法设立的经济组织。公司制具有两个主要特点：首先，公司是一个具有独立法人资格的实体，它具有法人地位，这是公司制的根本特点。其次，公司实现了股东的财产所有权与法人财产权的分离。

公司制风险投资基金是指以公司形式设立和运作的风险投资基金。从法律上看，它是一个专门从事风险投资业务的有限责任公司或股份有限公司。公司制基金通过定向或向公众发行股份来筹集资本。如图5-1所示，投资者作为公司制基金的股东以其投资额为限对基金的债务承担有限责任，而公司以其全部资产对公司的债务承担责任。另外，投资者对公司制基金的投资没有时间期限，公司制基金可以根据需要以增资扩股的方式增加新的投资人。

公司制是风险投资基金较早采用的一种组织形式。1946年成立的现代意义上的第一家风险投资基金公司即美国研究与发展公司(ARD)便是一家公开上市的股份有限公司。此外，根据1958年制定的美国《小企业投资法》成立的小企业投资公司(SBIC)所采用的也是公司制组织形式。虽然目前美国的风险投资基金大多采用有限合伙制组建，但在世界其他一些国家或地区，公司制仍然是风险投资基金常用的组织形式，尤其在英国和我国台湾地区，大多数风险投资基金都以股份有限公司的形式设立。例如，英国的3i公司就是一家公开上市的公司制基金。在我国，根据十部委出台的《创业投资管理办法》，创业投资企业可以采用有限责任公司或股份有限公司或法律规定的其他企业组织形式设立。但是，在我国2007年之前的法规中只有普通合伙企业，而没有有限合伙企业。因此，当时的风险投资基金主要采取有限责任或股份有限公司的形式设立。例如，著名的深圳创新投资集团有限公司就是以公司制组织形式成立的基金。2007年6月1日之后，新修订的《合伙企业法》允许成立有限合伙制企业，此后，国内陆续出现一批按照有限合伙企业的组织形式设立的风险投资基金。目前，有限合伙制已逐渐成为国内风险投资基金的主要组织形式。

❷ 公司制基金的制度特征

公司制基金的特征体现在以下几个方面。

(1) 存续时间。公司制基金在存续时间上没有限制，具有永续存在性。

(2) 资本规模。公司制基金的资本规模即公司的实收资本，它可以根据需要通过增资扩股来补充，并可以将投资收益转增资本用于再投资。

(3) 投资收益分配。公司制基金一般以每个投资者投入的资金作为收益分配的基础，每个投资者都按照自己的投资在公司总股本中所占的比例参与公司日常经营利润的分配。

(4) 承担有限责任。公司制基金的投资者均以投资额为限对基金的债务承担有限责任。在有限合伙制基金中，基金管理人作为基金的普通合伙人需要对基金承担无限责任；而在公司制基金中，基金管理人作为基金的投资者仅以其出资额为限对基金承担有限责任。因此，对于基金管理人而言，公司制更有利于基金管理人规避法律风险与责任。

❸ 公司制基金的优点

公司制基金主要具有下面这些优点。

(1) 组织形态更稳定。公司制基金是一个具有独立法人资格的主体，并具有长期和永续存在的特点，这从根本上解决了合伙企业缺乏稳定性的问题，有利于基金保持长期稳定状态。

(2) 基金资本较为稳定。公司制风险投资基金拥有独立的法人财产权，在公司制基金成立后，投资者投入基金的资金作为公司的法人财产独立于股东而存在，它不会因为个别股东的退出而受到任何影响，因此，公司制基金具有更加稳定的资本形态，有利于基金进行长远的规划和投资。

(3) 投资期限长。由于公司制基金能够长期或永久存续，不需要在一定的期限内将资本返还给投资者，因此，它们可以长期持有被投资企业的股权以获取稳定的股息分红，或者选择适当的时机退出以实现投资收益的最大化。例如，英国的3i公司是一家公开上市的公司制基金，它于1954年用4万英镑投资Frizzell公司，在持有被投资企业38年之后才退出，在退出时这些投资的市值达到了4000万英镑，3i公司从中获得了超过1000倍的投资收益。

(4) 运作成本低。公司制基金的一个优势是运作费用较低。首先，在公司制下，基金管理费不是按照基金承诺资本的固定比例来提取的，而是按照基金管理中实际发生的相关费用进行核算。其次，公司制基金的管理团队所获得的利润分成比例也低于有限合伙制基金的20%的投资收益分成比例。例如，深圳创新投资公司的管理团队的业绩分成为投资利润的8%。因此，与有限合伙制基金比较，公司制基金的运作成本一般会更低。虽然相对较低的业绩奖励水平能够降低运作成本，但它也可能导致对投资团队的激励不足。

(5) 规范的内部治理结构。公司制基金具有更加规范的公司治理结构，并且具有完整的内部组织机构，这有利于投资者和股东对经营管理层进行有效的监督和管理。公司制基金的内部治理结构基于《中华人民共和国公司法》(以下简称《公司法》)等法律法规。根据公司法的要求，公司制基金需要设立股东大会、董事会和监事会等内部治理机构，而且需要建立较为完整的职能部门，这些职能部门之间不仅具有明确的分工，还会形成制约机制。

(6) 适合新成立的基金管理机构。在采用公司制组织形式发起风险投资基金时，投资者可以股东身份投入自有资本的方式来成立基金，而不需要向外部投资者募集资金。由于缺乏声誉和投资记录，那些新成立的风险投资机构一般很难从其他投资者那里筹集资金，或者需要花费较长的时间才能筹集到资金。因此，这些新成立的风险投资机构往往更倾向于投入自有资本，并采用公司制组织形式来设立自己的初始基金。在国内，那些新成立的风险投资机构一般会以自有资金和公司制组织形式设立初始基金。例如，深圳创新投资最初是一家公司制基金，它以自有资金进行投资，在积累了声誉和业绩之后成功转型为一家基金管理公司，然后采用有限合伙制组织形式向其他投资者募集资金，发起和管理了多只基金。

❹ 公司制组织形式的缺点

公司制基金存在以下一些缺点。

(1) 双重纳税。公司制基金的双重纳税是指当公司制基金取得投资收益时需要缴纳所得税，当投资者从基金分得投资收益时还需要再次缴纳所得税。目前，世界上大多数国家和地区的通行做法是对具有独立法人资格的企业征收所得税。因此，作为具有法人资格的企业，公司制基金需要缴纳法人所得税。同时，如果公司制基金的投资者也是法人，那么他们就需要为自己从基金分得的投资收益缴纳法人所得税。如果基金的投资者是个人，那么他们需要为自己从风险投资基金分得的投资收益缴纳个人所得税。因此，公司制基金需要在基金层面和投资者层面分两次缴纳所得税。由于存在双重征税的问题，因此公司制风险投资基金的运作成本较高。

需要注意的是，根据我国的税收制度，如果公司制基金的股东是法人，由于它从基金所分得的投资收益已经缴纳了所得税，因此不需要再次缴税，也就不存在双重征税问题。

(2) 资金闲置。公司制基金还可能导致资金闲置。根据《公司法》的有关要求，公司制基金的投资者需要在公司制基金成立前后的一段时间内缴纳足额的注册资本。例如，在我国，按照《创业投资企业暂行管理办法》的要求，投资者需要在公司制基金成立后的两年内全额认缴资本金，这可能导致大量资本处于闲置状态。

(3) 激励不足。由于公司制基金在利润分配上缺少灵活性，因此很难建立高效的激励机制。公司利润分配的基本原则是同股同利，这决定了公司制基金的利润需要在股东之间按照他们各自拥有的股份的大小进行分配。由于风险投资家一般只在风险投资基金中占有很少一些股份，因此，他们往往不能从基金的利润分配中获得与他们为基金所做出的贡献相匹配的份额。虽然公司制基金可以通过签订内部协议的方式建立类似于有限合伙制基金的利润分配机制来激励风险投资家，但由于这种利润分配机制会降低公司制基金的利润，并导致股东分红减少，因此，许多公司制基金的股东都会拒绝采用这种利润分配机制来为风险投资家提供激励。由于公司制基金为管理人员提供的报酬缺少激励性，因此，在吸引优秀的风险投资家方面存在很大的困难，也难以留住优秀的人才。据有关研究，公司制基金的管理团队的流失率明显高于有限合伙制基金。

(4) 决策效率低。根据《公司法》的要求，公司制基金需要建立包括股东会、董事会和监事会在内的相互制约的治理结构。但是，这种多层级的内部治理结构可能降低投资决策的效率，并减少风险投资家在投资决策活动中的灵活性和自主性。

(5) 退出难度大。公司制风险投资基金还存在投资不容易退出的缺点。在向基金投入资金后，公司制基金的投资者只能通过股权转让的方式实现退出并获得投资收益。在许多情况下，投资者可能因为找不到合适的买家而不得不长期持有基金的股份，并通过股息分配的方式来获得投资收益。

(6) 不利于声誉机制发挥作用。一般来说，如果市场上的交易行为是一次性的，而且在交易结束后，双方再也不会进行下一次交易，那么声誉机制就很难建立和发挥作用。由于公司制基金的存续期没有限制，在融资之后风险投资家可以永久地保有基金的资本，也不需要募集新的资金，因此，在公司制下，风险投资家与投资者之间进行的是一次性交易，不利于声誉机制的建立和发挥作用。

5.2.2 有限合伙制

❶ 有限合伙制基金的制度特征

有限合伙制风险投资基金是指按照有限合伙制(Limited Partnership)组织形式设立的风险投资基金。有限合伙制是合伙企业的一种特殊形式。有限合伙企业是一个由普通合伙人与各种有限合伙人组成的法律实体。风险投资基金有限合伙制的基本运行架构如图5-2所示。

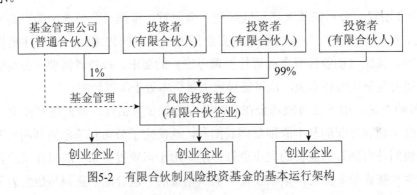

图5-2　有限合伙制风险投资基金的基本运行架构

　　一般情况下，有限合伙制基金由基金管理公司作为普通合伙人发起并管理，基金的其他投资者作为有限合伙人向基金投入资本。在基金成立后，由普通合伙人负责基金的运作和管理，并对基金承担无限责任。基金的其他投资者作为有限合伙人不能参与风险投资基金的投资运作和日常经营，同时，他们对基金承担有限责任。

　　(1) 有限合伙人与出资额。有限合伙人是有限合伙制风险投资基金的投资者，通常不需要承担合伙企业运作的法律责任，并且以自己的出资额对基金的损失承担连带责任。有限合伙人获得投资收益和税收优惠。

　　风险投资基金的有限合伙人一般是管理着大量资本的机构投资者或者是高净值的富裕家庭和个人。机构投资者主要包括公共或者私人养老基金、大学捐赠基金、保险公司和基金的基金等。

　　每个基金拥有的有限合伙人的数量可能会有所差异。大多数风险投资基金有10~30个有限合伙人，但有些基金可能只有1个有限合伙人，也有些基金拥有多达50个有限合伙人。在我国，根据2007年6月1日修订的《合伙企业法》，有限合伙企业由2个以上50个以下合伙人设立，至少有1个普通合伙人。

　　那些主要针对机构投资者而且规模较大的基金可能会将最小出资额定为1000万美元至2000万美元，而一些针对富裕个人投资者的基金可能会设置一个较小的最低出资额，例如规定个人投资者对基金的最小出资额为100万美元。

　　(2) 出资比例。按照行业惯例，有限合伙人的投资承诺一般为基金募集资本的99%，普通合伙人的投资承诺为基金募集资本的1%。例如，对于一只资本规模为1亿美元的基金，普通合伙人的出资额为100万美元。为了证明自己对所建立的基金的信心，一些基金的普通合伙人可能会向基金投入更大份额的资金。例如，Chamath Palihapitiya在募集一个规模为3亿美元的基金时，以普通合伙人的身份向其投入了6000万美元，达到基金承诺资本的20%。

　　(3) 管理费。普通合伙人通常会按照所管理基金的承诺资本的一定比例来提取基金管理费，这个比例一般为基金承诺资本的2%~3%。

　　(4) 投资收益分成。按照行业惯例，在将所有的原始投资归还投资者，并且在投资者分得优先回报之后，有限合伙制基金的投资收益将按照80/20的比例在投资者和风险投资家之间进行分配，即风险投资家分得20%的投资利润，投资者分得80%的投资利润。

　　普通合伙人所获得的投资收益分成一般是基金投资利润的20%，又称为附带权益(Carried Interests)。根据有关统计，目前有95%的基金给予普通合伙人20%的投资收益，其余的基金中，普通合伙人获取的投资收益占比为15%~30%。

　　有限合伙制基金投资收益分配的步骤：

- 将投资者的全部投资返还投资者。
- 投资者获得门槛收益，门槛收益又称为优先回报。按照事先确定的门槛收益率计算，风险投资基金的门槛收益率一般为6%~12%。

● 基金投资收益的剩余部分按照80/20的比例在投资者和风险投资家之间进行
  分配。

(5) 固定存续期。有限合伙制基金的基本特征是有固定的存续期，这也是它与公司制组织形式的最大差别。

根据有关调查，72%的有限合伙制基金的存续期是10年。另外，大多数有限合伙协议都带有延长存续期的条款。如果普通合伙人无法在存续期内完成全部投资项目的退出，那么，经有限合伙人同意，可以在基金的存续期届满后再延长3个1年，从而使普通合伙人可以继续安排基金投资组合中的项目退出。

如图5-3所示，在一个典型的有限合伙制基金的存续期内，通常要经历基金募集、投资、投资后管理以及退出4个发展阶段，这4个阶段在时间上可能会有重叠。例如，在基金的投资阶段结束之前，可能已经有首批投资的项目开始退出。

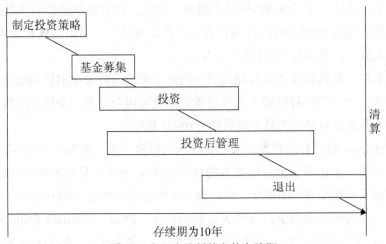

图5-3　有限合伙制基金的存续期

● 基金募集期。基金募集期是指从基金的发起人开始向投资者募集资金到基金
  封闭之间的过程。这个过程一般会持续3～18个月。在美国，募集规模为5000
  万～2亿美元的基金的平均募集期为6～9个月。

● 投资期。在投资者完成对基金的首次出资后，普通合伙人就可以开始寻找符合
  基金投资策略的项目并对其进行投资。基金的投资期一般是基金成立后的3～5
  年。在投资期内，基金每年都会投资2～15个项目，并在3～5年内将基金的承诺
  资本全部投出去，从而建立起基金的投资组合。

● 投资后管理期。在对一个项目进行投资后，普通合伙人会持续关注被投资企业
  的经营和发展状况，并为它们提供增值服务，包括帮助企业制定发展战略、提
  供指导和建议、帮助企业招募核心管理团队的成员、介绍顾客和商业合作伙
  伴、安排后续融资以及设计退出方案等。这个阶段通常会持续3～7年。

● 退出期。退出期一般是指基金的存续期满前的2～3年。在这个阶段，普通合伙

人将会积极着手引导基金投资组合中的项目采取上市和并购等方式退出。随着基金投资组合中的项目开始退出，基金的现金流和投资收益将会逐步转正。最后，普通合伙人将组织对基金的清算，并将资本及其投资收益返还给投资者。

(6) 分期出资。有限合伙制基金采取承诺资本(Committed Capital)制度。承诺资本是在基金封闭时投资者所承诺的对基金的全部出资额。在承诺资本出资制度下，投资者在基金封闭之前将承诺为基金提供一定数量的资本，但他们并不需要在基金设立时就将自己承诺提供的出资全部到位，而是可以在基金成立后再将自己承诺的出资分期到位。

投资者的分期出资过程一般可以分为首次出资和后续出资。在基金封闭时，投资者将投入自己的首次出资额，它通常为承诺资本的10%～30%，其余的出资额需要在投资协议所约定的某个期限内到位，或者是根据普通合伙人寻找投资机会的进展情况及其催款通知(Capital Call)分期到位。

基金的全部承诺资本一般在基金成立后3～5年全部到位。

(7) 管理模式。根据有关法律规定，有限合伙企业由普通合伙人执行合伙事务，有限合伙人不参与管理合伙事务。一般来说，有限合伙制基金由普通合伙人全面负责基金的运作管理及投资业务。在有限合伙制基金中，投资者担任有限合伙人，他们不参与基金的投资运作和管理，并按他们持有的基金所有权承担有限责任。虽然有限合伙人不参与企业的经营管理和投资决策，但他们可以对普通合伙人的行为进行监督。

有限合伙制基金的普通合伙人一般由基金管理公司担任，它们将全面负责基金的投资运作和管理，并对合伙企业的债务承担无限连带责任。在基金成立后，普通合伙人将负责组建基金的投资管理团队。投资管理团队一般由拥有行业背景和丰富投资经验的风险投资家或其他专业投资人士所组成，他们负责寻找投资机会，对投资项目进行筛选和尽职调查，做出投资决策，并在投资后对项目进行监控和管理，为其提供增值服务，直到退出。

❷ 有限合伙制基金的优点

(1) 减少基金运作成本。在税务方面，由于有限合伙制基金不具有法人地位，因此，当它获得投资收益时不需缴纳法人所得税。只有当其合伙人从基金分得投资收益时，他们才需要以自己的名义缴纳所得税。在美国，由于养老基金、大学捐赠基金以及慈善机构等机构投资者都享有免税地位，这些投资者无须为自己从风险投资基金所分得的投资收益缴纳所得税。由于在基金和投资者两个层面上都不需缴纳所得税，极大地提高了预期的投资收益率。

(2) 避免资金闲置。由于有限合伙制基金采取承诺资本制，因此，在基金设立时投资者并不需要缴纳全部的承诺资本，可以在交纳首期出资之后根据普通合伙人寻找投资机会的进展情况以及催款通知的要求分期缴纳出资。这样就不会有大量的资金在投出去之前被长期存放在基金账户上，从而避免了资金闲置。

(3) 激励机制灵活。有限合伙制基金的投资收益根据合伙人之间事先签订的有限合伙协议进行分配。这种灵活的分配方式可以实现基金利润分配与合伙人出资比例的分离，从而为建立高效的激励机制创造了条件。在有限合伙制下，风险投资基金的利润一般按照20/80的比例在普通合伙人和有限合伙人之间进行分配。这样，作为普通合伙人的风险投资家只需要投入1%的资本就可以获得基金投资收益的20%。因此，风险投资家的报酬的高低不再取决于自己所持有的基金份额的多少，而是与他们为基金创造的价值和基金的利润的高低有关。这种与业绩挂钩的激励机制可以激励风险投资家更加努力地工作，并充分施展自己的才华，从而为基金和投资者创造更多的价值。

(4) 有利于声誉机制发挥作用。有限合伙制基金的固定存续期使风险投资家不能永久保有基金的资本，也不能用基金的投资收益进行再投资。这种固定存续期的存在可以将一次性的筹资行为转化为重复的筹资行为，从而有利于建立声誉机制并发挥作用。在有限合伙制下，由于风险投资家必须定期向投资者募集新的资金，因此，一旦风险投资家做出损害投资者利益的行为并使他们的声誉遭受损失，他们将再也不能为自己发起的新基金筹集到资金。这将会对风险投资家产生很强的约束作用，有效防范道德风险发生。

(5) 容易退出。有限合伙制基金都有固定的存续期。在基金存续期到期时，普通合伙人必须将投资返还给投资者，这使投资者能够更加容易地退出并收回自己投入风险投资基金的资本。

(6) 能够提高决策效率。有限合伙制基金的投资决策权和投资后项目的管理权全部集中于普通合伙人。根据有关法律的要求，有限合伙人不得在基金中担任任何重要的管理职位，也不能对普通合伙人的投资决策施加重要的影响。这增加了风险投资家进行投资决策的灵活性和自主性，有利于他们快速和高效地做出投资决策，从而提高风险投资运作的效率。

(7) 有利于基金管理的连续性。在有限合伙制下，同一家基金管理公司可以根据需要发起和成立多家新的基金，从而扩大自己管理的基金规模。同时，由于基金管理公司一直保持不变，还可以确保基金管理的连续性。

5.3 有限合伙协议

在美国，绝大多数风险投资基金都采用有限合伙制组织形式建立。有限合伙协议(Limited Partnership Agreement，LPA)是有限合伙制基金的投资者与基金管理人所达成的协议，它主要包括基础条款、基金财务条款、限制性条款三部分，涉及管理费、投资收益分配和基金治理机制等内容。

5.3.1 基础条款

❶ 投资承诺

投资承诺即每位合伙人承诺对基金的最低出资额度。

(1) 有限合伙人的投资承诺。在美国，根据1940年的《投资公司法案》，如果基金的合伙人数量超过100个，则需要接受复杂的监管并进行大量的信息披露。为了避免这种情况的发生，有限合伙协议会对投资人的数量做出限制。在基金承诺资本规模一定的情况下，可以通过为每个投资者设定一个最低投资额的方式来限制投资者的数量。

(2) 普通合伙人的投资承诺。根据行业惯例，普通合伙人对基金的出资比例是1%，这也是法律要求普通合伙人出资的最低限额。普通合伙人可选择采用现金或非现金的方式完成出资。当普通合伙人采用非现金方式出资时，他们可以承诺放弃收取部分管理费用或附带收益分成，并以此来抵销自己的出资额。

❷ 出资期限及安排

基金出资方式有两种，即一次性出资和分期出资。采取一次性出资的投资人必须在基金设立时一次性交付全部投资款。这样做的好处是可以保证基金的承诺资本立即到位，为投资提供充分的保障。采取分期出资的投资者需要在基金成立时投入一定数额的资本，这称为首期出资。大多数有限合伙协议规定，投资者的首期出资额应占其总出资额的10%～30%，剩余部分的资本则可以采取两种方式到位：一是根据出资计划规定的具体时间节点出资；二是根据普通合伙人的出资请求进行出资。认缴出资计划(Takedown Schedule)是一个投资者根据自己对风险投资基金的承诺将资本分阶段投入基金的计划。通常情况下，风险投资基金的普通合伙人将会根据出资计划要求有限合伙人将资本到位。

❸ 投资范围

投资范围是指根据基金的投资策略对风险投资基金的投资领域所做出的限制。基金管理公司的募集说明书中一般会限定基金的投资行业、阶段和地域，这些内容也会出现在基金的有限合伙协议中。有限合伙协议一般会明确规定被投资企业所处的行业发展阶段，如早期成长期和扩张期。一些有限合伙协议会限定基金的投资行业，但大多数基金对投资行业的限制较为宽泛，原因是对投资行业的限制过于严格会弱化普通合伙人在寻找投资机会时所具有的灵活性。那些对投资行业的限制较为宽松的基金一般称为通才型基金，而对投资行业的限制较为严格的基金则称为专家型基金。一般来说，基金的投资行业通常是基金管理人较为熟悉或者有投资经验的领域。此外，一些有限合伙协议还会对基金投资企业所在的地理区域做出限制，如限定对位于硅谷地区的企业进行投资等。

❹ 投资额限制

有限合伙协议将规定基金对单个项目的投资额的上限，以降低投资风险。基金投资额的上限通常是基金承诺资本的一定比例，例如10%~20%；也可能是具体的金额，如1000万美元。需要注意的是，对投资额的限制并非完全不能变动，在特殊情况下，普通合伙人可以根据实际情况增加投资额的上限。但是，如果对某一个项目的投资额超过了限制，则普通合伙人需要事先征得有限合伙人的同意。例如，可通过有限合伙协议规定，如果对某一个项目的投资额超过基金承诺资本总额的20%，则需要事先征得有限合伙人的同意。

❺ 基金存续期限

有限合伙制风险投资基金有一个固定的存续期限，大多数风险投资基金的存续期是10年加3个1年的延长期。在基金存续期到期时，普通合伙人必须对基金投资组合中的所有股权及其收益进行清算，并将其分配给有限合伙人。如果需要延长基金的存续期，则需要获得有限合伙人的批准。

5.3.2 财务条款[①]

有限合伙协议的财务条款包括管理费、收益分配、附带收益分配等内容。

❶ 管理费条款

管理费是指普通合伙人向基金的有限合伙人收取的费用。这些管理费将用于维持基金的日常经营和投资业务运作，包括支付办公室租金、员工的工资以及进行尽职调查所发生的费用等。

(1) 管理费的比例。私募股权投资基金的普通合伙人每年按照其管理下的基金的承诺资本的一定比例收取管理费，根据基金的类型和规模的不同，这个比例通常为0.75%~3%。典型的风险投资基金的管理费是2%。一般来说，随着基金规模的扩大，基金的管理费占承诺资本的比例也会随之减少。

(2) 计算管理费的方式。一些基金的管理费比例会随着时间的推移递增或递减。一般来说，在有限合伙制基金成立后的一段时间内，随着投资活动的开展，普通合伙人收取的管理费可能会逐步增加，这称为按比例增加(Scale-up)；而到了有限合伙制基金存续期的后期阶段，随着投资活动的减少，它的管理费也会逐步减少，这称为按比例减少(Scale-down)。大多数风险投资基金的投资期为3~5年，在基金的投资期结束后，管理费也会逐年下降。

从历史上看，确定基金的管理费的方法主要有4种。

---

① 本段内容参考了Metrick，Yasuda：The Economics of Private Equity Funds，2010.

第一种方法是管理费在基金的整个存续期内保持不变。例如，如果一家基金每年按照承诺资本2%的比例收取管理费，持续的时间为10年，那么，在基金为期10年的存续期间，管理费为承诺资本的20%，可用于投资的资本为承诺资本的80%。

第二种方法是采用管理费比例递减的方式计算管理费，即在投资期结束后，管理费的比例下降。例如，一家基金在为期5年的投资期内采用2%的管理费比例，在投资期结束后的5年内每年减少25个基点。

第三种方法是在前面5年的投资期内采用固定的管理费比例，但是，在投资期结束后，采用净投资资本作为后面5年计算管理费的基数。

第四种方法是在投资期结束后，同时降低管理费的比例并将计算管理费的基数由承诺资本改为净投资资本。基金的净投资资本等于投资资本减去已退出的资本加上已注销的资本。其中，投资资本等于基金的承诺资本减去基金在存续期内的管理费。例如，如果一家基金的承诺资本是1亿美元，存续期是10年，每年提取管理费的比例是2%，那么，基金在存续期内的管理费=2%×10 000万美元×10=2000万美元。基金的投资资本=10 000万美元-2000万美元=8000万美元。

表5-2显示了1993—2006年募集的94家风险投资基金的管理费条款的统计结果(其中一家基金的初始管理费比例未知)。大多数基金在开始几年的管理费比例都是2%，但是，在投资期结束后，通常会采用一些对有限合伙人更有利的方式来计算基金管理费。例如，有42.6%的风险投资基金将计算管理费的基数调整为已投资资本，还有55.3%的风险投资基金降低了管理费的比例。由于上述这些原因，事实上大多数基金在存续期内的管理费都低于其承诺资本的20%。

表5-2　基金管理费条款

类别	数量/比例
基金初始管理费比例大于2%的基金的数量	40只
基金初始管理费比例等于2%的基金的数量	44只
基金初始管理费比例少于2%的基金的数量	9只
在投资期结束后改变计算管理费的基数的基金占全部基金的比例	42.6%
在投资期结束后改变计算管理费的比例的基金占全部基金的比例	55.3%
在投资期结束后同时改变管理费的基数和比例的基金占全部基金的比例	16.0%

资料来源：Metrick A, Yasuda A. The Economics of Private Equity Funds[J]. Review of Financial Studies, 2010, 23(6): 2311.

❷ 投资收益分配条款[①]

投资收益分配是指在基金投资组合中的企业通过首次公开发行、并购或破产清算等

---

① Andrew Metrick，Ayako Yasuda. Venture Capital and the Finance of Innovation(2nd)[M]. Hoboken: John Wiley & Sons，2011: 32-37.

方式实现退出后,将所获得的现金或证券分配转移给有限合伙人的过程。

(1) 分配比例。在被投资企业的股权被成功出售之后,基金所获得的收益将首先用于归还有限合伙人的原始投资,然后支付有限合伙人的优先回报,剩下的基金利润在有限合伙人与普通合伙人之间一般按照80/20的比例进行分配。

● 普通合伙人的回报。如图5-4所示,普通合伙人获得基金利润的20%作为附带收益。

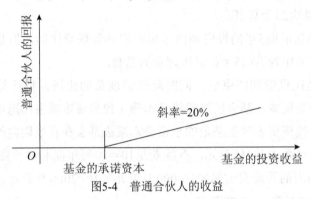

图5-4 普通合伙人的收益

● 有限合伙人的回报。如图5-5所示,有限合伙人首先将获得承诺资本的优先回报,然后获得基金利润的80%。

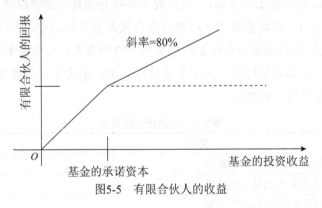

图5-5 有限合伙人的收益

例 5-1

假设一只基金的承诺资本是100万美元,存续期为10年,每年按照承诺资本的2%提取管理费。那么,在基金的存续期内,总的管理费用为100万美元×2%×10=20万美元,可投资的资本为100万美元–20万美元=80万美元。

如果基金的投资获得了3倍的投资回报,那么基金投资组合中的项目的总体退出价值为3×80万美元=240万美元。

在有限合伙人收回100万美元的原始投资后,可用于分配的基金利润为140万美元。其中,有限合伙人按80%的比例进行分配,分得140万美元×80%=112万美元。普通合伙人按20%的比例进行分配,分得140万美元×20%=28万美元。

(2) 分配方式。投资收益的分配方式是一个非常重要的条款，它决定了普通合伙人与有限合伙人在分配基金投资收益时的顺序。虽然有限合伙制基金分配投资收益的方式有多种，但是，常用的方法主要有两种：一是在每个项目退出后逐笔分配其所带来的投资收益；二是在已经将基金的承诺资本返还给有限合伙人之后再分配基金的投资收益。

① 逐笔分配。逐笔分配即在基金投资组合中的每个投资项目退出并产生投资收益后立即对其进行分配。

逐笔分配是一种对普通合伙人更有利的利润分配方法，它让普通合伙人能够更快地从基金产生的利润中获得附带收益分成。显然，这种分配方式对普通合伙人更加有利。但是，它也会带来一些潜在问题。例如，如果基金投资组合在前期退出的项目是盈利的，而在后期退出的项目是亏损的，那么，当基金最终清算时，就有可能在整体上出现亏损，这时普通合伙人在之前按照逐笔分配方式从每个退出的投资项目中已经分得的附带收益的总额就有可能大于其应该获得的基金最终利润的20%，这将会触发回拨条款。根据回拨条款的规定，普通合伙人必须退回之前他们已经分得的附带收益中的超额部分。

② 还本后分配。风险投资行业规范的做法是在投资者收回全部投资后再向普通合伙人支付投资收益分成，这种做法也被称为"100%回拨"。

这种还本后分配的方式对有限合伙人来说更加有利，因为这种方法能够让他们在普通合伙人分得利润之前收回自己的投资，从而减少了投资风险。

有关实证研究表明，有一半的有限合伙制基金规定，每年都对当年实现的利润进行分配；还有29%的基金规定普通合伙人可以从基金所实现的投资收益中直接分得投资收益分成，而不论有限合伙人是否已经收回投资成本；大约有25%的有限合伙制基金规定，在有限合伙人收回全部投资之前，不能向普通合伙人分配投资收益分成，即在有限合伙人收回他们的投资成本之前，基金所实现的全部利润都应分配给有限合伙人。

(3) 分配形式。有限合伙协议一般赋予普通合伙人选择是以现金还是以派发股票的方式来向投资者分配基金的投资收益的权利。派发股票(In-Kind Distribution)是指风险投资基金以可以公开交易的股票而不是现金的形式向有限合伙人分配投资收益。

一般情况下，当一家基金投资的项目退出时，它的股票已经在SEC进行登记并且公开发行。但是，由于有锁定期的限制，风险投资基金不能立即出售自己所持有的被投资企业的股票。这时，可以根据基金有限合伙人的投资占基金承诺资本的比例将这些股票分配给有限合伙人，也可以由基金继续持有，负责保管直到将来的某一个日期。例如，在未来减持时，将它们变为现金后再分配给有限合伙人。

如果基金的投资收益是以股票的形式分配给有限合伙人，那么，将按照分配前一日这只股票的市场价格确定其价值。

❸ 附带收益分配条款

有很多因素会影响附带收益分成，这些因素通常是很重要的，它们经常成为投资谈判中双方关注的焦点。影响附带收益分成的因素通常包括：附带收益分成比率，计算基金利润的基数，门槛收益，获得附带收益分成的时间节点以及回拨等。如表5-3所示，在计算附带收益分成比例方面，在接受调查的94只基金中，绝大多数风险投资基金的附带收益分成的比例是20%，只有1只基金的附带收益分成比例是17.5%，3只基金的附带收益分成比例是25%，还有1只基金的附带收益分成比例是30%。在计算基金利润的基数方面，93%的基金采用承诺资本作为计算基金利润的基数，其余的基金采用投资资本作为计算基金利润的基数。

表5-3 基金附带收益分成条款

类别	数量/比例
投资收益分成比例大于20%的基金的数量	4只
投资收益分成比例等于20%的基金的数量	89只
投资收益分成比例少于20%的基金的数量	1只
要求在进行附带收益分配之前退回管理费，即按照承诺资本(而不是已投出资本)计算基金利润的基数的基金占全部基金的比例	93.6%
有门槛收益要求的基金占全部接受调查的基金的比例(在42家有门槛收益要求的风险投资基金中，有两家的门槛收益率未知)	44.7%
其中: 大于8%	5只
等于8%	28只
少于8%	7只

资料来源：Metrick A, Yasuda A. The Economics of Private Equity Funds[J]. Review of Financial Studies, 2010, 23(6): 2311.

下面，我们将对这些影响附带收益分成的因素逐一进行讨论。

(1) 附带收益分成比例。较为重要的变化来自附带收益分成比例的变化。大多数有限合伙制基金的普通合伙人能够获得的附带收益分成比例为20%。事实上，有限合伙制基金按照80/20的分成比例来进行利润分配是风险投资行业乃至整个私募股权投资行业的惯例。一些研究风险投资行业的学者指出，这个80/20的利润分成比例可能起源于20世纪早期的石油和天然气工业，也可能起源于更早的中世纪晚期的威尼斯商人。据调查，目前有95%的基金采用80/20的比例进行投资收益分成，但也有一些基金向普通合伙人提供25%或30%的投资收益分成。这些采用高投资收益分成比例的基金主要是一些由行业中顶尖的基金管理公司担任普通合伙人的基金。这些拥有良好声誉的普通合伙人已经用过往发起和管理的多家基金所取得的优异业绩表现充分证明了自己为基金创造价值的能力，他们能够借此向有限合伙人要求获得30%的基金利润作为管理基金的报酬。例如，作为业内的顶级基金管理公司，安德森·霍洛维茨投资公司要求获得的附带收益分成比例为30%。另外，那些在互联网泡沫期间筹集的基金的普通合伙人也要求获得基金投资收益的30%。但是，在大多数情况下，普通合伙人并不能无限制地提高自己要求获得的附带收益分成的比例，因为如果普通合伙人将自己的附带收益分成比例提高到35%或者更高，那么有一些有限合伙人可能会认为投资成本过高而选择退出。

还有一些基金采用分级式的附带收益分成比例。例如，当投资者获得的投资收益为其投资额的3倍以下时，按照80/20的比例进行分配；当投资者获得的收益为其投资额的3倍以上时，则按照70/30的投资收益分成比例进行分配。

(2) 计算基金利润的基数。大约有94%的风险投资基金会用承诺资本作为计算基金利润的基数，它们将基金的退出收益超过基金的承诺资本的增加值看作基金的利润，长期以来，这已经成为行业标准。但是，有时候，计算利润的基数会发生变化。大约有6%的基金采用对普通合伙人更为有利的基数来计算基金的利润，即在计算基金的利润时不考虑基金管理费的支出。它们将基金的退出收益超过基金可用于对外投资的资本的增加值看作基金的利润。例如，对于一家承诺资本为1亿美元的基金来说，在扣除2000万美元的管理费以后，基金所拥有的可以对外投资的总资本是8000万美元。这样，在基金的承诺资本与可用于对外投资的资本之间就存在一个2000万美元的差异。也就是说，在采用投资额作为计算基金利润的基数时，基金的利润将增加2000万美元。这样，由于计算利润分成的基数增加了，普通合伙人能够获得更多的利润分成。

例5-2

一家风险投资公司正在考虑发起一只承诺资本为1亿美元的新基金。计算基金的管理费的基数是承诺资本，并按每年2.5%的比例收取，基金存续期为10年。现在有两种不同的结构可用来计算基金的利润：一是将全部承诺资本作为计算基金利润的基数，附带分成比例是25%；二是将全部可投资的资本作为计算基金利润的基数，附带收益分成比例是20%。现在，假设基金存续期结束时的退出收益是15 000万美元，那么，在两种不同的结构下，普通合伙人能够分得的附带收益各是多少？

在第一种结构下，普通合伙人将获得基金利润的25%，基金利润是基金退出收益超过承诺资本的部分。这样，在第一种结构下，普通合伙人能够获得的附带收益=25%×(15 000万美元–10 000万美元)=1250万美元。

在第二种结构下，普通合伙人按照20%的比例获得附带收益，基金利润为基金退出收益超过投资资本的部分。由于基金的管理费按2.5%收取，收取时间是10年，因此，在整个基金存续期间，管理费=2.5%×10000万美元×10=2500万美元。这样，可用于投资的资本=10 000万美元–2500万美元=7500万美元。普通合伙人可以分得的附带收益=20%×(15 000万美元–7500万美元)=1500万美元。

(3) 获得附带收益的时机。对普通合伙人来说，附带收益的比例和计算基金利润的基数是决定他们能够获得的附带收益数量的主要因素，但是，获得这些附带收益的时间节点也会影响普通合伙人所获得的附带收益的价值。虽然普通合伙人获得附带收益的时间节点并不会影响他们所能够获取的附带收益的数量的多少，但根据金融的基本原则，现在的钱总是比未来的钱更值钱，因此普通合伙人更倾向于尽早获得附带收益。

① 早期/加速附带收益。有限合伙人从每一个退出的案例收回投资(并且已支付管理费)之后，向普通合伙人分配附带收益。这种早期/加速附带收益分配方式具有以下一些特点。

- 以年为基础进行计算(每年计算一次)。
- 允许普通合伙人在基金投资组合中的全部项目退出之前就从基金投资组合中已经退出的项目所产生的利润中获得分成。
- 如果基金投资组合中后来退出的项目发生亏损，那么普通合伙人从早期退出的项目中所获得的投资收益就是一种超额支付。这将会触发回拨条款，根据回拨条款，在基金结束之前，超额支付给普通合伙人的投资收益将会被追回并偿还给有限合伙人。

② 后期附带收益。在有限合伙人收回全部承诺资本之后，向普通合伙人分配附带收益。在这种分配方式下，有限合伙人往往对"门槛收益"提出一定要求，即有限合伙人收回投资成本加上"门槛收益"之后才开始分配投资收益给普通合伙人。

- 收回投资。在有限合伙人收回全部投资之前，基金所产生的全部现金流都将支付给有限合伙人。
- 门槛收益。在有限合伙人的内部收益率达到门槛收益率之前，基金的全部利润都将支付给有限合伙人。
- 追赶。在有限合伙人收回原始投资并得到了门槛收益之后，基金接下来所产生的利润将全部支付给普通合伙人，直到基金的全部利润都已经按照20/80的比例在普通合伙人和有限合伙人之间分配完毕为止。
- 利润分配。剩余的基金利润将按照20/80的比例在普通合伙人与有限合伙人之间进行分配。

(4) 门槛收益条款。门槛收益(Hurdle Return)是另外一个能够影响附带收益分成的因素。门槛收益又称为优先回报，它是投资者在对私募股权基金进行投资时要求获得的最低投资收益。在那些投资处于后期阶段的企业的私募股权投资基金中，设置门槛收益是一种流行的做法，原因可能是为了获得较为稳定的投资收益。一些投资偏后期阶段企业的风险投资基金的有限合伙协议可能也会包含这个条款。据统计，大约有45%的风险投资基金存在某种形式的门槛收益。

当存在门槛收益的时候，普通合伙人在有限合伙人从基金利润中获得预先规定的门槛收益之前不能参与对基金利润的分配，换句话说，只有当基金利润超过这一门槛收益之后，普通合伙人才能够获得附带收益分成。私募股权基金的门槛收益的高低与投资期内的资金成本有关，一般为6%~12%，通常为8%。

在有门槛收益的情况下，普通合伙人将获得基金总的利润减去门槛收益之后的剩余投资收益的20%。

(5) 追赶分配条款。追赶分配条款一般作为门槛收益的补充条款，它是指在投资者收回原始投资并获得门槛收益之后，普通合伙人将优先分得剩余的基金利润，直到他们获得基金利润的20%。例如，当有限合伙人获得门槛收益之后，普通合伙人将以更高的附带收益分成比例分配基金剩余的利润。由于有这一条款的存在，普通合伙人在有限合伙人分得全部应得的附带收益分成之前可以按照更高的比例来获取附带收益分成。

当存在追赶分配条款的时候，优先回报条款的效果将会受到很大的影响。下面我们来看一个在存在门槛收益与追赶分配条款的情况下基金退出收益分配的例子。

例5-3[①]　瀑布式分配的案例

假设承诺资本为1亿美元，普通合伙人的报酬为2%的管理费和20%的附带收益分成，门槛收益为8%，100%的追赶分配条款。

为了简化计算，我们假设全部承诺资本都将在基金成立后的第1天投资出去。基金投资组合的全部退出收益为1.2亿美元，其中，在第1年，第1个投资项目的退出产生了1.08亿美元的退出收益；第2年产生了200万美元的退出收益；第3年产生了1000万美元的退出收益。根据这一规则，1.08亿美元的初始退出收益将全部分配给有限合伙人。这一分配将使有限合伙人收回1亿美元的承诺资本，并获得8%的门槛收益，如图5-6所示。一年后，根据追赶条款的规定，200万美元的退出收益将全部分配给普通合伙人，这一分配将使他们获得1亿美元的基金利润的20%，如图5-7所示。最后的1000万美元将分配给有限合伙人800万美元、普通合伙人200万美元。

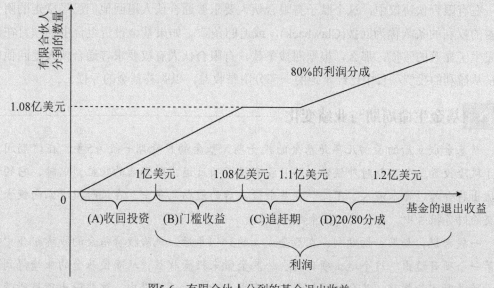

图5-6　有限合伙人分到的基金退出收益

① Metrick A, Yasuda A. The Economics of Private Equity Funds[J]. Review of Financial Studies, 2010, 23(6): 2303-2312.

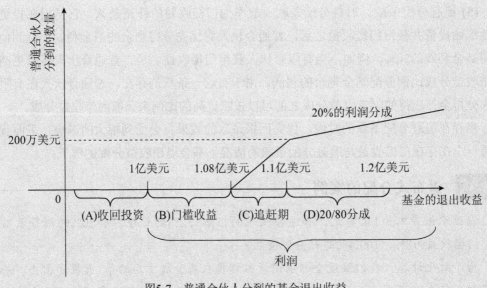

图5-7　普通合伙人分到的基金退出收益

(6) 回拨条款。正如前文提到的,过早向普通合伙人支付附带收益可能会带来一些问题。例如,一只基金在开始的时候业绩表现很好,但到了后期,它的业绩表现变差。这时,普通合伙人在之前已经拿走的附带收益就可能会超过他们应该分得的部分。这样,在基金最终进行清算时,就需要追回一部分已经被普通合伙人拿走的附带收益。

在有限合伙协议中,这个赋予有限合伙人要求普通合伙人退回他们已经拿走的附带收益的权利的条款称为回拨(Clawback),或追回条款。如果基金投资组合中的项目在后期发生了显著的亏损,那么,根据回拨条款,有限合伙人有权要求普通合伙人退回他们之前从盈利的投资项目中已经拿走的一部分附带收益,以弥补基金的亏损。

专栏　基金生命周期与业绩变化

新基金成立后的最初几年是基金的投资期。基金的投资期一般为5年,在这期间,由于风险投资基金不断对外投资,并且没有投资项目退出所带来的收益,这时,它的资本流出将会超过资本流入。因此,在基金设立后的最初几年中,在风险投资家向投资者提交的财务报告中,基金的回报率都是负数。

一般来说,如果一切顺利,在基金成立的3~4年后,风险投资基金的投资组合中将有第一个项目退出。这个退出项目将会给基金带来投资收益,从而使基金的业绩得到改善。随着时间的推移,基金投资组合中将有更多的投资项目退出,这些退出项目所带来的资本流入将逐渐增多,而基金对外投资所产生的资本流出将逐渐减少。这时基金的收益曲线将会逐渐反转,并最终取得收支平衡。风险投资基金的收支平衡通常在基金成立后的5~7年内实现。在图5-8中,基金在第5年到第6年之间的某一个时间节点实现了收支平衡。在这一时间节点，基金投资组合中的投资项目的退出及其所带来的投资收益正好能够抵销基金对外投资和支付管理费用所发生的资金流出。最后，当基金清算时，从投资退出所得到的资本回流明显超过投资所产生的资本流出。

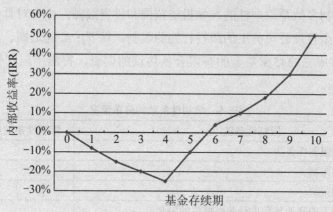

图5-8 风险投资基金投资收益的曲棍球曲线

如图5-8所示，将在基金存续期内所有时间节点的IRR画在图上，我们就得到了一个曲线。风险投资基金的投资收益曲线在未来的某一个时间节点之后呈现迅速上升的趋势，具有明显的曲棍球曲线(Hockey Stick)的特征。曲棍球曲线是指一个表示收入、顾客数、现金或其他一些财务和经营指标的曲线形状，像曲棍球杆一样左边平坦，右端突然跃升。

实际上，基金存续期的设计已经充分考虑到了这一点。风险投资基金的存续期限一般为10年，在这10年期间，可以对基金投资回报出现的短期波动进行调整。因此，虽然风险投资存在一定的短期波动，但是从长期来看，也就是说从基金的整个生命周期来看，风险投资基金的投资收益率将高于其他投资方式。

我们采用内部收益率法(IRR)计算相同年份募集的风险投资基金的收益率，得出不同类型的风险投资基金在其存续期的不同时间段的业绩表现，如表5-4所示，数据截止到2004年12月31日。

表5-4 不同类型的风险投资基金的业绩表现(IRR)

基金类型	1年	3年	5年	10年
种子/早期基金	38.9	−7.7	−1.5	44.7
平衡型基金	14.7	0.0	0.4	18.2
后期基金	10.4	0.0	−4.7	15.4
全部风险投资基金	19.3	−2.9	−1.3	26.0

资料来源：中国风险投资研究院. 2005中国风险投资年鉴[Z]. 北京：民主与建设出版社，2006.

我们看出，风险投资基金的短期回报与长期回报之间存在较大的差异，这在早期阶段的投资中表现得尤为明显。

5.3.3 限制性条款

有限合伙协议采用限制性条款来对风险投资基金的投资运作进行限制。这些条款对投资运作的限制多数是原则性的，如投资范围和投资限额；也有对具体操作的规定，如对投资者及基金管理公司员工的跟投行为的限制。保罗·A.冈珀斯、乔希·勒纳通过对1988—1992年成立的45家基金的有限合伙协议的调查，得出了限制性条款的分布情况，如表5-5所示。

表5-5　限制性条款的分布情况

限制性条款	限制性条款所占的百分比/%
与基金管理有关的限制性条款	77.8
对单笔投资规模的限制	95.6
对合伙企业举债的限制	62.2
对与同一机构管理下的其他基金进行共同投资的限制	35.6
与普通合伙人的活动有关的限制性条款	
对普通合伙人共同投资的限制	77.8
对普通合伙人出售合伙权益的限制	51.1
对普通合伙人募集新基金的限制	84.4
对普通合伙人其他行为的限制	13.3
对增加普通合伙人人数的限制	26.7
与投资类型有关的限制性条款	
对向其他风险投资基金进行投资的限制	62.2
对投资公开发行的证券的限制	66.7
对开展杠杆收购业务的限制	60.0
对投资外国证券的限制	44.4
对投资其他资产类别的限制	31.1

资料来源：保罗·A.冈珀斯，乔希·勒纳.风险投资周期[M].宋晓东，等，译.北京：经济科学出版社，2002：34.

❶ 对基金管理的限制条款

这些条款将对项目投资额、借贷行为、成立时间不同的基金所进行的共同投资、基金收益再投资做出明确的限制。

(1) 对单个项目投资额的限制。普通合伙人为了追求个人利益可能会将资金集中投资于某一个或少数几个能够带来高额投资收益的项目，或者通过追加投资来挽救一个本应该放弃的项目，这些行为都会给基金带来很大的风险，并损害投资者的利益。为了对这种行为进行约束，有限合伙协议通常会对风险投资基金对单个项目的最大投资额做出限制。这一条款通常有两种表述方法：一是对单笔投资额的规模做出限制。例如，规定基金对单个投资项目的投资额不超过1000万美元。二是对单个项目占基金承诺资本的比例做出限制。例如，规定基金对单个项目的投资额不能超过基金承诺资本的10%或15%。当基金对单个项目的投资额超过限制性条款的规定时，普通合伙人必须事先获得有限合伙人的批准，或者通过与其他风险投资基金联合投资来分担投资额。

(2) 对借贷行为的限制。普通合伙人可能通过向银行贷款来进行投资，或者为被投资企业的债务提供担保，但这可能会增加基金的风险，并损害投资者的利益。有限合伙协议通常会限制风险投资基金用借款进行投资，或者限制以风险投资基金的名义为所投资的企业的贷款提供担保。这一条款通常表述为债务不得超过基金资本的百分比的上限，并对债务的期限做出限制，以确保基金只能进行短期借贷。

(3) 限制成立时间不同的基金所进行的共同投资。普通合伙人每隔几年都会发起成立一个新的基金，许多普通合伙人会同时管理数只成立时间不同的基金，这为普通合伙人的机会主义行为提供了空间。例如，在普通合伙人早期成立的基金的投资组合中，可能有一些项目陷入困境，这时，普通合伙人可能会用后期成立的基金的资本来对这家企业进行投资，以帮助其摆脱困境，从而提高第一只基金的业绩表现，并有利于普通合伙人筹集后续的基金。为了防止普通合伙人采取这种机会主义行为，有限合伙协议通常会规定普通合伙人后成立的基金不能与该基金管理公司管理的其他基金投资于同一家企业，或者要求他们在进行这种交易前必须得到投资者的批准。

(4) 对基金收益再投资的限制。普通合伙人的收入主要来自基金的投资收益分成，将基金投资收益进行再投资能够为基金创造更多的投资收益，从而增加普通合伙人的收入。另外，由于普通合伙人是按照其所管理的资本额来收取管理费的，进行利润分配将会减少他们的管理费收入，因此普通合伙人可能用基金的投资收益进行再投资，而不是将其分配给有限合伙人。为了对普通合伙人的这种机会主义行为进行限制，有限合伙协议通常会规定基金的投资利润必须在当期全部分配，或者普通合伙人用基金的利润进行再投资之前必须征得投资者的同意。

❷ 对普通合伙人行为的限制条款

对普通合伙人行为的限制性条款包括以下5个方面。

(1) 限制普通合伙人跟投。跟投是指普通合伙人用个人资本对基金投资组合中的企业进行投资的行为。这种跟投行为可能会为普通合伙人带来高额回报，但是有可能损害基金和投资者的利益。首先，如果普通合伙人对基金投资组合中的某个特定的企业投入了个人资金，那么他们有可能在这个企业身上花费过多的时间，从而减少普通合伙人对基金投资组合中的其他投资项目的关注。其次，如果普通合伙人对项目投入自己的资金，那么一旦这些项目出现问题，他们可能不愿意放弃投资，即使是在项目面临失败的时候，他们也可能对项目追加投资。为了减少和防范这一风险，有限合伙协议通常会对普通合伙人的跟投行为进行限制，或者要求普通合伙人在进行这种投资前必须得到有限合伙人的批准。

(2) 对普通合伙人出售合伙权益的限制。普通合伙人在基金中占有的权益份额可以让他们的利益与投资者的利益相一致，但普通合伙人可能会向他人出售其在基金中所占有的权益份额，而这会降低普通合伙人从事基金管理的积极性。为了避免这一风险，有限合伙协议可能对普通合伙人出售在基金中占有的权益份额的行为做出限制，或者要求他们只有在得到有限合伙人批准的情况下才能出售权益份额。

(3) 对普通合伙人筹集新基金的限制。如果普通合伙人旗下所管理的基金数量和投资项目的数量过多，他们可能会分散注意力而无法关注现有基金，从而对现有基金的运作和管理造成不利的影响。为了避免普通合伙人分散精力，并确保他们能够将一定的时间和精力用于对现有基金的管理，大多数有限合伙协议都会规定在一定比例的现有基金承诺资本(例如50%)被投出之前或在某一确定的日期之前，普通合伙人不得募集新基金。

(4) 对普通合伙人外部活动的限制。有限合伙人通常希望普通合伙人全身心投入基金的管理工作，而普通合伙人的其他活动可能会分散他们的注意力，降低他们对基金投资项目的关注程度。为了防止这一风险，有限合伙协议将限制普通合伙人从事那些可能会分散他们对基金的关注度的活动，以确保他们将大部分时间用于基金管理。

(5) 对增加新的普通合伙人的限制。增加普通合伙人可以减轻现有普通合伙人的工作负担，但是，引入缺少经验的普通合伙人可能会降低基金管理的质量。为了减少这一风险，有限合伙协议可能规定基金管理团队增加新的普通合伙人需要事先获得有限合伙人的批准。在许多情况下，那些新加入的基金管理团队成员可先以"创业合伙人"的身份参加风险投资基金的管理，在他们积累了一定的业绩和经验之后再转为正式的普通合伙人。

❸ 对投资类型的限制条款

这些限制条款主要包括对投资范围、投资对象的限制。

(1) 对投资范围的限制。为了防范普通合伙人采取机会主义行为，例如，普通合伙人可能为了获得相关经验而投资于其不熟悉的领域，有限合伙协议将限制风险投资基金可以投资的行业或投资的领域，例如，将投资领域限制于某一个或少数几个特定行业。对投资范围的限制可能还包括对基金投资地区的限制，例如，规定基金不能投资于美国以外地区的公司。

(2) 对投资对象的限制。投资者将自己的资本投入风险投资基金并交给风险投资家去管理的目的是借助风险投资家的专业知识和经验，将资本投资于处于早期阶段的高风险和高成长性的创业企业，并通过成功退出来获得高额的资本增值。但是，风险投资家可能将基金的资本投资于安全和能够带来稳定回报的投资交易，例如，投资于房地产或者上市公司的股票，并以收取基金管理费为目的，这样做就违背了投资者向风险投资基金投入资本的初衷。为了防止风险投资家的这种机会主义行为，有限合伙协议会对基金投资的证券类型做出限制，例如，规定风险投资基金不能投资于公开上市公司的证券。

本章小结

　　风险投资基金是一种特殊类型的基金。它从投资者那里募集资金，并将这些资金汇集成一个规模较大的资金池，然后，通过基金的名义将这些资金投放到创业企业。风险投资基金具有集合出资、组合投资、机构化、专业化管理和专注投资的特点。采用基金的方式进行投资主要有三个好处：一是可以扩大投资规模；二是可以有效分散投资风险；三是可以实行专业化管理并提高投资效率。根据所有者结构的不同，风险投资基金可以大致分为独立风险投资基金、半独立风险投资基金和附属风险投资基金。根据投资阶段的不同，风险投资基金可以分为种子期、早期、中期和后期4种类型。

　　风险投资基金是采用法律规定的组织形式建立起来的，这是它与天使投资等个人投资者的本质区别。风险投资基金的组织形式主要有两种：一是有限合伙制组织形式；二是公司制组织形式。目前，在美国比较流行的是有限合伙制组织形式，但在其他国家和地区，公司制也是一种比较流行的基金组织形式。

　　本章首先介绍了公司制基金的概念及其制度特征，并分析了它的优点和缺点；然后重点介绍了有限合伙制组织形式的制度特征，并分析了有限合伙制基金的优点；最后，本章介绍了有限合伙协议的有关知识，介绍了有限合伙协议的核心条款，包括基础条款、财务条款和限制性条款。

思考题

1. 什么是风险投资基金？它有哪些特点？
2. 简述风险投资基金的作用。
3. 按照基金所有者的结构划分，风险投资基金有哪些类型？
4. 风险投资基金的组织形式有哪两种？
5. 简述公司制基金的制度特征。
6. 简述公司制基金的优点。
7. 采用公司制组织形式设立风险投资基金有哪些缺点？
8. 简述有限合伙制基金的制度特征。
9. 有限合伙制基金的优点有哪些？
10. 简述有限合伙协议的主要内容。

| 第 6 章 |

基金管理公司

学习
目标

1. 理解基金管理公司在风险投资运作体系中的作用。

2. 了解基金管理公司的职能。

3. 了解基金管理公司的组织结构。

4. 了解基金管理公司的人员构成。

5. 理解声誉对于基金管理公司运作和发展的重要性。

6.1　基金管理公司概述

6.1.1　基金管理公司的概念

根据美国风险投资协会的定义，基金管理公司是指职业化和机构化的风险资本管理者。在风险投资运作中，风险投资家通常会联合起来发起成立基金管理公司，然后由基金管理公司来发起和管理风险投资基金。如图6-1所示，基金管理公司是有限合伙制基金的发起人。在有限合伙制基金成立后，它将担任基金的普通合伙人并负责运作和管理。

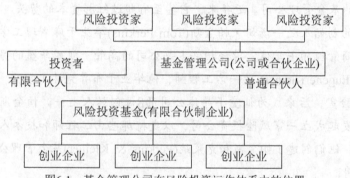

图6-1　基金管理公司在风险投资运作体系中的位置

从本质上看，基金管理公司是一个由两名以上的风险投资家所发起的，采用法律规定的组织形式设立的，以风险投资基金的募集和管理为主要职能的合伙制企业或公司制法人实体。

专栏6-1　红杉资本与凯鹏华盈[①] ————————————————

红杉资本和凯鹏华盈是美国硅谷地区最著名的两家基金管理公司，下面对它们分别做一个简要的介绍。

1. 红杉资本

红杉资本(Sequoia Capital)是一家著名的基金管理公司。它最初是由唐·瓦伦丁(Don Valentine)所创立的。唐·瓦伦丁在一系列高科技公司工作过，起初在仙童半导体公司工作，后来又从仙童半导体公司离职加入国家半导体公司。他在这两家公司从事的主要是

————————————————

① Andrew Metrick，Ayako Yasuda. Venture Capital and the Finance of Innovation(2nd)[M]. Hoboken：John Wiley & Sons，2011.

市场和销售方面的工作。在工作中，他发现一些优秀的工程师虽然能够开发出极具创新性的产品，但由于缺少资本的支持很少能将它们转化为商业价值，于是他决定创办一家专门的投资公司来为这些极具发展潜力的项目提供股权融资。1972年，唐·瓦伦丁发起成立了一家名为红杉资本的基金管理公司，这是硅谷地区第一家风险投资公司机构。

在红杉资本成立后，第一起成功案例是对阿塔利(Atari)公司的投资。这是一家开发家庭视频游戏产品的公司，在1976年被华纳公司收购，从而为红杉资本带来了高额的投资回报。此后，红杉资本先后投资了苹果、思科、谷歌(Google)、美国艺电、甲骨文公司、赛门铁克、雅虎(Yahoo)、网景公司、YouTube等一批成功的高科技创业企业，这些企业的市值加起来几乎能够占到纳斯达克所有上市公司市值的十分之一。

2. 凯鹏华盈

凯鹏华盈(Kleiner Perkins Caufield & Byers，KPCB)也是一家顶级基金管理公司。它成立于1972年，以4个创始人Kleiner、Perkins、Caufield和Byers的名字的首字母命名。在风险投资行业，凯鹏华盈是唯一能够与红杉资本争夺"世界上最著名的风险投资管理机构"这个头衔的基金管理公司。近年来，它甚至有超过红杉资本的势头。

凯鹏华盈的创始人之一汤姆·帕金斯(Tom Perkins)毕业于麻省理工学院，并获得哈佛商学院的工商管理硕士学位，曾经担任惠普公司的高管。凯鹏华盈的另外一位创始人尤金·克莱纳(Eugene Kleiner)是一名工程师，他毕业于布鲁克林工学院。他先是进入肖克利半导体实验室，后来成为仙童半导体公司的8位创始人之一。帕金斯与克莱纳认识后，决定共同发起成立一家风险投资公司，以支持那些由工程师和技术人员所创办的新公司。1972年，他们创建了帕金斯和克莱纳(Perkins & Kleiner)基金管理公司，即现在的凯鹏华盈的前身。

与红杉资本一样，凯鹏华盈的投资记录也令人印象深刻。它最初的一些成功投资案例包括天腾计算机公司和基因技术等。后来，它又投资了康柏、太阳微系统(Sun Microsystems)、美国艺电(Electronic Arts)、Juniper、网景(Netscape)、Ebay、美国在线(AOL)、亚马逊(Amazon)、Intuit、谷歌、赛门铁克等一大批著名的高科技创业企业。这些成功的投资案例囊括从生物科技、软件、硬件、通信到互联网技术行业中的成功企业，这些企业的市值加起来几乎能够占到纳斯达克前一百家上市公司市值的十分之一。

6.1.2 基金管理公司的作用

❶ 保持基金运作的稳定性

由基金管理公司而不是风险投资家个人担任有限合伙制基金的普通合伙人，更有利于保持基金运作的稳定性。由于基金管理公司是一个组织机构，即使在基金的存续期内某个风险投资家因为各种原因离开基金，也不会影响基金管理的连续性，这可以让机构投资者放心地将资金交给普通合伙人运作和管理。

❷ 保证基金管理的延续性

有限合伙制基金都有固定的存续期限。当基金的存续期到期时，现有的基金将进行清算，并将资本及其投资收益返还给投资者。同时，又将发起和设立新的基金，但作为基金管理人的基金管理公司会保持不变，这有利于保证基金管理工作的延续性。

❸ 提高基金管理效率

在许多情况下，风险投资家可能会在不同的时间节点发起和成立多只基金。这时，风险投资家就会成立一家基金管理公司来对多只基金进行统一管理，这样做有利于降低营运成本，提高基金管理的效率。

对基金管理人而言，他们管理的基金规模越大，其管理基金的单位成本就越低。因此，由一家基金管理公司来统一管理多只基金可以获得规模经济效益，降低基金管理的成本。

另外，在风险投资运作中，风险投资家的工作包括融资、寻找投资机会、尽职调查、投资谈判和投资后管理等。当由一家风险投资机构负责管理多只基金时，风险投资家将有更多的机会长期和重复地从事这些工作，从而有助于他们积累更多的经验，并提高基金管理的效率，这就是学习曲线效应。

❹ 有利于基金的募集

与基金管理公司比较，风险投资家作为个人所拥有的可信度较低，因此，当他们在向机构投资者融资时将会遇到更多困难，例如，很难取得机构投资者的信任。

基金管理公司一般拥有长期经营的历史以及良好的声誉，还有稳定的业绩记录，因此，由基金管理公司来向投资者筹集资金将更容易获得投资者的信任。对投资者而言，将资金投入由基金管理公司，而不是由个人所管理的风险投资基金可以减少投资的不确定性，并获得更加可信的盈利承诺。因此，由基金管理公司来向机构投资者筹集资金，可以增加投资者的投资意愿，吸引它们向风险投资基金投资。

❺ 保护风险投资家

由于有限合伙制基金的普通合伙人需要承担无限责任，因此，当风险投资家以个人名义担任有限合伙制基金的普通合伙人时，他们将承担很大的风险和责任。通过组建基金管理公司，由基金管理公司而非风险投资家个人出面来担任有限合伙制基金的普通合伙人并负责风险投资基金的运作和管理，将有利于减少风险投资家个人需要承担的风险和责任，从而在一定程度上起到保护风险投资家的作用。

6.1.3 基金管理公司的职能

作为风险投资基金的控制和管理机构，基金管理公司主要负责风险投资基金的发起成立和投资业务管理工作，它所承担的职能主要包括以下几个。

❶ 发起基金

成立风险投资基金是基金管理公司的一个重要职能。基金管理公司通常会在其现在所管理的基金的存续期到期之前发起成立一只新的基金，或者针对不同的投资领域同时成立多只基金。事实上，一些发展良好的基金管理公司每隔3～4年就会募集和成立新的基金。有一些基金管理公司会同时成立具有不同投资策略的多只基金，这些基金将分别投资不同的行业、阶段和地区。这些基金按照投资阶段的不同可分为早期基金、成长基金和后期基金，按照投资地域的不同可分为欧洲基金和中国基金等。

❷ 管理基金

有限合伙制基金由普通合伙人负责日常经营和投资运作管理。如图6-2所示，基金管理公司是有限合伙制基金的发起者。在基金成立后，基金管理公司将会派出一个由风险投资家组成的投资管理团队来负责基金的日常经营和投资运作。基金管理公司是基金投资管理团队的实际控制人，它将为基金的投资运作提供后台支持。

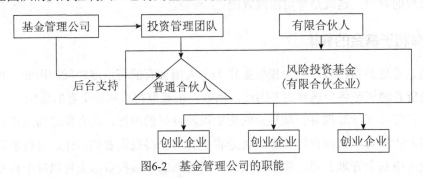

图6-2　基金管理公司的职能

一家基金管理公司可能会在不同的时间节点发起和成立多只针对不同行业和投资领域的风险投资基金。在现实中，我们经常看到大多数基金管理公司，尤其是一些历史悠久并具有很高声誉的基金管理机构，它们一般会同时管理多只处于不同生命阶段的基金，例如红杉资本。根据有关统计，在大多数情况下，基金的数量大约是基金管理公司数量的两倍，这意味着一家基金管理机构通常会同时发起和管理两只以上的基金。

虽然有些基金隶属于同一家基金管理公司，但它们在法律上是相互独立的，每一家基金都是一个独立的有限合伙制企业，而且这些基金在管理上也是相互独立的，它们将由不同的投资管理团队分别管理。对于自己所发起和设立的每只风险投资基金，基金管理公司都会派出一个由风险投资家组成的团队来负责其投资运作和管理。

在基金成立后，基金的投资管理团队将负责为基金寻找投资机会，对投资项目进行初步筛选和尽职调查，与创业者谈判，编制投资方案，并将有巨大发展潜力的投资项目推荐给基金进行投资决策。在投资后，基金的投资管理团队将对被投资企业进行管理，派出风险投资家担任被投资企业的董事，参与基金的管理，并为其提供增值服务。同时，在每个财年结束时，投资管理团队都要向投资者提交基金年报，并接受投资者的审核。

❸ 基金清算退出

在基金存续期快要到期时，基金管理公司将对基金进行清算。一般来说，在基金存续期结束之前2～5年，风险投资家将会安排基金投资组合中的企业逐步实现退出，并通过转让基金所持有的企业股权来回收资本并获得投资收益，然后将获得的现金及证券归还投资者。

6.2　基金管理公司组织管理

6.2.1　基金管理公司的组织结构

基金管理公司可以采取公司制或合伙制的组织形式。国内的基金管理公司一般采取有限责任公司的组织形式建立，主要按照《公司法》的规定建立治理结构。与普通的有限责任公司比较，基金管理公司会在董事会下设投资决策委员会，有的还会在董事会下设专家咨询委员会，由所在行业有声望、有影响的专业人员组成。

大型的基金管理公司一般拥有较为完善的组织机构。这些基金管理公司的组织结构可以分为前台和后台两个部分。前台主要是普通合伙人和投资管理团队，他们按不同的行业领域分成多个专业投资团队，负责募集资金、寻找投资机会、对投资项目进行初步筛选和尽职调查、与创业企业谈判和交易实施。一些基金管理公司的投资团队还会负责投资项目的投资后管理并为其提供增值服务。后台是基金管理公司的职能部门，包括财务部、法律部、研究部和行政管理部等，主要负责为投资管理团队提供行政和后勤保障服务。基金管理公司的组织结构如图6-3所示。

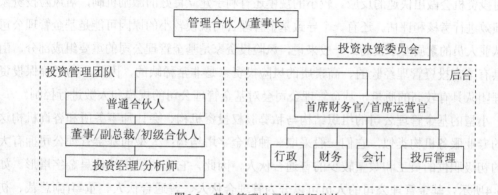

图6-3　基金管理公司的组织结构

❶ 管理合伙人/董事长

一些小型的基金管理公司通常采取分散管理模式，每个合伙人都独立开展工作；而一些大型的基金管理公司通常采取集中管理模式，它们会设立一个管理合伙人或董事长之类的职位，并指派一名普通合伙人来担任这一职位，以负责对基金管理公司的全面领导。

❷ 投资决策委员会

投资决策委员会负责管理基金投资项目的评审和投资决策工作，它由基金管理公司的核心管理人员所组成，其人数为单数。投资决策委员会将对投资管理团队提交的尽职调查报告及投资建议书等资料进行审查，并以多数投票的方式做出投资决策。

❸ 投资管理团队

在基金管理公司中，投资管理团队负责基金的投资业务操作，它不属于职能机构，而是一个以投资业务为中心组建的单位。投资团队的职责包括寻找投资机会、对投资项目进行初步筛选和尽职调查、进行交易结构设计以及与创业者进行投资谈判等。

❹ 后台部门

基金管理公司的后台主要负责基金管理公司的财务、税务、与投资者沟通以及日常事务。后台部门包括行政部、财务部、会计部、投资后管理部、投资者关系部以及研究部等职能部门。一些小型的基金管理公司可能不会设立专门的法律和会计部门，而是将这些业务外包给第三方机构。

6.2.2 基金管理公司的人员结构

发达国家的基金管理公司的规模一般较小，一个原因是为了保持较好的灵活性，以便对投资机会做出快速的反应。较小的规模还有利于建立良好的激励机制，对风险投资家的绩效进行考核和评估。还有一个导致基金管理公司规模较小的原因可能是基金管理公司对从业人员的素质要求较高。一般来说，风险投资家是基金管理公司的重要组成部分，由于具有丰富投资管理经验的、高素质的风险投资家是非常稀缺的，因此，为了确保投资管理团队具有较高的质量，基金管理公司会对基金管理公司的规模和人数进行控制。

小型的基金管理公司的组织结构与私募股权投资机构、会计师事务所和咨询机构这样的专业服务机构类似，它们一般采取一种倒金字塔结构；大型的基金管理公司拥有大量的初级职位的员工和数量较少的普通合伙人，因此，它们的组织结构呈金字塔形。如图6-4所示，基金管理公司的人员可以分为管理合伙人、普通合伙人、董事(副总裁、初级合伙人等)、投资经理和分析师4个层级(注：本图体现从管理合伙人到分析师的直线管理关系，未将特殊合伙人和后台人员放在层级之内)。

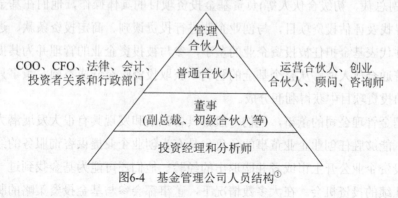

图6-4　基金管理公司人员结构①

❶ 管理合伙人

管理合伙人(Managing Partner)是基金管理公司最高级别的职位，主要负责基金管理公司的全面管理，并对基金的资源配置做出正确的决策，以确保基金取得最佳投资业绩。管理合伙人的另外一个重要职责是与基金的投资者保持密切的联系。有限合伙制基金需要定期向投资者募集资金。为新基金寻找新的投资者可能会花费大量的时间和精力，例如，基金管理人可能需要出去路演来推销自己所发起的新基金。比较而言，向那些曾经有过合作的基金投资者募集资金就要容易得多，通常只需要花费一到两个月的时间就能够顺利地募集一只新基金。因此，为了顺利地募集基金，一些基金管理公司的管理合伙人会花费大量时间和精力来与投资者进行交流和沟通，以建立和维持与投资者之间的长期合作关系。这样，在需要发起新基金时，就可以比较容易地从这些投资者那里募集到所需要的资金，节省大量的时间和成本。

❷ 普通合伙人

普通合伙人(General Partner，GP)是基金管理公司的高级管理人员，他们对基金的募集、投资项目的管理和退出以及基金内部的重大事项拥有决策权，并且可以从基金的全部利润中获得投资收益分成。一些普通合伙人的头衔会有前缀，如创始合伙人或资深合伙人，以显示他们比其他普通合伙人的资历更高。

普通合伙人这一职位通常代表一种职业上的晋升、长期的投资管理经验、过往所取得的投资业绩以及丰厚的报酬。成为合伙人的重要条件是取得良好的投资业绩，例如，这些普通合伙人可能主导过很多成功的投资案例，他们依靠这些成功的投资案例建立起自己的声誉，依靠这些声誉来帮助风险投资基金成功募集资金，并使他们自己成为基金管理公司的普通合伙人。

① 乔希·勒纳，等. 风险投资、私募股权与创业融资[M]. 路跃兵，刘晋，译. 北京：清华大学出版社，2015：335.

❸ 董事(副总裁、初级合伙人等)

董事(副总裁、初级合伙人等)负责基金投资项目的具体操作，他们在基金管理中的职责包括寻找及评估投资项目，与创业企业进行投资谈判、商定投资条款、进行项目投资决策，并代表基金担任被投资企业的董事，参与被投资企业的管理并为其提供建议和指导。与普通合伙人能够从整个基金的利润中获取投资收益分成不同，董事只能从他们自己主导的投资项目中获得利润分成。

作为基金管理公司的董事，他们一般都具备识别和发现具有很大发展潜力的投资机会的能力，能够胜任创业企业董事的角色，具有为创业企业提供咨询服务的经验，并具有运作被投资企业公开上市或者并购退出的经验。他们还可能为基金找到过一些创造了出色投资业绩的投资机会。在大多数情况下，董事都会参与基金投资策略的制定工作，组织对投资项目的尽职调查，参加与被投资企业的谈判，参与投资决策，在投资后被基金派出作为被投资企业的董事会成员，并负责对企业的监控和参与企业的经营管理。因此，董事需要具备较丰富的专业知识和投资管理经验，同时，作为投资团队的组织者和负责人，他们还需要具备一定的团队管理和领导能力。其中，那些取得大量成功业绩的董事下一步将会晋升为基金管理公司的合伙人。

❹ 投资经理和分析师

虽然在不同的基金管理公司，投资经理(Associate)所负责的具体工作可能会存在很大差异。但一般来说，他们在基金管理公司中的职责都是具体负责投资项目的操作。

在一些基金管理公司中，投资经理主要承担对投资项目的尽职调查工作。在尽职调查中，他们经常需要对搜集到的数据进行深入分析，以揭示投资项目潜在的风险因素，并寻找可能的应对措施。此外，他们的工作可能还包括对被投资企业进行估值分析、参与被投资企业的谈判以及撰写尽职调查报告和投资建议书等。在另外一些公司，投资经理主要负责为基金寻找投资机会，对项目进行初步筛选、会见创业企业的管理团队并与之建立联系。

分析师(Analyst)是基金管理公司的初级职位，主要面向那些从学校毕业后刚进入风险投资行业的新人。一般来说，这些人担任初级职位工作的平均期限为3~5年。在这期间，他们将作为学徒在合伙人的指导下学习如何操作风险投资业务。作为基金管理公司的初级人员，这些分析师不具备主导一笔投资交易或者作为企业董事会的成员参与企业管理的能力。他们的主要工作是寻找投资机会，筛选投资项目和从事尽职调查。

分析师的一个重要工作职责是为基金寻找合适的投资机会。一些公司的投资经理会指派分析师去对一个行业进行研究，然后打电话给潜在的投资对象来创建交易。这些分析师也可能在互联网上筛选与所在风险投资机构的投资策略相符合的初创企业。分析师也可能被派去监督被投资企业，并以书面报告的形式定期向基金管理公司汇报被投资企业的进展情况。对于许多创业者来说，这些风险投资公司的初级员工常常是他们与风险投资机构接触的起点。

❺ 特殊合伙人

(1) 营运合伙人。在一些基金管理公司中存在许多其他专业人士，他们不负责具体的投资项目，但他们会帮助基金管理公司对被投资企业进行管理。许多大型的基金管理公司会邀请一些退休的政府官员或者大型企业的高管作为自己的运营合伙人，他们一般担任基金管理公司的顾问委员会或董事会成员。由于这些运营合伙人以前曾经是大企业的高级管理人员，他们一般具有丰富的企业管理经验或广泛的人脉关系，可以为基金管理公司带来重要的商业资源，或者提出一些合理化建议，以改善公司的营运效果，基金管理公司则向这些运营合伙人支付固定的薪酬。例如，通用电气(GE)前董事长杰克·韦尔奇和INM的前CEO郭士纳都曾经作为运营合伙人加盟Clayton Dubilier Rice和TPG。

(2) 创业合伙人。一些成功人士是以创业合伙人的头衔进入基金管理公司的。成为创业合伙人是成功的创业者或者企业的高管等转变为一家基金管理公司的普通合伙人的一种快捷方式。在进入基金管理公司之前，一些创业合伙人可能拥有在一家企业担任高级管理者的经验，还有一些创业合伙人是拥有成功的创业经验的创业者。他们通常都在相关领域积累了多年的工作经验。这些在自己的第一个职业中已经取得成功的人士将以创业合伙人的头衔进入基金管理公司工作，并将风险投资作为自己的第二个职业。

一般来说，基金管理公司有意将这些创业合伙人培养为自己的普通合伙人。这一安排可以用来考察这些新人在担任创业合伙人期间能否顺利地融入基金管理公司，并胜任普通合伙人的工作。这些创业合伙人往往会从一开始就在基金管理公司的投资业务中扮演重要的角色。他们可能会利用自己原来的人脉为基金管理公司带来新的业务，或者依靠自己在相关领域积累的专业知识和经验帮助基金管理公司寻找有价值的投资机会，负责投资项目的管理并为其提供增值服务，或者协助普通合伙人做出投资决策。一般来说，创业合伙人只是一个临时的职位，在积累了两到三个成功的投资案例后，这些创业合伙人就可以获得普通合伙人的职位。

在某些情况下，一些基金管理公司的普通合伙人也有可能转变为创业合伙人，从而可以减少自己所承担的管理职责，并从基金管理公司的日常经营业务中逐渐淡出。但是，同时从普通合伙人转变为创业合伙人往往意味着薪水和能够从基金投资收益中获得分成的比例的减少。一般来说，创业合伙人只从基金管理公司领取很低的薪水。他们也不能像普通合伙人那样参与分享基金的利润，而只能从自己所负责的投资项目的利润中获得投资收益分成。

❻ 后台人员

基金管理公司按职能分为前台和后台。前台负责基金的投资运作，后台负责投资后管理和后勤保障。一些大型的基金管理公司可能有大量的后台人员，这些后台人员通常是会计、法律或者税务方面的专业人士，他们不参与基金的投资运作，主要为投资管理团队提供支持，并负责处理投资交易过程中的具体事务。有一些小型基金管理公司可能只有很少几个后台人员，因此，它们往往需要通过与会计师事务所、律师事务所等其他中介服务机构进行合作来获得所需要的资源。

6.2.3　基金管理公司的治理模式

在美国，一些小型的基金管理公司通常拥有5～6个合伙人。由于合伙人的人数较少，通常以召开全体合伙人参加的合伙人会议的方式，由合伙人集体投票做出投资决策。

在一些小型的基金管理公司，每周都会举行一次由所有合伙人参加的会议。在这个会议上，合伙人将介绍自己发现的投资机会以及初步筛选和尽职调查的情况。然后，合伙人会议将对这些项目进行分析和讨论，最后，由所有合伙人以投票的方式做出投资决策。在投资后，每个合伙人将会对各自发现和推荐的被投资企业进行监控管理并为其提供增值服务。但基金管理公司的其他合伙人一般不会为这些被投资企业提供增值服务，这是这种管理模式存在的一个局限性。

对于那些规模较大的基金管理公司来说，由于合伙人的数量较多，通常难以通过召开由所有合伙人参加的合伙人会议的方式来做出投资决策。因此，它们通常会建立投资决策委员会来负责基金投资项目的决策。投资决策委员会一般由基金管理公司的资深合伙人组成。同时，这些大型的基金管理公司还会雇用许多投资经理，并由他们来负责具体的投资操作。这些投资经理将负责对投资项目进行初步筛选和尽职调查，并编制项目投资建议书，然后将投资建议书提交投资决策委员会讨论。各投资决策委员将对拟投资的项目进行评审，然后以投票的方式做出投资决策，那些获得过半票数的项目将得到来自基金的投资。

6.2.4　基金管理公司的收益

基金管理公司的收益包括管理费和附带收益两个部分。

❶ 管理费

基金管理公司每年将按照自己发起和管理的每只基金的承诺资本的一定比例向基金收取管理费。大多数基金管理公司收取管理费的比例为1.5%～3%。如果一家基金的承诺资本是1亿美元，提取基金管理费的比例为2%，那么，基金管理公司每年可以从基金提取的管理费为200万美元。

基金管理费主要用于支付基金管理公司日常运作所产生的费用，包括人员工资、差旅费用、办公场所的租金以及审计师和律师的费用等。人员工资的支付对象包括普通合伙人、投资团队成员(包括投资经理和分析师)以及后台人员(包括财务人员、文职人员和后勤人员)等。基金管理公司的其他费用还包括差旅费以及支付给各种专业人士(包括律师和审计师)的服务费等。

那些小型的基金管理公司由于人数较少，每年用于支付人员工资的费用也不多，管理费主要是普通合伙人的分成。

❷ 附带收益

附带收益(Carried Interest)是指基金管理公司担任有限合伙制基金的普通合伙人可以从风险投资基金的资本增值收益的分配中获得的份额。通常情况下，风险投资基金必须将有限合伙人投入的资本加上优先回报归还给有限合伙人，然后普通合伙人才能够从基金的利润中获取自己应得的份额。普通合伙人所获得的附带收益通常是基金利润的20%，另有一些比较成功的基金管理公司可能会获得25%~30%的投资收益分成比例。这些投资收益分成将在基金管理公司的合伙人与投资团队的成员之间按照事先约定的比例进行分配。

6.3 基金管理公司的声誉

6.3.1 基金管理公司声誉的重要性

声誉(Reputation)是指人们对某个事物有多好的评价。一个社会实体(个人、社会团体或企业组织)的声誉是关于这个实体的评价，它通常是采用一定的标准对其进行社会评价的结果。对企业来说，声誉是它们在公众眼中的一项特质，并在它们的发展中扮演重要的角色。

对基金管理公司这样的专业化金融中介来说，由于它们面临激烈的竞争，声誉的作用更加重要。基金管理公司的声誉不仅会影响它们的资金募集过程，而且可能影响它们所发起的基金的投资组合的质量，从而影响基金的投资收益。

许多研究已经证实了基金管理公司的声誉对其自身的业绩具有重要影响。一方面，那些拥有良好声誉的基金管理公司更容易募集新基金，因此，它们可以发起数量更多的基金或规模更大的基金，从而使自己获得更多的投资收益。另一方面，那些拥有良好声誉的基金管理公司也更容易获得好的投资机会。有关研究发现，基金管理公司的声誉会决定它所获取的投资机会的质量，而投资机会的质量又会决定风险投资基金的业绩，从而决定基金管理公司的声誉。这个过程具有正反馈特性，因此，一家基金管理公司的声誉越高，它所获取的投资机会的质量越好，它所管理的基金的业绩也更好。

在风险资本市场上，这种声誉机制发挥作用的一个结果是导致越来越多的风险资本集中流向那些知名的基金管理公司。据有关研究，过去前25大基金管理公司的融资规模约占整个市场的约30%，而今天前10大基金管理公司的融资额约占整个市场的69%。在硅谷，有超过400家的风险投资机构，但顶尖的风险投资机构不到40家[1]。

专栏6-2 硅谷的顶级基金管理公司[2]

美国硅谷顶级基金管理公司的排名如表6-1所示。

表6-1 美国硅谷15家顶级基金管理机构

名称	中文名称	建立时间/年	管理的基金规模/亿美元
Accel Partners	加速合伙公司	1983	60
Benchmark Capital	基准资本	1985	29
Charles River Ventures	查尔斯河创投	1970	24
Kleiner Perkins Caufield and Byers	凯鹏华盈	1972	33
Matrix Partners	经纬创投	1982	41
Sequoia Capital	红杉资本	1971	40
Battery Ventures	巴特利创投	1983	32
Doll Capital Management(DCM)	多尔资本管理公司	1996	20
Draper Fisher Jurvetson	德丰杰公司	1986	44
Institutional Venture Partners	机构创投合伙公司	1974	22
InterWest Partners	中西部合伙公司	1979	28
Menlo Ventures	门罗创投	1976	40
New Enterprise Associates	恩颐投资	1978	107
Summit Partners	顶峰投资公司	1984	112
Technology Crossover Ventures	技术交叉创投	1995	77

基金管理公司的声誉主要有以下几个方面作用。

❶ 有利于新基金的募集

对投资者来说，风险投资机构的声誉具有信号传递作用，它使投资者相信风险投资机构能够为他们带来高额的投资收益。Gompers and Lerner(1999)研究发现，风险投资机构的声誉与其资金募集能力之间存在高度相关性。由于投资者更愿意投资那些具有良好声誉的风险投资机构所发起的风险投资基金，因此，那些拥有较高声誉的风险投资机构能够更容易地为它们所发起的新基金募集到资金。

---

① Andrew Metrick，Ayako Yasuda. Venture Capital and the Finance of Innovation(2nd)[M]. Hoboken: John Wiley & Sons，2011.
② 同上。

❷ 有利于吸引好的投资机会

良好的声誉不仅对风险资本的提供者具有很强的吸引力，而且对那些寻求融资的创业者来说也具有很强的吸引力。例如，安德森-霍洛维茨作为一家在早期阶段投资领域具有极高声誉的风险投资机构，吸引了许多有才华的创业者，并先后投资了包括Skype、Facebook、Instagram、Twitter、Foursquare、Pinterest、Airbnb、Groupon在内的众多著名的互联网企业。

声誉可以为风险投资机构吸引好的投资机会的一个原因是优秀创业者很容易被风险投资机构的品牌和知名度所吸引，尤其是那些具有良好声誉的风险投资机构往往受到创业者的追捧，从而使这些机构有更多、更好的投资机会可供自己选择。例如，德丰杰是一家顶尖的风险投资机构，它在业内具有极高的声誉和品牌影响力，这吸引了许多优秀的创业者主动找上门来寻求融资，其中就包括Hotmail的创始人巴萨尔。1995年，德丰杰投资了Hotmail。后来，当这家公司被微软收购时，德丰杰获得了超过20倍的投资收益。

声誉可以帮助风险投资机构获取好的投资机会的另外一个原因是创业者更容易接受那些具有较高声誉的风险投资机构的投资意向。例如，Accel公司是一家老牌的风险投资机构，它在业内拥有良好的声誉和品牌，尤其是，它的合伙人詹姆斯·布雷耶(James Breyer)是美国风险投资协会前主席，他在业界具有崇高声望，这些都有助于交易的达成。在Accel公司争取Facebook这个投资机会时，虽然风险投资家埃法西所做的努力发挥了重要的作用，但是，如果Accel只是一家二流的风险投资机构，那么，即使埃法西的能力再出色，Facebook也不会接受其投资。

❸ 有利于吸引专业人才

良好的声誉本身就是吸引专业人才加盟基金管理公司的一个重要因素。另外，拥有良好声誉的基金管理公司还可以通过提供优厚的报酬来吸引有才华的风险投资家的加入，从而有能力打造更高素质的投资管理团队。那些拥有良好声誉的风险投资机构一般管理着规模更大的基金，并拥有更多的管理费收入，因而它们可以为风险投资家提供更优厚的报酬。与之不同，由于缺少知名度，那些小型的基金管理公司筹集新基金的能力有限，它们所管理的基金规模更小，能够获取的管理费的数量也更少，因此难以为风险投资家提供优厚的报酬，这限制了它们招募优秀人才和组建高素质投资管理团队的能力。

由于那些具有良好声誉的基金管理公司可以更容易地吸引到优秀的风险投资家加盟，因此它们更容易建立起高素质的投资管理团队，而高素质的管理团队又会为基金管理公司带来更多成功的投资案例和更好的投资业绩。

❹ 有利于提升被投资企业的信誉

得到来自拥有良好声誉的风险投资机构的投资可以帮助创业企业提升自己的信誉，

使这些企业获得市场认可，从而更容易获取新客户，更容易获得供应商的信任以及获得后续融资等。

❺ 有利于退出

在被投资企业公开上市时，作为企业股票承销商的投资银行往往会根据风险投资机构的声誉来对其推荐上市的企业的质量加以判断。例如，一位曾帮助众多软件公司上市的投资银行家曾表示，在自己所承销的项目中有90%的项目曾得到业内顶尖的8家风险投资公司的投资，不到10%的项目得到了其他12家不那么有名的风险投资机构的投资，而其他的项目则一概不予考虑。这说明，那些得到拥有良好声誉的风险投资机构的投资的创业企业更容易吸引到知名的承销商，并获得这些承销商的推荐以公开上市方式退出。

❻ 有利于获得有利的合同条款

那些具有较高声誉的风险投资机构在与有限合伙人的谈判中将处于比较有利的地位，并能够争取到对自己更为有利的合同条款。例如，在有限合伙协议中写进更少的限制性条款。具有很高的声誉的风险投资机构在与创业者进行谈判时也处于更加有利的地位，它们可以为自己争取到有利的合同条款。例如，在投资协议中写进对投资者有利的反稀释条款。研究还表明，创业者愿意降低自己企业估值以达成与著名风险投资机构的合作，这使那些具有高声誉的风险投资机构可以更低的成本获得企业股权，它们购买企业股权的价格往往会比那些低声誉的风险投资机构平均低10%~14%。

❼ 有利于获得竞争优势

风险资本市场上的资金来源是有限的，风险投资家需要与其他风险投资家进行竞争以获得投资者的投资。在这种竞争中，那些已经建立良好声誉的风险投资机构更容易获得机构投资者的青睐，从而在行业竞争中生存下来并最终胜出。因此，声誉是风险投资机构竞争优势的重要来源。在风险投资行业，作为声誉机制发挥作用的一个结果，风险投资机构在融资能力和投资回报方面呈现十分明显的分化，好公司与普通公司的差距越拉越大，尤其是那些名列前10位的顶尖风险投资机构会得到越来越多的资金，并获得更多、更好的投资机会。

❽ 有利于增加收入

基金管理公司的声誉是决定其收入的重要因素。首先，基金管理公司的声誉将会影响其所管理的基金规模的大小，从而影响其管理费收入。其次，基金管理公司的声誉还将影响其可以获得的投资收益分成的比例。一般来说，那些拥有良好声誉的基金管理公司能获得更高的投资收益分成比例。

6.3.2 影响基金管理公司声誉的因素

基金管理公司的声誉是它们在与市场进行长期博弈的过程中形成的。一般来说，影响基金管理公司声誉的因素主要是它从过往发起和管理的基金中所取得的投资业绩。此外，基金管理公司的专业素质、从业时间、管理资金的规模、行业评价和市场推销等也是影响其声誉的重要因素。

❶ 业绩记录

基金管理公司的声誉主要是建立在过往所发起和管理基金所取得的投资业绩的基础上的，其中，基金管理公司在过去所发起和管理的基金所投资的项目中以IPO方式退出的案例的数量及其所创造的投资收益是影响其声誉的一个重要因素。一些基金管理公司通过成功的IPO退出项目为自己建立起良好的声誉。例如，安德森-霍洛维茨(Andreessen Horowitz)由于曾经投资了Skype和Facebook这样著名的成功案例并且为投资者创造了超高的投资收益，从而获得了极高的声誉。

❷ 专业素质

基金管理团队的素质是影响基金管理公司声誉的重要因素。基金管理团队的专业素质包括其所拥有的风险投资家的数量与质量，以及他们所拥有的专业技能等，这些素质和技能有助于基金获取更好的投资机会、对被投资企业进行更有效的监控和管理并为其提供更好的增值服务，从而提高基金的业绩表现和投资收益。

❸ 从业时间

基金管理公司的声誉与它们在市场上的存续时间有关。首先，基金管理公司的声誉主要建立在它们过往的投资业绩的基础上。那些拥有更长的经营历史的风险投资公司将有更多的机会去投资拥有巨大发展潜力的企业，从而拥有更多成功的投资案例，这是它们拥有较高声誉的一个重要原因。其次，由于有限合伙制基金都有一定的存续期限，因此，基金管理公司需要定期到市场上为它们所发起的新基金募集资金。由于投资者更倾向于投资由那些诚实守信并具有较强实力的基金管理公司所发起和管理的基金，因此，只有那些具备良好信誉的风险投资机构才能连续募集到新基金并在市场上长期生存。这样，较长的从业时间就意味着基金管理公司具有较好的信誉。事实上，那些历史悠久的基金管理公司一般都拥有更高的声誉。

❹ 管理资金的规模

基金公司所管理的资金规模是基金公司实力的象征。由于投资者和创业企业对管理资金规模较大的风险投资机构更有好感，因此，那些管理资金规模更大的风险投资机构更容易得到市场的认可，并获得良好的声誉。

❺ 行业评价

基金管理公司在风险投资行业所处的排名位置也是影响其声誉的一个重要因素。一些专业的基金研究机构每年都会对市场上的风险投资机构的资金募集额、投资和退出案例以及业绩表现进行调查和评比。那些处于基金排行榜前四分之一位置的基金管理公司被称为顶级风险投资机构，它们往往拥有极佳的声誉。

❻ 市场推销

市场推销是基金管理人建立品牌知名度和声誉的一个重要途径，尤其是那些新成立的基金管理公司，往往需要通过成功的市场推销活动来建立自己的声誉。

本章小结

在风险投资运作体系中，基金管理公司的角色是担任风险投资基金的发起人和管理人。它们的职能包括向投资者募集资金，负责基金的日常运作和投资业务管理以及基金到期时的清算并将资金返还给投资者。本章介绍了基金管理公司的组织架构。基金管理公司分为前台和后台两个部分。前台主要是投资管理团队，它负责基金的投资业务操作，包括为基金寻找投资机会、对投资项目进行初步筛选和尽职调查、进行交易结构设计以及与创业企业的投资谈判等工作。后台包括行政、财务和法律等职能部门，它们负责为投资管理团队提供后台支持。然后，我们介绍了基金管理公司的人员构成和治理模式。

基金管理公司的声誉对其发展具有重要的作用，这些作用包括有利于新基金的募集、有利于吸引好的投资机会、有利于退出等。

思 考 题

1. 简述基金管理公司在风险投资运作中的作用。
2. 基金管理公司的职能有哪些？
3. 简述基金管理公司的组织架构。
4. 基金管理公司的主要职位有哪些？
5. 基金管理公司的收益如何分配？
6. 简述声誉对基金管理公司运作和发展的重要性。
7. 基金管理公司声誉的来源有哪些？

|第7章|

风险投资家

学习
目标

1. 理解风险投资家在风险投资运作中的关键作用。

2. 了解风险投资家的主要职责。

3. 理解风险投资家的人力资本的概念。

4. 了解知识与经验对风险投资家的重要性。

5. 了解风险投资家应具备的专业能力。

6. 了解声誉和人脉资源在风险投资家的职业生涯中发挥的作用。

7. 了解风险投资家的类型和成为风险投资家的途径。

7.1 风险投资家概述

风险投资家的(Venture Capitalist，VCs)是一些具有丰富投资管理经验的专业投资人士，他们一般担任风险投资机构的高层管理人员，并负责基金投资项目的投资决策。在有限合伙制风险投资机构中，风险投资家一般担任普通合伙人；而在公司制风险投资机构中，风险投资家通常担任公司的高级管理职务。

7.1.1 风险投资家的关键作用

在风险投资运作中，风险投资家发挥的关键作用主要包括以下两个方面。

❶ 创造投资收益

风险投资基金获得的高额投资收益主要来自风险投资家所进行的价值创造活动。风险投资家的价值创造活动包括两个方面：一是选择合适的投资项目；二是为被投资企业提供增值服务。

(1) 选择投资项目。精心挑选投资项目是风险投资家创造高额投资收益的关键。在投资前，风险投资家会对市场发展趋势进行研究和分析，并在此基础上制定基金的投资策略。然后，他们会在投资策略的指导下寻找投资机会，并对找到的投资机会进行筛选、调查和评估，将那些具有巨大发展潜力的项目挑选出来进行投资。

(2) 提供增值服务。风险投资家还通过为被投资企业提供增值服务来创造价值。创业企业的创始人一般缺少足够的商业知识和企业经营管理方面的经验，同时，他们可能还缺少相关的网络资源，这些都是制约创业企业快速发展的重要因素。在投资后，风险投资家会为被投资企业提供增值服务，包括协助创业者制定发展战略、完善企业治理结构、帮助招募管理团队的核心成员、为企业介绍重要的客户关系和商业合作伙伴等。风险投资家提供的这些增值服务可以弥补创业企业在经验和资源方面存在的不足，从而为创业企业的快速发展和资本增值创造有利条件。

❷ 降低投资风险

风险投资家的另外一个关键作用是降低风险投资运作的风险程度。首先，作为专业投资人士，风险投资家一般拥有较丰富的专业知识和经验，以及比普通投资者更加精准的判断能力，从而可以更容易地分辨投资项目的好坏，降低投资的不确定性。其次，风险投资家还拥有较深厚的行业背景，对相关的投资领域有深刻的了解，这让他们比普通投资者具有更多的信息优势，从而有利于减少与创业者之间的信息不对称。再次，风险投资家会采用一套专业的投资流程来甄别投资项目。在投资前，他们会对投资项目进行筛选和尽职调查，以减少逆向选择；在投资后，他们会对被投资企业进行严密监控，以减少道德风险的发生。同时，他们还会为被投资企业提供增值服务以降低其不确定性。最后，风险投资家会采用一些特殊的机制，如分段投资和选择投资工具来控制和转移投资风险，从而最大限度地降低投资风险。

7.1.2　风险投资家的职责

风险投资家的职责主要包括以下几个方面，风险投资基金的成功在很大程度上取决于风险投资家能否较好地完成下述职责。

❶ 制定投资策略

制定基金的投资策略是风险投资家的一个重要职责。风险投资的对象主要是那些具有很高成长性的创业企业，而这些企业主要位于那些快速增长的新兴市场之中。风险投资家可以通过对市场发展趋势的分析找出那些正在形成的新兴市场。然后，他们会对找到的新兴市场的潜力进行评估，并结合自己的能力和资源优势选择合适的新兴市场作为基金的投资领域。接下来，风险投资家将依据选定的投资领域来制定投资策略，投资策略的要素包括投资区域、投资行业、投资阶段、投资规模和被投资企业的类型等。最后，在投资策略的指导下寻找那些能够带来巨大商业回报的投资机会。

❷ 基金募集

风险投资家的一个重要职责是募集成立风险投资基金。风险投资家需要先向投资者募集资金设立风险投资基金，然后才能对创业企业进行投资。由于有限合伙制基金都有固定的存续期限，因此，在有限合伙制下，风险投资家还需要定期向投资者募集资金成立新基金。

❸ 寻找投资机会

获得大量潜在的投资机会是风险投资基金取得成功的一个关键。只有找到足够多的潜在投资机会，才能从中发现有价值的投资项目。在基金募集完成后，风险投资家将尽可能通过各种项目来源渠道为风险投资基金寻找更多的潜在投资机会，这些投资机会主要来自新兴市场上那些具有很高成长性的创业企业。风险投资家将对这些企业的发展前景进行考察和评估，以确认它们未来是否有可能在新兴市场中占据领导地位，并将那些有潜力的企业筛选出来作为投资对象。

❹ 项目甄别

项目甄别是风险投资家的一个重要职责。在获得有关潜在的投资项目的信息后,风险投资家将按照风险投资基金的投资流程,对备选项目进行筛选和尽职调查,并依靠自己的投资经验和眼光对备选项目的质量做出判断,将优质与劣质的项目区分开,并将那些拥有巨大发展潜力的项目挑选出来进行投资。

❺ 交易结构设计

在选定投资项目之后,风险投资家将进行交易结构设计并与创业者就投资条款清单展开谈判,以确定投资交易的结构。通过交易结构设计可以对投资者与创业者之间的权利和义务进行合理的分配,并对双方的利益和风险进行调节以使之保持平衡。在这个过程中,风险投资家还将致力于构建一套有效的激励和约束机制,以减少企业家的机会主义行为,降低委托代理成本。

❻ 对企业进行估值

企业估值是确定投资者购买企业股权的价格和投资后在企业所占股份的比例的基础。在进行尽职调查之后,风险投资家将获得企业的经营和财务数据。在此基础上,风险投资家将对企业的市场规模和成长性进行预测,然后选择合适的估值分析方法,并借助自己的经验和判断能力来确定企业估值的合理区间。

❼ 投资组合管理

风险投资家在投资后将对创业企业进行监控管理,包括收集企业日常经营活动的信息,出席被投资企业的董事会,参与企业的重大经营决策,对企业的运作和财务状况进行监控等。同时,风险投资家还会定期对基金投资组合中的企业发展前景进行评估,以确定是否需要对其追加投资。

❽ 提供增值服务

风险投资家在投资后将为企业提供重要的增值服务。这些增值服务的内容包括向创业者提供指导和建议、协助制定企业发展战略、帮助招聘核心管理团队的成员、介绍客户和商业合作伙伴、安排后续融资以及设计退出方案等。风险投资家提供的这些增值服务将有助于减少企业发展过程中的不确定性,弥补创业企业在资源上的欠缺,促进企业的快速发展。

专栏7-1　风险投资家的时间安排[①] ——————————————————

　　风险投资家需要将他们的时间合理地分配在多项活动上，这些活动包括筹集资金、寻找并识别有价值的投资机会、对被投资企业进行监控和管理并为其提供增值服务以及安排投资项目的退出等。风险投资家一般用25%左右的时间去寻找投资机会，而将其他大部分时间都用于管理和监控基金投资组合中的企业，并为这些企业提供增值服务。根据Zider的调查，风险投资家的时间分布大概为：①25%用于寻找投资机会，其中10%用于寻找投资机会，5%对投资机会进行筛选，5%用于分析商业计划，5%进行投资协议谈判；②75%用于投资后管理，其中25%用于出席董事会和对被投资企业进行监控，15%担任咨询顾问，20%帮助被投资企业招募管理团队成员，10%协助建立合作关系，5%用于设计退出方案。

　　从图7-1可以看出，大多数风险投资家会将大部分时间花费在对被投资企业进行监控和为其提供增值服务上，具体包括出席董事会与监控、招募管理团队成员、担任咨询顾问等。一个风险投资家通常会在多家被投资企业担任董事，因此，他们需要花费大量的时间出席董事会会议。

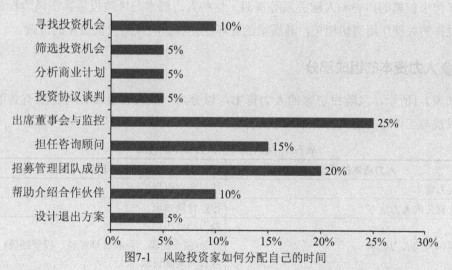

图7-1　风险投资家如何分配自己的时间

　　一个风险投资家往往会担任多家创业企业的董事。Michael Gorman和Bill Sahlman在研究中发现，风险投资家平均每人投资9家公司，他们大约将一半时间花在对这些公司的监控上。而且，他们将担任其中5家公司的董事，每年大约花80个小时的时间来访问他们担任董事的那些公司。同时，他们与每家公司的电话交谈也很频繁，每年的通话时间一般在30个小时左右。另外，他们还要帮助这些企业寻找新的投资者，指导企业制定战略规划，或者帮助它们招募管理人员。

　　作为风险投资机构的合伙人，风险投资家要参与基金的募集活动，并不断地考察

———————————————————

[①] Bob Zider. How Venture Capital Works[J]. Harvard Business Review，1998(11-12): 134-137.

新的投资机会。另外，一个成功的风险投资家可能还会应邀去参加各种各样的论坛和会议，甚至是担任各种创业大赛的评委，这些活动可能也会占用风险投资家很大一部分时间。因此，他们能够花在一家企业上的时间其实是极其有限的。

7.2　风险投资家的人力资本

7.2.1　风险投资家的人力资本概述

❶ 人力资本的概念

风险投资家在风险投资运作中投入的主要是人力资本。这些人力资本是风险投资家通过教育、培训、工作经历和投资实践获得的知识、经验、能力、个性和心理素质，以及在工作中积累的声誉和人脉关系等资源。这些人力资本与风险投资家在风险投资运作中所发挥的关键作用密切相关，其质量的好坏往往将影响风险投资运作的成败。

❷ 人力资本的组成部分

如表7-1所示，风险投资家的人力资本可以分为一般人力资本、与行业有关的人力资本以及与工作相关的人力资本三个部分。

表7-1　风险投资家人力资本的构成

人力资本的类型	内容
一般人力资本	技术和商业知识
与行业有关的人力资本	行业背景知识
与工作相关的人力资本	能力与技巧 经验(创业经验、企业管理经验、投资经验) 声誉与人脉资源

7.2.2　风险投资家的知识与经验

风险投资家所拥有的专业知识和经验对风险投资运作的成功来说至关重要。首先，风险投资家的知识和经验可以帮助他们更好地识别市场发展趋势，先人一步发现新兴的行业和市场作为自己的投资领域，从而更容易找到具有巨大成长潜力的投资机会。其次，拥有丰富的知识和经验可以帮助风险投资家准确地判断投资项目的好坏，并对投资项目进行高效的尽职调查，从而提高投资运作的效率，减少投资过程中的不确定性。最后，拥有丰富的知识与经验有助于风险投资家更好地参与对被投资企业的管理并为创业企业提供增值服务。

❶ 风险投资家的知识

风险投资家的知识结构一般由技术知识、商业知识和行业背景知识组成。

(1) 技术知识。技术创新项目是风险投资的一个重点。风险投资家具备一定的专业技术知识，才能高效地完成技术创新项目的投资。首先，具备一定的技术知识可以帮助风险投资家更有效地对技术创新项目进行筛选和甄别。那些具备专业技术知识的风险投资家能够正确分析和判断技术发展的方向，更好地判断投资机会的价值，并在此基础上做出正确的投资决策。其次，具备专业技术知识有助于风险投资家更好地对技术型企业进行监控管理并为其提供增值服务。

许多风险投资家都拥有电子技术或者工程学的博士学位，并具备相关领域，如信息技术、医疗、生物科技和能源行业的专业技术知识。一些风险投资家甚至还是相关技术领域的资深专家。例如，凯鹏华盈(KPCB)基金管理公司的创始人尤金·克莱纳(Eugene Kleiner)曾经是肖克利半导体公司的工程师，他后来离开肖克利半导体公司成为仙童半导体公司的8位创始人之一，他的工作经历使他对半导体行业拥有深刻的了解。另外，一些风险投资家会从相关行业的投资案例中获得对相关技术领域的了解。例如，凯鹏华盈的另一位创始人汤姆·珀金斯(Tom Perkins)在对激光、电脑和基因工程领域的长期投资实践中逐渐学会和掌握了这些领域的专业技术知识。

(2) 商业知识。风险投资家一般还需要拥有较为丰富的商业运作方面的知识，从而可以更好地选择投资项目，在投资后对项目进行监控管理并为其提供增值服务。大多数风险投资家都拥有在企业经营管理、投资运作、财务会计或法律等领域进行专业学习或接受相关培训的经历，许多人甚至拥有哈佛和斯坦福等名校的MBA学位。

(3) 行业背景知识。风险投资家可以通过投资大量类似的企业和项目逐渐加深对相关行业的了解，并积累丰富的行业背景知识，这种行业背景/知识有助于减少风险投资家与创业者之间的信息不对称。同时，还可以帮助他们更好地完成投资项目筛选和尽职调查，并对投资项目进行监控管理以及为企业提供增值服务。

❷ 风险投资家的经验

(1) 创业经验。一些风险投资家以前是成功的企业创始人，他们曾经创办过自己的企业，并积累了丰富的创业经验。一些风险投资家创办的新企业还曾经得到过风险投资的支持，并拥有进行多轮融资的经验。还有一些风险投资家曾经带领自己的企业进行了首次公开发行。许多新企业的创始人在创业之前可能没有任何经验，风险投资家可以将自己拥有的创业经验传授给这些企业的创始人，并使他们在短时间内变成经营企业的行家里手，带领自己的企业走上快速发展的道路。

(2) 企业管理经验。一些风险投资家曾经担任过大型技术企业或咨询公司的高管，他们在自己过往的工作中积累了丰富的企业运作经验。由于对企业运作具有深刻了解，他们可以更好地为创业者提供指导和建议，包括帮助企业制定发展战略、健全财务管理制度、完善企业治理结构、制定激励性的薪酬机制以及进行营销策划等。

(3) 投资经验。一些风险投资家在长期的投资实践中积累了丰富的投资经验，这些投资经验可以帮助他们更好地分辨投资项目的优劣，从而减少投资不确定性。同时，这些经验还有助于他们高效地完成投资流程的各个步骤，包括投资项目的初步筛选和尽职调查、交易结构设计以及与创业企业进行谈判等，并更加有效地对被投资企业进行监控。

7.2.3 风险投资家的能力

优秀的风险投资家通常具备多种能力和技巧，这些能力和技巧与风险投资家的成功密切相关。

❶ 专业能力

(1) 融资能力。风险投资家的融资能力建立在其声誉和业绩记录的基础上。投资者主要根据风险投资家的声誉以及他们过往所发起和管理的基金取得的投资业绩来决定是否对其进行投资。因此，为了提高从投资者那里募集资金的效率，风险投资家往往会致力于建立良好的声誉和投资业绩记录。

(2) 识别市场发展趋势的能力。风险投资家可以通过了解最新的市场发展趋势来捕捉新出现的投资机会。优秀的风险投资家都会注意收集行业和市场数据，并借助对这些数据的研究和分析来了解市场的最新动态和趋势；还有一些风险投资家通过与行业专家保持密切的接触和经常性的交流来了解有关行业的最新发展动向；另外一些风险投资家则通过仔细观察外部环境中正在发生的细微变化来寻找那些可能预示着未来市场走向的线索。

专栏7-2 启明创投投资世纪佳缘 ————————————————

有关市场趋势的信息可能来自多个方面，许多投资机会的发现都源于一些看似微不足道的现象。作为启明创投的普通合伙人，甘剑平的工作职责是为启明创投在中国的2亿美金资本寻找好的投资机会。他从2004年开始注意到中国婚恋市场正在发生一些变化。当时，他的一个亲戚找到他，并拜托他利用自己的社交关系为一个30岁的事业很优秀的女孩找男朋友。同时，他还留意到当时上海人民公园的父母相亲会的盛况，电视上播出的各种婚介节目，以及当时报纸上大量的征婚广告和婚介公司发布的信息。通过这些细微的事件，他认识到当时在线婚介服务是一个正在形成的规模巨大的市场，而且消费者具有很高的意愿为网络婚恋服务支付费用。这些判断最终促成了启明创投对世纪佳缘网站的成功投资。

(3) 获取投资机会的能力。一般来说，好的投资机会的数量是有限的，其他的风险投资家也都在努力寻找这些好的投资机会，因此，谁能够率先找到这些好的投资机会异常重要。风险投资家获取投资机会的能力在很大程度上取决于其所拥有的人脉关系和项目来源渠道。为了更有效地寻找投资机会，那些成功的风险投资家总是致力于建立尽可能广泛的人脉关系和项目来源渠道，通过这些人脉关系和项目来源渠道，他们往往能够领先于其他投资者获得更多好的投资机会的信息。

(4) 项目甄别能力。项目甄别能力是衡量风险投资家的素质和投资眼光的一个重要指标。风险投资家具有的项目甄别能力可以帮助他们准确识别投资项目的优劣，将劣质的项目淘汰，并将那些真正有价值的项目挑选出来进行投资，从而减少了投资的不确定性。

在对投资项目进行甄别时，风险投资家需要具备对企业的发展潜力进行正确评价的能力，从而能够将那些可以改变世界的创新与那些不切实际的空想区分开来。而且，他们还需要具备很强的对人的判断能力，包括准确判断创业者的个性、品质和能力，从而能够将那些优秀的创业团队挑选出来，并将那些能力和素质差的创业团队淘汰。那些优秀的风险投资家通常都拥有敏锐的直觉和判断力，正如一句名言所说：准确的判断来自经验。事实上，风险投资家的直觉和判断力往往是在经历了许多次错误和失败之后，并在积累了丰富的投资经验的基础上逐渐培养起来的。

模式识别是风险投资家在对投资项目进行甄别的过程中经常采用的一种方法，它可以使风险投资家更加高效地对投资项目进行筛选。这种模式识别方法的原理是在大量投资案例的基础上总结出成功与失败的项目所具有的共同特征，这样，风险投资家就可以根据创业企业和创业者所具有的这些特征来判定它们是否会成为赢家，或者注定要失败。采用这种模式识别方法可以帮助风险投资家在很短的时间内做出对投资项目的评价，将那些没有价值的投资项目剔除，并将那些有巨大发展潜力的创业企业挑选出来进行投资，从而提高项目甄别工作的效率。

(5) 估值技巧。对处于早期阶段的企业的估值经常被称为一种估值艺术。由于许多企业内部和外部的因素都会对企业的估值产生影响，因此，在确定企业价值的过程中，单纯依靠现有的各种技术分析方法可能无法得到一个准确的结果。为了得出合理的企业估值区间，风险投资家往往需要借助自己的经验与直觉判断，以弥补现有估值方法的不足。风险投资家所拥有的这些经验和直觉主要来源于他们的行业背景以及长期的投资实践。

(6) 投资谈判能力。那些成功的风险投资家通常具备优秀的谈判能力，具备较好的投资谈判能力可以帮助风险投资家与创业者更容易地达成投资交易。

(7) 经营管理能力。风险投资家在投资后将担任创业企业的董事会成员并参与企业的经营管理决策。为了胜任这项工作，风险投资家需要对公司治理方面的知识有所了解并熟悉董事的职责，同时，还需要具备一些企业经营管理方面的能力和经验。许多风险投资家都有亲自创办企业和担任大型企业高管的经历，且拥有较为丰富的企业经营管理经验，这使他们具备了参与企业经营管理和处理企业经营危机的能力。

(8) 提供增值服务的能力。风险投资家的一项重要职责是为创业企业提供增值服务。为了胜任这项工作，风险投资家需要具备企业运作方面的知识和经验。许多风险投资家都有作为高科技企业的创始人或者是大型企业的高管的经历，并在企业战略规划、经营管理、财务管理、市场营销以及融资方面拥有丰富的知识和经验，这使他们具备了为创业企业提供管理咨询的能力。

提供增值服务的能力是风险投资机构竞争优势的一个重要来源。2010年，经过激烈的竞争，安德森-霍洛维茨风险投资公司获得了在GitHub的A轮融资中向其投资1亿美元的机会。GitHub的联合创始人克里斯·万斯特拉斯表示，他之所以在众多的投资者之中选择了安德森-霍洛维茨，一个重要的原因就是安德森-霍洛维茨能够向被投资企业提供更好的增值服务。

❷ 其他能力与技巧

(1) 快速决策的能力。快速决策的能力是在快速变化和充满不确定性的环境中，快速抓住问题的本质，并对事物的发展方向做出准确的判断，从而在短时间内做出正确的投资决策的能力。对风险投资家来说，好的投资机会转瞬即逝，为了快速抓住投资机会，风险投资家必须具备快速决策的能力。事实上，那些优秀的风险投资家都具备这种快速决策的能力。例如，在听了阿里巴巴创始人马云对项目的介绍后，软银的创始人孙正义仅思考了3分钟就做出了对阿里巴巴投资3000万美元的决策。

(2) 执行能力。具备良好的执行能力是风险投资家取得成功的一个关键，许多优秀的风险投资家都具备出色的执行能力。例如，当谷歌投资的合伙人凯文·罗斯发现手机支付公司Square这个投资机会时，他立刻主动与Square的创始人杰克·多尔西(Jack Dorsey)取得联系，并告诉他说谷歌希望参与Square的A轮融资。当杰克·多尔西告诉罗斯他们已经确定了A轮融资的投资人，并且不再需要新的投资者时，罗斯并没有轻易退却，而是希望通过其他方式来挽回局面。当罗斯偶然发现Square当时还缺少产品演示视频时，他立刻动手帮Square制作了一个产品演示用的幻灯片。罗斯的这个行为终于让多尔西回心转意，并同意谷歌作为投资人参加Square的A轮融资[①]。

---

① 马亨德拉·拉姆辛哈尼. 如何成为一名成功的风险投资人[M]. 路蒙佳，译. 北京：中国金融出版社，2015：163.

专栏7-3　Accel投资Facebook[①]

　　一般来说，都是创业者主动去找风险投资家，并谦恭地向风险投资家寻求融资，但有时风险投资家也需要主动与创业者接触，努力去争取那些能够带来巨大商业回报的投资机会。阿克塞尔合伙公司(Accel Partners)是一家管理60亿美元并成功投资了超过300家带来优异投资业绩的创业企业的老牌基金管理公司。作为Accel的合伙人，凯文·埃法西(Kevin Efrusy)的职责主要是寻找社交网络领域的投资机会。在寻找投资机会的过程中，他发现了Facebook这个具有巨大潜力的投资机会。这是一家由年仅20岁的哈佛大学学生马克·扎克伯格创建的面向大学生的交友网站。在2004年，这家叫Facebook的公司还只有7名员工，年收益不到100万美元。

　　埃法西意识到Facebook是一个能够带来巨大回报的投资机会。1个月之后，他听说Facebook正打算筹集资金。于是，埃法西就主动给Facebook的创业团队发邮件和打电话，并表露他希望与Facebook的创始人会面并商谈投资事宜的愿望。虽然Facebook方面立刻拒绝了埃法西的投资提议，因为当时已经有很多风险投资公司与Facebook进行了接触，而且其创始人马克·扎克伯格当时已经与潜在的投资方《华盛顿邮报》达成了初步的合作协议。根据这个合作协议，《华盛顿邮报》将以6000万美元的估值对Facebook投资600万美元以获得其10%的股份。面对这些困难和挫折，埃法西并没有放弃，而是继续坚持给Facebook打电话和发邮件。后来，埃法西听说马特·科勒加入了Facebook。当科勒在Linkedin的时候，他们曾见过面。于是，他就打电话给科勒，要他帮忙向Facebook负责融资的帕克引荐自己。然后，埃法西又打听到了雷德·霍夫曼是Facebook的早期投资人，于是，他又拜托与霍夫曼关系密切的阿克塞尔合伙公司的合伙人彼得·芬顿(Peter Fenton)给霍夫曼打电话，请他做引荐人。最终，霍夫曼同意安排埃法西与帕克和科勒见面交谈。在霍夫曼的安排下，埃法西又向Facebook的几个合伙人发出邀请，希望他们到阿克塞尔合伙公司的办公室做客。虽然没有得到Facebook方面的积极回应，但埃法西还是没有放弃。最后，他决定亲自去拜访Facebook位于帕洛阿尔托的办公室。埃法西走进Facebook的办公室，并径直走向Facebook的创始人扎克伯格，在经过简单的交谈以后，他邀请扎克伯格下周一去参加Accel公司的合伙人会议，并承诺如果一切顺利，Accel公司将会在当天的会议结束时给扎克伯格一张投资条款清单。

　　到了周一早上10点，扎克伯格带着两个助手来到Accel公司的办公室。经过协商和谈判之后，Accel与Facebook终于达成一致，最终Accel以交易前估值1亿美元的价格对Facebook投资1270万美元，并持有Facebook15%的股份。后来，Accel公司从这笔交易中获得了巨大的投资回报。

　　在为Accel争取Facebook这个投资机会的过程中，虽然遭遇了很多困难和挫折，但埃法西始终不放弃，并最终取得了成功。在这个过程中，他表现出作为一个风险投

---

① 大卫·柯克帕特里克. Facebook效应[M]. 沈路，梁军，崔筝，译. 北京：华文出版社，2010.

资家的杰出执行力：快速评估、快速决策、积极主动地与创业者展开接触，然后坚持不懈地追踪投资机会直到获得最后的成功，这些都是风险投资家取得成功必须具备的品质。

(3) 社交技巧。在募集资金、寻找投资机会、进行投资谈判、参加被投资企业的董事会、为被投资企业提供增值服务的过程中，风险投资家需要与各种各样的人打交道。此外，在风险投资家的职业生涯中，他们还需要与其他风险投资家、投资者、中介机构、咨询顾问和创业者建立长期的合作关系。风险投资家所具备的社交技巧能够帮助他们与各种各样的人进行高效沟通，并快速建立起合作关系。

另外，风险投资家经常需要与那些聪明而有才华的创业者进行交流，并讨论投资机会。在这种场合，那些优秀的风险投资家往往是一个出色的倾听者，他们耐心倾听创业者的陈述，从中了解技术和市场发展的最新动态；或者仔细观察创业者的言谈举止，从而对他们的性格和为人有一个透彻的了解。如果风险投资家只顾发表自己的见解，那么他们将无法知道创业者的真实想法和创意，并会失去了解自己的潜在投资对象的机会。

7.2.4 风险投资家的品质

优秀的风险投资家通常需要具备以下心理素质。

❶ 冒险精神

风险投资家面对的是一个充满不确定性和瞬息万变的市场环境，他们需要具备足够的勇气和冒险精神，才能够快速做出投资决策，抓住市场时机和好的投资机会。

专栏7-4 软银赛富投资盛大网络

2003年3月，软银赛富准备投资盛大网络，但国内风险投资行业当时正处于低谷，而且，当时网络游戏业作为一个新兴行业，还很少有投资者涉足其中。更重要的是，当年盛大网络正在与《传奇》游戏的韩国开发商Actoz打一场版权方面的官司。虽然当时盛大网络的发展前景充满了不确定性，但软银赛富的阎焱还是果断地决定向盛大网络投资4000万美元。这是当时中国互联网行业中规模最大的一笔投资，但后来的历史证明这是一个非常成功的投资案例。在投资以后，盛大网络在纳斯达克成功上市并为软银赛富带来了巨大的投资回报。

❷ 开放的心态

风险投资所获得的高额回报往往来自对那些以前闻所未闻的新技术和新创意的投

资。因此，风险投资家需要具备一定的超前意识，并对未知事物保持一种开放的心态，只有这样他们才能识别和发现那些拥有巨大潜力的突破性创新。

❸ 对模糊性的容忍

风险投资机会往往存在于不确定性之中。如果事态变得明朗，那么机会也已经不存在了。虽然风险投资家可以通过初步筛选和尽职调查获得一些有关投资项目的重要信息，但是，要想获得投资项目的全部信息是不可能的。这时候，风险投资家就需要接受模糊性，并依靠自己的经验和直觉快速做出投资决策，从而在机会失去之前抓住它。

❹ 忍受不确定性

风险投资的过程充满了不确定性，这些不确定性可能源于技术的变革，市场环境或监管政策的变化，以及各种各样的竞争者。风险投资家需要学会忍受不确定性，并根据外界环境的变化及时调整。

❺ 承受压力

风险投资项目具有很高的失败率，即使进行了严格的尽职调查，投资组合中的一些企业仍然会失败。事实上，在每一个成功的风险投资案例背后都有大量失败的项目。在最好的情况下，大约50%的风险投资项目能够勉强收回原始的投资；而在最坏的情况下，风险投资组合中的企业可能全部失败。因此，风险投资家必须学会承受压力，并做好随时承担投资损失的心理准备。

❻ 保持灵活性

外部环境的变化往往会带来好的风险投资机会，因此，风险投资家需要不断审视外界环境的变化并从中发现自己可以利用的机会。红杉资本(Sequoia Capital)的创始人唐纳德·瓦伦丁(Don Valentine)曾经说过："作为风险投资家，你不仅需要承认变化不可避免，而且你必须乐于应对各种变化。"那些优秀的风险投资家总是善于观察市场发展趋势和潮流的变化，并研究如何利用这些趋势和潮流创造的投资机会。

❼ 耐心

创业企业的发展是一个漫长而艰难的过程，在这个过程中还经常会遭遇各种困难或陷入经营困境。优秀的风险投资家知道只有经过耐心的等待才能收获成功，因此，他们不会让自己陷入恐慌，或过早放弃投资项目，而是会耐心地等待投资组合中的企业发展成熟，并最终收获成功。

7.2.5　风险投资家的声誉和人脉资源

那些成功的风险投资家通常都拥有极高的声誉和非常广泛的人脉关系。

❶ 声誉的作用

风险投资家的声誉对风险投资家的职业生涯和成功具有重要的作用。

(1) 有助于融资。风险投资家的声誉是其业绩记录和能力的一种集中体现。在对新基金进行投资之前，投资者通常会重点考察和评估基金管理团队的声誉，并向那些拥有较高声誉的基金管理团队发起和管理的基金投入资金，可以说，投资者在很大程度上是出于对风险投资家声誉的信赖而进行投资，因此，建立良好的声誉可以提高风险投资家的融资能力，从而使他们更容易地为自己所发起的基金募集到资金。

(2) 有助于获得投资机会的信息。风险投资家的声誉还可以帮助他们获得更多投资机会的信息。一些风险投资机构具有很高的声誉和知名度，那些正在寻求融资的创业者可能曾经听说过或者读到过介绍这家机构的文章，并相信它能够给他们的企业带来发展所需要的各种资源。于是，这些企业创始人就会主动找上门去向这家投资机构递交自己的商业计划书，并与这家机构的风险投资家讨论投资机会。一般情况下，风险投资机构的声誉越好，它能够获得的投资机会的信息就越多，获得优质的投资项目的可能性也更高。

(3) 有助于达成交易。良好的声誉还可以帮助风险投资家在竞争激烈的市场中获取好的投资机会。风险投资机构的声誉经常会给创业企业带来多方面的好处，包括增强创业企业对优秀人才的吸引力，提高创业企业的信誉，从而使它们更容易获取顾客，或与大企业建立合作关系等。这就是创业者更愿意接受来自那些顶尖的风险投资机构的投资的原因，而那些具有很高声誉的风险投资机构也更容易获得好的投资机会。例如，只有那些具有很高声誉的顶级的风险投资机构才能获得投资谷歌和Facebook的机会，而对那些没有什么名气的风险投资机构来说，它们可能永远也不会得到这样的机会。

❷ 人脉的作用

人脉关系对风险投资家的成功具有重要作用。首先，风险投资家在之前的工作经历中会建立一些非常有用的人脉关系，这些人脉关系主要包括以前工作过的高科技企业的同事或者高层管理人员等。其次，风险投资家在漫长的投资生涯中还会对很多创业企业进行投资，并与这些企业的创始人认识并建立关系，这些曾经接受过风险投资家投资的企业创始人是风险投资家人脉关系的一个重要部分。最后，那些曾经与风险投资家进行联合投资的其他投资者，或那些曾经与风险投资家有过合作关系的行业专家，以及中介机构，如会计师事务所和律师事务所的成员也是其人脉关系的一个重要组成部分。

对风险投资家来说，这些人脉资源是一种宝贵的资源，它们将在风险投资家的职业生涯中发挥重要的作用。同时，这些人脉关系也是其管理下的风险投资基金能够取得成功的一个关键因素。因此，风险投资家通常都会努力去建立和维护这些人脉关系。

(1) 有利于获得融资。人脉关系可以帮助风险投资家认识更多的机构投资者，并与机构投资者保持密切的联系，从而可以更容易地为他们发起的新基金募集到资金。

(2) 有助于获得投资机会的信息。广泛的人脉关系可以帮助风险投资家获取更多投资机会的信息。在风险投资家的人脉关系中，那些创业企业的创始人和管理层、其他风险投资家以及行业专家等，都可以为风险投资家介绍一些重要的投资机会。例如，一些风险投资家会与行业专家保持密切的接触，而这些专家往往对其所在的行业具有深刻的了解。通过与这些专家定期交流，风险投资家就可以洞察在这些行业内正在发生的变革与创新。另外，一些风险投资家可通过与其他风险投资家建立合作关系来获得更多的联合投资的机会。

(3) 有助于尽职调查。广泛的人脉关系可以帮助风险投资家在短时间内获得更多有关目标企业的信息，从而更好地开展对目标企业的尽职调查。

(4) 有助于提供增值服务。广泛的人脉关系便于风险投资家向创业企业提供更好的增值服务。例如，风险投资家可以将自己认识的大企业高管介绍给创业企业，让他们成为被投资企业的重要客户或供应商。风险投资家可以通过自己的人脉关系为创业企业招募有才华的技术和管理人才，以帮助创业企业弥补其管理团队可能在某一方面存在的人才缺口。

(5) 加速企业退出。风险投资家可以利用自己与投资银行、律师和会计师的关系，为被投资企业寻找潜在的并购买家，或者加速企业首次公开发行的进程，从而让企业能够通过并购的方式实现退出或者更快地进行首次公开发行。

7.3　风险投资家的职业生涯

7.3.1　风险投资家的背景

风险投资家的背景包括以下两个方面。

❶ 教育背景

拥有高学位并非作为风险投资家所必需的条件。有关研究发现，在美国的风险投资家中，大约只有25%的人拥有硕士学位，9%的人拥有博士学位。在中国，根据中国风险投资研究院对2658位专业投资经理所披露的有关教育背景的信息的统计，拥有硕士以上学历的占比57.75%，其中，拥有博士学位的占比7.22%，如图7-2所示。

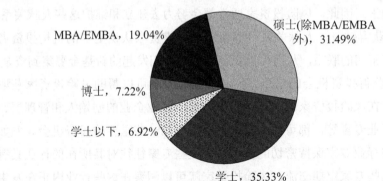

图7-2　2010年专业风险投资经理教育背景分布

资料来源：中国风险投资研究院. 2006年中国风险投资年鉴[Z]. 北京：民主与建设出版社，2006.

(1) 商业教育。据有关调查，在美国，大约有16%的风险投资家拥有商业和经济方面的本科学位。但是，在风险投资家所拥有的硕士以上的学位中最常见的是MBA学位。在大型风险投资机构的普通合伙人中，大约58%拥有MBA学位，而且，其中有65%的风险投资家拥有哈佛、斯坦福大学或沃顿商学院的MBA学位。在接受MBA的教育中，风险投资家将得到有关金融学、会计学、市场学和管理学等系统的专业知识的培训，并学习了解创业投资原理和交易结构设计的理论。

风险投资家所接受的经管类教育，能够加深他们对市场的了解，使他们具备使用统计分析方法来评估项目风险和市场潜力的能力，从而能够对投资项目做出准确的评估，并对被投资企业进行更加有效的监管。同时，风险投资家所接受的商业培训还会使他们具备帮助企业建立合理的企业治理结构和激励机制、设计交易结构和与企业家进行谈判的技巧和能力。

虽然曾经在斯坦福商学院等知名院校接受过MBA教育会对风险投资家的职业生涯发展大有帮助，但也有很大一部分风险投资家从来没有在名校接受教育的经历，这些风险投资家中的大多数在他们成为风险投资家之前都是成功的创业者。

(2) 技术教育。相关研究发现，60%以上的风险投资家都拥有技术和工程领域的本科学位、硕士学位或者博士学位。特别是工程方面的本科学位最为常见，大约有44%的风险投资家拥有工程方面的本科学位。

据有关研究，那些具有理工类教育背景的风险投资家更倾向于投资技术创新型的企业。这些风险投资家所具有的技术方面的背景有助于他们在投资前对新技术的发展潜力做出正确判断，并加深对新技术开发过程中存在的风险的认识。在投资后，这些具有技术背景的风险投资家可以对技术开发过程进行更加有效的监控，甚至直接参与企业的技术开发工作。同时，具有技术方面的背景还有助于他们与工程师和技术专家建立关系，得到他们的认可，并与他们进行更有效的合作。

❷ 职业背景

根据美国的有关调查结果，大多数人在成为风险投资家之前都曾经从事过其他职业。典型的风险投资家一般都有作为大型技术企业的高级管理人员、投资银行和其他金融机构的工作人员、技术专家或者企业创始人的职业背景。另外，一些风险投资家可能同时拥有上述一种以上的职业背景。例如，梅菲尔德基金的合伙人约根·达拉尔(Yogen Dalal)曾经是斯坦福大学的学生，后来他加入施乐帕拉阿托研究中心的以太网开发小组，参与了TCP/IP传输协议的开发，同时，他还自己参与创办了两个成功的软件企业。

虽然每个风险投资家的职业背景存在很大的差异，但一般来说，他们在成为风险投资家之前都有在下面5个领域中从事相关工作的经历。

(1) 金融行业。具有金融背景的风险投资家通常拥有投资银行背景或担任大企业的高层财务管理人员的经历，拥有金融行业工作经验的风险投资家占14%。

(2) 企业管理。具有企业管理和业务运作背景的风险投资家以前通常是大公司的高级管理人员。一些著名的管理咨询公司的工作人员拥有与他们相似的经验。根据有关统计，32%的风险投资家是创业企业的高级管理人员，38%的风险投资家拥有上市企业部门经理的工作经验，23%的风险投资家拥有商业咨询工作的经验。

(3) 创业者。这些风险投资家曾经是成功的企业创始人。根据有关统计，37%的风险投资家以前有过创业经历。正是因为这些风险投资家拥有和创业者一样的经历，才使他们对待创业有着很深的理解，因而在投资企业时，他们可以很好地利用自己的创业经验来帮助创业者取得成功。

专栏7-5 从创业者到风险投资家[①] ————————————

1993年，马克·安德森(Marc Andreessen)发明了Mosiac浏览器，并创建了一个名为Mosaic的互联网软件公司，后来更名为网景通信公司，其开发的产品Netscape Navigator成为世界上第一个被广泛使用的Web浏览器，并吸引了超过10亿的用户。但是，Netscape的成功也引起了微软的注意。微软公司从伊利诺伊大学的一个分支机构获得了对Mosiac源代码的许可，并成功开发Internet Explorer。于是，微软公司与网景公司之间爆发了浏览器大战。最终，AOL在1999年以420亿美元收购网景。在此后一段时间，马克·安德森担任AOL的首席技术官。离开AOL之后，马克·安德森和在网景公司时的创业伙伴本·霍洛维茨一起创办了一家提供互联网Web托管服务的公司，但随着互联网泡沫的破灭，这家名为Loudcloud的新公司也很快遭遇了经营危机。后来，Loudcloud更名为Opsware，并转型成为一家软件公司，最终在2007年被惠普公司以约16亿美元的价格收购。

2009年，马克·安德森与本·霍洛维茨合作创建了一家专注于投资信息技术行业中处于早期阶段的创业企业的风险投资公司，即安德森-霍洛维茨投资公司(Andreessen

————————————
① 根据网络资料改编。

Horowitz)。安德森-霍洛维茨投资公司发起的第一只基金的承诺资本规模为3亿美元。到2009年7月，安德森-霍洛维茨投资公司已经成功发起了三只基金，管理的风险资本规模为27亿美元。Skype公司是安德森-霍洛维茨的第一个成功的投资案例，它向Skype投资了5000万美元并获得其3%的股份。这些股份在2011年被微软以8.5亿美元收购，使这笔投资获得了17倍的投资回报。除了Skype以外，安德森-霍洛维茨还成功投资了Facebook、Instagram、Twitter、Foursquare、Pinterest、Airbnb、Groupon等众多知名的互联网企业，这些成功的投资案例使安德森-霍洛维茨公司成为硅谷顶尖的风险投资公司中的一员，同时也使马克·安德森成为一名声誉卓著的风险投资家。

(4) 技术专家。有技术和工程师工作经历的风险投资家约占31%，职业科学家占5%。

(5) 投资机构人员。这些人是投资专业人士，他们在成为风险投资家之前曾经在其他类型的投资机构，例如养老基金工作过，他们所占的比例约为32%。

7.3.2 风险投资家的类型

每个风险投资家可能具有不同的专业知识、能力、经验和业务专长。例如，一些风险投资家拥有技术方面的专长，一些风险投资家拥有在投资银行或者咨询行业工作的经历，还有一些风险投资家拥有成功创办企业的经验。一般来说，风险投资家根据其知识结构和业务专长的不同大致可以分为4种类型，即技术专家型、创业者型、经营管理型和金融投资型。

❶ 技术专家型

技术专家型的风险投资家又称为技术投资者。这种类型的风险投资家可能更倾向于投资那些与他们自己的专业技术领域有关的行业领域的创业企业，同时，他们对创业企业面临的技术风险和不确定性有更加深入的了解。

在20世纪80年代之前，风险投资家主要来自工程技术领域，这些人大多拥有工程技术方面的学位，并曾经在国家半导体、IBM、英特尔和惠普等大型的技术型企业任职。例如，红杉资本的合伙人约翰·多尔曾经是英特尔公司的工程师；吉比·迈耶斯曾经任职于惠普，后来加入了梅菲尔德基金；梅菲尔德基金的另外一位合伙人凯文·冯曾在Plantronics和惠普这样的公司中担任过多种技术职务；Accel Partner的合伙人之一卡波曾经是著名的莲花软件公司创始人；尤金·克莱纳曾经是肖克莱半导体实验室的工程师，后来他与汤姆·帕金斯合作创办了凯鹏华盈(KPCB)。这种类型的风险投资家在进入风险投资行业之前都曾经花了多年时间来培养各种技术和业务能力，对技术和市场两个方面都有较深入的了解。

到了20世纪90年代，随着互联网行业的兴起，创业企业的商业模式逐渐开始转向以电子商务为主的互联网商业模式。随着商业模式的转变，风险投资家的技术背景不再像过去那么重要，具有经营管理背景的风险投资家变得越来越多。尽管如此，在整个风险投资家群体中，那些有工程技术背景的风险投资家仍然占很大的比例。

❷ 创业者型

成功的创业者也是风险投资家的一个重要来源。在美国，有许多优秀的风险投资家都是从创业者转变而来的。例如，斯科特·韦斯(Scott Weiss)曾在著名的电子邮件提供商Hotmail工作。在Hotmail被微软收购后，斯科特·韦斯离开Hotmail并创建了领先的电子邮件和网络安全产品提供商Iron Port Systems公司，这家公司后来以8.3亿美元的价格被思科(Cisco)公司收购。之后，斯科特·韦斯加入了安德森-霍洛维茨风险投资公司并成为一名风险投资家。安德森-霍洛维茨风险投资公司的创始人马克·安德森(Marc Andreessen)也是一名成功的创业者，他曾经创立了著名的浏览器公司网景(Netscape)。著名的风险投资家维诺德·库斯拉(Vinod Khosla)曾经是Sun公司的联合创始人。在中国，红杉资本的中国合伙人沈南鹏曾经是携程的创始人。

这种类型的风险投资家具有自己创办企业的经验，这些创业经历让他们在选择投资项目、投资后管理和为被投资企业提供咨询和增值服务方面具有很大的优势。这种类型的风险投资家能够更好地挑选有前景的早期阶段投资项目，并在投资后为这些企业提供增值服务。由于他们曾经作为企业的创始人创建自己的公司、从外部筹集资本并主导过成功的企业退出，因此，他们对创业企业所面临的问题有更深入的了解，并能够更有针对性地为创业者提供建议和指导，帮助企业解决经营和发展中遇到的各种问题。

同时，作为曾经的企业创始人，基于对创业企业发展过程的亲身经历和深刻了解，他们能够更好地预测创业者可能采取的机会主义行为，并及时采取相应的措施来应对这些问题，从而有效减少委托代理成本。

❸ 经营管理型

公司的高层管理人员也是风险投资家的一个重要来源。例如，创建了红杉资本公司的唐·瓦伦丁曾经是仙童半导体公司高管，并担任过市场销售经理。还有一些著名的风险投资公司，如安德森-霍洛维茨基金的普通合伙人中有许多来自英特尔、苹果、甲骨文、谷歌和Facebook这样的大型技术企业的高层管理人员。在国内，联想投资的总裁朱立南就是一个从管理者转型为风险投资家的典型代表。他在1989年以工程师的身份加入联想，然后从业务发展部的副总经理一直做到联想的高级副总裁，最后于2001年出任联想投资总裁。

这种由技术型企业的高级管理人员转型而来的风险投资家具有大型企业高层管理的经验，对企业经营管理和产品开发的流程比较了解。同时，他们还具有一定的行业背景，并在工商和金融界建立了广泛的人脉关系。这种类型的风险投资家除了可以为被投资企业提供战略指导和管理咨询以外，还可以为它们提供各种重要的商业资源。

在这类经营管理型的风险投资家中，还有一些人拥有在著名的咨询公司工作的经历。他们的优势是熟悉企业的运作架构，尤其是咨询行业的从业经历会使他们更容易发现创业企业经营过程中存在的问题，并有针对性地制定解决方案，提出合理化建议，从而提高企业运作效率。

④ 金融投资型

这种类型的风险投资家拥有在投资银行和其他投资机构工作的经历。例如，著名的风险投资家阿瑟·洛克曾经是华尔街的一位投资银行家，他后来和托米·戴维斯创建了梅菲尔德基金。阿瑟·洛克曾经帮助罗伯特·罗伊斯和其他7位工程师离开肖克利半导体实验室并创建了仙童半导体公司，他还作为个人投资者投资了英特尔公司。卢瑟思·昆德伦(Ruthann Quindlen)曾经是非常有名的Alex Brown & Sons公司的投资银行家，他后来加入了风险投资机构Institutional Venture Partner。在国内，今日资本集团的创始人徐新曾经在中国香港著名的投资银行百富勤负责直接投资业务，后来她又转入霸菱投资集团，并担任霸菱投资中国区董事总经理。2005年，徐新离开霸菱投资集团创办了今日资本集团。在国内，这种类型的风险投资家还有中国厚朴基金的创始人方风雷，他曾经是中金、中银国际和高盛高华三家证券公司的创始人。

这种类型的风险投资家一般具备良好的财务知识，并善于进行财务分析。另外，他们在投资银行学到的财务技巧使他们在帮助被投资企业设计融资或退出方案方面具有很大的优势。

7.3.3　成为风险投资家的途径

对于那些想涉足风险投资行业的新人而言，了解风险投资家的成长路径有助于他们更好地开始自己的职业生涯。虽然成为风险投资家并没有统一的路径，但成为普通合伙人主要有三个基本的路径：一是从其他职业转型而来；二是创建自己的风险投资公司；三是从初级职位做起。

① 从其他职业转型而来

对许多人来说，风险投资家并不是他们所从事的第一个职业。这些人一般先在一些相关的工作领域积累经验，并锻炼自己的投资技能，然后才转入风险投资行业。他们中的许多人第一份工作可能会持续10年之久，还有一些人可能只有几年的工作经验。例如，约翰·多尔(John Doer)在英特尔工作了5年之后，才获得进入风险投资公司凯鹏华盈(KPCB)的机会，他加入这家公司并最终成为它的合伙人。一般来说，当这些人进入风险投资公司时，他们并不是从头做起的，而是更有可能担任一个相当高级的职位。

一些人在成为风险投资家之前的工作经历是在科技行业的大型企业从事高层管理工作。例如，红杉资本的创始人丹·瓦伦丁(Don Valentine)曾经在英特尔公司工作。凯鹏华盈(KPCB)的创始人汤姆·珀金斯(Tom Perkins)曾经是惠普公司研究部的行政总监。

如前文所述，有一部分风险投资家在转型为投资人之前曾经是企业的创始人。这些人在他们职业生涯的早期曾经在一家由风险投资支持的创业企业工作，并与风险投资家建立了良好的合作关系，这种关系在引领他们后来进入风险投资行业的过程中发挥了重要的作用。风险投资家可能更倾向于选择那些曾经与自己合作过的人再次合作，这让许多前创业者在风险投资行业中找到了新工作。

还有一些人在成为风险投资家之前会选择在投资银行和咨询公司干上数年，然后再转型进入风险投资行业。例如，红杉中国资本的合伙人张帆毕业于美国斯坦福大学，在获得经济学学士及MBA学位后，他先在硅谷的电子公司Focus Graphics担任工程师，后加入著名的投资银行高盛公司。2002年，张帆加入著名的风险投资机构德丰杰资本，并出任德丰杰中国区资深副总裁。在德丰杰的期间，他先后主导了对空中网、百度、分众传媒、龙晶半导体等项目的投资，在取得这些优异的投资业绩之后，他离开德丰杰，并与沈南鹏联合创办了红杉中国。

在国内，风险投资家还有一个比较特殊的来源，即由政府官员转型而来。例如，吴刚和黄晓捷在创建九鼎投资之前曾经分别在中国证监会和人民银行研究生部工作。

❷ 创建自己的风险投资公司

有许多人是通过一步一步的努力并经过多年的积累才上升到某个风险投资机构合伙人的位置的，还有一些人是直接以合伙人的身份开始他们在风险投资行业的职业生涯的。这些人主要通过创建自己的风险投资机构，并以合伙人的身份进入风险投资行业。例如，保罗·格雷厄姆(Paul Graham)通过创建Y组合器(Y Combinator)公司并以合伙人的身份进入风险投资行业。

这种类型的风险投资家中有很多曾经是成功的创业者。例如，马克·安德森(Marc Andreessen)、本·霍洛维茨(Ben Horowitz)、布拉德·费尔德(Brad Feld)和彼得·蒂尔(Peter Thiel)等，他们都是在自己创办的企业取得成功并退出后创建了自己的风险投资机构。例如，马克·安德森曾经是第一个开发出互联网浏览器的网景公司的创始人，后来他创建了著名的安德森-霍洛维茨基金管理公司，并筹集了自己的基金，从而成为风险投资机构的创始合伙人。

还有一些人拥有在金融行业和投资机构工作的经历，这些工作经历帮助他们在金融界建立起广泛的人脉，从而使他们能够更加容易地为自己发起的基金募集到资金。例如，徐新曾经担任霸菱投资集团中国区董事总经理，2005年她离开霸菱创建了今日资本，并从欧美的一些具有政府背景的机构和大企业那里成功募集到超过23亿元人民币的资金。又如，上海联创集团的创始人冯涛曾担任加拿大芬豪风险投资公司的高级副总裁，并协助芬豪参与了对新浪的投资。后来，他离开芬豪公司回国创立了上海联创基金管理公司并担任总裁。

❸ 从初级职位做起

一些基金管理公司会从大学校园招募应届生担任分析师和投资经理，这些通过校园招聘进入风险投资公司的人大多已经获得了MBA学位。例如，柏尚投资的戴维·考恩(David Cowan)就是在获得MBA学位之后进入风险投资公司的，他在此后20年的时间里完成了很多笔成功的投资。

虽然确实有一些人通过校园招聘进入风险投资公司并开始其在风险投资行业的职业生涯，但对大多数希望进入风险投资行业的人来说，从学校出来后直接进入风险投资行业的难度要大得多，尤其是想要进入一流的风险投资机构将会更加困难。以美国著名的风险投资公司柏尚投资为例，那些尚未获得MBA学历的求职者在竞聘该公司的初级分析师职位时，一共需要经过42次首轮面试、7次二轮面试，最终在650多位应聘者中只有1个人能够获得该初级工作职位。因此，对那些应聘这个职位的人来说，每个人平均只有不到0.15%的机会能够胜出。

一般来说，在大学毕业后直接进入基金管理公司工作通常需要借助某种社会关系，例如，认识某个在风险投资公司工作的人，这个人可能是亲戚、朋友、同学或过去的同事。例如，在芝加哥大学商学院读书时，罗伯特·尼尔森(Robert Nelson)结识了拱门投资(ARCH Venture Partners)的创始人史蒂夫·拉扎勒斯(Steve Lazarus)。在尼尔森大学毕业后，史蒂夫帮助他直接进入了拱门投资工作，并最终成为这家著名投资机构的合伙人。

一般情况下，那些通过校园招聘进入风险投资公司的新人往往需要从初级职位，例如分析师做起。但是，从一个类似分析师这样的初级职位起步，并逐渐晋升到普通合伙人这样的高层职位，这个过程将是漫长而又艰难的。他们首先将以学徒的身份开始自己在风险投资行业的职业生涯，并接受来自资深合伙人的专业的指导和培训。然后，在逐渐积累投资经验和技能之后，他们将晋升到风险投资机构中较高层的职位。虽然确实有一些人从类似学徒的身份开始干起，并在运气的帮助下能够在较短的时间内脱颖而出，最终成为一名基金管理公司的普通合伙人，但这种现象在风险投资行业并不多见。因此，从初级职位做起并不是很好的成为风险投资家的途径。

本章小结

风险投资家是职业投资家，他们拥有丰富的专业知识和经验，并具备从事风险投资运作所需的各种技能和资源。在风险投资运作中，这些风险投资家代表投资者对风险资本进行运作和管理。

风险投资家在风险投资运作中发挥的关键作用主要有两个：一是挑选有潜力的投资项目并在投资后为其提供增值服务，进行价值创造；二是对风险进行控制和管理以减少投资的不确定性并降低信息的不对称。风险投资家的典型职责包括募集资金、寻找投资机会、对投资机会进行筛选和尽职调查、进行交易结构设计、与创业者进行谈判、对被投资企业进行监控并为其提供增值服务，以及安排风险资本从投资项目中退出等。

在风险投资运作中，风险投资家投入的主要是各种人力资本。这些人力资本包括知识与经验、能力和投资技巧、心理素质以及声誉和人脉关系。它们主要是风险投资家通过教育、培训、工作经历和投资实践等途径获得的。风险投资家所拥有的这些人力资本是风险投资取得成功的关键要素。

根据知识结构和业务专长的不同，风险投资家大致可以分为5种类型，即技术专家型、创业者型、经营管理型和金融投资型。成为风险投资家的途径主要有三种：一是职业转型；二是创建自己的风险投资公司；三是从初级职位做起。本章探讨了从基金公司最底层的员工，如分析师和投资经理，逐步成长为风险投资家的典型职业路径。

思 考 题

1. 什么是风险投资家？
2. 风险投资家在风险投资运作中的关键作用有哪些？
3. 风险投资家的职责有哪些？
4. 风险投资家的人力资本包括哪些内容？
5. 风险投资家应该具备哪些方面的知识和经验？
6. 列出风险投资家应具备的能力和心理素质。
7. 说明声誉和人脉资源对风险投资家取得成功的重要作用。
8. 风险投资家的职业背景有哪些？
9. 根据知识结构和业务专长的不同，风险投资家可以分为哪些类型？
10. 成为风险投资家的途径有哪几种？

| 第 8 章 |

制定基金投资策略

1. 了解风险投资机会的来源。

2. 了解风险投资基金选择投资机会的三种
   模式。

3. 了解风险投资基金选择投资机会的过程。

4. 理解基金投资策略的概念与作用。

5. 了解三种类型的基金投资策略。

6. 了解制定基金投资策略的步骤。

8.1　风险投资机会

8.1.1　风险投资机会的来源

❶ 新技术的出现

各种创新和创业活动是风险投资机会的一个重要来源，而技术变革是推动创新和创业活动发展的一个重要动力。

(1)创新活动将会淘汰旧产业，并使大量的已有企业消亡，熊彼特(Schumpeter)将这个过程称为创造性破坏。首先，那些能够带来巨大商业回报的投资机会主要来源于那些能够打破连续性的突破性创新。这些突破性创新往往由新技术的出现所引发。这些新技术可被应用于解决那些从未得到解决的问题或者是更好地满足已有的需求。通过使用这些新技术，可以创造出全新的产品类别，或者建立全新的商业模式和业务，从而颠覆现有的行业格局。从历史来看，大量新产品和新服务的产生和发展都得益于新技术的出现，例如，创业企业利用互联网技术开发出了电子邮件这种更便捷、效率更高的信息沟通产品。新技术的出现不仅能够孕育大量的新产品和新服务，而且，创业者利用新技术还能创造出全新的商业模式。许多重大的商业模式创新都是基于一项新的技术发明。例如，那些重要的电子商务网站几乎都是基于互联网技术建立起来的。其次，新技术的出现为颠覆已有行业提供了机会。例如，互联网技术的出现为在线经销商分销现有产品提供了一个全新的渠道，那些实施破坏性创新的企业可以围绕新技术来构建新的商业模式，并对原有的市场和行业进行破坏，让已有企业的竞争优势变得过时，从而颠覆和改变已有行业的格局。例如，eBay利用互联网对原来的拍卖市场进行破坏。Skype采用新的基于P2P技术的网络电话系统来挑战传统的网络电话营运商的统治地位，并彻底改变了原有的行业格局。

(2)新技术的出现是推动创业活动发展的一个重要动力。随着新技术的出现，大批创业者开始利用新技术带来的机会，积极投身于创业活动之中，因而各种创业活动也会变得活跃起来。从历史上来看，许多优秀的创业企业都是由认识到技术变迁所带来的巨大机会的个人率先创立的。乔布斯利用个人计算机技术带来的机会创建了苹果电脑。波萨克利用了网络技术发展带来的机会创建了思科系统公司。最近几十年，互联网技术的出现直接催生了成千上万的新企业。例如，贝佐斯认识到了互联网技术带来的机会，从而建立了一个在网上零售书籍的新企业，这个新企业后来成为著名的亚马逊公司。除了上述这些公司以外，那些建立在新技术基础之上的成功创业企业还包括Sun、阿里巴巴、雅虎、eBay和谷歌等。如果缺少了这些新技术，就不会有这些优秀的创业企业，风险投资也不会获得能够带来巨大商业回报的投资机会。

20世纪70年代以来，风险投资在新兴的高科技行业取得了快速的发展，其中一个重要原因是这些行业中发生了重大的技术变革和创新。例如，在信息技术和互联网行业都发生了变革，而在诸如制造业这一类已经高度发展和成熟的传统行业中，由于缺少技术变革和创新，风险投资家很难找到能够带来高额回报的投资机会，因此风险投资在这些行业的作用和影响力都相对较小。20世纪70年代以来，硅谷新兴高科技行业及其主要的创新，以及在每一个新兴行业中由风险投资支持的高成长性企业的情况如表8-1所示。

表8-1　硅谷新兴行业、创新与高成长性企业

时间	新兴行业	主要的创新	高成长企业
20世纪70年代早期	半导体行业	芯片制造	仙童
20世纪70年代后期	高集成度微电子	微处理器	英特尔
20世纪80年代早期	个人电脑	个人电脑、新的操作系统	苹果、微软
20世纪80年代中期	工作站与服务器	精简指令集(RSIC)芯片	Sun、Silicon Graphic
20世纪80年代后期	企业软件	关系型数据库，图形用户界面	Oracle
20世纪90年代早期	网络通信	路由器，交换机	3Com、思科
20世纪90年代中期	浏览器	超文本协议	Netscape
20世纪90年代中期	门户网站	异步传输模式	雅虎
20世纪90年代后期	电子商务	新业务模式	eBay、亚马逊、阿里巴巴
21世纪00年代初期	搜索引擎	新业务模式	谷歌、百度
21世纪00年代中期	社交网络	Web2.0	Facebook、Twitter

如表8-1所示，从20世纪70年代以来，随着半导体、个人电脑、企业软件、网络通信和互联网等新兴行业的出现，涌现出英特尔、苹果、思科、Sun、阿里巴巴、雅虎、eBay、亚马逊、Facebook等一大批具有高成长性的创业企业，这些企业的创立和发展为风险投资带来了大量的投资机会。

新技术推动了创新与创业活动的发展，从而为风险投资带来了大量的投资机会。因此，精明的风险投资家总是时刻关注新技术，如云计算和移动互联网技术的发展，并追随这些新技术的发展趋势调整自己的投资策略。风险投资家了解和判断新技术发展方向的一个重要途径就是利用技术演进路线图，例如Gartner公司的新兴技术成熟度曲线。如图8-1所示，Gartner公司根据新兴产业或新技术的发展规律绘制了一条技术演进曲线。按照该曲线，可判断技术成熟度。目前，移动互联和电子商务技术正处于第一波的狂热期。从长远来看，这些新技术将会深刻地改变人们的生活，并带来大量的投资机会。

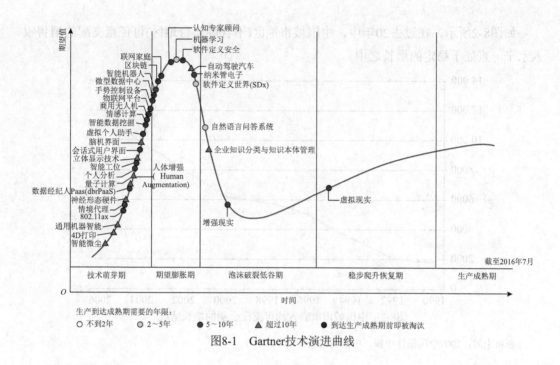

图8-1　Gartner技术演进曲线

❷ 需求的变化

需求的变化能够创造新兴的行业和市场。一般情况下，当新的市场需求形成后，如果市场上没有相应的技术和产品来满足这一需求，那么，创业者就会着手去解决技术上存在的问题，并开发新产品和新的商业模式来填补这个空白，从而形成新兴的产业和市场。例如，随着个人电脑的兴起和普及，产生了对应用软件的需求，从而开创了电子表格和数据库等软件产业。随着互联网应用的普及，产生了对网络安全产品的市场需求，这些网络安全产品能够保障互联网的安全，使网络用户免受黑客或未经授权用户的攻击。赛门铁克开发的诺顿就产生于这个使计算机更加安全的新需求。又如，随着互联网购物的发展，产生了支付安全问题，这为开发第三方支付服务的创业者提供了机会，诞生了PayPal和支付宝等成功的创业企业。

❸ 经济发展

宏观经济发展将会对人们的生活、社会经济和环境产生深刻的影响，而且这些影响往往是长期性的，通常会持续数十年时间，并且不容易被操纵。有关研究发现，经济发展与创业活动具有正相关性，原因是经济发展能够提高人们的购买力，从而形成对新产品旺盛的市场需求。在过去数十年中，中国和印度这样的新兴市场国家的经济一直处于快速成长之中。这意味着，拥有可任意支配的收入和购买力的消费者的数量会越来越多，他们对产品和服务的庞大需求为当地创业企业的发展创造了良好的机会。通过为这些消费者提供服务，新企业就获得了发展成为大公司的机会。

如图8-2所示，在过去20年中，中国城市地区(不含港澳台地区)可任意支配的销售收入水平一直处于稳定的增长之中。

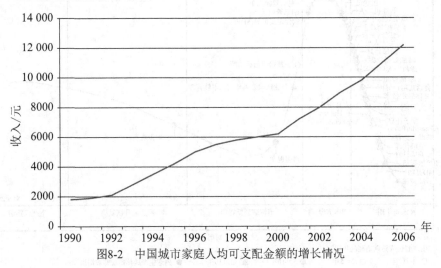

图8-2　中国城市家庭人均可支配金额的增长情况

资料来源：2007中国统计年报，中国国家统计局

④ 社会发展趋势

社会发展趋势是创业和风险投资机会的一个重要来源。社会发展趋势将会影响人们的生活方式、价值观、文化需求、休闲方式、教育方式和公共健康等。例如，进入20世纪80年代以后，人们越来越关注食品安全问题，这些食品安全问题与在农作物种植中使用杀虫剂以及在家畜养殖中使用抗生素和激素有关。美国人对健康营养和有机食品的向往正成为一种社会趋势，全食超市(Whole Foods Market)就是基于这一趋势而创建的。由于抓住了这一社会发展趋势所带来的机会，全食超市公司获得了快速的发展。到了2008年，这家公司已经拥有270家分店，遍布美国和英国。

8.1.2　选择投资机会的方式

风险投资家主要采取以下三种方式来选择投资机会。

① 自上而下的方式

采取自上而下的模式进行投资又称为策略性投资。在大多数情况下，风险投资家都会采取这种模式来选择投资机会并进行投资。在采用这种投资模式时，风险投资家将在投资策略的指导下，按照地区、行业和投资阶段自上而下地对投资项目进行筛选，先将那些与基金的投资策略不符的项目淘汰，然后对剩下的那些符合基金投资策略的项目进行深入的考察和分析，并将那些拥有良好发展前景的项目挑选出来进行投资。

❷ 自下而上的方式

自下而上的投资模式是一种根据投资项目本身的质量而非事先制定的投资策略来选择投资机会的方式。在采取这种投资模式时,风险投资家将主要根据投资项目自身的发展潜力和预期的投资回报率来决定是否对它们进行投资。

❸ 权变方式

权变方式是一种将上述两种模式结合在一起使用的投资方法,这也是大多数风险投资家选择投资机会的方式。在采用这种投资模式时,风险投资家在大多数情况下都会按照基金的投资策略来选择投资机会并进行投资。但是,在有些情况下,他们也会努力抓住那些在投资策略以外出现的高质量的投资机会,这些投资机会往往可以带来丰厚的投资回报。

事实上,在风险投资基金的投资协议中通常会有一项专门的条款规定,允许基金管理人将不超过基金承诺资本的10%的资金用于投资那些在投资策略以外出现的投资机会。这样,当那些在预先设定的基金投资范围之外的好项目出现时,风险投资家也可以对它们进行投资。

8.2 基金投资策略

采用自上而下的模式选择投资机会时,风险投资基金将首先制定投资策略,然后在投资策略的指引下对各种投资机会进行评估和选择。

8.2.1 基金投资策略概述

尽管许多风险投资家都声称拥有独特的投资策略,但多数风险投资家的投资策略具有高度的一致性。那些优秀的风险投资家总是把投资新兴市场作为自己的目标,他们在充分了解和深入分析行业领域内的市场发展趋势的基础上,找出未来的新兴市场,然后结合自己具有的能力和特长以及自己掌握的资源,选择合适的新兴市场作为基金的重点投资领域和投资方向,从而形成基金的投资策略。

❶ 投资策略的概念

好的基金投资策略是风险投资基金取得成功的一个关键。风险投资基金投资策略又称为投资主题,它是风险投资基金选择投资项目以构建基金的投资组合的原则和指南。基金投资策略由投资行业、投资阶段、投资区域、投资对象、投资规模、投资工具、投资期限和投资收益率等投资要素组成，它们描述了项目要得到基金投资所需满足的前提条件。在构建基金投资组合时，风险投资家将根据这些原则和指南来挑选投资项目，只有那些符合基金投资策略的项目才会得到基金的投资。

表8-2列出了基金投资策略的主要内容。

表8-2　基金投资策略的主要内容

投资行业	互联网与信息技术
投资阶段	初创期与早期成长期
投资区域	硅谷地区
投资对象	具有可行的商业模式和高质量的管理团队的企业
投资规模	初始投资额为300万~500万美元。对单个企业的投资额的上限为不超过基金承诺资本(3亿美元)的10%，即3000万美元
投资工具	可转换优先股和有估值上限的可转换债券
投资期限	根据投资阶段的不同，投资期限为3~7年

❷ 投资策略的作用

(1) 明确投资领域。风险投资基金通过制定投资策略来明确自己的投资领域。一般来说，风险投资家并非盲目地寻找投资机会，而是会在事先划定的范围内高效地寻找投资机会，这些事先确定的投资范围就是基金的投资领域。风险投资基金的投资领域主要是那些高速成长的新兴市场。一般来说，风险投资家会在选定的行业中，通过对市场发展趋势的分析发现一个快速增长的细分市场或新兴市场，并将其作为基金的投资领域，风险投资家将在这个选定的投资领域中寻找投资机会，并构建基金的投资组合。

(2) 获取竞争优势。选择投资领域即找到投资机会所在的领域，就是风险投资家经常提到的"选赛道"。风险投资基金可以通过选择投资某一个特殊领域来实现投资领域的差异化。例如，一些小型的风险投资基金通过投资于特定的阶段，如种子期或者初创期的企业来实现差异化。通过投资领域的差异化，有利于风险投资基金发挥自己的优势，获取更好的业绩表现。

(3) 吸引投资者。风险投资基金可以通过选择一些热门行业，如信息技术和生物技术领域进行投资，或者制定与自身的特长和技能相结合的投资策略来吸引投资者。例如，一些新成立的风险投资基金可能会选择某个快速成长的新兴行业作为自己的投资领域，以达到吸引投资者进行投资的目的。

(4) 减少逆向选择。风险投资对象主要是处于早期阶段的创业企业，这些企业存在严重的信息不对称，并有可能引发逆向选择。为了避免这种情况的发生，在制定基金投资策略时，可以预先设定项目获得基金投资所需要满足的前提条件。在构建基金的投资组合时，风险投资家将会根据这些预先设定的条件来对投资项目进行筛选，将那些不符合基金投资策略的项目淘汰，从而减少发生逆向选择的风险。

(5) 提高投资效率。风险投资家可以在投资策略的指导下高效寻找投资机会。风险投资的对象主要是那些具有高成长性的创业企业，这些高成长性的企业并不是平均分布在所有的行业中，而是集中分布于新兴市场之中。新兴市场就是那些正在形成和快速成长中的市场。在这些新兴市场中的创业企业通常能够快速成长，从而为风险投资提供大量有价值的投资机会。通过制定基金的投资策略，可以将风险投资基金的投资领域定位于这些新兴的市场领域。风险投资家更容易在这些新兴市场上找到拥有很高成长性的创业企业，从而提高风险投资家的效率。

8.2.2 基金投资策略的要素

基金通过以下要素来描述自己的投资策略。

❶ 行业

行业是投资策略的一个关键要素，又称为"赛道"。对风险投资基金来说，选择正确的行业可能比选择好的团队和好的创意更加重要。在选择自己重点投资的行业时，风险投资家一般会考虑三个方面的因素：一是选择正在快速增长和拥有巨大的发展潜力的新兴行业。风险投资家致力于寻找的一般是那些在未来3~5年内的增长率超过10倍或者投资收益率超过10倍的投资机会。但是，根据有关调查，在大多数传统行业中，企业很难获得如此快速的成长。根据有关研究，那些销售额获得快速增长的企业一般都分布于个人电脑、互联网和生物技术这样的新兴行业。而且，这些行业本身的发展历史都不超过30年。二是选择自己熟悉的行业。基金管理团队更愿意投资自己熟悉的行业，以减少投资风险。三是选择自己在能力和资源方面拥有竞争优势的行业。

❷ 阶段

投资阶段也是投资策略的一个关键要素。风险投资基金一般会专注于投资处于某个发展阶段的企业。传统意义上的风险投资基金主要投资于企业发展的种子期、初创期和早期成长阶段。随着风险投资基金规模的扩大，现在它们也开始对处于扩张阶段的企业进行投资。

不同发展阶段的企业的风险和收益特征是不同的，由此导致投资不同阶段的风险投资基金的风险和收益特征也会有所不同。例如，处于初创阶段的企业往往专注于产品开发，它们的技术和市场风险都较高，失败的概率也较大。但是，由于处于初创阶段的企业的估值一般较低，因此预期的投资收益较高。而进入扩张阶段的企业主要致力于扩大产能和开拓新市场，它们的风险较低，融资规模较大，但预期的投资收益较低。

基金管理人一般会根据自己的投资偏好和所拥有的财务资源来选择适合自己的投资阶段。例如，那些偏好冒险的基金管理人就可以选择投资处于早期阶段的企业，以较高的风险换取更高的投资收益。同时，由于投资早期阶段所需的资本规模较小，因此它更适合于那些融资能力有限的基金管理人。

大多数风险投资基金都会专注于投资处于某个发展阶段的企业，但是，也有一些大型基金管理机构，例如红杉资本所发起的基金可能会对处于所有发展阶段，包括种子期、初创期、早期成长期和扩张期的创业企业进行投资。它们这样做的目的是找到更多好的投资机会，更有效地分散投资风险。

❸ 地区

基金投资策略的另外一个要素是对投资地区的选择。一些风险投资基金希望通过投资新兴市场来获得较高的投资收益率，原因是这些新兴市场国家和新开发的地区具有市场和资源方面的优势。例如，印度和中国由于拥有庞大的市场需求以及在劳动力价格方面的优势，一度成为风险投资的热点地区。

❹ 投资组合的数量

在风险投资基金的投资策略中需要明确投资组合的数量。风险投资基金通常会将基金的承诺资本分散投资到多家创业企业，以形成基金的投资组合。基金投资组合的数量即基金投资组合中所有被投资企业的总数。

一般来说，基金投资组合的数量与基金的投资阶段有关。由于投资早期阶段企业的基金的单笔投资规模较小，因此基金的投资组合的数量就较多；而投资后期阶段企业的基金的单笔投资规模较大，因此它的投资组合的数量较少。

同时，基金投资组合的数量还与基金投资的行业有关。一般来说，投资信息技术行业企业的基金的单笔投资规模较小，因此基金的投资组合的数量就较多，通常为20～30家创业企业；而那些投资生物科技行业企业的基金的单笔投资规模较大，因此基金的投资组合的数量相对较少，通常为8～12家企业。

❺ 投资规模

增加基金的单笔投资规模，会减少基金投资组合的数量，导致基金的投资风险难以分散；随着基金单笔投资规模的减小，投资组合数量会增加，整个投资组合的风险程度也相应地降低。但是，如果基金投资组合的数量过多，投资组合过于分散，又会增加管理上的难度。

为了确保基金投资风险的分散程度，在基金投资策略中还需要规定基金对每家企业的单笔投资额的上限。例如，规定基金对单个企业的投资额不超过基金承诺资本的10%，以确保基金投资具有一定的分散度。另外，为了维持基金管理的效率，在投资策略中需要规定基金对每家企业的单笔投资额的下限。

基金选择投资的行业和阶段是影响基金单笔投资规模大小的主要因素。

(1) 基金的单笔投资规模与基金的投资行业有关。生物医药行业企业的融资规模较大，这些行业的单笔投资规模也较大；与之不同，软件行业企业的融资规模较小，因此投资软件行业的风险投资基金的单笔投资规模也较小。

(2) 风险投资基金的投资规模还与投资阶段有关。处于早期阶段的企业的融资规模较小，投资这个阶段的风险投资基金的单笔投资规模也较小；处于偏后期阶段的企业的融资规模较大，投资这些阶段的风险投资基金的单笔投资规模也较大。

一般来说，风险投资家会根据基金的承诺资本规模并结合基金的投资行业和投资阶段来具体确定单笔投资额的上限和下限。

❻ 投资期限

投资期限是指从风险投资基金对被投资企业进行投资到退出之间的时间间隔。通常情况下，风险投资基金的平均投资期限为5～7年。

风险投资基金选择的投资阶段是影响投资期限长短的一个主要因素。基金的投资期限主要与风险投资基金的投资阶段有关。如果基金投资初创阶段的企业，那么从投资到退出一般需要3～5年的时间；如果投资种子期的企业，可能需要7～10年的时间才能退出，而投资后期阶段的企业，则一般需要2～3年的时间才能退出。

❼ 投资收益率

在风险投资基金的投资策略中需要为投资项目设定一个确定的投资收益率要求。风险投资具有高风险和低流动性的缺点，只有在投资项目能够提供一定的回报率的情况下，才能够对投资者承担高风险和缺少流动性提供足够的补偿。

风险投资基金所选择的投资阶段是影响基金预期收益率的一个主要因素。对风险投资基金的高回报要求主要是为了弥补风险投资家所承担的高风险和低流动性所带来的不便。投资早期阶段的风险投资基金所承担的风险较高，它们对投资项目的投资收益率的要求也较高，一般为每年30%～50%；那些投资偏后期阶段的风险投资基金所承担的投资风险较低，因此它们对投资收益率的要求也较低，一般为每年20%～30%。

8.2.3 基金投资策略的类型

❶ 基于行业的投资策略

一般来说，风险投资基金会选择某个特定的行业作为自己的重点投资领域，并将这个特定行业中的创业企业作为投资对象。这些采取基于行业的投资策略的风险投资基金一般会选择新兴的和快速成长的行业作为自己的投资领域。新兴行业(Emerging Industry)是指新出现的行业，它往往是一个因为技术变革和顾客需求发生变化等而刚刚形成和发展起来的行业。

  风险资本倾向于投资新兴行业的一个原因是在新兴行业中更有可能找到具有高成长性的企业。研究发现，许多成功的新技术企业都是在新兴行业中起步并快速发展起来的。由于新兴行业的市场规模较大并且市场处于增长阶段，因此，处于这些新兴行业中的企业往往拥有较大的发展空间，并能获得高速的增长。同时，进入新兴行业的企业比起那些进入成熟行业的企业会遭遇更少来自已有企业的竞争。另外，在新兴的互联网行业，初创企业大多采用轻资产的商业模式。例如，亚马逊采用的是线上图书零售的商业模式，这种商业模式相对于传统的实体书店具有更好的扩张性。亚马逊不需要增加新的实体店面，只需要增加服务器的数量，并租用更多的带宽，就可以轻松满足大量新增用户的需求，实现快速扩张。因此，新兴行业中的企业更容易获得成长，并且成长的速度也更快。

  优秀的风险投资家会密切关注新兴行业的出现，并追随这些新兴行业的发展趋势，从中发现和寻找那些能够带来巨大商业回报的投资机会。在不同的时期，风险投资家选择的重点投资领域几乎都是当时正在兴起和快速增长的行业。以电子信息行业的发展为例，个人电脑的普及为外围设备和软件行业创造了投资机会。在20世纪70年代以前，风险投资的主要领域是集成电路和半导体行业。到了20世纪80年代初期，投资者投资了100多家主要生产磁盘驱动器、台式机和相关硬件产品的初创企业。到了20世纪90年代，个人电脑行业开始衰落，同时网络技术行业开始兴起。到了20世纪90年代中期，网络硬件设备行业成为一个快速发展的新兴行业，在风险投资的支持下，诞生了思科、Juniper Networks、Bay Networks、3Com等许多成功的技术型企业。到了20世纪90年代中后期，电子商务成为风险投资的集中领域，亚马逊、eBay是这一时期风险投资支持的企业中成功的代表。到了2003年左右，游戏和社交媒体行业开始兴起，Facebook、Twitter等一批企业的成功为风险投资行业带来了丰厚的回报。当前，移动互联网和云计算正在蓬勃兴起，投资者又在这些行业发现了能够创造高回报的投资机会。

  随着时间的推移，基于行业的投资策略也需要随着行业的发展和投资机会的变化而进行调整，风险投资机构一般会定期调整自己投资的行业。例如，红杉资本最早投资微处理器行业；随着个人电脑行业的兴起，它将投资重点转向与个人电脑有关的硬件设备行业，并于1977年投资了苹果公司；随着数据通信技术的发展，红杉资本又发现网络设备行业具有广阔的发展前景，并投资了3Com和思科公司；在互联网兴起后，红杉资本又将投资重点转向互联网行业的企业，并投资了雅虎和谷歌。

  采取基于行业的投资策略时，除了需要考虑行业本身是否有利于企业成长这个因素以外，风险投资机构的背景也将影响其对行业的选择。例如，是否拥有该行业的专业人才，是否对该领域较为熟悉，是否具有投资该行业所需要的专业知识，以及是否在该行业中拥有广泛的人脉资源等，这些因素都会影响风险投资基金对行业的选择。

  一般来说，基金管理人都会选择自己比较熟悉，并且拥有专门知识和投资特长的行业进行投资，因为这样做可以有效地降低投资风险。

❷ 基于阶段的投资策略

采用基于阶段的投资策略的风险投资基金会专门面向处于某一特定发展阶段的企业进行投资，例如早期阶段基金、成长期风险投资基金。风险投资基金采取这种投资策略可以获得以下三个方面的好处。

首先，采取这种基于投资阶段的投资策略可以利用处于某个发展阶段的企业大量增加所创造的投资机会。例如，在过去20多年中，随着宽带数据通信价格的降低以及互联网的兴起和普及，创业成本急剧下降。目前，那些利用互联网技术创业的电子商务企业，它们已经不需要像过去的实体零售店那样花费巨资建立新的门店就可以开始运作，并能让消费者容易地找到它们。另外，这些创业企业还可以利用搜索引擎(谷歌)、社交网络(Facebook)和移动终端(苹果、安卓)等来对产品进行大范围和低成本的宣传和推广，从而节省大量的广告费用和营销费用。这些都使创业活动的成本得到极大的降低，而创业成本的降低又推动了创业活动的兴起和广泛开展。现在的创业者仅需要数万美元的资金便可以轻易地启动和运作一家互联网行业的创业企业。随着创业成本的降低，会有更多人从事创业活动；而随着创业活动的增加，会有众多的新企业建立起来，并为投资者带来大量的投资机会。

其次，风险投资基金采用基于投资阶段的投资策略可以吸引到更多的投资机会，并获得差异化竞争优势。处于不同阶段的企业具有不同的商业模式、风险特征和融资需求，例如，那些处于早期阶段的创业企业主要从事技术开发，它们的不确定性较高，融资规模较小；而处于后期阶段的企业主要从事市场开拓和推广，它们的不确定性较低，融资规模较大。因此，采取这种基于投资阶段的投资策略可以使风险投资基金更好地适应不同阶段企业的发展特点，针对处于不同发展阶段的企业的融资需求特点，风险投资家可以建立不同规模的基金，并规定不同的单笔投资规模，从而更好地满足不同阶段企业的融资需求。同时，针对处于不同发展阶段的企业的特点，风险投资家还可以采用不同的评估标准来对它们进行筛选和评估，从而更有效率地将那些具有发展潜力的企业挑选出来。

最后，这种基于投资阶段的投资策略还可以更好地适应投资者的不同偏好。不同的机构投资者可能会有不同的投资偏好，他们可以根据自己的投资偏好选择投资那些专注于投资不同发展阶段的风险投资基金。例如，投资早期阶段企业的基金的风险较高，但同时它们的收益也可能较高，因此，那些偏好冒险的机构投资者就可以选择投资这些专注于投资早期阶段的风险投资基金。

❸ 基于地理位置的投资策略

采取这种投资策略的风险投资基金一般会针对处于某一特定地理区域的企业进行投资，例如专门投资硅谷地区的高科技企业。

一些风险投资机构采取这种投资策略主要是为了利用地区性的投资机会。它们可能因为看好某个地区的经济发展前景而选择对位于这个地区的创业企业进行投资。例如，中国的经济增速在全球来说都是很快的，这是国外一些风险投资机构青睐中国市场的一个重要原因。

8.3 制定投资策略的过程

在发起和成立风险投资基金之前，基金发起人需要对市场机会进行分析和评估，并在此基础上制定基金投资策略。风险投资基金的市场机会主要出现在那些快速成长的新兴市场中，在这些新兴市场上可以找到大量具有高成长性的创业企业。如图8-3所示，制定风险投资基金的投资策略是一个将特定的市场机会与投资管理团队的声誉、能力和资源优势相匹配的过程。

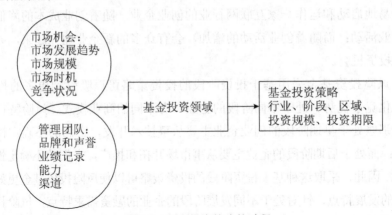

图8-3　制定投资策略的过程

一般来说，制定基金投资策略的过程主要包括以下5个步骤。

8.3.1 分析市场发展趋势

制定投资策略的第一步是对市场的发展趋势进行分析。风险投资的机会主要产生于那些正在形成和快速成长的新兴市场中。一般来说，技术变革、市场需求、经济发展、社会文化和政策等方面所发生的变化往往会造成潜在的市场不均衡。例如，新技术的出现和需求的变化会打破"需求-手段"关系之间的平衡，从而为实施创新和破坏现有的市场均衡提供了可能性。因此，当变化发生的时候，有远见的创业者就会投身其中，并建立起众多具有高成长性的新企业，从而形成新的市场领域。在这些新兴的市场领域中蕴藏着大量能够为风险投资家带来巨大商业回报的投资机会。

市场发展趋势就是市场未来的发展方向。通过分析市场的发展趋势可以发现新的市场动向，从而找出那些正在形成和快速成长的新兴市场。在制定基金投资策略之前，风险投资家一般会选择合适的行业，例如信息技术或者生物科技行业作为自己的投资行业。然后，风险投资家将对行业内的市场发展趋势进行分析，以找出那些正在形成的新兴市场领域。首先，他们将仔细审视技术、市场需求、经济、社会文化和政策这些领域正在发生的变化，以明确市场发展动力来自哪里。其次，他们还会收集大量的行业和市场数据，并采用复杂的分析方法对这些数据进行研究和分析，以确定行业内最新的市场发展趋势和快速成长的领域，如移动互联、云计算、大数据等。这些新兴市场的规模通常很大，并处于快速成长之中。在这些新兴市场上，风险投资家更容易找到能够带来巨大商业回报的投资机会。

8.3.2　对市场机会进行评估

风险投资家对于所发现的每一个新兴市场，都要进行仔细的评估。首先，风险投资家需要考察这个新兴市场的市场规模是否足够大。具体方法是了解新兴市场上的企业所处的发展阶段，明确是否存在大量处于早期阶段的创业企业。这些企业一般无法从传统的融资渠道获得资金支持，它们的融资需求是风险投资机会的来源。如果这些处于早期阶段的企业的数量足够多，那么说明已经形成了一个规模足够大的市场，并能够为风险投资基金提供足够多的投资机会。其次，风险投资家需要了解是否有其他风险投资机构已经进入这个市场。如果已有其他机构进入了市场，那么还需要了解市场上现有投资机构的情况，这些机构的实力如何，竞争是否激烈。

8.3.3　对基金管理人的优势进行评估

基金管理人的能力、资源、投资专长和竞争优势是选择基金的投资领域时需要考虑的重要因素。在找到快速成长的新兴市场之后，基金管理人还需要对自身的能力和资源优势进行认真的评估，并在此基础上选择那些与自己所拥有的能力和所掌握的资源相匹配的市场作为基金的投资领域。

一个好的投资策略应该建立在基金管理人的竞争优势的基础上。基金管理人的竞争优势是指在选定的投资领域内，基金管理人相对于其他基金管理人拥有不公平的优势。一般来说，基金管理人的竞争优势主要来源于以下5个方面，其中最重要的是基金管理人的知识和经验。

❶ 品牌和声誉

基金管理公司的品牌和声誉是基金竞争优势的一个重要来源。例如，一些著名的基金管理机构通过长期的经营在相关领域建立起良好的品牌和声誉，它们可以帮助基金管理人更快和更容易地融资并发现好的投资项目，这些优势是那些新成立的基金管理人所不具备的。

❷ 业绩记录

在选择基金的投资领域时，需要考虑基金管理人是否已经有相关投资领域的投资业绩记录。如果基金的投资管理团队已在相关的投资领域建立了一定的投资业绩记录，这将会大大降低融资的难度。

❸ 投资管理团队的能力

在选择投资领域时，基金管理人需要评估自己是否拥有相关投资领域的专业人才，并拥有相应的能力。基金管理人的能力是指投资管理团队所具备的各种能力和专长，包括资金募集能力、寻找和获取投资机会的能力、提供增值服务的能力以及运作管理基金的能力等。

❹ 基金管理人的知识和经验

在选择投资领域时，基金管理人需要评估自己是否具备在相关领域进行投资所需要的专业知识和经验，这些知识和经验是基金竞争优势的一个重要来源。一些基金管理人在特定的投资领域拥有丰富的专业知识和投资经验，这将有助于基金管理人洞察行业发展趋势，发现和利用市场上的投资机会。同时，基金管理人还可以利用这些知识和经验来识别和发现投资项目，并更好地为被投资企业提供增值服务。

❺ 人脉关系

风险投资家寻找投资机会的能力在很大程度上取决于风险投资家所拥有的人脉关系，这种人脉关系是基金竞争优势的另一个重要来源。一些基金管理人建立了广泛的社交网络和人脉关系，通过这些社交网络和人脉，他们可以接触到更多、更好的投资机会。

8.3.4　选择投资领域

在选择投资领域时，基金管理人不仅需要考虑市场中的投资机会，还需要充分考虑自己的资源优势和特长，然后选择那些自己具有优势的市场机会作为基金的投资领域，以更好地利用市场机会来创造高额的投资收益。如图8-4所示，一个好的基金投资策略应该实现市场机会与基金管理人所拥有的能力和资源优势之间的最佳匹配。

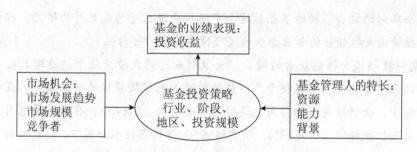

图8-4　风险投资基金的投资策略

8.3.5　制定投资策略

在选定投资领域之后，基金管理人将通过投资行业、企业发展阶段、地理位置、投资规模、投资期限和投资收益率等投资要素来对基金投资组合的原则和准则进行描述，从而形成风险投资基金投资策略。

专栏8-1　为Illuminate基金确定投资策略[①]　————————————————

2010年，辛迪·帕迪罗丝(Cindy Padnos)正在考虑建立一只专注于投资信息技术领域的基金。帕迪罗丝曾经长期在IT领域工作，并拥有丰富的创业和经营管理企业的经验，她成功创办了两家软件公司并担任CEO。同时，她还曾经担任一家管理14 000万美元承诺资本的基金的风险投资公司的董事。在职业生涯的这一个时间点，帕迪罗丝对加入一家已有的风险投资公司没有太大的兴趣，她更希望创建一家拥有独特的投资策略的新基金。

帕迪罗丝从2008年暑期开始思考Illuminate基金的投资策略。由于Illuminate基金是她募集的第一只基金，因此她有很多障碍需要克服。现在，帕迪罗丝需要做的一项重要工作是为拟成立的新基金定位并确定合适的投资策略，以使其能够获得机构投资者的关注。

1. 市场机会的来源

2008年，帕迪罗丝开始注意到硅谷地区由女性所创建和领导的高科技创业企业的数量正在快速增长，而专门投资于这些由女性领导的创业企业的风险投资机构的数量却增长缓慢。这一市场脱节让帕迪罗丝看到了发起并成立一家专门投资由女性创业者所领导的创业企业的风险投资机构的机会。她知道，进入一个已经得到证实，但竞争还较少的快速成长的市场空间是获得高额投资回报的不二法门。因此，她希望利用自己所发现的这一市场机会来创建自己的风险投资公司。

2. 对机会的评估

女性创业者的不断增加，为创建专门投资由女性创办的高科技企业的风险投资基金

———————————————
[①]　改编自斯坦福商学院案例。

提供了一个良好的机会。帕迪罗丝对这个市场机会进行了为期数月的研究，以证明创建一家专门投资由女性领导的创业企业的风险投资基金的可行性。

(1) 高科技领域女性创业者的增长。女性创业者的数量正处于快速增长之中。研究发现，有越来越多的女性正在接受足以让她们进入高科技领域的学位教育。在创建技术企业的过程中，女性所发挥的作用也变得越来越重要。2006年，在与计算机有关的全部职位中，由女性担任的比例是27%；而在财富500强信息技术公司中，有15%的首席信息官(CIO)是由女性担任的。1997—2006年，在美国由女性拥有和领导的企业的成长率是全部新企业成长率的5倍。

帕迪罗丝通过研究发现，在过去10年中，在125家通过IPO或并购退出而且企业的退出估值在5000万美元以上的企业中，有超过200名女性联合创始人。在风险投资家眼中，那些曾经领导过风险投资支持的企业进行成功退出的前企业高管具有更高的投资价值。因此，对风险投资家来说，这些女性创业者群体是一个有吸引力的投资目标，她们中的10%已经成功地领导了两次以上的风险投资支持企业的退出。

帕迪罗丝通过深入研究还发现，在2007年，有女性参与的美国高科技企业的首次公开发行的案例占全部案例的比例已经超过55%，而在10年之前，这个数字还低于10%。在19家于2009年进行首次公开发行的高科技企业中，有17家至少拥有1名女性高管。帕迪罗丝的结论是：这个数字证明了在高科技领域中，拥有成功创建并领导企业获得出色的盈利表现的能力的女性创业者的数量正在不断地扩大。

(2) 女性创业者的优势。在研究中，帕迪罗丝发现由女性创业者领导的创业企业，尤其是高科技企业具有以下一些优势：首先，由女性创建和领导的高科技创业企业可以获得与由男性创建的高科技企业相同甚至更优异的财务回报；其次，由女性创办的高科技企业的失败率更低，有女性参加的多元化管理团队所领导的创业企业比没有女性参加的创业团队所领导的创业企业的风险更低；同时，她还发现由女性创建的企业比男性创建的企业使用资本的效率更高。在处于早期阶段的企业中，由女性领导的企业取得相同的业绩水平所需要的资本比由男性领导的企业所需要的资本少30%。考夫曼基金所做的调查显示，在业绩表现相同的情况下，由女性领导的高科技企业的创建成本通常比男性领导的企业的创建成本低30%～50%。换句话说，女性可以用更少的资本取得相同或更高的销售收入。Library House在2007年对600家欧洲风险投资支持的企业所做的调查发现，女性领导的企业只用了平均比男性领导的企业少1/3的投资就取得了比男性领导的企业更高的收益。另外，帕迪罗丝还发现，有女性参加的更为多元化的创业团队在解决问题和产生新创意(它们是高科技企业竞争优势的两个主要来源)方面也更有优势。

(3) 现有的投资者未能满足市场需求。帕迪罗丝发现大约有12家风险投资机构曾经试图创建承诺资本为1000万～5000万美元的专注于投资女性创业者的基金，这些机构都是在1997—2000年成立的。但不幸的是，这些基金大多数都失败了，没有一家基金的投资收益能够达到投资者的预期。这些风险投资机构中有一些是小企业投资公司(SBIC)，由于受到不公平的管理条例的限制，它们甚至无法得到全部的承诺资本。在仔细研究了这些先驱者所创建的基金的投资策略之后，帕迪罗丝发现，他们在这个具有很高挑战性的市场上运作不成功可能是由多种因素共同引起的。首先，这些风险投资机构几乎都将自己的投资对象限定为由女性创建和领导的新企业，而将那些由男性领导的高成长性的创业企业排除在外。其次，许多这样的风险投资机构都是由那些只具有很少一些或几乎没有任何风险投资经验的人所创建的。最后，这些风险投资机构中的大多数都只在某一个特定的地理范围内寻找投资机会，但是，在这个特定的地理范围内可能并没有真正具有高成长潜力的创业企业，甚至还缺少合格的女性创业者。

(4) 市场的脱节。一般来说，有女性合伙人的风险投资机构更愿意对那些由女性创业者领导的企业进行投资。根据考夫曼基金会的调查，有女性合伙人的风险投资机构投资由女性领导的创业企业的概率要比那些全部由男性合伙人组成的风险投资机构多70%。虽然由女性拥有和领导的美国高科技创业企业正在成为一个增长较快的领域，但是，在2007年，美国女性天使投资者的数量仅占全部天使投资者数量的15%；而在风险投资机构中，女性合伙人所占的比例也只有7%。因此，在需求与供给之间存在明显的脱节。同时，由女性拥有的创业企业的股权资本也明显少于那些由男性创建企业的股权资本。事实上，只有不到4%的由女性创建的销售收入超过100万美元的企业获得了股权投资，与之不同，那些由男性创建的同等水平的创业企业获得股权投资的比例是11%。更进一步说，女性创业者往往需要接触25～30个潜在的投资者才能成功获得股权融资，这个数字是她们获得债券融资需要接触的投资者数量的5倍。

3. 对现有资源和优势的评估

(1) 行业背景。帕迪罗丝曾经是一个成功的连续创业者，她在高科技领域工作超过20年。在加入Outlook风险投资公司之前，她曾经创建并经营一家名为Vivant的企业，这是一家SaaS(Software-As-Service)领域的早期初创企业之一。另外，帕迪罗丝拥有的最大优势是她曾经作为项目经理负责过多项首次公开发行和并购退出交易，她作为女性创始人和首席执行官带领自己的企业成功地募集风险资本的经验让她成为这个领域的精英。

(2) 投资经验与业绩记录。在成立Illuminate基金之前，辛迪·帕迪罗丝作为Outlook风险投资公司的前董事工作了10年的时间。在此期间，她曾经担任隶属于Outlook基金管理公司的承诺资本为1.4亿美元的高技术风险投资基金的投资合伙人，并负责牵头实施了这家基金全部7项投资项目中的4项，参与了超过4000万美元的投资项目的决策，所有这些投资项目都获得了良好的投资收益率。

(3) 项目来源渠道。帕迪罗丝在硅谷和硅谷之外的地区建立了广泛的社交网络。这些人脉关系可以帮助她建立一个差异化的项目来源渠道，尤其是可以接触那些由女性创建的优秀创业企业的独特通道。

4. 确定投资策略

帕迪罗丝所做的研究证实了建立一个专门投资迅速成长的由女性领导的高科技创业

企业的新基金的可行性。她准备发起并设立的新基金Illuminate计划对北美地区基于云技术、SaaS、大数据、分析和企业级移动的初创企业进行投资，投资的轮次为A轮和B轮，单笔投资的上限为300万美元。

新基金的投资策略将偏向那些由女性创业者所领导的创业企业。根据自己作为一名女性连续创业者和风险投资家的经验，帕迪罗丝认为，那些由女性领导的创业企业可能更愿意接受来自她所领导的风险投资基金的投资，而不是那些没有女性管理合伙人的风险投资机构的投资。重要的是，她要创建一家能够为投资者带来高额投资收益的，专注于投资由那些合格的女性创业者所领导的创业企业的风险投资机构。

本章小结

本章首先介绍了风险投资机会的来源，包括新技术的出现、需求的变化、经济的发展和社会发展趋势。风险投资家选择投资机会的模式主要有三种：一是自上而下选择投资项目；二是自下而上选择投资项目；三是采取权变的方式选择投资项目。风险投资基金选择投资机会的过程从制定投资策略开始，然后通过一整套投资流程来寻找和发现合适的投资机会，包括对投资机会进行初步筛选和尽职调查，最后将有价值的投资机会挑选出来进行投资，以建立基金的投资组合。

风险投资基金的投资策略是指风险投资家在构建基金的投资组合时需要遵循的一套原则与指南，它由投资行业、阶段、地区、投资组合的数量、投资规模、投资期限和投资收益率等多种投资要素构成。风险投资基金通过制定投资策略来明确自己的投资领域和方向，并将基金管理人拥有的技能和资源优势与特定的市场机会相结合，以便有效地利用市场机会并创造高额的投资回报。一般来说，风险投资基金主要有三种类型的投资策略：一是基于行业的投资策略；二是基于阶段的投资策略；三是基于地理位置的投资策略。

在制定风险投资基金的投资策略时，基金发起人将通过对市场发展趋势进行分析找出行业内的新兴市场和快速发展的领域，然后结合对市场机会和基金发起人自身能力和资源优势的评估，选择与基金发起人自身的特长相匹配的市场机会作为基金的投资领域，再通过投资行业、企业发展阶段、地理位置、投资规模和投资期限等投资要素来对基金的投资领域进行描述，从而形成基金投资策略。

思考题

1. 简述风险投资机会的四个来源。
2. 简述风险投资基金选择投资机会的三种模式。
3. 简述风险投资基金选择投资机会的过程。

4. 什么是风险投资基金的投资策略？

5. 简述基金投资策略的作用。

6. 基金投资策略包含的要素有哪些？

7. 基金投资策略有哪三种类型？

8. 简述制定投资策略的步骤。

| 第 9 章 |

风险投资基金的募集

学习
目标

1. 了解公募方式和私募方式。

2. 了解影响风险投资基金组织形式选择的因素。

3. 了解风险投资基金的架构设计。

4. 熟悉风险投资基金募集流程的主要步骤。

5. 了解影响基金成功募集的因素。

6. 了解基金管理公司的募集策略。

9.1　风险投资基金募集概述

风险投资基金的募集过程又称为风险投资的融资，它是指基金管理公司从投资者那里为它们准备设立的基金筹集资金的活动。

9.1.1　基金募集方式

❶ 自有资金与募集资金

根据风险投资基金的资本来源渠道，成立基金的方式可以分为两种类型，即利用自有资金的直接投资方式和利用外部资金的募集成立方式。公司风险投资机构和银行附属投资机构经常利用自有资金投资成立基金，例如，英特尔公司利用自有资金成立了英特尔技术基金。与之不同，从外部投资者那里募集资金设立基金称为募集成立，那些独立的风险投资基金主要通过募集的方式成立。

采用募集方式成立基金的好处有两个：一是可以扩大基金的规模。由于单个投资者的投资能力有限，依靠单一投资者的出资一般很难建立较大规模的基金。采用募集方式可以从更多的投资者那里筹集资金，组建更大的资金池，投资更多的项目，从而有效地分散投资风险。二是通过吸引更多的投资者参与基金的出资，可以减少单个投资者的出资，从而将投资风险分散到每个投资者那里，实现风险共担。

❷ 公募与私募

采用募集方式成立基金又可以分为公募(Public Offering)和私募(Private Placement)两种方式。公募又称公开发行证券，它是指企业在正式的证券交易市场上通过公开发行证券的方式募集企业发展所需要的资金的行为。企业通过公募方式募集资金必须向证券交易委员会进行登记。

私募与公募相对而言，它是指企业向数量有限的机构投资者和合格的个人投资者直接出售证券以募集资金的行为。如果进行了正确的安排，这种通过私募方式筹集资金的活动将不需要向证券交易委员会进行登记。

通过公募方式募集成立的基金称为公募基金。通过公募方式募集成立基金时，基金发起人可以面向社会不特定的公众进行公开宣传，并向他们公开出售基金份额以募集成立基金所需要的资金。通过私募方式成立的基金称为私募基金。通过私募方式募集成立基金时，基金发起人只能面向少数特定的投资者进行宣传，并通过私下向他们发售基金份额来募集成立基金所需要的资金。

采用公募方式募集资金的优势是可以进行公开的宣传和推介，有利于提高基金的知名度，并增加基金运作的透明度。在国外，一些公司制风险投资基金会选择公募的方式通过股票交易市场来公开募集资金。例如，世界上第一家风险投资基金美国研究与发展公司(ARD)就是通过在股票交易市场上公开发行股票募集资金成立的。另外，英国著名的3i集团也是一家以公开发行股票方式募集资金成立的风险投资基金。在国内，由于受到相关政策和法规的限制，目前还没有通过公开上市发行股票成立的风险投资基金。

由于通过私募方式成立基金不需要向证券交易委员会登记，手续比较简单，受到的监管也比较少，而且由于私募基金不必定期向社会公众披露基金运作和基金投资组合的信息，因此更有利于保持基金投资策略和投资运作的隐蔽性。由于上述原因，在美国等发达国家和地区，风险投资基金大多是通过私募方式成立的。在我国，《关于促进股权投资企业规范发展的通知》中明确规定了风险投资基金只能采取私募的方式募集资金。

❸ 自行募集与委托募集

根据融资渠道的不同，基金募集方式又可以分为自行募集和委托募集两种方式。自行募集就是发起人通过自己拥有的融资渠道来募集资金。在自行募集时，发起人需要自己准备"私募备忘录"，并寻找潜在的投资者。委托募集是指利用中介机构来完成资金的募集。在进行委托募集时，基金发起人可以委托中介机构负责寻找基金的潜在投资者，并完成基金的募集工作。

9.1.2 基金组织形式的选择

❶ 两种组织形式的比较

在资金募集完成后，风险投资基金需要按照法律规定的组织形式设立，以获得合法地位。一般来说，风险投资基金的组织形式主要有两种，即公司制和有限合伙制。

在美国，大多数风险投资基金都按照有限合伙制的形式组建。在国内，风险投资基金可以公司制和有限合伙制两种组织形式设立，但对采取两种组织形式设立基金的要求不同，如表9-1所示。

表9-1　我国对两种基金组织形式的要求

项目	公司制	有限合伙制
出资形式	货币	货币
注册资本额或认缴出资额及缴纳期限	最低实收资本不低于3000万元	承诺出资制，无最低注册资本规定，按照约定的期限逐步到位
投资门槛	单个投资者的投资不低于100万元	无强制规定

(续表)

项目	公司制	有限合伙制
债务承担方式	出资者在出资范围内承担有限责任	普通合伙人承担无限责任，有限合伙人以认缴出资额为限承担有限责任
投资者数量	有限责任公司不超过50人，股份有限公司不超过200人	2~50人
管理人员	由股东会和董事会决定	普通合伙人
管理模式	同股同权可以委托管理	普通合伙人负责决策与执行，有限合伙人不参与经营
利润分配	一般按出资比例	根据有限合伙协议约定
税务承担	双重征税	合伙企业不交税，合伙人缴纳企业所得税或个人所得税

❷ 影响组织形式选择的因素

公司制和有限合伙制的组织形式各有优缺点，基金发起人一般会结合实际需要，并在综合考虑投资者的性质、基金发展目标和基金管理等多种因素的情况下，为拟发起的新基金选择合适的组织形式。在选择基金的组织形式时，需要考虑的问题主要有以下这些。

(1) 投资者的性质。投资者群体的性质是影响基金组织形式选择的一个重要因素。在选择基金的组织形式时，需要明确基金的潜在投资者主要是机构投资者还是战略投资者。如果基金的投资者主要是机构投资者，那么，采用有限合伙制组织形式发起和成立风险投资基金将更为适合。在发达国家，机构投资者是风险投资基金资本的主要来源，因此这些国家一般采用有限合伙制组织形式设立风险投资基金。如果基金的潜在投资者是大企业，那么，采用公司制组织形式将更为有利，而且作为发起人的大企业一般将成为公司制基金的控股股东。

(2) 税负。在选择基金的组织形式时，投资者的税负问题也是一个需要考虑的因素。从税负角度来看，那些主要由机构投资者投资的风险投资基金更适合采用有限合伙制组织形式，原因是养老基金和捐赠基金等机构投资者一般都享有免税待遇，在有限合伙制下，它们可以继续维持自己的免税待遇。在美国，公共养老基金、私人养老基金、慈善机构和大学捐赠基金等机构投资者是风险资本的主要提供者，为了吸引这些机构投资者参与投资，风险投资基金一般会选择有限合伙制作为其组织形式，以维持这些机构投资者的免税地位。在欧洲以及我国台湾地区，风险投资基金主要采用公司制组织形式，原因可能是在这些地区公司制基金可以享受到更优惠的税收政策。例如，在我国台湾地区，促进产业升级条例给予公司制组织形式享受税收优惠的好处。

(3) 基金的控制权。投资者作为公司制风险投资基金的股东可以直接参与基金的经营管理，而有限合伙制基金的投资者作为有限合伙人一般不能直接参与基金的投资运作和管理。企业附属风险投资机构一般采取公司制组织形式，而非有限合伙制形式，原因是公司制组织形式更有利于母公司加强对附属投资机构的控制，并使母公司的核心业务能够从风险投资活动中受益。同时，与母公司的关系也使附属风险投资机构从中获益，包括从母公司获得有关的行业发展信息，让被投资企业与母公司业务产生协同效应，从而提升这些企业的价值。

在国内，许多风险投资基金是以企业和政府作为背景发起成立的。这些企业和政府投资者一般不愿意只当被动的投资者，并放弃对基金的管理，而是希望对基金的运作和管理施加重要的影响。在这种情况下，为了加强对基金的控制和管理，更适合选择公司制作为基金的组织形式。

(4) 基金的发展目标。公司制组织形式具有更长或者无限期的存续期限，而且可以将基金的利润不断转增资本，并用于再投资。如果希望拟成立的基金将来能够在市场上长期生存下去，并建立基金的声誉和品牌，或者是以基金的公开上市融资作为长期发展目标，那么就应该选择公司制组织形式来设立基金。例如，出于战略投资的需要，企业附属风险投资机构往往需要在市场上长期存续下去，这时更适合采用公司制组织形式发起和成立风险投资基金，因为公司制能够很好地满足基金长期生存这一需求。

(5) 基金的管理。在选择基金的组织形式时，基金发起人需要考虑是只建立当下这一只基金，还是准备在未来建立包含多只基金的一系列基金。如果基金管理公司希望在不同的时间节点发起成立多只风险投资基金，并且由属于同一家基金管理公司的不同投资管理团队来进行管理，那么就需要采用有限合伙制组织形式来设立基金。

(6) 基金管理人的性质。对于那些新成立的基金管理公司而言，当它们准备发起成立第一只风险投资基金时，由于尚未在行业内建立业绩记录和声誉，因此它们很难从其他投资者那里募集到足够的资金来成立基金。因此，它们一般会以自有资金来发起设立自己的第一只基金。在这种情况下，更加适合采用公司制组织形式设立基金。

(7) 法规限制。在国内风险投资行业发展的初期，由于缺少有限合伙制相关的法律制度安排，不能设立有限合伙制形式的基金。因此，当时国内成立的大多数风险投资基金都是公司制组织形式。

(8) 环境因素。市场环境因素是影响组织形式选择的一个重要因素。例如，在国内风险投资行业发展的初期，由于尚未建立起完善的基金管理人市场，声誉机制难以发挥作用，发生委托代理问题的风险比较大，加之市场上缺少有经验的基金管理人，这时候，投资者更愿意选择公司制组织形式设立基金，由自己直接控制和管理，以减少委托代理风险。

9.1.3 基金架构设计

❶ 有限合伙制基金的架构

有限合伙制是风险投资基金的主导组织形式，它的架构主要有以下两种。

　　第一种，基金管理公司作为基金的发起人发起成立基金，并在基金成立后担任基金的普通合伙人，其他投资者作为有限合伙人。采用这种方式时，基金管理公司作为基金的普通合伙人需要承担无限责任。这种基金的架构如图9-1所示。

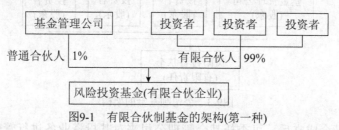

图9-1　有限合伙制基金的架构(第一种)

　　第二种，首先，由基金管理公司作为普通合伙人，基金投资管理团队作为有限合伙人，共同发起成立有限合伙制企业普通合伙人管理公司B。然后，由普通合伙人管理公司B担任普通合伙人，由投资者担任有限合伙人，共同发起成立有限合伙制基金C。这种架构可以降低基金管理人所需要承担的法律责任。

　　在图9-2中，基金管理公司与普通合伙人管理公司都是一个独立于风险投资基金的实体，它们与有限合伙制基金共同构成了一个三层结构体系。在新基金成立后，基金管理公司并不会直接参与有限合伙制基金的运作和管理，而是由基金管理公司所控制的普通合伙人公司来全面负责基金的运作与管理。普通合伙人管理公司是一个隶属基金管理公司并受其控制的有限合伙企业，它由基金管理公司和基金管理公司派出的投资管理团队共同投资设立。

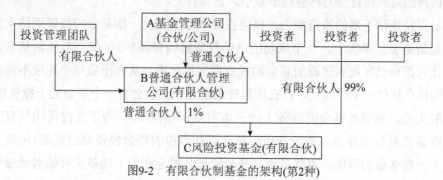

图9-2　有限合伙制基金的架构(第2种)

　　在美国，普通合伙人管理公司也可以采用有限责任公司(Limited Liability Company, LLC)组织形式成立。美国的有限责任公司是一种所有制结构，在该组织形式下，创始人只需要以自己的投资额为限对公司的损失承担责任。有限责任公司本身并不缴税，而是由其投资者按照他们从有限责任公司获得的利润结合他们各自需要承担的税率缴纳税收。因此，采取这种组织形式，可以避免双重纳税问题，而且风险投资家只需要承担有限责任。

❷ 公司制基金的架构

设立公司制风险投资基金的过程与设立普通公司一样，基金管理公司作为基金的发起人与其他投资者一起作为股东以现金出资设立公司制基金，并以投资额为限对基金的债务承担有限责任。公司制基金的架构如图9-3所示。

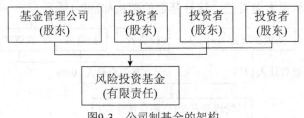

图9-3　公司制基金的架构

在公司制基金成立后，可委托基金管理公司来对其投资业务进行管理，也可以组建内部管理团队来负责基金的运作管理。在采取委托管理方式时，基金将与基金管理公司签订《资产委托管理协议》，基金管理公司作为基金管理人将按照协议的约定来负责公司制基金的日常运作与投资业务的管理。

9.1.4　基金的动态募集

有限合伙制基金的投资期是在基金成立后的3～5年内。在投资期后，基金一般不再进行新的投资，而是对投资组合中的企业进行管理并对其进行追加投资，在投资项目成熟后，引导它们通过上市或并购方式实现退出。这时，如果没有新基金的成立，那么风险投资机构的对外投资能力将会逐渐减小，直至丧失。

为了保持连续不断的投资能力，风险投资家需要在上一期基金的投资期结束之前就着手募集新基金。事实上，一个成功的风险投资机构每隔3~5年就会募集新基金，因为这可以让它把自己发起和管理的基金的投资期连接起来，从而形成一个连续不断的投资期，并确保在任何一个时间点，在它所管理的基金中至少会有一个基金处于投资期。

一般来说，募集新基金的准备工作平均需要1年的时间。为了让投资团队有充裕的时间来准备新基金的募集，基金管理公司必须在当前的基金投资期结束前1年就开始着手策划下一期基金的募集。也就是说，基金管理公司会在当下的基金开始对外投资后的第4年开始策划新基金的募集事宜。基金管理公司连续发起设立多只基金的时间顺序如图9-4所示。

图9-4　基金管理公司连续、发起设立多只基金的时间顺序

9.2 基金募集过程

　　每只基金的募集过程所花费的时间长度会因为基金发起人的声誉、过往业绩和当时的市场环境条件不同而有所差异。一些顶级的基金管理团队甚至可以在几周的时间内完成基金募集，而一些新成立的或者不那么知名的基金管理公司可能需要花费更长的时间来为自己发起的首只基金募集资金，有的新基金可能需要花费18个月的时间来向各种投资者进行路演和宣传，有的新基金甚至需要数年的时间才能完成募集工作。一般来说，基金募集过程所需的平均时间长度是10个月，大多数成熟的基金管理公司会在6~15个月的时间内完成基金的募集。

　　虽然公司制和有限合伙制基金的设立程序存在一些差异，但基金发起人在准备和募集资金的过程中所做的工作大部分是相同或类似的，具体如图9-5所示。

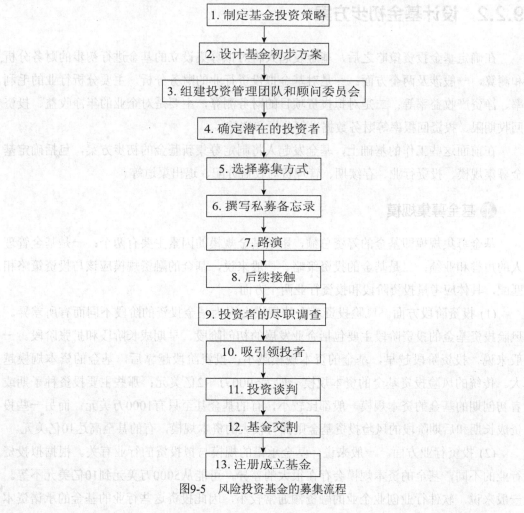

1. 制定基金投资策略
2. 设计基金初步方案
3. 组建投资管理团队和顾问委员会
4. 确定潜在的投资者
5. 选择募集方式
6. 撰写私募备忘录
7. 路演
8. 后续接触
9. 投资者的尽职调查
10. 吸引领投者
11. 投资谈判
12. 基金交割
13. 注册成立基金

图9-5　风险投资基金的募集流程

9.2.1　制定基金投资策略

在募集资金之前，基金发起人需要制定风险投资基金的投资策略。基金投资策略是基金构建投资组合的基本原则和指南，它一般由行业、阶段、地区等投资要素所组成。通过制定投资策略可以明确未来基金的投资范围和投资重点。

一般情况下，风险投资基金是由基金管理公司发起和设立的，基金管理公司的研发团队将负责制定新基金的投资策略。首先，基金发起人将为新基金选择投资的行业。其次，他们将对选定行业内的市场发展趋势进行分析，以找出基金所面临的市场机会。这些市场机会主要来自那些高速增长的新兴市场，在这些新兴市场上有大量具有高成长性的创业企业。再次，基金发起人将对找到的市场机会以及自身的能力和资源优势进行评估，并选择与自己的特长相匹配的新兴市场作为基金的投资领域。最后，基金发起人将基于选定的投资领域制定基金投资策略。

9.2.2　设计基金初步方案

在确定基金投资策略之后，基金发起人将对拟募集设立的基金进行初步的财务分析和测算，一般涉及两个方面：一是对基金拟投资行业的财务分析，主要分析行业的毛利率、净资产收益率等；二是对拟投资项目的财务测算，主要是对企业的年净收益、投资回收期限、投资回报率等财务数据进行分析和测算。

在前面这些工作的基础上，基金发起人将制定募集新基金的初步方案，包括确定基金募集规模、投资行业、存续期、管理费与收益分配、退出渠道等。

❶ 基金募集规模

基金募集规模即基金的筹资总额，影响基金规模的因素主要有两个：一是基金管理人的声誉和业绩；二是基金的投资策略。一般来说，基金的融资规模应该与投资策略相匹配，具体应考量投资阶段和投资行业两个方面。

(1) 投资阶段方面。风险投资基金的规模会因为基金投资的阶段不同而有所差异。风险投资基金的投资阶段主要包括企业发展的初创阶段、早期成长阶段和扩张阶段。一般来说，投资阶段越早，基金的资本规模越小；投资阶段越靠后，基金的资本规模越大。传统的风险投资基金的资本规模一般为5000万～2亿美元；那些主要投资种子期或者初创期的基金的资本规模一般都比较小，有的基金甚至只有1000万美元；而另一些投资成长期和后期阶段的风险投资基金则拥有较大的资本规模，有的甚至高达10亿美元。

(2) 投资行业方面。一般来说，基金承诺的规模与拟投资的行业有关。根据拟投资行业的不同，基金的资本规模会存在很大的差异，可能从5000万美元到10亿美元不等。一般来说，软件行业创业企业的融资额通常较小，因此投资这些行业的基金的承诺资本的规模一般较小；与之不同，半导体、生物科技和制药行业属于资本密集性行业，这些行业中的创业企业的融资规模一般较大，因此投资这些行业的风险投资基金的承诺资本规模一般较大，一般在1.5亿美元以上。

❷ 投资行业

投资行业即基金的重点投资行业和领域，例如，某基金的重点投资行业为生物科技和医疗行业。

❸ 存续期

基金的存续期与基金拟投资的行业有关。例如，信息技术领域的创业企业从投资到退出的时间较短，一般为5～7年，因此，投资这些行业的基金的存续期限一般是10年，在特殊情况下可以再延长2年；与之不同，生物科技和医疗设备行业的创业企业从投资到退出往往需要更长的时间，因此，投资这些行业的基金可能有一个更长的存续期。

❹ 管理费与收益分配

基金设立方案的一项重要内容是基金投资收益的分成比例和基金管理公司收取管理费的比率。一般来说，基金管理公司按照所管理基金出资额的2%～3%来收取基金管理费。大多数基金的投资收益将按照80/20的比例在投资者和风险投资家之间进行分配，即基金投资收益的80%归有限合伙人，20%归普通合伙人。

❺ 退出渠道

对风险投资基金而言，首次公开发行或者并购退出是较为理想的退出方式。其他可行的退出方式还包括二次转让和管理层回购等，一般来说，它们是在被投资企业无法通过首次公开发行和并购方式退出时所采取的备用退出方式。

9.2.3　组建投资管理团队和顾问委员会

一般情况下，投资管理团队都是专门为新基金组建的。在新基金成立之前，他们将作为基金的募集团队开展基金募集工作；而在新基金成立之后，他们将负责新基金的日常经营和投资运作。由于投资者更愿意看到自己将要投资的新基金具有丰富的投资运作经验和良好的投资业绩记录，因此，管理团队的素质和能力对于基金的成功募集来说具有重要的意义。

一般来说，基金管理公司将根据新基金拟投资的领域，选择深刻了解该领域的风险投资家来组成新基金的投资管理团队。同时，基金发起人还将组建一个顾问委员会。这个顾问委员会的成员可以为新基金提供投资机会来源的信息，提供基金投资运作的建议或协助投资管理团队对投资项目进行尽职调查等。

9.2.4 确定潜在的投资者

对潜在的投资者进行筛选并确定基金的目标投资者,可以避免在那些不可能对新基金进行投资的投资者身上浪费时间和精力,从而提高基金募集的效率。

在确定潜在的投资者时,基金募集团队首先需要列举所有可能对新基金感兴趣的潜在投资者,然后对这些投资者管理的资产规模和投资偏好(包括投资的资产类别、投资行业、投资区域和投资阶段等)进行考察,并对他们的投资动机进行深入分析,最后挑选出那些投资偏好与拟成立的新基金的投资策略最为接近的投资者作为基金的目标投资者。

一般来说,基金募集团队在确定基金的目标投资者时主要考虑以下几个因素。

❶ 投资策略

首先,一些机构投资者更愿意投资那些由成熟并有良好业绩记录的基金管理团队所发起的基金,他们一般会要求基金管理团队有成功发起和管理多只基金的历史,并很少对那些缺少声誉又具有很高不确定性的新基金管理团队产生兴趣。因此,如果新基金是由那些新创建的基金管理团队所发起的,那么就不太适合选择这些机构投资者作为募集资金的对象。

其次,机构投资者在对风险投资基金进行投资时通常都有一个最低投资额限制。对于养老基金和大学捐赠基金这些机构投资者,尤其是那些管理着上百亿资产的大型养老基金,它们的最低投资额范围通常为500万~1000万美元。因此,如果新基金的承诺资本规模较小,就不太适合向这些机构投资者进行融资。

再次,那些由新兴的基金管理人所发起的初始基金更适合将一些特定的投资者作为募集对象。这些特定的投资者可能是一些母基金、养老基金和政府基金,与其他追求高额投资收益的机构投资者不同。

最后,在投资早期阶段的小型基金的承诺资本中,来自高净值个人的资金往往占有很高的比例,还有一些曾经得到风险投资基金支持并成功退出的创业者也可能向新发起的基金投入资本。因此,那些主要投资早期阶段企业的小型风险投资基金更适合面向这些高净值的个人募集资金。

❷ 管理资产的规模

管理不同规模资产的机构投资者可能对基金的融资规模具有不同的偏好,因此,可以根据拟成立的基金的融资规模来选择与之匹配的投资者。一般来说,机构投资者管理的资产规模越大,其最低投资额也越高。例如,一家管理资产规模超过500亿美元的养老基金的单笔投资额通常在5000万美元以上。这样,当拟发起的基金的承诺资本的规模为1亿美元并有10个投资者时，每个投资者的平均投资额是1000万美元。由于这家养老基金的最低投资额远远超过新基金单个投资者的平均投资额，因此新基金并不适合向该养老基金募集资金。

❸ 以往的投资历史

发起人还需要对投资者过往的投资活动进行研究，以了解潜在投资者的平均投资额是多少以及是否曾投资过类似的基金。一般来说，如果投资者有曾经投资与拟成立的新基金的特点和条件类似的基金的经历，那么它们投资拟成立的新基金的可能性更大。

9.2.5　选择募集方式

基金募集可以分为自行募集和委托募集两种方式。采取自行募集方式时，发起人的募集团队将通过自有的融资渠道与潜在的投资者直接接触。在采取委托募集方式时，基金发起人将会雇用融资代理来帮助筹集资金，这些融资代理将代表基金发起人与潜在的投资者接触并进行资金募集活动。

融资代理是指那些在寻找愿意并且有能力对私募股权基金进行投资的机构投资者方面拥有特殊专长的公司。这些融资代理一般与机构投资者保持密切的联系，因此，它们可以帮助基金发起人快速与机构投资者接触和建立联系，从而提高基金募集的效率。此外，融资代理还可以为基金发起人提供多方面的帮助，包括帮助基金发起人制定基金市场营销战略、起草融资备忘录和准备向投资者演示的文件、就基金的有限合伙协议条款提供建议以及帮助制订路演计划等。

基金发起人需要根据拟发起基金的特点和自身的融资能力等多方面的因素来确定是采用自行募集还是委托募集方式募集资金。在某些情况下，风险投资机构将雇用融资代理来帮助筹集资金，从而使它们的合伙人专注于寻找投资机会和管理投资项目。另外，随着风险投资基金规模的扩大，基金发起人可能需要向更多拥有雄厚资金实力的投资者募集资金。在这种情况下，基金发起人也需要聘请融资代理来帮助他们为准备发起的基金募集资金。

9.2.6　撰写私募备忘录

基金发起人的募集团队将在基金初步方案的基础上撰写私募备忘录，它是在大多数基金募集过程中向潜在投资者提供的正式文件。

❶ 私募备忘录的概念

私募备忘录(Private Placement Memorandum，PPM)又称为发行备忘录(Offering

Memorandum)，它是一种向潜在投资者介绍有关投资细节情况的法律文件。私募备忘录具有与创业者在申请融资时向风险投资家提供的商业计划书类似的作用。

在私募备忘录中，基金发起人将详细介绍有关拟成立基金的情况，并向目标投资者提供必要的信息，作为他们做出投资决策的参考。私募备忘录的主要内容包括设立基金的背景、基金所面临的市场机会与投资策略、基金管理人的背景和专长以及基金相关主体的权利和义务关系等方面。在阅读私募备忘录后，潜在投资者可以大致确定自己是否会参与该基金的投资。

❷ 私募备忘录的关键内容

一般来说，私募备忘录应包括详细介绍以下几个关键部分。

(1) 投资团队。私募备忘录将详细介绍基金的管理团队，包括基金管理团队的组成和团队成员的个人简历。个人简历又包括每个团队成员的教育背景、从业经验、业绩记录以及其他方面的情况，并列出他们每个人过去所完成的并以首次公开发行或并购方式实现退出的投资案例，以及这些成功案例所创造的投资回报率的摘要等。通过对基金管理团队的介绍可以向投资者证明管理团队已经具备进行投资和创造高投资收益率的能力。

(2) 业绩记录。在私募备忘录中还会介绍基金管理公司过去所发起和管理的基金的投资业绩，包括基金的退出方式和投资回报率。

(3) 投资策略。基金投资策略又称为基金的投资政策，它将规定基金的投资行业、投资阶段、投资地区和投资对象的类型。投资策略将说明基金是如何通过投资特定领域的创业企业来创造价值的。例如，一家基金的投资策略是投资早期阶段的电子商务创业企业以获取高额投资回报。

(4) 市场机会。私募备忘录还会介绍并分析基金所面临的市场机会，以便让投资者更加充分地认识到新基金的投资价值。

(5) 基金治理结构。通过介绍基金治理结构，可让投资者了解拟成立的基金的相关机构设置等方面的信息，包括合伙人会议、管理机构、投资决策委员会、顾问/咨询委员会、普通合伙人等。

(6) 基金核心条款。私募备忘录通常还会列出有限合伙协议的核心条款的摘要，并说明基金管理者和投资者的权利与义务等。基金核心条款如表9-2所示。

表9-2　基金核心条款

条款	定义
承诺资本	该条款规定基金封闭时的最小承诺资本额，例如，规定基金在募集结束前必须收到1亿美元的出资承诺
最小投资额	规定每位有限合伙人的最小投资额，例如，规定每位有限合伙人的最低出资额是1000万美元
普通合伙人的投资额	普通合伙人的投资额一般为基金投资总额的1%。有限合伙人可能希望看到普通合伙人能够向基金投入更多的资金，因为这将使普通合伙人与有限合伙人的利益变得更加一致

（续表）

条款	定义
分期出资	投资者在基金募集结束时投入特定数额的资本，一般为基金承诺资本的30%。后续的出资将根据普通合伙人的出资请求投入
管理费	基金管理人按照自己所管理基金的承诺资本的一定比例，一般为基金承诺资本的1%～2%提取管理费
基金投资收益的分配方式	向有限合伙人支付初始投资成本加事先约定的优先投资回报，优先投资回报率一般为投资额的6%～12%。之后，对于基金剩余的利润将按照80/20的比例在普通合伙人与有限合伙人之间进行分配

（7）风险因素。大多数私募备忘录将列出关于投资该基金的所有风险因素，包括政治和经济风险。一般来说，基金管理人不可能消除与基金投资有关的各种风险，它们需要在私募备忘录中说明有效应对和降低这些风险的措施和计划。

9.2.7　路演

❶ 路演的概念

路演(Road Show)是指在多个城市举行的针对潜在投资者和其他利益相关者的融资推介会，目的是引起机构投资者对拟发起基金的兴趣。在这个融资推介会上，基金管理团队将与基金的潜在投资者会面，并进行演讲和推介活动，以让目标投资者充分了解拟发起基金的相关情况，从而促进基金的募集。路演是基金募集活动中一个关键的步骤，它的效果将会直接影响投资者的投资意愿。

❷ 路演方式

一般来说，路演方式有两种：一是基金管理团队前往潜在投资者所在的地点进行推介；二是邀请潜在投资者到特定的地点参加新基金的融资推介会议。基金管理团队可以根据实际情况采取不同的方式进行路演。

❸ 路演材料

私募备忘录是路演中最重要的宣传材料。另外，为了让投资者更好地了解有关新基金的情况，基金管理团队还会准备一份执行摘要和PPT演示材料，前者通常是一份有关新基金成立情况的简要介绍，篇幅通常为两页纸。

❹ 路演过程

在路演中，基金管理团队首先使用PPT进行融资演讲，在融资演讲中，他们将向投资者介绍基金各方面的情况。演讲内容一般是私募备忘录内容的高度浓缩，并与私募备忘录的结构保持一致。

在演讲结束后，投资者会就演讲中所涉及的问题提问，由基金管理团队对投资者的提问进行解答。

9.2.8　后续接触

在路演结束后，基金管理团队将继续与潜在的投资者保持联系，以建立进一步的合作关系，并安排有意向的投资者对基金进行尽职调查。

9.2.9　投资者的尽职调查

一般来说，潜在的投资者在参加了路演之后会对新基金的背景和投资价值有一个较深入的了解。此时，如果投资者对该基金感兴趣，就会对新基金进行尽职调查，以加深对新基金各方面情况的了解。

一般来说，首先，尽职调查的重点是基金管理团队的能力、专长以及过往的业绩记录等，包括了解基金管理团队曾经进行过哪些成功的投资，这些投资的收益如何，投资者还会将基金管理团队所取得的业绩与同一年份成立的其他基金的业绩进行比较。其次，投资者还会重点关注基金募集团队的能力和经验。例如，了解基金经理在哪些领域拥有投资专长，他们发现趋势和把握市场机会的能力如何。最后，投资者还将考察基金管理团队是否拥有自己的专属项目来源渠道，是否已经建立起完善的尽职调查程序和投资决策机制，以及他们为被投资企业增加价值的能力如何等。

9.2.10　吸引领投者

领投者是指向新基金投入第一笔资金的投资者。一般来说，其他投资者可能会根据领投者是否投资来决定自己的投资意向。例如，如果有某个大型的知名基金向新基金投入资本，将会增加其他投资者对新基金的信心，从而吸引它们向新基金投资。因此，基金管理团队能否吸引到领投者的投资将对基金的募集产生重要的影响。

9.2.11　投资谈判

在潜在的投资者确定了对新基金的投资意向之后，基金发起人会向他们提交一份《投资意向书》，目的是在签订正式的基金投资协议前，向潜在投资者说明投资基金的基本条件，并确认投资意向。《投资意向书》是一个原则性的框架协议，它的内容包括拟出资金额、基金治理结构等有限合伙协议中的主要条款。

一般来说，在基金发起人向有意向的投资者提交《投资意向书》之后，投资者可能还会要求与基金管理团队就《投资意向书》中的一些具体条款进行协商和谈判。根据协商和谈判的结果，可能需要对基金的设立方案以及相关的法律文件进行修改和完善。最后，各方达成一致并签署的《投资意向书》。

9.2.12 基金交割

交割是基金募集的最后一个阶段。在这个阶段，将签署所有与基金募集有关的法律文件并完成必要的资本转移。

❶ 准备法律文件

在基金发起人与各方投资者就投资协议达成一致后，基金管理团队将在律师的协助下准备相关的设立文件，以确保投资协议的准确性、完整性和合法性。

公司制基金应起草《出资协议》《公司章程》和《委托管理协议》等文件；有限合伙制基金应起草《有限合伙协议》及《普通合伙人协议》等相关文件。

上述法律文件准备好后，应提交给每位投资者进行审核。

❷ 缴纳出资

出资即各投资者根据投资协议的要求向基金缴纳出资的过程。有限合伙制基金一般采取分期出资的方式出资。投资者的出资过程包括两个步骤：一是投资者履行首次出资。在各方达成一致并签署《投资意向书》之后，投资者将缴纳首次出资，出资额通常为其承诺出资额的25%～40%。例如，投资者的承诺出资额为1000万美元，在首次出资中，投资者将出资250万美元或更高。二是后续出资。在完成首次出资后，投资者将根据普通合伙人的出资请求完成后续出资。

❸ 签署投资协议

在投资者缴纳首期出资后，基金将召开设立大会，各方投资者将在设立大会上集体签署正式的投资协议及相关的法律文件。公司制基金签署《出资协议书》，有限合伙制基金签署《有限合伙协议》，同时签署的其他法律文件还包括《出资承诺书》和《资金托管协议》。

9.2.13 注册成立基金

当所有的基金投资者都按照签订的投资协议缴纳了出资并满足基金的设立条件后，根据有关法规，注册成立风险投资基金。

在我国，风险投资基金可以采取有限合伙制或公司制组织形式。公司制基金的设立方式是根据《公司法》注册成立股份制或有限责任制公司。

另外，由于国家对创业投资企业采取备案管理制度，新成立的风险投资基金还需要向有关管理部门申请备案。

9.3 风险投资基金的募集策略

9.3.1 影响基金募集的因素

基金管理人募集资金的难易程度和用于资金募集的时间长度都会受到多种因素的影响，并且会因为基金管理人的不同而存在很大的差异。这些影响基金募集的因素大致可以分为两个类型，即外部因素和内部因素。

❶ 外部因素

合适的外部环境和市场时机是影响基金融资的重要因素。历史清楚地表明，风险投资基金的融资会受到资本市场状况、行业发展态势和宏观经济环境等外部因素的影响。因此，在有些时候募集基金会比在另外一些时候募集基金更加容易，在大多数情况下，有利的市场时机都是风险投资基金能够顺利募集到资金的一个重要原因。

(1) 资本市场状况。资本市场状况是影响基金募集的一个重要因素。有关研究证明，风险投资家募集资金的能力与股票市场的表现之间存在相关性。Jeng和Wells对21个国家中决定风险资本投资意愿的因素的分析表明，基金募集时的资本市场状况将会影响投资者对基金的投资意愿，而首次公开发行(IPO)市场是影响风险投资基金募集的重要因素。一般来说，当资本市场和IPO趋于活跃时，将有更多由风险投资支持的企业能够通过IPO方式退出，并给投资者带来高额的投资回报，这将会吸引更多的资本进入市场，从而增加风险资本的供给。例如，在20世纪90年代中期，随着IPO市场的繁荣，大量互联网技术企业纷纷上市退出，这些成功的投资案例不仅吸引了大量新投资者的加入，而且促使原来的投资者也希望增加投入，从而使风险基金的募集变得更加容易。

(2) 行业发展态势。行业发展态势是影响基金募集的一个重要因素。在某个行业进入快速发展阶段后，投资者的投资意愿将会得到很大的提高，并增加对相关行业的资本供给。在这个时候，那些投资相关行业的基金往往可以更容易地募集到资金。例如，在半导体兴起、计算机革命、互联网浪潮以及移动互联行业兴起的时期，基金管理团队都能更容易地为自己所发起的投资相关行业的基金募集到资金。

(3) 宏观经济环境。宏观经济的波动会影响资金的供给，从而影响基金的募集。一般来说，在经济繁荣时，由于社会上的资金供给充足，因此为基金募集资金也更容易；而在经济衰退时，由于社会上的资金供给迅速减少，基金募集也会变得更困难一些。

❷ 内部因素

投资管理团队的优秀程度是影响基金募集的一个重要因素。那些已经建立了良好的声誉并拥有优异的投资业绩的基金管理团队总是能更容易地为自己所发起的基金募集到资金；与之不同，由于缺少声誉和业绩记录，那些新成立的基金管理团队在为自己所发起的初始基金募集资金时一般会遇到很大的困难。

一般来说，投资者都期望投资那些质量过硬的管理团队，因为一个由高质量的投资管理团队负责管理的基金更有可能创造高水准的业绩表现。基金管理团队的质量主要表现在两个方面：一是基金管理团队的业绩记录和声誉；二是基金管理团队自身的素质，包括行业背景、经验和能力等。因此，如果基金管理团队拥有良好的声誉、业绩记录、相关能力和专长，那么基金募集就会是一件比较容易的事情。

(1) 声誉。基金管理公司的声誉会对基金的募集过程产生积极的影响。一般来说，那些拥有良好声誉的基金管理人更容易募集到新基金。

声誉具有信号传递作用，它可以向投资者提供一种质量上的承诺。一般来说，良好的声誉表明基金管理团队在创造价值和高额投资收益方面拥有杰出的能力，因此，投资者相信那些具有良好声誉的管理团队所发起的基金更有可能获得高额的投资收益。与之不同，那些新创建的基金管理团队往往具有很高的不确定性，正是因为这个原因，在向他们所发起的基金投入资金之前，投资者一般需要花费大量的时间和精力来对他们进行尽职调查。为了避免这种由不确定性所带来的困扰，投资者一般会避免投资那些由新创建的基金管理公司所发起的基金，而是倾向于投资那些由拥有良好声誉的基金管理团队所发起的基金，因为这些基金管理团队的声誉可以减少投资过程中的不确定性，并打消投资者的担忧。

由于投资者更倾向于对那些由拥有良好声誉的基金管理团队所发起和管理的基金进行投资，因此，那些拥有良好声誉的管理团队更容易筹集到资金，尤其是那些排名位列市场前四分之一的基金管理公司，它们不仅会比其他基金管理公司更容易筹集到资金，而且它们完成基金募集所需要的时间也更短。

(2) 业绩记录。基金管理人的业绩记录是影响基金募集的一个重要因素。投资者需要一个能够为他们不断创造出高额投资收益的管理团队。尽管一个基金管理团队过往所取得的优秀业绩并不一定预示它所发起的新基金也能够取得良好的业绩，但是，实证研究发现，新基金的业绩表现确实与基金管理团队的过往业绩之间存在一定的相关性。因为基金管理团队过往所取得的业绩证明它具有选择优秀的投资机会以及为企业增加价值的能力，这些能力是风险投资基金获得高额投资收益的保证。因此，投资者更愿意将资金交给这些曾经有过优异的投资业绩的管理团队去运作和管理。如果基金管理团队曾经投资过多家成功的创业企业并主导过多家公司的退出过程，就可证明他们拥有选择优秀投资机会和为企业增加价值的能力，那么他们为新基金募集资金的过程将会变得更加容易。

Gompers和Lerner对1972—1994年美国的风险投资基金筹资活动进行考察后发现，基金管理团队在过去所取得的良好业绩对该基金管理团队再次募集基金会产生积极的影响。一般来说，如果基金管理团队所发起的上一只基金取得了成功，那么由同一个管理团队所发起的下一只基金将更加容易募集到资金。例如，标杆资本发起的一期基金创造出令人惊异的92倍的投资回报率，这使标杆资本发起的二期基金的募集变得更加容易，而且募集基金所花费的时间也比其一期基金要少很多。

如果一家基金管理公司在过去发起的基金的业绩表现良好，那么它不仅可能会继续获得来自上一个基金投资者的投资，而且能够吸引新的机构投资者进行投资。因此，那些曾经有过良好业绩表现的管理团队更容易募集新基金。与之相反，那些由新组建的基金管理团队所发起的初始基金则难以获得投资者的青睐，甚至有相当比例的投资者明确表示不会投资那些由新成立的基金管理团队所发起的基金。

(3) 行业背景与人脉。一般来说，投资者更愿意投资那些拥有深厚的行业背景和广泛的人脉关系的基金管理团队所发起和管理的基金。

(4) 公司规模。基金管理公司的规模也是影响基金成功募集的一个因素，那些大型的基金管理公司，例如红杉资本往往能够更容易地完成新基金的募集。

(5) 投资流程。良好的投资评估流程有助于减少投资风险，并确保基金获得良好的业绩。如果基金管理人已经建立了一套完善的投资项目评估流程，那么投资者将会更加放心地将自己的资金交给他们去运作和管理。

(6) 投资团队的稳定性。投资者更希望看到基金管理团队具有良好的稳定性。许多时候，风险投资家作为个人曾经拥有良好的投资业绩记录，但是作为一个整体，他们以前可能没有合作过，这增加了投资团队的不确定性。

(7) 基金投资策略。有吸引力的市场机会和优秀的投资策略是基金创造良好业绩表现和高额投资回报的保证，也是吸引投资者对基金进行投资的一个关键因素。例如，有一些基金就因为其所选择的投资行业、阶段和地区等不受投资者的欢迎而影响了基金的募集。

9.3.2 基金募集策略

那些新组建的基金管理公司又被称为新兴的基金管理人。这些新兴的基金管理人所管理的资本通常少于3亿美元，而且它们一般正在募集自己的第1期到第3期基金。通常情况下，由于缺少声誉和业绩记录，那些由新兴的基金管理人所发起的初始基金很难获得大型机构投资者的关注，因此，这些新兴的基金管理人为自己所发起的新基金寻求融资的过程可能是极具挑战性的。根据有关研究，新兴的基金管理人从首次接触潜在的投资者到基金募集成功所花费的平均时间长度约为12个月，有时候甚至需要两三年，而且最终大约只有三分之一的新基金能够成功吸引到足够多的投资者。尽管如此，那些新兴的基金管理人还是可以采取一些有效的基金募集策略来提高募集新基金的成功率，并加快基金募集的过程。

新兴的基金管理人可以从以下几个方面着手来提高基金募集的效率。

❶ 选择有利的募集时机

对于那些由新组建的基金管理团队所发起的首只基金，选择有利的市场时机募集基金是提高基金募集效率的一个重要策略。根据有关研究，基金的成功募集与资本市场的状况密切相关。根据Gompers和Lerner对风险资本供给影响因素的分析发现，投资者的资产配置策略在一定程度上受到风险投资基金近期投资收益的影响。如果基金的投资收益增加，则投资也会相应增加。因此，当股票市场繁荣时，将会有更多风险投资支持的企业通过IPO退出，风险投资基金的投资回报率也将大幅增加，而这将吸引大批新的投资者进入风险资本市场。随着风险资本供给的增加，新基金的募集将变得更加容易，基金管理人选择在这个时机募集基金就可以大大提高基金募集的成功率，并缩短基金募集周期。

另外，当某个行业进入快速发展阶段后，将会吸引大量的投资者进入市场，从而增加风险资本的供给。基金管理人选择在这个时候发起专门投资相关行业的基金就可以更容易地筹集到资金。

❷ 面向特定的投资者募集

由新兴的基金管理人发起的初始基金可以通过向特定的投资者募集资金来提高基金募集的成功率，这些特定的投资者主要包括一些政府基金、母基金或者面向当地的基金会等。例如，一些大型的养老基金，如加州公务员退休基金(CalPERS)和加州教师退休基金(CalSTRS)甚至专门投资于那些由女性或少数族群发起和管理的基金[①]。另外，一些政府引导基金会为那些投资特定区域的基金提供资金，以促进本地的经济增长；还有一些政府引导基金会为那些专门投资种子期企业的基金提供资金，以帮助解决早期阶段创业企业的融资难题。新基金可以向这些政府引导基金募集一定比例的资金。

专栏9-1　赛富基金的募集 ────────────────────

在加入软银亚洲之前，阎焱曾经在美国普林斯顿大学学习，担任美国华盛顿Hudson Institute研究员、世界银行研究员以及AIG亚洲基础设施投资基金大中国地区董事总经理等职位。2001年10月，阎焱出任软银亚洲基金管理公司的总裁。思科公司是由软银亚洲

---

① 马亨德拉·拉姆辛哈尼. 如何成为一名成功的风险投资人[M]. 路蒙佳，译. 北京：中国金融出版社，2015：113-114.

发起和管理的软银赛富一期基金的唯一的有限合伙人，并为其提供了4亿美元的承诺资本。日本软银作为普通合伙人负责基金的投资运作和管理。该基金主要面向亚太地区从事宽带网络、无线接入和互联网服务的创业公司进行投资。

在阎焱担任软银赛富一期基金的总裁期间，主导了2003年3月对盛大网络的投资。在这次投资中，软银赛富一期基金向盛大网络注入了4000万美元，这是当时中国互联网企业所获得的单笔融资额最大的投资。在接受软银赛富一期基金的投资后，盛大网络获得了快速的发展。到2003年底，盛大网络已经成为当时国内注册用户数量最多的网络游戏公司。2004年5月，盛大在美国NASDAQ成功进行了IPO，并被评为当年全球科技股的"最佳IPO"。软银赛富一期基金从对盛大网络的投资中获得了5.2亿美元的投资收益，投资回报倍数达13倍，内部收益率(IRR)达到了345%。

对盛大网络的成功投资为阎焱和他的投资管理团队带来了良好的声誉。除了盛大之外，在阎焱的主导下，软银赛富一期基金还投资了其他一些成功案例，并为投资人带来高达97%的年投资收益率。这些成功的投资案例使软银赛富一期基金成为当时世界上投资收益率较高的基金之一，为阎焱及其投资管理团队后来发起自己的新基金奠定了良好的基础。当时，虽然阎焱是软银亚洲基金管理公司的合伙人，但他没有投资项目的最终决策权，这种情况差点导致对盛大投资的半途而废。另外，在软银赛富一期基金对盛大网络的投资取得成功后，软银亚洲基金管理公司作为基金的普通合伙人分到了20%的投资收益，但是，日本软银拿走了其中的大部分，而负责具体操作投资项目的阎焱及其管理团队只拿到了很少的一部分。鉴于上述原因，2005年，在阎焱的主导下，赛富基金管理公司(SAIF Partners)从软银亚洲完全独立出来，独立后的赛富基金管理公司的投资管理团队拥有来自原软银亚洲的7名合伙人。

在思科的支持下，赛富基金管理公司作为普通合伙人发起了赛富二期基金。在赛富二期基金募集过程中，思科公司作为领投者为其提供了2.5亿美元的承诺资本，而软银则为其提供了5000万美元的承诺资本并成为其第二大有限合伙人。到2005年6月，赛富二期基金已经成功募集了6.43亿美元，是当时中国本土基金中融资规模最大的基金。后来，阎焱的管理团队又发起了赛富三期基金，该基金获得了来自普林斯顿、哈佛、康奈尔和达特茅斯四所著名的常青藤大学的捐赠基金的投资，基金承诺资本达到了28亿美元。

❸ 联合知名投资机构

如前文所提到的，基金管理公司的声誉和知名度是影响基金募集的一个关键因素。许多机构投资者不愿意投资那些由还没有建立起声誉的新基金管理人所发起的基金。如果发起新基金的是一家不那么知名的基金管理公司，那么它很可能要面对更多的困难，并花费相当长的时间才能募集到足够的资金。为了避免这种情况，那些尚未建立声誉的新基金管理团队可以选择与那些已经建立了品牌并在业界积累了较高声誉的风险投资机构，例如与红杉资本合作来募集新基金，从而加快基金的募集过程。

对于新组建的基金管理团队来说，能够与某个具有良好声誉的投资机构合作来发起和设立新基金是一个不错的选择。这些外部合作伙伴所拥有的声誉、投资经验和网络资源将对新基金的募集和投资运作产生积极的影响。首先，这些合作伙伴拥有的声誉可以提高新基金的声誉和可信度；其次，这些合作伙伴拥有广泛的网络资源，可以帮助新基金接触更多实力雄厚的潜在投资者；最后，这些合作伙伴具有丰富的基金管理经验，可以帮助新基金选择投资项目，并帮助新基金进行尽职调查等，从而提高新基金投资的成功率和运作效率。外部合作伙伴所拥有的这些优势将有助于增加新基金对投资者的吸引力，并提升他们投资新基金的意愿。

在国内，本土投资管理团队经常选择与国外著名风险投资机构，尤其是那些排名位于世界前四分之一的顶尖风险投资机构合作募集新基金。例如，熊晓鸽等人与美国国际数据集团(IDG)合作成立IDG中国技术基金，沈南鹏与红杉资本合作成立红杉中国基金。在这些基金的发起过程中，一般都会利用外方合作伙伴的声誉和融资渠道，从境外机构投资者那里募集大量资金，这是那些缺少声誉和融资渠道的国内本土投资管理团队依靠自身实力所无法完成的任务。

专栏9-2　红杉资本中国基金的募集

红杉资本是美国著名的基金管理公司，它创始于1972年，曾投资了苹果电脑、思科、甲骨文、雅虎、Google和PayPal等著名的企业。沈南鹏是携程网和如家的创始人，2005年9月，沈南鹏及其管理团队与红杉资本联合成立了红杉资本中国基金管理公司，发起一系列的新基金并专注于对中国市场上的成长型企业的投资。

红杉资本中国基金管理公司发起设立的第一只人民币基金总规模接近10亿元，主要投资于中国的高增长企业。出于对红杉资本的信任，而且看好沈南鹏的管理团队，基金的募集得到很多机构与个人投资者的争相追捧。其中，就有江南春这样的知名创业者，还有温州瑞立集团等，他们纷纷出资数千万元并成为该基金的有限合伙人。后来，红杉资本中国又成功地募集了红杉中国创业基金Ⅰ期和Ⅱ期基金以及红杉中国成长基金Ⅰ期。

❹ 寻找领投者

成功募集基金的一个关键是找到一家愿意向新基金投入资金的领投者，这些领投者一般会向新成立的基金投入占基金总资本较大比例的资本。例如，一个负责领投的投资者可能会向一只总额为1亿美元的基金投入2500万美元的资本。这种领投行为将会增加其他投资者对新基金的信心，并吸引他们对新基金投入资金。

一般来说，基金管理人可能会向这些基金的领投者提供更加优惠的投资收益分成比例或让他们拥有对基金更大的控制权。

❺ 投入更多自有资金

新成立的基金发起人可通过向新基金投入更多自有资金的方式来提振投资者的信心。作为有限合伙制基金的普通合伙人，基金发起人对基金的投资比例一般为基金总资本的1%，但是，一些基金管理人在发起自己的第一只基金时，通常会向新基金投入大于1%比例的自有资金，以增加其他投资者的信心，并吸引投资者向基金投资。

❻ 从自有资金起步

由于缺少足够的声誉和业绩，那些新进入风险投资行业的基金管理人在向其他投资者募集资金时将会遇到很大的困难。在这种情况下，基金管理人可能会用自己以及来自亲戚朋友的资金成立小型的新基金。

这些基金管理人在逐步积累了一定的声誉和投资业绩后，才开始向其他投资者募集资金成立新基金。例如，网景的创始人安德森将自己创办的网景公司出售给美国在线，用所获得的42亿美元中的一部分资金成立了一家名为安德森·霍洛维茨的风险投资基金，通过成功地投资Facebook、Twitter和Zynga等多家著名企业，这家基金逐渐建立起自己的品牌和声誉，并成为一家著名的专门投资早期阶段的风险投资机构。在国内，深创投起初也是以自有资金成立基金对外进行投资，经过多年发展以后，它才成功转型为一家基金管理公司，并作为发起人向社会投资者募集资金成立了多只新基金，这些新基金的规模超过100亿元人民币。上述案例表明，以自有资金成立新基金然后积累投资业绩是一些新成立的基金管理团队走向成功的一条捷径。

❼ 多次交割

在美国，新组建的基金管理机构募集初始基金平均花费的时间为18个月。新组建的基金管理公司可以采用多次交割的方式来加速基金募集的时间。通常情况下，在募集到基金目标资本规模的30%～50%的资金以后，基金就会开始对创业企业进行投资。例如，如果基金总的资本规模是3500万美元，那么，当基金管理机构募集到1000万美元时就可以宣布完成了第一次交割，并开始进行投资。然后，在募集到1500万美元和2000万美元时再宣布完成第二次和第三次交割，直到募集到全部的资本为止。

❽ 寻找战略投资者

一般来说，机构投资者通常以获得财务回报的最大化作为投资目标，它们更倾向于投资那些在市场上建立起良好声誉并有优异的业绩记录的基金管理团队所发起的基金，以确保自己的投资获得高水准的投资收益。与之不同，战略投资者并不单纯追求财务回报，而是更看重投资所带来的社会效益。一般来说，这些战略投资者通常都是在基金拟投资行业和领域处于领先地位的大型科技型企业。新基金可以面向那些位于自己拟投资行业领域的大型技术企业筹集资金，争取它们作为战略投资者对新基金进行投资。这些大型技术企业不仅可以向新基金提供资本，而且能够为新基金提供技术和网络资源方面的支持。

❾ 依托已有企业设立基金

一些新组建的基金管理机构可借助母公司的声誉和品牌号召力来发起成立新基金。例如，贝恩资本就是依托著名的贝恩咨询公司成立的基金。在国内，有一些依托大型技术企业成立的附属投资机构在开始的时候也是利用母公司的声誉来发起成立新基金。例如，君联资本原名联想投资，它借助联想集团的声誉发起成立基金，并投资了科大讯飞等一些成功企业。

❿ 从已有机构分离出来

投资者在选择基金管理人时会很看重他们所拥有的投资经验和业绩记录。有些新组建的基金管理公司是由那些曾经在大型风险投资机构中工作过的风险投资家离职后创建的。例如，几位在其他两家著名的基金管理公司中工作过的风险投资家离开原来的公司创办了一家新的称为标杆资本的基金管理公司。由于这些风险投资家在他们之前工作的机构中曾经取得过出色的业绩，因此，这些由从大型机构中分离出来的基金管理团队所创建的新的基金管理公司所发起的基金也会得到投资者的青睐。

⓫ 提供更加优惠的条款

新组建的基金管理团队可以通过提供更加优惠的投资条款的方式来吸引投资者。例如，向基金收取更低的管理费用，或者向投资者提供更高的投资收益分成比例，一些新成立的基金管理人可能会将自己应获得的投资收益分成的比例降低至10%，以吸引投资者投资新基金。

本章小结

从投资者那里筹集资金是成立风险投资基金的关键步骤。风险投资基金一般都是采用私募的方式成立的。私募是指一种通过私下和非公开发行证券的方式面向少数特定的投资者募集资金的行为。在采用私募的方式募集资金成立基金时，不能面向公众投资者进行公开的宣传和推广，只能通过私下的方式与少数特定的投资者接触，向他们募集资金。通过私募方式非公开发售基金份额募集资金成立的基金称为私募基金。

风险投资基金需要按照法律规定的组织形式设立。风险投资基金的组织形式主要有两种，即公司制和有限合伙制。在选择基金的组织形式时，需要考虑的因素包括投资者的性质、税负、基金控制权、基金发展目标以及法规限制等。

风险投资基金的募集过程由一系列的阶段和步骤所组成。在基金发起之前，基金的发起人首先需要制定基金投资策略，并通过基金投资策略明确基金未来的重点投资领域和方向。其次，基金发起人要制定初步的基金募集方案，组建投资管理团队，确定潜在的投资者并选择与他们接触的渠道。再次，基金发起人要撰写私募备忘录。之后，基金发起人将对潜在的投资者进行路演，向他们推销拟成立的基金，并期望他们能够向新基金投入资本。在这个过程中，基金发起人需要接受潜在投资者的尽职调查，与投资者进行谈判并签署投资协议。最后，在投资者完成首次出资后注册成立基金。

影响基金募集的因素分为外部因素和内部因素，外部因素包括资本市场状况、行业发展态势和宏观经济环境。内部因素包括基金发起人的声誉、业绩记录、行业背景和与人脉、公司规模等。新组建的基金管理人可以采取一系列策略来提高基金募集的效率和成功率。这些策略包括选择有利的募集时机、面向特定的投资者募集、联合知名投资机构、寻找领投者、投入更多自有资金等。

思 考 题

1. 什么是风险投资基金的募集？
2. 根据资金来源渠道的不同，基金的募集方式可以分为哪两种类型？
3. 公募与私募方式各有什么特点？
4. 基金募集渠道可以分为哪两种类型？
5. 选择基金组织形式需要考虑的因素有哪些？
6. 简述基金的动态募集以及进行动态募集的原因。
7. 简述风险投资基金募集流程。
8. 基金发起人确定目标投资者时需要考虑的因素有哪些？
9. 私募备忘录应包含哪些关键内容？
10. 影响基金募集的因素有哪些？
11. 为了成功募集基金，新组建的基金管理公司可以采取哪些策略？

|第 10 章|

寻找投资机会

1. 熟悉风险投资基金的投资流程。

2. 了解风险投资家的项目来源渠道。

3. 理解初步筛选的概念和作用。

4. 熟悉初步筛选的方法。

5. 了解风险投资家如何根据投资策略对项

目进行筛选。

6. 了解风险投资家如何根据投资标准对项目进行筛选。

7. 了解对处于不同发展阶段的企业进行筛选时应关注的重点。

10.1 基金的投资流程

10.1.1 投资流程概述

在成功募集基金之后，风险投资家需要寻找和挑选出具有良好发展潜力的投资项目，并对其进行投资。风险投资流程是指风险投资家在对项目进行投资之前所需要完成的工作。如图10-1所示，风险投资的投资流程包括项目来源、初步筛选、尽职调查、交易结构设计、签署投资协议和交易实施6个步骤。

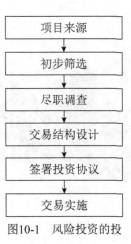

图10-1　风险投资的投资流程

虽然从理论上说，风险投资流程的阶段划分是比较清晰的，而且这些阶段是按照时间先后顺序排列的，但在实践中，由于各个阶段紧密相连，各阶段之间可能无法完全区分清楚，而且各个阶段也可能不是以直线方式按照时间先后顺序进行的。另外，不同的风险投资机构对于什么是最佳投资流程并没有达成共识，它们的投资流程中的一些阶段的先后顺序也可能会存在差异。尽管如此，大多数风险投资机构的投资流程都有相同的步骤和内容。

风险投资流程的标准化程度与风险投资机构的规模之间存在相关性。一般来说，风险投资机构的规模越大，投资流程就会更加标准化和正规化。风险投资的整个投资流程一般持续时间为3～9个月，时间长短主要由交易规模和复杂性而定。

❶ 项目来源

风险投资流程的第一个阶段是项目来源，又称为交易流(Deal Flow)的产生。交易流用于衡量基金在给定的时期内所获得的潜在投资机会的数量。在这个阶段，风险投资家将通过各种项目来源渠道获得有关投资机会的信息。

❷ 初步筛选

在获得有关投资机会的信息之后，风险投资家将对它们进行初步筛选。初步筛选的一个主要任务是将那些有巨大发展潜力的项目从数量众多的备选项目中挑选出来，同时，将那些没有投资价值的项目淘汰。一般来说，那些具有一定知名度的风险投资基金每年都会通过各种项目来源渠道获得大量投资项目的信息，但其中大多数项目都没有投资价值。为了避免浪费时间和精力，有必要在开始阶段就将这些没有投资价值的项目剔除，从而提高投资效率。

在这个阶段，风险投资家将会阅读大量创业企业提交的商业计划书，并对它们进行仔细的审查，以从中获取有价值的信息。在这个过程中，风险投资家将会对备选项目的各项指标进行评估，并根据风险投资基金的投资策略和投资标准对项目做出取舍，将那些最有吸引力的投资挑选出来。一般来说，在所有备选项目中，只有10%～15%的项目能够通过这个阶段的审查。

❸ 尽职调查

那些通过初步筛选的项目将进入尽职调查阶段。在这个阶段，风险投资家将对投资项目作进一步的考察，包括从多种渠道收集有关创业企业经营和业务发展方面的信息，以减少信息不对称，并对他们前期所获得的信息的真实性进行确认。

通过信息的收集和分析，风险投资家还将揭示创业企业可能存在的各种风险因素。同时，他们也会考虑应对这些风险因素的办法和措施。

(1) 初步尽职调查。在与创业企业签订投资条款清单之前，风险投资家所做的尽职调查称为初步尽职调查。由于它一般由风险投资机构的内部团队进行，因此又称为内部尽职调查。

在初步尽职调查中，风险投资家一般会向创业者提出一份尽职调查清单并要求他们解答有关问题。同时，风险投资家可能还会实地走访企业的办公和经营场所，以搜集信息并了解企业的经营状况。通过这些调查，风险投资家可以对企业有一个更深入的认识，以大致确认他们之前从商业计划书中所获得的信息是否属实。

(2) 正式尽职调查。正式尽职调查发生在与创业企业签署投资条款清单后。在正式尽职调查中，风险投资家将对创业企业的业务、财务和法律等方面进行深入的调查，同时，风险投资家还将接触企业的核心商业机密和财务数据，通过对这些信息和数据的分析，可以进一步加深对企业经营状况的了解，并揭示企业潜在的各种风险因素。

如果风险投资家认为在正式尽职调查中所获得的信息与之前得到的信息一致，则他们会继续执行双方所达成的投资条款清单的内容。如果风险投资家在尽职调查中发现了之前未知的重大风险，那么，他们可能会对这些风险进行评估，以决定是否需要与创业企业重新谈判，并通过对投资条款清单的修改和完善来预防和化解这些风险，或就此放弃投资。

❹ 交易结构设计

在尽职调查过程中所获得的有关企业信息的基础上，风险投资家将对创业企业进行估值，并进行交易结构设计，然后与创业企业就交易结构展开谈判。

(1) 估值。在尽职调查中，风险投资家将获取企业的财务数据和经营发展规划。他们将根据这些信息和数据来对企业未来的经营发展状况以及销售收入和现金流进行预测，然后在此基础上选用适合的估值方法，并结合自己的经验来对企业进行估值。接下来，风险投资家将与创业企业就企业的估值进行谈判和协商。

(2) 设计交易结构。如果风险投资家与创业者就企业的估值达成一致，那么风险投资家将会着手进行交易结构设计。交易结构设计是一个用合同条款的形式来对投资者与创业者在风险投资交易中的权利和义务加以明确的过程。交易结构设计的结果将集中体现在投资条款清单中。

(3) 投资条款清单谈判。在进行了初步的交易结构设计之后，风险投资家将会准备一份投资条款清单。然后将这份投资条款清单提交给创业者，以此表达愿意对企业进行投资的意向。如果创业者接受了这份投资条款清单，那么投资者接下来将会与创业者进行投资条款清单谈判。

在谈判的过程中，风险投资家将与企业就交易结构设计中的关键条款，包括企业估值、投资额、董事会席位分配以及退出安排等进行协商，双方都会根据各自的意愿提出对交易结构进行修改完善的意见。如果经过谈判和协商，风险投资家能够与创业者就投资条款清单的内容达成一致，那么双方将签署投资条款清单。

❺ 签署投资协议

(1) 投资协议谈判。在尽职调查之后，如果投资人经过评估后对企业感到满意，那么，他们将会就正式的投资协议与创业企业进行谈判，以敲定投资交易的细节。投资协议谈判将以之前双方已经签署的投资条款清单作为基础，同时，在谈判中还会研究应对那些在尽职调查中所发现的问题和风险的办法。

(2) 准备投资文件。在经过投资协议谈判后，双方将在律师的协助下起草正式的投资合同以及与本次投资有关的补充性协议。这些补充性协议可能包括《融资参股协议》《公司章程》《管理层雇用协议》等。

(3) 投资委员会决策。在完成上述步骤之后，基金的投资委员会将会举行会议，对《尽职调查报告》《投资协议》的草案以及投资团队撰写的《投资建议书》进行研究和讨论，并对本次投资的价值和风险进行综合评估。如果经过讨论和评估认为项目可行，那么投资决策委员会将通过投票的方式做出批准项目实施的投资决策。

(4) 完善投资文件。在投资委员会决策后，投资团队将根据投资决策委员会的意见，在律师的帮助下对投资协议内容进行修改和完善，以形成最终的投资协议。

(5) 签署《投资协议》。风险投资基金与创业企业签署正式的《投资协议》。

❻ 交易实施

在《投资协议》生效后，基金管理人会通知基金将资金拨付到目标企业。同时，被投资企业在指定的时间内完成工商登记变更，将基金加入企业的股东名单中。

风险投资基金对创业企业的投资流程至此全部完成。

投资项目的通过率

根据NVCA的统计，对大多数风险投资基金来说，在它们所收到的所有项目融资申请书中，在经过层层筛选和淘汰之后，最终只有不到1%的项目能够获得风险投资基金的投资。各投资流程中投资项目的通过率如表10-1所示。

表10-1 投资流程中投资项目的通过率

投资流程	通过的数量	通过的比例
投资机会来源	100	100%
初步筛选	30	30%
与管理团队会面	10	10%
尽职调查	5	5%
估值及投资条款清单谈判	3	3%
进行投资	1	1%

10.1.2 投资流程全景图

风险投资流程的全景图如图10-2所示。

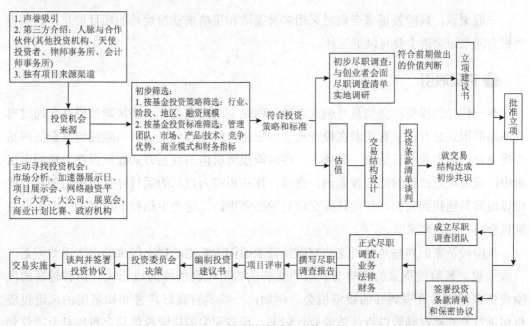

图10-2 风险投资流程的全景图

10.2 项目来源

10.2.1 项目来源概述

获得好的投资机会是风险投资基金取得成功的一个关键。一般来说，风险投资机构获得的投资机会越多，那么从中发现好的投资机会的概率也越大。因此，项目来源对风险投资的投资运作和成功来说具有重要的意义，只有先拥有大量优质的投资机会，才能从中发掘出具有发展潜力并能够带来巨大投资收益的投资项目。

项目来源是指风险投资家通过各种内部或外部的渠道来获得有关投资机会的信息的过程。虽然曾有风险投资家因为在杂志上偶然看到一篇关于某个创业团队的报道，然后就打电话过去，从而成就了一个带来巨大商业回报的成功投资案例的事情发生，但是，这种依靠运气来发现好的投资机会的案例并不常见。一般来说，风险投资家需要通过各种项目来源渠道来搜集有关投资机会的信息。

10.2.2 项目来源渠道

一般来说，风险投资家会同时采用多种渠道和策略来获得优质的项目信息，这些投资机会的来源渠道主要有以下三种。

❶ 声誉吸引

有一些好的投资机会信息是创业者通过网站主动提交的。一些风险投资基金通过自办网站的形式公开征集有关潜在投资机会的信息，创业者可以访问风险投资基金的网站并提交自己的创业项目信息。另外，一些风险投资机构的联系方式被记录在当地的电话簿中，或者可以通过网络被搜索到，这样，那些正在为自己的项目寻找投资的创业者就可以很容易地找到它们，并向其提交项目的融资申请。这些主动找上门来的创业者是投资机会的一个重要来源。

风险投资家的声誉是吸引这些有融资需求的创业者主动找上门来的一个重要因素。一般来说，风险投资家的声誉与其吸引优秀的投资机会的能力成正比，声誉越高的风险投资家越容易吸引到好的投资机会。例如，一些具有良好声誉和知名度的风险投资机构每月能够接收到数以百计的商业计划书，那些顶尖的风险投资基金每年甚至能收到5000~10 000份融资申请，而那些尚未建立起声誉的基金管理人却很难通过这种方式吸引到好的投资机会。

虽然少数资深的顶级风险投资机构经常会利用它们的声誉所带来的影响来建立专有

的项目来源渠道，但是，大多数基金管理人在声誉方面并没有太大的优势。

❷ 主动寻找投资机会

风险投资家主动发现投资机会的方法包括定期对外部环境进行扫描、分析市场发展趋势以发现投资机会来源等。另外，通过参加一些项目展示会、投资论坛以及社交聚会活动也能够找到好的投资机会。

由于建立声誉和人脉可能需要花费很长的时间，因此对一些新成立的基金管理人来说，主动寻找投资机会可能是一个不得已的策略。研究表明，一些成立时间不长，资历较浅，或者尚未建立声誉的基金管理人更可能主动去寻找投资机会。这些基金管理人主要通过阅读各种出版物，参加加速器展示日、各种行业会议、项目展示会、商业计划大赛和贸易展览会，或查找数据库，甚至主动打电话给企业的管理层等方式来结识新企业的创始人，并获取有关潜在的投资机会的信息。同时，在这个过程中，这些新成立的基金管理人还可以建立自己的社交网络和人脉。另外，一些顶级的风险投资机构虽然主要依靠人脉和声誉来获得好的投资机会，但是，它们有时候也会主动出击，而不是被动地等待那些好机会自己送上门来。

(1) 市场分析。通过系统地分析市场发展趋势，风险投资家可以从中发现那些正在快速成长的新兴市场，这些新兴市场可以提供大量好的投资机会。在大多数风险投资机构的内部从事市场分析工作的主要是那些进公司不久的分析师，这些分析师主要通过数据分析来寻找最新的市场发展趋势，并从中发现那些能够带来巨大投资回报的投资机会。

(2) 加速器展示日。通过加速器展示日也可以找到合适的投资机会。大多数加速器项目都是一个为期3个月的创业培训项目。当这些加速器项目快要结束时，会为那些即将从加速器毕业的创业团队举办一个项目展示会。其中，较为出名的是Y-Combinator的项目展示日，又称为Demo Day。创业团队将在这个项目展示会上介绍它们开发的新创意和商业模式，当地的天使投资人和风险投资家都会应邀出席，对创业团队所展示的项目进行考察和评估。

(3) 项目展示会。项目展示会一般由当地政府或公益组织举办，一般会邀请天使投资者和风险投资家担任评委，同时邀请数十家创业企业来展示它们的新创意和商业模式。在项目展示会上，每家创业企业都有15~20分钟的时间用PPT向投资者介绍自己的融资项目。如果投资者对创业者的项目感兴趣，他们可以直接与企业创始人进行交流并在展示会后与他们保持联系，跟踪项目的进展，以确认是否是好的投资机会。

(4) 网络融资平台。通过网络融资平台也可以找到好的投资机会，创业者可以通过Kickstarter和Angel List这些网络融资平台提交自己的融资申请。例如，Angel List每月都会收到500份以上的融资申请。天使投资者和风险投资家可以通过这些网络融资平台接触那些处于早期阶段的创业企业。许多风险投资家就是通过这种方式找到好的投资机会的。

(5) 大学。大学是好的投资机会的一个重要来源渠道。在美国，大学每年都会投入总额超过600亿美元的资金用于各种研究活动。其中，排名在前25位的大学每年投入科研的资金总额达到200亿美元。在巨大的科研经费投入的支持下，大学每年都会产生大量的科技成果，这些科技成果的商业化将会带来巨大的经济效益。一些著名的理工科大学，如斯坦福大学等还成立了专门的技术转让办公室以促进科技成果的商业化。每年都会有超过600家新企业基于这些大学的科技成果的市场应用建立起来。

风险投资家通常会与那些从事有潜力的技术开发的大学教授或科研机构的研究人员建立联系，并密切关注他们所从事的科研项目的进展，包括那些尚处于实验室阶段的新技术，从而能够在第一时间得到有关好的投资机会的信息。

(6) 大公司。那些从大公司剥离的新技术和实体也是风险投资机会的一个重要来源，尤其是在生物科技和制药行业，那些大公司通常都会投入巨资来进行前期研发，这些从大公司分离出来的创业团队一般都手握重要的技术成果，风险投资家可以通过与这些创业团队的合作来建立有前途的新企业。例如，风险投资家戴维·希尔(David Scheer)一直致力于寻找那些被大型制药公司搁置却有良好的发展潜力的项目。有一次，他与心血管药物立普妥(Lipitor)的发明人罗杰·牛顿(Roger Newton)联合成立了一家名为Esperion Therapeutics的创业企业，开发一种名为Apo-I Milano蛋白的复合物，这是心血管领域的一项前沿技术，有广阔的商业前景。这家公司在5年后上市，然后被辉瑞公司以13亿美元收购。

(7) 展览会。风险投资家可以通过那些展示前沿技术的展览会来了解相关技术和行业的最新发展趋势，并找出那些有可能成为下一个投资热点的新兴市场领域。

一些创业企业会在行业展览会上展示它们所开发的新技术和新产品。风险投资家可以从中发现好的投资机会。例如，著名风险投资家阿瑟·罗克(Arthur Rock)在参加新泽西州举办的一次电脑展示会时发现了苹果电脑公司，并对其进行了投资。风险投资家德雷珀在一次行业展会上遇到了仙童半导体的首席执行官威尔弗雷德·科里根(Wilfred Corrigan)，并了解到他当时正在筹划创建的一家新的半导体企业。于是，德雷珀对科里根的新企业进行了投资，这家名为LSI Logic的企业在两年后登陆纳斯达克，进行了首次公开发行。

(8) 商业计划比赛。许多理工科大学都会经常举办商业计划比赛，以促进大学校园内的创业活动。一些由学生组成的创业团队可能会在这些比赛中展示他们的新创意和产品，天使投资者和风险投资家会经常应邀出席这些活动并担任评委，在此过程中往往会发现有价值的投资机会。例如，巴特利(Battery Ventures)投资公司的合伙人达格里斯在参加麻省理工学院举办的商业计划比赛中发现了一家名为Akamai的初创企业，并对其进行了投资，这家企业后来成功上市并为投资者带来了高额的投资收益。

(9) 政府机构。在国内，中央与各地的行业主管部门以及科技园区的管委会一般都对本行业或本地区的企业情况比较了解，它们可以为风险投资家推荐有价值的投资机会。

❸ 第三方介绍

(1) 人脉。通过朋友的介绍来认识创业者及其项目是发现好的投资机会的常见方式。研究发现，一些成功的风险投资家主要依赖自己的人脉关系和社交网络来获得潜在投资项目的信息。事实上，那些成功的风险投资家所获得的大多数高质量的投资机会都来自他们的人脉关系，包括以前曾经投资的创业企业的创始人、进行过联合投资的风险投资家、大企业的高层管理人员以及行业专家等。风险投资家通常会与这些人建立并维持良好的关系，这样，一旦有新的创意和优秀的创业企业出现，这些人就会在第一时间让风险投资家知道。例如，一位曾经接受过风险投资家的投资并获得成功的前创业者可能会在其进行二次创业时邀请风险投资家来投资他的新企业。

从历史来看，那些能够带来巨大商业回报的投资机会主要是风险投资家通过人脉关系获得的。因此，风险投资家一般都会致力于建设和发展广泛的人脉关系，并从中获取好的投资机会的信息。如果缺少人脉关系，那么风险投资家可能就需要通过辛苦奔波来寻找合适的投资机会。

(2) 合作伙伴。通过业务合作伙伴和那些向创业企业提供专业服务的中介机构的介绍也可以获取投资机会的信息。这些合作伙伴主要是天使投资者和其他风险投资家，而中介机构主要是律师事务所、会计师事务所、融资顾问公司、投资银行和商业银行等，它们都是重要的项目来源渠道。

- 其他投资机构。风险投资家可以从其他风险投资家那里获得有关投资机会的信息。一些成功的风险投资家会与业内其他风险投资家建立并保持良好的合作关系，并通过联合投资的方式分享好的投资机会。
- 天使投资人。天使投资人以前所投资的项目也可能会成为一个有价值的投资机会。风险投资家通常会与天使投资者或天使投资团队保持密切的联系，并密切关注他们的投资项目的进展情况，以从中发现好的投资机会。
- 律师事务所和会计师事务所。风险投资家可以通过中介机构的推荐来发现好的投资项目。由于律师事务所和会计师事务所这些中介机构经常会担任创业企业的顾问，并为这些企业提供服务，因此它们能够获得大量有关创业企业经营方面的信息和财务数据。这些中介机构不仅可以向风险投资家推荐那些有快速发展潜力的新企业，而且由于它们对创业企业的真实情况比较了解，因此，通过这些中介机构的推介还可以减少信息不对称。研究表明，在经过中介机构的过滤之后，风险投资家发现好的投资机会的概率将会变得更大。
- 融资顾问。一些成功的创业企业在进行首轮融资时经常会聘请融资顾问来协助其寻找投资者，这些融资顾问可以向风险投资家推荐合适的投资项目。

- 商业银行。商业银行等金融机构在为企业提供贷款服务的过程中可能会对企业的经营情况有所了解，并从中发现一些好的投资机会，这些商业银行可能会将这些好的投资机会推荐给风险投资家。

④ 独有项目来源渠道

一些基金管理人建立了独家项目来源渠道来获得有关投资机会的信息。例如，拱门投资(ARCH Ventures)与一些大学的科技转让办公室建立了长期的合作关系，这种独有的项目来源渠道使其可以在第一时间获取与大学所开发的科技成果的商业化有关的投资机会的信息。此外，那些由风险投资机构独家拥有的投资项目数据库也是一个独有的项目来源渠道。

10.3　初步筛选

10.3.1　初步筛选概述

❶ 初步筛选的概念

初步筛选是指风险投资家根据风险投资基金的投资策略和投资标准，对通过各种项目来源渠道所获得的投资项目进行筛选，将那些有发展潜力的投资机会发掘出来，并将那些没有价值的项目淘汰的过程。初步筛选的目的是找出具有良好发展前景，并能够带来高额投资回报的投资项目。在初步筛选阶段，风险投资家主要通过阅读创业企业提交的商业计划书来获得有关创业企业的信息。对于感兴趣的项目，他们还会邀请创业者会面，以获取更多有关创业者和创业企业的信息，并在此基础上完成对投资项目的筛选。

❷ 初步筛选的作用

初步筛选主要具有以下三个方面的作用。

(1) 提高投资效率。风险投资基金每年都会通过各种项目来源渠道获得大量有关投资项目的信息，但是，其中只有极少数具有投资价值。根据有关统计，在所有申请融资的项目中，只有大约5%的项目有投资价值，而绝大多数项目都没有进行深入考察的必要。对于那些处于早期阶段的项目来说，可能只有千分之几的项目有进行深入考察的必要。如果让这些没有投资价值的项目进入后期的投资流程，风险投资家将会浪费大量的时间和精力。对投资项目进行初步筛选可以在开始阶段就将那些明显不符合风险投资基金的投资策略和投资标准的项目剔除，并避免那些没有投资价值的项目进入后期的投资流程，从而避免在没有价值的项目上浪费时间和精力，提高投资效率。

（2）发现投资价值。在风险投资基金收到的融资申请中，有极少数的项目具有像谷歌和Facebook一样的成长性，对这些项目进行投资可以为风险投资基金带来巨大的商业回报。风险投资家在初步筛选阶段的一个主要任务就是将这些项目挑选出来进行投资，这是风险投资运作取得成功的一个关键。从这个意义上说，对投资项目进行初步筛选的根本目的是发现投资价值。

（3）减少不确定性。风险投资基金通过各种融资渠道所获得的投资项目的质量可能会良莠不齐，其中既有发展前景良好的优质项目，也有不具投资价值的劣质项目。如果对这些劣质项目进行投资，那么风险投资基金将会面临很大的风险，甚至遭受严重的损失。因此，风险投资家在初步筛选阶段的一个主要任务是将那些存在各种问题和缺陷、风险较大的劣质项目剔除，从而减少投资的不确定性。

10.3.2 初步筛选的方法

风险投资家主要采用审查商业计划书和与创业团队会面这两种方法来对投资项目进行初步筛选。

❶ 审查商业计划书

许多风险投资家会在初步筛选阶段花大量的时间来阅读创业企业提交的商业计划书。商业计划书的内容通常包含对创业企业的业务发展规划的描述，以及对创业企业的一些关键指标，如产品技术、市场前景、管理团队、商业模式以及竞争优势等进行介绍。在商业计划书中，一般还会有关于企业的财务数据和融资需求方面的信息。风险投资家可以借助这些信息来对创业企业的发展前景和投资价值做出判断。审查商业计划书的过程如图10-3所示。

图10-3 审查商业计划书的过程

❷ 与创业团队会面

对于那些通过商业计划书审查的项目，风险投资家通常会要求与企业管理层会面，以获取更多有关创业者和创业企业的信息。有时候，这种会面活动是以管理层路演的方式来进行的。管理层路演又称为项目演示或项目推荐会议，它是一个小范围的会议。由于实际情况不同，路演的地点也会存在差异。大多数情况下，创业者都会到风险投资机构的办公地点向风险投资基金的管理团队作项目展示；有时候，风险投资家也会应创业者的邀请到创业企业所在地听取他们的项目推介。在路演中，创业企业的管理团队一般会用PPT来介绍有关投资项目的信息。在这个过程中，风险投资家会与创业团队进行探讨，并咨询相关的问题，例如，了解企业愿意以何种方式退出，然后由管理团队对这些问题进行解答。通过听取创业团队的路演，风险投资家可以深入了解有关创业企业和投资项目的情况，并对投资项目是否符合风险投资基金的投资标准做出判断。

通过与创业者进行面对面的交谈，风险投资家可以获得关于创业者的直观印象，考察他们对项目的信心，并与创业者本人结识。大多数风险投资家会十分重视这种与创业者的亲身接触以及从中所获得的直观印象，他们将据此决定是否要与创业者进行后续接触。那些优秀的风险投资家通常都具备一种在长期积累的投资经验的基础上形成的直觉，借助这种直觉，他们可以对创业团队的素质和能力做出准确判断。

经过初步筛选，绝大多数的备选项目都会被淘汰。一般来说，初步筛选阶段的淘汰率是70%。那些符合基金投资策略和标准的项目将会进入下一阶段，并接受风险投资家的尽职调查。

专栏10-2　初步筛选的重点

在对投资项目进行初步筛选时，风险投资家将重点关注两个问题：一是创业企业是否拥有大规模的和可以被开发的市场；二是管理团队是否拥有丰富的经验和很强的执行能力。风险投资家对这两个问题的关注程度超过他们对企业其他方面的关注程度。

1. 市场前景

创业企业的产品是否拥有广阔的市场需求是风险投资家考察的一个重点。首先，拥有巨大的潜在市场规模是创业企业能够获得快速成长的一个前提条件。如果没有广阔的市场发展空间作为基础，任何一项技术或产品的增长潜力都是非常有限的。因此，在对投资项目进行初步筛选时，风险投资家将重点关注新企业的产品是否拥有大规模的潜在市场需求。对大多数风险投资家而言，大规模的市场需求意味着企业产品的市场需求足以支撑其发展成为一家公开上市的企业。这样，如果一家企业在首次公开发行股票时的估值达到数亿美元，那么它的销售收入就需要达到数十亿美元，而它的潜在市场规模则需要达到数百亿美元。

在对创业企业的产品市场进行分析时，风险投资家首先需要对产品的潜在市场需求的大小有一个大致的了解，然后需要分析新产品的市场竞争优势，以判断产品能否占据较大的市场份额，从而可以大致判断企业产品的市场前景是否广阔。

需要注意的是，当需要评估的是一个全新的市场的时候，由于当前没有产品在市场中，因此，对这种类型市场规模的评估需要投资者具备相当的想象力和商业远见。

2. 管理团队

在对项目进行初步筛选时，对管理团队的评估是一个重要方面。大多数风险投资家都认为创业企业的管理团队的素质是一项很重要的筛选指标，还有一些风险投资家将对管理团队的评估作为初步筛选中最重要的工作，他们相信管理团队的能力和素质是决定创业企业成败的关键因素。

如果投资项目的其他方面都符合风险投资家的投资标准，那么，他们接下来将会重点考察负责运作该项目的管理团队，考察和评估内容主要包括：是否具备正直和诚信的品质，是否具有创业激情，是否具备创业经验，对企业所在的行业和市场是否具有深刻的了解，是否具有开发新产品、对新产品进行市场营销以及经营与管理公司的能力与技巧。

在对处于早期阶段的企业进行投资时，风险投资家将对个人和团队分别进行评估。在对个人进行评估的时候，风险投资家将通过对个人的背景和个性的深入分析来判断其是否具备在新企业中扮演指定的角色并完成特定任务的能力。如果这个人曾经在某一个创业企业中扮演过类似的角色，那么做出这种判断将是比较容易的。一般来说，那些具有成功的创业经历的连续创业者更容易得到积极的评价。在对个人进行评估时，风险投资家需要借助基于长期的实践经验培养出来的直觉，以判断某一特定的个人是否具备将来在创业企业中取得相当的成就所需要的个性特征和禀赋。

10.3.3 初步筛选的过程

❶ 按投资策略筛选

风险投资基金通常会根据事先制定好的投资策略进行投资。风险投资基金的投资策略是指在做出对投资项目的投资决策时需要考虑的投资原则与构建投资组合的指南，它包括投资行业、投资阶段、地理位置、投资规模、投资期限等要素。在初步筛选阶段，风险投资家将重点了解企业所在的行业、发展阶段、地理位置、企业规模和投资期限等，并判断其是否与风险投资基金的投资策略相匹配，只有那些符合基金投资策略的项目才能通过筛选。

(1) 投资行业。风险投资家需要考察企业所在的行业是否符合基金的投资策略，行业的成长能够促进企业的快速发展。因此，在进行初步筛选时，风险投资家需要考察创业企业是否处于快速成长的行业。如果被投资企业处于快速成长并具有很高的行业集中度的领域，例如信息技术和互联网领域，那么将有助于它们通过风险投资家的筛选。

(2) 投资阶段。了解被投资企业处于哪一个发展阶段，并考察企业所处的发展阶段是否与风险投资基金在募集说明书中所载明的投资阶段一致。

(3) 地理位置。风险投资家需要考察被投资企业与风险投资机构所在的城市的远近。在投资后，风险投资家需要定期走访被投资企业，了解企业的经营状况，以减少信息不对称。地理位置邻近风险投资家对被投资企业进行监控并为其提供增值服务，而且有利于减少风险投资家参与企业管理的成本。因此，创业企业与风险投资机构地理位置邻近是一个有利的因素。

(4) 投资规模。风险投资基金通常会有最小和最大投资额的要求。为了合理地分散投资风险，风险投资基金的最大投资规模一般不能超过基金承诺资本的10%。为了确保对项目进行有效的管理，风险投资基金的最小投资规模一般不低于300万美元。如果备选项目很有吸引力，但其融资规模太大，超过了基金投资规模的上限，那么，风险投资基金可能需要联络其他风险投资机构一起对企业进行联合投资。

(5) 投资期限。投资期限也是一条重要的筛选标准。投资期限是指风险投资基金从对项目进行投资到项目退出之间的时间间隔。风险投资基金的投资期限一般为7～10年。

❷ 按投资标准筛选

对于那些通过了初步审查的项目，风险投资基金将进一步审查它们是否符合基金的投资标准。风险投资家在这个阶段将重点考察企业业务的各个方面，包括产品与服务、市场规模、管理团队、商业模式、竞争优势和财务状况等，并根据基金的投资标准来对项目进行筛选。风险投资基金的投资标准是一系列决策准则或者选择标准，这些选择标准与创业企业所提交的《商业计划书》中的相关内容是一致的。这些标准中较为重要的有两个方面：一是创始人和创业团队的素质；二是市场前景。风险投资家将对相关指标进行深入的分析和认真的考察，以判断企业的业务和各项指标是否符合风险投资基金的投资标准，主要的考察指标有以下几个。

(1) 产品与服务。通过分析有关新产品和服务的创意的质量可以判断企业为用户创造价值的能力。在考察新产品或服务的创意时，风险投资家需要弄清楚创业企业提供的产品和服务对客户的吸引力如何，以及客户为什么会选择创业企业的产品和服务。

① 拟解决问题的重要性。通过考察企业产品或服务拟解决的问题的性质，可以帮助风险投资家判断企业所提供的产品或服务的价值。一般来说，拟解决的问题的重要性将决定企业产品能够创造的价值的大小。拟解决的问题对用户来说越重要，则产品或服务的价值就越高。例如，如果新企业开发的是一种治疗癌症的药物，则具有重大的价值；如果只是对某个产品外观的一项改进，那么其价值可能就会比较低。

风险投资家需要考察产品拟解决的问题是什么，它对用户来说是否是一个急需解决的重要的问题。通常我们将那些困扰用户的未解决的重要问题称为痛点。因此，也可以说，风险投资家需要了解产品或服务所针对的用户的痛点是什么。

② 解决方案的质量。风险投资家需要考察创业企业所提供的产品和服务帮助客户解决问题的能力如何，这些产品和服务是否能够很好地满足客户的需求。同时，风险投资家还需要了解创业企业所提供的产品和服务是否是差异化的解决方案，它们与现有的解

决方案比较是否具有显著的优势。

判断解决方案的质量的一个指标是产品或服务的创新性。创新是指以一种区别于传统方式的新方式来解决问题。这种创新一般可以带来产品性能的提高或是成本的下降。如果是创新产品，那么是否为突破性创新？例如采用了前所未有的新技术或全新的商业模式。一般来说，那些顶尖的风险投资机构一般都拥有一些著名的行业专家作为顾问，他们可以提供专业的咨询意见，以帮助风险投资家判断一项创新是否具有突破性，或者仅仅是一般的技术革新。

③ 价值主张的吸引力。价值主张是指产品能够为顾客提供的价值和利益。风险投资家需要了解新产品的价值主张是什么，是更快、更好还是更廉价？它们对顾客的吸引力如何？另外，风险投资家还需要了解客户选择新企业的产品和服务的原因是什么。

只有新产品的价值主张的吸引力足够大，才能将客户从现有产品那里吸引过来。如果创业企业进入的是一个已有市场，那么仅靠一些细微的改进是无法获得成功的，要颠覆已有的市场，就必须拿出消除客户痛点的价值主张，或者能够为客户带来巨大利益价值主张。例如，一家创业企业从事新一代手机电池的开发，它所进入的是一个已有市场，新企业将面对很高的进入壁垒。如果新产品只是将能量密度提高了5%~10%，那么它将很难获得成功。但是，如果新产品能够将能量密度提高30%以上，显著地延长手机充电的时间间隔，而且保证新产品与已有产品的价格差别不大，就可以很好地解决电池待机时间短需要频繁充电这一困扰客户的痛点，从而很容易地将客户从现有产品上吸引过来。

④ 产品发展阶段。风险投资家需要了解目前企业的产品处于什么发展阶段。如果它还处于创意阶段，那么要进一步判断该产品是停留在纯粹的构思阶段，还是已经过了初步的验证？另外，如果已经开发出产品，那么需要判断产品是处于原型阶段，还是已经进行生产销售以及是否已经有了第一批顾客。

(2) 市场前景。投资者将对创业企业所提供的产品或服务的市场前景进行考察，包括评估市场类型、判断市场规模的大小，了解市场增长、市场竞争、市场份额以及市场时机是否合适等。

① 市场类型。风险投资家需要了解和认识新企业所面临的市场类型以及其增长潜力如何。创业企业可能会面对不同的市场类型。一些创业企业在一个全新市场上运作，在这种类型的市场上，因为没有同类的产品与之竞争，新企业可以从零开始逐步开拓市场，一旦其开发的新产品被市场所接受，那么，这些企业往往可以快速成长，并为投资者带来巨大的投资收益。例如，雅虎和Netscape是开拓新市场的典型案例，它们所面对的都是早期互联网时代的全新市场。在健康医疗行业，基因技术公司是世界第一家基于全新的DNA复制技术的生物科技创业企业，它所面对的也是一个全新的市场，红杉资本对基因技术公司的投资取得了巨大的成功。

另外一些企业进入的是成熟的市场，它们需要克服很高的进入壁垒，或者还需要面对实力强大的竞争对手，它们必须具有某种类型的竞争优势，如技术创新，才有可能占据较大的市场份额。例如，在1999年，谷歌进入互联网搜索市场时，互联网搜索早已不是什么新事物了，当时，几乎所有主要的互联网门户网站都已经建立了搜索服务，因此谷歌进入的是一个已有市场。

风险投资家需要了解企业是准备开拓新市场，还是打算颠覆已有市场，或者是想要填补市场空缺。如果新企业面对的是一个全新的市场，那么，可能还需要考察它们准备如何让广大用户接受自己的新产品。如果新企业面对的是一个已有市场，那么，需要考察企业的新产品是否拥有某种竞争优势，并且这一竞争优势是否足以颠覆已有的市场格局。

另外，风险投资家需要了解企业面对的是大规模市场还是利基市场，是满足大众需求还是特殊需求。还需要明确企业提供的产品或服务是每个人都需要的，还是专门针对特定人群而开发的。

② 市场规模。投资者可以从两个方面来判断市场规模的大小：一是了解对产品有需求的人数有多少。例如，一家开发一种治疗肺癌的新药的创业企业所面对的是一个大规模市场，而一家开发一种治疗全球仅有1000名患者的疾病的新药的新企业所面对的是一个用户人数很有限的市场。如果对一个新产品有需求的客户的人数很少，那么，它就不是一个重要的产品。二是考察潜在客户为购买这个产品每年愿意花费的钱是多少。如果人们愿意在这个产品上花费的金钱很少，例如，全部潜在客户每年在一个新产品上愿意花费的钱加起来不超过1000万美元，那么这个新产品的市场空间将很有限。

一般来说，产品的单位价格越高，市场规模也越大，但也存在一些例外的情况。例如，一些产品的单位价格很高，但由于其潜在客户的数量不大，因此，它面对的只是一个利基市场。还有一些产品虽然单位价格很低，但因为其潜在客户的数量很大，因此它们仍然可以获得大规模收入，并创造很高的价值。

风险投资家需要考察企业产品当前的市场规模，估计企业产品未来的市场规模，并在某种程度上对其进行量化分析。一些企业进入的是全新的市场，这些市场充满了不确定性，其市场规模也是未知的。这时候，创业者和投资者都只能依靠直觉和经验来判断市场规模的大小。一般来说，当面对全新的市场时，风险投资家往往需要具有某种高度的想象力才能够准确认识这种市场的发展前景和未来规模。例如，在创立初期，eBay面对的是一个全新的市场。在被许多风险投资机构拒绝后，eBay获得了标准资本的投资。最终，eBay成功地开发出一个规模巨大的市场，并为标准资本带来了超过1000倍的投资收益。

另外一些企业进入的是已有市场，它的顾客需求是已知的，而且市场规模也是已知的。因此，风险投资家往往很容易对这些企业的市场规模做出准确的判断。例如，贝佐斯创建亚马逊时，他想要进入的图书零售市场就是一个规模巨大的已有市场，它的顾客需求是已知的，而且顾客的人数巨大，仅在美国，每年图书零售市场的规模就超过了数百亿美元。

一般情况下，风险投资家关注的是那些每年的市场规模超过数十亿美元，而且还处于不断增长之中的市场。如果市场过于狭小或者没有增长，那么企业之间的竞争就可能变得异常激烈，它的增长空间将会很有限。

③ 市场增长率。如果创业企业处于一个快速成长的新兴行业，风险投资家不仅需要了解其当前所面对的市场规模的大小，还需要了解其市场规模的未来增长潜力。许多时候，一些处于初期发展阶段的新兴行业虽然市场规模暂时较小，但是随着行业的成熟，市场规模将会迅速增长和扩大。

④ 市场竞争。如果新技术或产品试图进入的是一个已有市场，那么它可能会与市场上已经存在的产品发生竞争，激烈的市场竞争是导致很多创业企业失败的重要因素。虽然一些创业企业所面对的市场规模非常大，但由于竞争激烈，这些企业所能够占据的市场份额会非常有限。在这种情况下，创业企业很难成长为大型企业。

风险投资家需要考察企业所面临的市场竞争的激烈程度。如果已经存在强大的在位者，那么新企业将很难获得较大的市场份额并生存下去。

⑤ 市场份额。风险投资家需要考察创业企业能否获取大量市场份额。在高科技行业，普遍存在赢家通吃的现象，企业需要获得很大的市场份额才能够得到生存和发展。在大多数情况下，如果新企业想要长期生存下来，它们至少需要获得20%以上的市场份额。在市场占有率较小的情况下，企业将很难盈利。

⑥ 市场时机。市场时机是一个重要的筛选标准。创意是"做什么"，时机是"在什么时间做"。在正确的时间做正确的事情是创业企业取得成功的关键。

在很多情况下，市场时机比技术和创意的创新性更重要。市场上有许多好创意，但它们不一定是好的投资机会。创意的成功需要外部时机的配合，只有与创意匹配的市场时机成熟时，这些创意和新产品才能够获得成功，企业才能够获得快速的增长。历史上，有许多好创意因为推出的时机不对而招致失败，导致失败的原因主要有两个：一是新产品所依赖的基础设施在当时还不完善；二是市场和消费者还没有做好接受新产品的准备。

因此，风险投资家需要了解企业的创意是否与当时的外部环境和条件相匹配。首先，他们需要明确客户是否已经准备好了接受这种新产品，包括市场需求是否已确立，客户对产品或服务的需求是否很明显，并急于采取某种行动来满足需求。其次，风险投资家还需要考察实施创意所依赖的基础设施是否已经完备。最后，他们需要了解市场竞争的激烈程度如何，市场上是否已经存在强大的在位者，如果产品现在进入市场，能否获得竞争优势。

(3) 创始人。在项目筛选阶段，风险投资家将从多个角度对创始人的能力、经验和素质进行考察，包括了解企业创始人是否具有相关的行业背景和经验，是否具备开发产品、市场营销和管理公司的能力等。对创始人进行评估主要是针对他们所拥有的各种优势而进行的，目的是确认他们是否拥有在特定的行业创建成功的新企业所需要的能力和经验。

① 行业背景。风险投资家需要考察企业创始人是否具备足够的行业背景，包括是否具备相关行业的专业知识，在其从事的领域内是否具有丰富的经验，以前是否做过类似的事情。

② 经验。如果创始人具备成功创建新企业的经历，或者在技术开发或市场营销方面拥有丰富的经验，那么新企业获得成功的机率将更高。风险投资家需要了解创始人是否拥有创业和商业运作方面的经验，如果一家企业的创始人没有任何经验，那么新企业通过初步筛选的机率将会降低。

③ 能力。为了将自己的创意和商业计划转变为现实，创始人往往需要具备多方面的能力。在初步筛选中，风险投资家将对企业创始人所拥有的各种能力进行评估，包括评价他们是否具有较强的技术能力，是否具备产品开发和市场开拓的能力，是否具备资源整合的能力，是否具备利用各种融资渠道筹集企业发展所需的资金的能力，以及是否具备管理公司和进行商业运作的能力等。

④ 执行力。执行力是贯彻战略意图和完成预定目标的能力。风险投资家需要考察企业的创始人和创业团队是否具备较强的执行力，因为这是把企业的商业计划转化为现实的关键。

(4) 管理团队。新企业需要具备的两项关键能力是技术开发和产品销售，但只有在极少数情况下，这两项能力才会同时存在于一个人身上。大多数创业者不是全能型的创业者，他们通常并不同时具备成功创业所需的全部能力和经验，因此他们往往需要其他团队成员与他们配合才能完成创业企业的所有工作。当一个创业者在申请项目时说他将独自承担创业企业的所有事项时，这有可能是一个危险的信号。风险投资家应劝说他们放弃这种想法，并尽可能地吸引其他有才华的专业人员加入，以组建一个具有完整能力结构的创业团队来共同完成创业事业。

① 完整性。风险投资家需要对创业团队的完整性进行评价，考察创业企业的管理团队是否拥有创建一个成功的新企业所需的关键技能。一个优秀的创业团队应拥有各种具备专业特长的人员，如技术专家、管理专家、销售和财务管理人员等。风险投资家需要了解公司已经拥有哪些人才，他们是否是所从事的行业的优秀人才，是否具备所需的专业知识和技能，包括技术和营销技能，是否具备丰富的实践经验。最重要的是，确认创业企业的各个关键职位是否已经有合适的人选。

② 协调性。风险投资家需要考察这些人员的协调性如何。一个好的团队应该具有良好的协同效应，他们集结在一起所发挥的作用应远远大于由团队中的个人单独努力所发挥的作用的总和。

(5) 商业模式。商业模式是企业创造价值并将价值转变成收入和利润的方式。它包括价值主张、目标市场、核心业务、合作伙伴、资源配置、营销模式、分销渠道、成本结构和收入模式9个要素。在初步筛选阶段，风险投资家需要深入分析创业企业的商业模式，考察商业模式是否具有可复制性和可扩展性，并重点考察它的营销模式、分销渠道、收入模式。

① 营销模式。一些创业企业的成功在很大程度上依赖于口碑宣传。那些优秀的产品创意具有自动营销的特征，它们可以为用户提供很高的价值和使用满意度，然后通过用户之间的口头推荐和社交网络迅速传播开来。

风险投资家需要了解产品的各种营销和推广手段。考察产品是否能让客户获得很高的价值，以及客户在使用产品时是否能够获得良好的使用体验和很高的满意度。如果产品具备自动传播的特征，那么，创业企业可能不需要进行广告宣传，而是通过客户的口碑宣传来启动市场，并迅速推广，从而可以节省大量的营销成本。

② 分销渠道。风险投资家需要考察创业企业是如何将产品或服务通过分销渠道送达客户的，包括了解现有产品和服务的分销渠道有哪些，客户如何接触新产品，或者产品是通过何种方式和渠道被送到客户的手中。需要注意的是，即使是那些尚处于早期阶段的新产品，也需要拥有分销渠道。

③ 收入模式。创业企业通过提供产品和服务来满足客户的需求，为客户创造价值。收入模式即企业通过为客户创造价值来获取收入的方式。虽然一些创业企业所提供的产品和服务受到了客户的喜爱，但是，如果企业不能从为客户提供产品和服务中获取足够的销售收入，那么这样的企业是无法长期生存并获得发展的。

风险投资家需要考察企业的收入模式是怎样的。例如，在那些互联网企业中存在两种重要的收入模式：一种流行的收入模式是广告收入模式，还有一种是依靠客户付费的收入模式。不少互联网企业的主要收入都来源于这两种收入模式。需要注意的是，在创业企业能够依靠这两种收入模式获得收入之前，它们必须集聚数量庞大的客户。

大多数传统的风险投资基金都是在企业发展的早期阶段就进行投资，而这时这些企业往往还没有实现销售收入。例如，当红杉资本投资谷歌时，投资者看好的主要是它所拥有的性能卓越的搜索技术，并相信这一技术将改变客户的搜索习惯，能通过开发新的收入来源而获得盈利。当时，所有提供互联网搜索服务的网站都还没有找到一种可行的收入模式，那些由门户网站提供的搜索服务几乎都是免费的，而且，没有任何一家企业可以通过互联网搜索工具获得大量的收入和利润。在国内，当腾讯进行第一轮融资的时候，它还没有找到一种清晰的盈利模式，也没有任何盈利记录。在对腾讯进行投资时，投资者看好的主要是它在前期经营中所积累的庞大的用户数量。由于腾讯所提供的即时通信服务的用户基数很大，只要所有注册用户当中有一小部分能够转化为付费用户，那么产品或服务的潜在收益将是巨大的。

(6) 竞争优势与进入壁垒的能力。具体包括以下两方面。

① 竞争优势。如果创业企业具有远远超过其他竞争对手的技术实力或者市场领先优势，这将极大地提升它们的成功率。风险投资家需要考察这家企业如何赢得竞争优势。如果创业企业进入的是一个新市场，那么就需要了解新企业能否通过创新和差异化成为

市场领导者。如果创业企业进入的是一个已有市场，那么就需要考察新企业所提供的产品或服务是否具有颠覆性，是否具有打破现有市场格局的明显优势？例如，如果创业企业开发的产品是新一代网络交换机，那么，风险投资家需要确认新产品的技术指标是否明显超越在位者的产品，或者创业企业拥有产品生产上的低成本优势，其性能价格比明显优于竞争者，而且，这一优势已经足够大到让用户放弃现有的产品转而选用新企业的产品。

② 建立进入壁垒的能力。一般来说，新产品和服务一旦被证明是市场想要的，而且市场规模足够大，那么，它们很快就需要面对来自提供替代产品的新进入者的竞争。风险投资家需要考察创业企业在模仿者出现后是否能够继续保持竞争优势，并确保自己不会失去已经获得的市场份额，包括了解产品是否拥有专有的技术，产品或服务被模仿和抄袭的难度有多大，是否能够申请获得专利，是否有知识产权的保护等。

(7) 成长性与资本增值的潜力。企业的成长性是评价创业企业价值的一个重要指标。风险投资基金所获得的高倍数的投资收益主要来自退出时转让企业股权所获得的资本增值，这些资本增值主要是通过企业的快速成长实现的。因此，风险投资家往往希望创业企业在获得投资后能够快速增长并实现预期的发展目标，以便在将来从这些企业退出时能够获得足够大的投资收益。另外，企业能否快速成长也将决定风险投资基金能否顺利地从创业企业退出。因此，对风险投资项目的成功来说，创业企业是否具有成长性是一个具有决定性的因素。

风险投资家需要确认企业本身是否具备快速成长和增值的潜力。在退出前企业能够实现多大的增长，这将决定风险投资基金能够获得的投资收益的高低。此外，还应明确企业的增长与整个行业的增长相比如何，以及推动这种增长的动力和机制是什么。

需要注意的是，许多投资机会的巨大成长性和资本增值潜力在开始的时候可能并不是那么显而易见。例如，Google在开始的时候只是一个年收入仅为22万美元的网站，而且它还处于亏损状态，但由于其产品和创意具有很强的创新性，并且其所面对的市场规模巨大，因此，它具有很高的成长性和资本增值潜力。在短短数年之中，Google就成长为一个价值数千亿美元的大企业。

(8) 财务分析。虽然在对处于早期阶段的企业的投资中，财务指标并不是风险投资家关注的首要标准，但健康的财务数据是确保投资项目质量的主要指标，因此，风险投资家依然有必要多了解一些企业的财务信息。一般来说，风险投资家将通过分析商业计划书中的有关内容和所附财务报表来了解企业的资产结构和资金流动是否正常。

① 对增长的预测。所有的商业计划书都会对企业未来的发展和增长做出预测。虽然这些预测可能存在言过其实的地方，但创业团队的预测依然很重要，因为这说明管理团队已经认识到应该如何去做才能使创业公司成长。例如，如果管理团队预期企业下一年的销售收入将增加100%，那么企业可能需要组建一支强大的销售团队来支持这一目标的实现。另外，这些预测还说明创业企业的管理层对自己的业务具有深刻的了解，并且知

道如何让企业的业务获得快速的增长。

② 盈利能力分析。盈利能力是指企业获取比成本更高的销售收入的能力，它是决定创业企业是否能够持续生存的一个关键因素。一般来说，利润=营业收入−固定成本−可变成本。因此，一个新产品能够实现盈利的前提条件是企业从提供产品和服务中获得的收入超过在提供产品和服务以及获取用户过程中所花费的成本。潜在付费用户的规模是决定产品或服务的盈利能力的一个重要因素。与盈利能力有关的另外一个因素是利润率，即单位产品的利润。

风险投资家需要对创业企业的盈利能力和利润率进行考察，了解产品的成本、零售价以及利润率是否已经明确，以确定创业企业是否能够从向市场提供特定产品和服务的过程中获取足够的利润。

另外，风险投资家还需要了解当出现替代产品、技术潮流发生变化、用户偏好发生改变，以及与供应商的关系发生变化时，企业经营是否还能够继续获得利润，尤其是当竞争者进入后，企业是否能够继续盈利。

③ 财务数据。在初步筛选阶段，一些风险投资家可能对创业企业在商业计划书中所预测的销售收入和利润等财务数据做一些初步的分析和测算，并判断支持企业实现这些销售收入以及利润指标的那些商业假设是否经得起检验。

对于风险投资家而言，较高的投资收益率是选择投资项目的一个重要标准。一些风险投资基金会要求投资项目达到一定的年销售收入和利润指标。如果创业者在商业计划书中所描述的项目预期投资收益、销售收入和利润指标都满足风险投资家预先设定的这些要求，那么将有助于项目通过风险投资家的初步筛选。

(9) 融资计划。资本需求是指创业企业达成主要发展目标或实现盈亏平衡所需要的资本。首先，风险投资家需要了解要将创意成功转化为产品需要的投资规模。其次，他们需要了解创业企业实现盈亏平衡所需要的投资规模，并以此判断投资项目的资本效率如何。

由于风险投资基金一般采取分段投资的方式进行投资，它们经常需要预留一部分资本用于发展良好的创业企业的后续轮次的融资，因此，风险投资家还需要了解创业企业在整个发展过程中的资本需求，并对从投资后到实现成功退出之前所需要的全部融资额做出一个合理的预测。

① 本轮融资规模。本轮融资规模即创业企业在本轮融资后达成阶段目标所需要的资本。风险投资家需要考察创业企业本轮融资规模的大小是否合适，企业的融资规模是否在风险投资基金的最大和最小投资规模的限制范围内。

如果创业企业的融资规模超过了基金的单笔投资额的上限，那么就可能需要寻找其他投资者进行联合投资。

② 后续融资需求。烧钱率可用来计算一个公司在两轮融资之间能够生存的时间长度。那些具有很高的烧钱率的新企业一般具有极大的资金需求。如果企业以很快的

速度烧钱，那么它们可能需要进行多轮融资，而且每轮融资的间隔较短，融资规模更大。

另外，如果创业企业具有很大的融资需求，并需要进行多轮融资才能满足这一资金需求，那么，投资者还需要了解在经过后续多轮融资的稀释之后，他们在从创业企业退出时所持有的股份的份额是否还能够为他们带来满意的投资收益率。如果本轮投资不能为风险投资基金带来预期的投资收益率，则风险投资家可能会放弃本轮投资。

(10) 退出的可行性。风险投资家还需要考察从投资项目退出的可行性。

① 退出的机会和方式。风险投资家需要考察创业企业的技术和产品对大型技术型企业来说是否具有战略价值，以评估这些企业被大企业并购的机率。如果存在通过被大企业并购的方式实现退出的机会，那么还需要了解那些潜在的买家可能是谁，这些买家的数量有多少，他们可能出于什么原因而购买创业企业？

另外，风险投资家还需要了解创业企业所处的行业是否有利于他们以IPO的方式退出。例如，在IT技术和互联网行业，企业通过IPO方式实现退出的机会明显会比其他行业的企业更多一些。在国内，如果创业企业处于国家产业政策支持优先上市融资的行业，那么它们通过公开上市退出的概率就会更大一些。

② 预测退出的时间。风险投资家需要考察创业企业能否在合理的时间期限内实现退出。由于风险投资基金存在固定的存续期，因此，基金投资组合中的项目都需要在4～7年的时间内完成退出，并将资本返还给投资者。这样，在做出投资决策之前，风险投资家必须考察这些投资项目是否具有在这个期限内完成退出的可能。

③ 预测退出时投资收益。风险投资家需要对未来从创业企业退出时所能够获得的投资收益进行估计，以判定从该项目中退出时能够实现的投资收益率是否符合风险投资基金对预期投资收益率的要求。

❸ 按投资阶段筛选

风险投资基金的投资阶段包括种子期、初创期、早期成长期、扩张期4个阶段。

(1) 种子期。在这个阶段，风险投资家在投资前考察的重点主要是企业的技术。技术是决定这个阶段的创业企业未来是否能够在市场上取得突破并拥有良好的成长潜力的最重要因素。因此，对于种子期的融资，风险投资家将重点考察企业的技术，包括技术是否有前途，技术是否具有唯一性，以及技术是否拥有知识产权等。

(2) 初创期。在这个阶段，创业者将开发出产品原型，并对其进行验证，然后根据市场和用户的反馈进行灵活的调整，以最终实现产品与市场的匹配。风险投资家在对这个阶段的企业进行投资时，他们关注的重点主要有两个：一是创始人的素质；二是新企业所面对的市场。创始人的素质是促使这个阶段的企业取得成功的重要因素，原因可能是初创阶段的企业需要经常改变经营方向，而创始人是否具有远见和灵活调整的能力将决定企业的成败。因此，在对这个阶段的项目进行筛选时，风险投资家将对创始人的素质进行重点考察。

此外，创业企业的产品所面对的市场将决定企业的成长性和资本增值潜力，因此，风险投资家还将把企业的市场前景作为一个重点考察对象，设法弄清楚企业产品的市场规模是否足以支撑其快速发展和成长，促使最终成为一个能够进行首次公开发行的拥有大规模业务的企业。

一般来说，对于初创阶段的投资，投资者一般不会去详细分析创业企业的财务状况。

(3) 早期成长期。在这个阶段，公司的产品将正式进入市场并逐渐吸引用户。创业者在这个阶段的任务是验证创业企业是否具有形成大规模业务并成长为大型企业的潜力。在对早期成长期的企业进行投资时，投资者希望看到企业能够快速成长并具有以高倍数退出的潜力。他们考察的重点主要有三个：一是企业的市场规模；二是管理团队的完整性；三是商业模式的可扩展性。

在对这个阶段的企业进行投资时，风险投资家会将80%的时间和精力用于对企业市场前景的评估和分析上。研究显示，企业的市场规模是决定企业是否能够获得快速成长并发展成为大规模企业的重要因素，因此，风险投资家会重点关注企业即将进入的市场的前景，并通过对市场规模进行更深入的分析来确认企业是否具有较好的成长性。同时，风险投资家还会将一部分时间和精力放在对管理团队的考察上。管理团队的完整性是确保企业能够获得健康成长的关键，因此，在这个阶段，风险投资家会重点关注创业企业的管理团队，包括管理团队所拥有的技能是否完整以及管理团队的稳定性如何等。另外，风险投资家还会关注创业企业的商业模式，考察其是否具有良好的可扩展性，并能够满足企业快速扩张的需要。

在这个阶段，由于风险投资家已经可以收集到更多的企业经营和财务数据，因此，他们还会对企业的财务状况进行分析和预测。但是，一般来说，在这个阶段，风险投资家并不会把对企业财务状况的评估放在比其他因素的评估更优先的位置。

(4) 扩张期。在这个阶段，创业企业的商业模式已经得到证实。创业者在这个阶段的任务是尽快实现盈亏平衡，并占据尽可能高的市场份额。对于处于扩张阶段的企业，风险投资家关注的方面主要有两个：一是在市场上的竞争优势；二是企业管理团队的素质。在这个阶段，风险投资家将考察企业是否在市场上占据了领先位置并拥有强大的竞争优势。那些拥有强大的建立在核心技术基础上的竞争优势的企业将更容易获得投资。另外，随着市场的成熟，对企业产品的需求将迅速增加，市场经常会处于供不应求的状态。因此，对企业来说，关键是找到有经验的经营管理人才，从而使企业不断满足日益增长的市场需求。

另外，企业在以前的融资轮次中是否获得过著名风险投资机构的投资，这也是吸引新投资者加入的一个重要因素。

本章小结

　　获得好的投资机会对风险投资的成功来说具有重要的意义。本章对风险投资家如何寻找投资机会以及对这些投资机会进行筛选的过程进行了探讨。

　　在风险投资基金的募集工作结束后，风险投资家已经拥有了可用于投资的资本。接下来，他们的主要任务是将基金的承诺资本投入合适的目标企业中去，以建立基金的投资组合。在进行投资之前，风险投资家需要获取有关投资项目的信息，并对投资项目进行仔细的筛选和评估，并从中挑选出那些具有巨大发展潜力的投资项目进行投资，这个过程称为风险投资基金的投资流程。

　　风险投资基金的投资流程由6个阶段或步骤所组成，它们是项目来源、初步筛选、尽职调查、交易结构设计、签署投资协议和交易实施。在投资流程的每一个阶段，风险投资家都需要完成特定的任务。首先，他们将通过各种项目来源渠道搜寻和发现有关投资项目的信息；然后，他们将根据投资策略和投资标准对找到的投资项目进行初步的分析，将那些有价值创造潜力的投资项目挑选出来；再次，风险投资家将通过各种渠道收集有关投资项目的信息，并对其进行深入的分析和研究，以验证前面对投资项目所形成的判断是否属实，同时揭示可能存在的各种风险因素；同时，他们还将与创业者进行谈判并就投资交易的结构达成一致；最后，风险投资家将按照与创业者达成的投资协议将资金投放到创业企业中去，从而建立基金的投资组合。

　　获得有关投资机会的信息是风险投资流程的第一个步骤。一般来说，风险投资家获得的投资机会越多，那么从中发现好的投资机会的概率也越大。在这一阶段，风险投资家将通过各种项目来源渠道获得有关投资机会的信息。这些项目来源渠道主要有三个：一是通过人脉关系和声誉来吸引创业者主动提交项目；二是主动寻找感兴趣的投资对象；三是通过合作伙伴或中介机构的推荐获得有关投资机会的信息。

　　在风险投资家通过各种项目来源渠道所获得的大量投资项目中，绝大多数都没有投资价值。如果让这些劣质的项目进入后面的投资流程，将会浪费风险投资家的时间和精力。对这些投资项目进行初步筛选，并事先将那些不符合基金投资策略和标准要求的项目剔除，可以提高投资运作的效率。在初步筛选中，风险投资家将阅读大量的商业计划书，并对创业企业的各项指标，包括产品和服务的创意、市场前景、管理团队、商业模式、竞争优势、成长性、预期投资收益、资本需求以及未来退出的可行性等进行仔细评估，以初步判断其是否符合风险投资基金的投资策略和标准，从而将那些有价值的投资项目从成千上万的备选项目中挑选出来进行投资。本章详细描述了风险投资家对项目进行筛选和取舍的标准，探讨了他们对项目进行初步筛选时所考察的重点，并分析了原因。风险投资基金重要的投资标准主要有两个：一是企业所面临的市场规模是否足够大；二是企业的管理团队是否拥有足够的经验和执行力。此外，本章还讨论了在对不同阶段的投资项目进行筛选时，风险投资家需要考察的关键因素。

思 考 题

1. 风险投资流程可以划分为哪几个阶段？

2. 简述风险投资家的主要项目来源渠道。

3. 简述风险投资初步筛选的作用。

4. 风险投资家主要采取哪两种方法来对项目进行筛选？

5. 简述风险投资家如何按照投资策略对项目进行筛选。

6. 简述风险投资家如何根据投资标准对项目进行筛选。

7. 在根据投资阶段对项目进行筛选时，每个阶段所关注的重点分别是什么？

| 第 11 章 |

尽职调查

学习
目标

1. 掌握风险投资尽职调查的概念。

2. 了解尽职调查与初步筛选的不同。

3. 理解尽职调查的重要作用。

4. 了解将尽职调查划分为初步尽职调查和
   正式尽职调查的原因。

5. 了解风险投资尽职调查的过程。

6. 熟悉风险投资尽职调查的方法。

7. 了解业务尽职调查的重点。

8. 了解财务与法律尽职调查的重点。

11.1　尽职调查概述

11.1.1　尽职调查的概念

在经过初步筛选之后，那些符合风险投资基金投资策略和投资标准的项目将会进入尽职调查阶段，以接受进一步的调查与评估。尽职调查(Due Diligence)，又称为审慎调查，它是风险投资流程的关键环节之一。

尽职调查是指风险投资家在筛选到有潜力的投资项目后对潜在的投资项目的可行性以及目标企业所提供的信息的真实性进行评估的过程。在尽职调查中，风险投资家将对投资项目经营业务、财务和法律方面的事项进行全面、细致的调查和分析，以求准确了解目标企业的真实状况，减少信息不对称，并发现隐藏的风险因素。

尽职调查起源于美国，在《美国1933年证券法》中规定，如果证券交易经纪人在向顾客出售股票之前对发行股票的公司进行了勤勉尽职的调查，那么后来由于发行人未披露的其他信息导致客户遭受损失，经纪人可以免于承担责任。这个规定后来被用来特指针对任何公司所做的信息披露进行严格的调查，简称为尽职调查。

在风险投资行业，尽职调查是指投资者进行信息收集和资料分析，以了解被投资企业的真实状况，从而降低信息不对称、减少投资风险的过程。

11.1.2　尽职调查的作用

尽职调查之所以重要，是因为其在风险投资流程中起着以下作用。

❶ 降低信息不对称

尽职调查的一个核心任务是收集有关创业企业的信息。在风险投资家与创业者之间往往存在严重的信息不对称，这种信息不对称的存在可能导致投资风险。通过尽职调查，风险投资家可以对投资项目的情况有一个更加全面的了解，从而有效降低信息不对称。

在项目的初步筛选阶段，风险投资家主要通过审阅创业者提交的商业计划书来获取有关创业企业的信息。但是，由于这些信息是由创业者自己提供的，他们很可能会故意隐瞒一些关键的信息或者提供一些不真实的信息。例如，为了达到融资目的，一些创业者可能会夸大企业的市场规模和发展潜力。这样，风险投资家从商业计划书中所获得的信息就会与真实情况存在一定的差距。

在尽职调查中，风险投资家将通过多种渠道来收集有关创业者及其企业真实情况的信息，并对这些信息进行深入的研究和分析，以验证之前他们从商业计划书中所获取的信息是否属实。另外，风险投资家之前从商业计划书中所获得的信息可能主要是关于创业企业的业务方面的，在尽职调查中，风险投资家将通过对企业进行财务和法律尽职调查，获取企业在财务数据和法律方面的相关信息，以弥补这两方面的信息缺失，进一步降低与创业者之间的信息不对称。

❷ 揭示风险

在尽职调查中，风险投资家会重点关注创业企业在业务、财务和法律等方面可能存在的风险因素。通过业务尽职调查，风险投资家将对企业的产品技术、市场规模、销售渠道、竞争态势和融资需求等方面进行深入的分析和评估，以揭示在这些方面可能存在的风险。同时，风险投资家还会对企业在应收账款、资产负债、法律诉讼、知识产权、政策监管和环境保护等方面进行评估，以充分揭示企业在财务和法律方面可能面临的潜在风险。

在发现企业可能面临的各种潜在的风险因素之后，风险投资家还会与企业进行深入探讨，以及时消除隐患，寻找可行的应对方案。同时，他们还会对这些风险因素可能导致的后果进行评估，以确定在承担这些风险的情况下是否还值得对创业企业进行投资。如果经过尽职调查以后，风险投资家认为项目潜在的各种风险因素较多，投资的风险过大，那么他们会果断地放弃投资。

❸ 为估值提供依据

在尽职调查中，风险投资家将获取创业企业的核心财务数据和企业发展规划。在对这些数据进行分析和处理后，风险投资家就可以对企业未来的业务发展潜力、盈利能力和现金流做出预测，然后在此基础上完成对企业的估值。

❹ 投资决策的依据

通过获取更多有关企业的真实信息，并对目标企业进行深入的考察和分析，风险投资家可以进一步确认他们在初步筛选阶段所做出的价值判断是否正确。同时，他们还将对创业企业在各个方面可能存在的问题和风险有一个全面的了解。这样，他们就可以对项目的投资价值和风险进行综合评价并决定是否对其进行投资。

❺ 交易结构设计的依据

风险投资家从尽职调查中所获得的数据和信息是他们对企业进行估值和进行交易结

构设计的重要依据。如果在尽职调查中风险投资家获得的信息让他们相信创业企业存在较大的风险，那么，为了更好地保护自己的利益，他们很可能会在与创业者进行谈判时要求获得更多的控制权，以加强对企业的监控。

⑥ 保存信息

风险投资家在尽职调查中会收集到很多资料和信息，经过整理之后将会被妥善地保存下来，并在企业将来进行首次公开发行或并购退出时供查询使用。

⑦ 作为免责的依据

尽职调查还可以作为风险投资家免责的依据。根据有关法规，如果风险投资家在投资前对投资项目进行了全面和深入的调查，那么，即使将来投资项目失败并造成重大损失，风险投资家也不用承担赔偿责任。

11.1.3 尽职调查的阶段

在对早期阶段企业的投资中，以提交投资条款清单为界，尽职调查的过程通常可以分为两个阶段：在签署投资条款清单之前所做的尽职调查称为初步尽职调查，在签署投资条款清单之后所做的尽职调查称为正式尽职调查。

① 划分阶段的原因

将尽职调查的过程划分为两个阶段的原因主要有以下三个。

(1) 把握投资机会。虽然在完成全部尽职调查工作后再决定是否对创业企业进行投资有利于减少投资风险，但由于好的投资机会非常难得，而且很多时候还会出现多个风险投资机构竞争同一个投资机会的情况，因此，在这种情况下，等待将所有的尽职调查工作都做完后再来决定是否对创业企业进行投资可能将面临失去投资机会的风险。

一般来说，当风险投资家对创业企业进行了初步的尽职调查之后，他们就会对投资机会的情况有一个大概的了解。这时候，如果对项目的情况感到满意，那么，为了抓住投资机会，风险投资家就应该在进行更加详细的尽职调查之前向创业者表达投资意愿并要求与他们就投资条款展开谈判，以迅速达成初步的合作意向。

(2) 避免资源浪费。一般来说，对创业企业的初步调研一般只需要动用风险投资机构的投资团队的资源，而要对其进行详细的调研可能还需要得到中介机构，例如会计师事务所和律师事务所的帮助。另外，在美国，风险投资家一般采用优先股进行投资，这种优先股的投资协议会包含许多复杂的条款，例如反稀释保护、清算优先权和特殊投票权等。在风险投资家与创业者就这些条款所进行的谈判中经常会出现很大的分歧，如果等全部尽职调查完成后，再与创业者就投资条款展开谈判，那么，如果双方不能达成一致或谈判失败，风险投资家在之前投入的时间、精力和大量的资源就浪费了。为了避免这种情况的发生，风险投资家一般会在尽职调查的同时，就要求与创业企业就投资条款清单进行谈判。

在国内的风险投资交易中，主要采用普通股进行投资，投资中所涉及的条款也比较简单，由于投资者更容易与创业者就这些条款达成一致，因此，他们可能不需要与创业者签署投资条款清单，而是会等完成全部的尽职调查工作后再与创业者进行正式的投资谈判。

(3) 信息保密的需要。对创业企业进行深入的调研需要接触企业的核心财务数据，而这些财务数据往往属于企业的商业机密。为了确保这些机密信息不会被泄露出去，创业者往往会在风险投资家接触这些信息之前要求与他们签署投资条款清单和保密协议。

❷ 初步和正式尽职调查

(1) 初步尽职调查。初步尽职调查主要是由风险投资机构的内部投资团队来实施和完成的，因此又被称为内部尽职调查。初步尽职调查的内容主要是企业的业务发展情况。在初步尽职调查中，风险投资家将会对目标企业的背景和业务发展情况做一些初步的调研，以判断企业的真实情况是否与风险投资家在初步筛选阶段所获得的信息相符。

初步尽职调查的第一个步骤是与创业团队会面。一般情况下，风险投资家会邀请目标企业的创始人和整个创业团队到风险投资机构的所在地与合伙人见面并演示项目。风险投资家也可能会到创业企业进行实地考察。通过与创业者会面，将进一步加深风险投资家对创业企业及其管理团队的了解。另外，风险投资家也可能会利用自己的人脉资源和社交网络来收集有关创业者和创业企业的信息，以判断企业的真实情况是否与其商业计划书中的陈述相符。

(2) 正式尽职调查。在与目标企业签署投资条款清单和保密协议以后，风险投资家可以接触更多有关创业企业和管理团队的背景以及企业真实经营状况的信息。例如，在特定的地点查阅与目标企业有关的保密信息，这些信息可能包括详细的财务报表、雇用合同、知识产权、财产租赁和薪酬条款等。在此基础上，风险投资家可以对创业企业展开更加深入的调查，从而进一步降低与企业之间的信息不对称。

在正式尽职调查中，除了继续考察企业的业务经营之外，风险投资家还会对企业的财务方面进行考察。例如，要求获取企业的核心财务数据并对其真实性进行审核，对企业的资产负债和纳税等方面可能存在的风险因素进行考察。同时，风险投资家会对企业在法律方面可能存在的风险因素进行考察。例如，考察企业的产品是否已经获得了生产或销售许可证、企业是否存在未了结的法律诉讼，以及企业的产品和技术是否与其他企业存在知识产权纠纷等。通过正式尽职调查，风险投资家可以对企业的真实情况有一个全面和彻底的了解，并充分揭示其可能存在的风险因素，从而为做出正确的投资决策打下基础。

11.2　尽职调查的过程与方法

11.2.1　尽职调查的过程

风险投资家对目标企业进行尽职调查的过程大致可以分为下面5个步骤。一些风险投资家在对创业企业进行尽职调查时会严格按照程序进行，而另外一些风险投资家可能会以一种更加随意的方式来完成尽职调查。

❶ 组建尽职调查团队

在进行正式尽职调查之前，风险投资基金一般会成立专门的尽职调查团队。由于在调查中可能会涉及许多财务和法律方面的事项，因此，风险投资机构一般还会聘请具有丰富的专业知识和经验的中介机构，例如会计师事务所、律师事务所和咨询公司共同参与对企业的调查，以弥补其内部投资团队可能在专业调查能力方面存在的不足。

❷ 制订尽职调查计划

在这一环节，将明确尽职调查的范围和重点，确定参加尽职调查人员的职责与分工以及工作协调的方式，并制订时间进度计划。

❸ 收集信息和访谈

在尽职调查中，风险投资家将严格按照尽职调查程序和规范，通过多种渠道来收集有关创业企业的信息，以全面了解创业企业及其管理团队的真实状况。收集信息的方式包括对创业企业进行实地考察、与企业管理层会面以及走访相关人员等。

❹ 对资料进行审查和分析

在信息收集的基础上，尽职调查团队将对创业企业的财务数据进行分析和审核，以判定其真实性。同时，他们还将对企业的商业模式进行仔细分析，并对企业的发展前景和预期的投资收益水平进行预测。通过这些分析和测算，可以进一步加深对企业的商业模式及发展战略的了解，并验证企业的投资价值是否与之前做出的判断相符。

❺ 撰写尽职调查报告

在尽职调查结束后，尽职调查团队将与创业企业管理层等就尽职调查中所发现的问题进行交流，澄清有关的疑问。然后，在对尽职调查的结果进行整理的基础上编写《尽职调查报告》，包括《财务调查报告》《法律调查报告》和《业务调查报告》。

在对尽职调查报告进行评估后，如果投资团队认为项目的真实状况与之前所做出的判断大致相符，那么，他们还会编制一份《项目投资建议书》，这份文件将与尽职调查报告一起提交给投资决策委员会讨论，并作为投资决策的重要依据。

11.2.2　尽职调查的方法

❶ 与管理团队会面

风险投资家将与创业企业管理团队的成员见面，并与他们进行深入交流，以此对他们的素质和能力进行深入考察，了解他们在个性方面的特点，并对管理团队的完整性、团队成员的互补性以及稳定性等方面进行考察。

❷ 问卷调查

风险投资家可以通过问卷调查的方式来收集企业信息，从而对目标企业的情况有一个全面的了解。在问卷调查中，风险投资家会向创业企业提交一份事先准备好的尽职调查清单，明确列出要求创业企业提供的相关资料以及需要创业企业解答的有关问题。这份尽职调查清单反映了风险投资家在尽职调查中所关注的重点。然后，创业企业将按照清单的要求提供有关资料，对相关问题进行解答，并将答卷提交给风险投资家。

(1) 问卷调查的步骤。

- 向创业企业提交尽职调查清单，在尽职调查清单中列出需要企业提供的资料以及需要企业回答的问题。
- 创业企业按照清单的要求提供相关资料，并对清单中提出的问题进行解答。
- 风险投资家提出补充资料清单，创业企业按照清单的要求提供资料并解答疑问。

(2) 问卷调查的内容。

- 公司和管理团队背景。
- 产品和技术。
- 市场规模。
- 商业模式，包括目标市场、业务流程、核心资源、营销模式、销售渠道和成本结构等方面。
- 市场竞争分析。
- 财务分析和预测，分析企业的财务数据，预测潜在的投资回报率。
- 法律事务。

❸ 文件审阅

通过查阅企业文档中的有关记录等来了解企业的历史沿革以及企业的业务、财务、税务、担保和法律诉讼等方面的真实情况。

- 公司记录，包括公司登记证书、公司章程、董事会会议记录、股东名录。
- 商业交易记录，包括购买协议、销售协议、供给协议、研究协议、特许权与分销协议和政府合同等所有合同资料、所有资产与知识产权清单。
- 财务记录，包括所有财务报表、应收款项、股权协议、税收记录，以及所有募资备忘录的副本、投资计划和股权金额。
- 员工记录，包括所有员工协议、顾问协议、期权计划与福利(养老金、医疗)的详情。
- 法律文件，包括法律诉讼、未决诉讼或预期诉讼的详情。

④ 通过网络与媒体获取数据

通过互联网、报纸和杂志等媒体来获得企业的信息。

⑤ 走访

对企业内部和外部的相关人员进行走访，以获取有关企业背景和经营状况的真实信息。

(1) 企业员工。与企业内部的员工进行交流和沟通，包括与企业的中层管理人员和关键部门人员会面并与其交谈，这是核实和发现企业问题的重要方法。

(2) 走访业务伙伴和前投资者。与创业者的前业务伙伴、前投资者和公司的其他潜在投资者进行交流，包括征询其他风险投资机构的意见。

(3) 潜在客户和供应商。对企业的潜在客户和供应商的信息进行调查和核实，对企业产品的真实需求状况以及市场规模的大小进行验证，包括与客户、供应商会面，了解他们对企业的产品和技术的真实看法；通过电话与企业当前或潜在的客户联系，例如，抽取一些客户的信息，用电话与他们联系，以验证其真实性并了解他们是否愿意成为企业的客户。

(4) 行业和技术专家。咨询企业所在行业内的专家，包括技术专家、市场专家和政府管理部门的人员，了解行业和技术的发展趋势、企业产品的技术水准和性能以及相关行业产业政策方面的情况。

(5) 律师、会计师、银行。与银行审计人员、会计师、律师等专业人士进行交流和咨询，包括找相关的证明人核实信息，核实企业有关的背景信息的真实性。

(6) 竞争对手。向企业的竞争对手了解有关情况。

(7) 市场上的同类公司。征求相关行业中其他企业管理层的意见，并对同类公司的市场价值进行调查。

(8) 工商税务部门。通过走访目标企业所在地的工商局和税务机关并查询企业档案等，进一步了解、核实企业工商注册登记和税务等方面情况的真实性。

❻ 实地考察

到企业进行实地走访和调研，以全面了解企业的业务和经营状况。在实地考察中，风险投资家将参观企业的开发和经营场地，了解企业的产品开发、生产和业务流程，并对企业的资产和设备情况进行核实。

❼ 投资谈判

在投资条款清单谈判中，风险投资家将与企业创始人和管理团队的成员进行大量面对面的接触和交流，借此机会可以对他们的人品与个性特征进行深入的考察，以获取对企业创始人和管理团队的全面了解。

11.3　尽职调查的内容

尽职调查的内容是指投资者在对企业的尽职调查中应该问什么样的问题，并希望获得什么样的信息。一般来说，尽职调查主要包括三个方面的内容，即业务尽职调查、财务尽职调查和法律尽职调查。但是，根据企业发展阶段和投资规模的不同，尽职调查的内容可能存在很大差异。例如，在对早期阶段的创业企业进行投资时，尽职调查的内容主要是企业的市场和业务方面；在对后期阶段的企业的投资中，除了要对企业的业务进行考察之外，可能还需要考察企业的财务和法律方面。一般来说，风险投资的尽职调查的侧重点是对业务和管理团队的考察，而财务和法律调查并非必需。

在尽职调查中，风险投资家将带着有关创业企业的一系列问题去进行考察，因此，尽职调查的内容主要是以问题的形式出现的。

11.3.1　业务尽职调查

❶ 业务尽职调查的概念

业务尽职调查是指风险投资家对创业企业的经营状况所进行的考察和分析。在业务尽职调查中，风险投资家将对创业企业的产品与技术、市场前景和企业管理团队的背景等信息进行核实，同时，深入考察企业的商业模式、营销计划、竞争优势、成长性和盈利能力等方面。通过业务尽职调查，风险投资家可以判断拟投资的企业是否拥有成长和资本增值的潜力，并在融资后获得高速增长。

业务调查主要有三种方法：一是通过网络研究，例如，在做市场尽职调查的时候，可以通过互联网搜集相关信息；二是与业内人士交流，通过与行业专家和业内人士交谈，了解项目的市场前景和规模；三是查阅行业研究成果和市场研究报告。另外，在业务尽职调查中可能需聘请外部的管理咨询公司进行协助。

❷ 业务尽职调查的内容

在初步筛选阶段，风险投资家已经对创业企业的业务进行了初步的考察。在尽职调查阶段，风险投资家将对创业企业的业务，包括对企业的产品与技术、顾客、市场规模、管理团队、商业模式和竞争优势等进行更加深入的分析和考察，并对目标企业的估值是否太高、管理团队是否完整和财务计划是否可行进行核实，可能还会对项目的投资退出方式是否可行进行评估，以进一步降低风险投资家与创业者之间存在的信息不对称。

(1) 产品与技术。在对产品与技术进行尽职调查时，风险投资家将对产品的技术指标、技术前景、知识产权以及产品所处的阶段等方面进行考察和评估。在这个过程中，选择适当的专家进行咨询是很关键的。风险投资基金一般都会建立顾问委员会，并邀请行业或者技术方面的专家作为顾问委员会的成员，尤其是顶级的风险投资机构，一般会聘请一些高水平的行业和技术专家作为自己的正式或非正式的顾问团队。这些顾问在帮助风险投资家更好地了解和判断产品的技术和市场前景方面具有重要的作用，风险投资家通常会向这些专家进行咨询，并在他们的帮助下对产品和技术的前景做出正确的评价。

风险投资家需要根据企业产品所处的阶段来确定调查的重点。如果产品还停留在创意阶段，那么创意是否已通过测试和验证？如果产品已经进入市场，那么这些产品的性能如何？对一些类型的新产品而言，风险投资家可以亲自试用，如果不能通过试用的方式来了解新产品，那么风险投资家可以通过对产品潜在顾客进行访谈的方式来明确这些产品可能存在的优势和缺陷。在一些情况下，焦点小组和问卷调查是很有用的方法，后一种调查经常可以外包给专业机构来做。

- 核心技术。风险投资家需要考察企业的核心技术是什么，其成熟度如何。
- 技术指标。一般来说，技术型产品之间的竞争主要是技术指标的竞争。例如，网络交换机的用户对数据交换的速度非常敏感，甚至敏感到毫秒级。如果创业企业开发的是技术型产品，那么风险投资家需要考察与竞争产品比较新产品在技术指标上具有何种优势。
- 进入障碍。风险投资家需要考察创业企业的产品在进入市场时面临的障碍是什么，是否需要经过行政审批并获得政府颁发的经营许可证，例如FDA认证。
- 知识产权。业务尽职调查的一个重点是了解企业的专利和商业秘密受法律保护的状况。在投资之前，风险投资家需要考察企业的产品是否有专利权，并确认新企业的技术不存在侵犯其他企业专利权的情况。

(2) 顾客。在对企业产品的顾客进行评估时，风险投资家需要考察企业产品的目标顾客的数量和质量如何，顾客对企业服务的满意度如何，以及企业获取顾客和提高销售额的策略是否有效等方面的内容。对顾客进行调查的方法包括从企业的用户信息中选取一些顾客的电话号码，对他们进行电话访谈，以验证其真实性并对企业产品的市场前景进行评估。例如，一些风险投资家会给潜在的顾客打电话询问其是否愿意成为公司产品的用户，以测试顾客对公司产品的态度。顾客调查的内容一般包括以下几方面。

- 了解企业产品的客户或潜在客户是谁，如果企业仅仅依靠少数几个关键的大客户来维持其业务发展，那么就应该对企业与这些关键客户之间的关系的稳定程度进行评价。
- 企业是否已经拥有了第一批客户？如果是，那么就需要了解这些客户使用企业产品和服务的体验与满意度如何。
- 了解企业已经获取的用户的数量以及用户数量的增长情况。
- 明确企业是否已经拥有付费用户，还是全部为免费用户。
- 了解用户接纳度，即产品的用户是否会与朋友谈论这些产品。
- 了解用户留存度，即如果已经有人在使用该产品，他们是否存在重复消费行为。

(3) 市场规模。在尽职调查阶段，风险投资家需要了解企业产品的市场规模如何，潜在用户的数量有多少。一个成功的风险投资项目应该具有广阔的市场发展前景。在初步筛选中，风险投资家已经对创业企业的产品的市场规模进行了初步考察。在尽职调查中，风险投资家将对企业产品的市场进行重点分析，因为这些因素可能对企业未来计划开发的产品及服务产生重要影响。在初步筛选阶段，对市场的评估是一种大致和粗略的估计。市场评估的标准通常是要求创业企业拥有一个大规模的市场，而且这个市场是可以开发的。在尽职调查阶段，风险投资家将对创业企业的市场进行更加认真和细致的分析，并使用翔实的数据来对在初步筛选阶段得到的信息进行验证，核实企业在商业计划书中所提供的有关市场规模的信息是否属实。

(4) 管理团队。在项目筛选阶段，对管理团队的评估主要是针对管理团队所具有的各种优势进行的。例如，了解管理团队是否拥有足够的能力和经验将公司的商业计划转变为现实。在尽职调查阶段，风险投资家将从多个角度对创始人和创业团队所具有的技能、经验和素质进行考察，具体包括：创业者是否正直、诚信，是否具有创业激情，是否具有创业经验，创业团队是否完整，是否具备开发产品、市场营销和管理公司的能力。同时，风险投资家还将对管理团队存在的不足和缺陷进行认真的分析和评估。

- 诚信。诚信是一个优秀的创业者应具备的基本品质。处于早期阶段的企业具有很高的不确定性并存在严重的信息不对称，那些不够诚信的创业者可能会利用这一有利条件来谋取个人利益，从而引发道德风险。为了避免这种情况的发生，风险投资家在尽职调查中需要对创始人和管理团队的诚信品质进行评估。在对管理团队的诚信品质进行评估时，风险投资家将会与那些曾经与创业者有过交往的人，例如创业企业客户或其他风险投资家进行交谈，并征询他们的意见，以了解创业者是否足够诚信。只有那些具备诚信和诚实品质的创业者才能通过风险投资家的审查。即使一个创业企业可能具有很好的技术和市场前景，也具有相关的商业经验，但如果风险投资家发现其管理团队不够诚实，那么，他们也可能会放弃对这家创业企业的投资。

- 能力。在尽职调查中，风险投资家需要花大量时间来核实创业者是否具备足够的技术能力和商业运作经验，以完成期望他们完成的工作任务和目标。

- 团队完整性。在考察管理团队的完整性时，风险投资家需要确认核心团队成员是否已经拥有经营这类企业所必需的技术与商业特长，或者管理团队是否缺少某些必要的技能。如果创业团队的关键职能存在空缺，那么就需要从外部招募人才来填补这些空缺。如果需要招募有才华的专业人才，那么需要明确企业是否已经制定了招聘人才的相关标准，以及开展招聘工作的具体时间。事实上，许多高科技企业的创始人都是一流的技术人员和工程师，他们可能拥有相当的技术才华，但可能缺少担任企业CEO职位所需要的一些关键技能。例如，这些技术人员通常并不具备高效领导一个新企业的能力。在对管理团队的完整性进行评估时，风险投资家经常会发现管理团队虽然已经拥有了大多数创建新企业所必需的技能，但依然缺少一些关键技能，如缺少有经验的市场销售和财务管理人才。在这种情况下，风险投资家可能要求创业企业去招募成熟和有经验的财务人员来担当首席财务官，或者招募市场营销方面的专业人士来担当企业的市场副总经理。在这个过程中，风险投资家通常会利用自己的网络资源和渠道来为这些创业企业提供必要的支持和帮助。

- 团队稳定性。一个优秀的创业团队的成员之间都彼此了解各自的行事风格，并知道如何相互配合以取长补短。风险投资家还需要了解创业团队是否拥有共同的信念与目标，是否能够相互信任与合作，团队成员在以前是否一起工作过、是否一起打造过产品和公司，他们在创业过程中是否遇到过逆境，能否共渡难关，尤其是当创业企业陷入困境时，创业团队的成员是否能够通力合作以扭转困难局面。

(5) 商业模式。商业模式是一个综合的概念，它包括企业的价值主张、目标客户、核心业务、合作伙伴、资源配置方式、营销模式、分销渠道、成本结构以及收入来源9个方面的内容。如果商业模式不可行或不具有扩展性，那么将极大地影响企业的生存和发展。

因此，风险投资家在对创业企业的商业模式进行评估时，需要考察企业的价值主张、目标客户、合作伙伴、营销与推广以及分销渠道等方面。

- 价值主张。风险投资家需要考察产品能够带给顾客的核心利益是什么，客户能从使用企业的产品中获得什么样的好处？哪些功能或指标对用户来说很重要？用户对这些性能有何要求？企业产品的这些性能能否很好地满足用户的这些需求？

- 目标客户。考察企业的目标客户和市场定位是否准确。
- 合作伙伴。合作伙伴是指创业企业所在的价值链上的其他厂家，包括上游厂家和下游厂家。风险投资家将对那些与创业企业有合作协议的其他公司进行全面的了解。许多创业公司的业务过于依赖少数几个合作伙伴，包括关键供应商和开发合作伙伴。风险投资家应该与这些合作伙伴进行接触以证实他们与创业公司之间的合作关系是健康和稳定的。
- 营销与推广。企业的产品是如何营销的？产品的营销和推广手段是否经过测试与验证？了解顾客是通过什么渠道获悉有关企业产品的信息的，了解产品是否具有病毒传播的特征。
- 分销渠道。了解企业产品的销售渠道是什么？

(6) 竞争优势分析。在尽职调查阶段，风险投资家将考察创业企业是否具有某种竞争优势，以及有何竞争优势。很多情况下，虽然新产品本身很优秀，但是由于市场上早已经存在很多竞争性的产品，因此新产品无法建立竞争优势，这是导致很多新产品失败的一个重要原因。因此，风险投资家需要了解企业产品的市场竞争状况如何，包括是否已经有类似产品的存在，或者是否有其他人能够提供替代品。如果存在市场竞争，那么还需要进一步了解谁是企业产品的竞争者，他们的市场地位如何，以及对新企业的威胁程度如何。

另外，风险投资家需要了解在竞争者进入后，企业是否能够继续保持竞争优势？一般来说，当企业的产品被证明可行之后，大量的模仿者就会加入进来，在与这些模仿者的竞争中处于不利地位是创业企业失败的一个重要原因，因此，风险投资家需要了解创业企业在模仿者进入后是否能够继续保持竞争优势。同时，还需要了解这些竞争优势将来自何处。一般来说，那些有助于建立进入壁垒的能力的因素主要有以下三个方面。

- 核心技术。投资者需要了解企业的产品是否有核心技术，技术领先性如何，以及如何防止产品技术被模仿。
- 知识产权保护。投资者需要了解产品的知识产权保护情况。例如，企业是否有专利和知识产权保护，如果有专利权的保护，竞争者将难以创新产品进行模仿，从而可以有效保护企业的竞争优势。
- 先发优势。一般而言，企业的先发优势主要是通过其所掌握的关键资源，如地理位置、供应商、分销系统等，建立忠诚的顾客关系和品牌影响力以及获得政府的独家许可证等方式建立起来的。对那些技术和互联网行业的创业企业而言，投资者需要考察企业产品是否会产生网络效应，因为在这些行业中，网络效应是先发优势的一个重要来源。

(7) 财务分析。对于那些尚未产生稳定收入的创业企业来说，风险投资家很少会对它们进行详细的财务分析，只有当这些企业已经开始产生稳定的销售收入以后，风险投

资家才会对它们进行更加详细的财务分析。一般来说，风险投资家对企业的财务分析将
重点关注企业的投资收益率和企业的估值等方面。

- 投资收益率。在尽职调查过程中，风险投资家将会进一步考察企业在商业计划
书中所预测的投资收益率是否基于合理的假设并具有现实性。
- 企业估值。在尽职调查中，风险投资家将对目标企业进行估值。通过尽职调
查，风险投资家将接触更加详细和完整的企业财务数据，这些财务数据能够反
映企业的真实运营状况。风险投资家将对这些财务数据进行分析和测算，以确
定企业在未来数年中可能产生的现金流，并根据这些预测的现金流来对企业进
行估值，以确认自己购买企业股权的价格是否合适。

(8) 融资计划。在早期阶段的创业企业的商业计划书中，企业的融资需求和未来的
资金使用计划是财务计划的一个主要内容。风险投资家需要考察企业的融资需求以及资
金使用计划是否合理，具体包括：企业的创始人已经投入了多少资金，公司之前是如何
融资的，公司对资金的使用效果如何，新的融资准备用来做什么，要实现什么目标，需
要多长时间才能实现正现金流，如果企业无法完成后续融资该怎么办，企业是否会倒
闭，企业是否可以通过削减开支存活下来并继续前行。

(9) 退出战略。风险投资家需要考察当前的业务发展状况和未来的增长前景，以此
判断企业的退出战略是否可行。

11.3.2 财务尽职调查

❶ 财务尽职调查的概念

财务尽职调查是指风险投资家对目标企业的财务方面所进行的调查。在财务尽职调
查中，风险投资家将收集企业的财务信息，包括查阅企业的财务报表以及与客户签订的
购买与销售合同等，并在此基础上对企业的财务状况进行全面和深入的分析，以确认企
业所提交的商业计划书中的各项财务指标和信息是真实的，同时揭示企业在财务方面可
能存在的各种风险因素。

在财务尽职调查中，风险投资家将对企业提供的财务数据进行分析，并通过函证、
实物盘点、数据复算等财务审计方法来证实这些财务数据的真实性。同时，风险投资家
将了解企业的资产负债、流动资金、应付账款以及资本需求等方面的情况，并对其真实
性进行核实。另外，根据企业的业务发展规划和财务数据，通过财务模型对企业未来数
年的现金流和收益进行预测，并在此基础上完成对企业的估值。

风险投资家还将对企业的内部控制制度进行考察，获取有关担保、应收款的质量和
税收方面的重要信息，以揭示企业在财务方面可能存在的风险因素。针对在尽职调查中
所发现的这些风险因素，在投资条款清单谈判中，风险投资家可能会要求设置相应的限

制性条款来加以预防和化解。

在财务尽职调查中，除了由基金管理团队中的专业财务人员负责上述工作以外，可能还会从外部的会计师事务所聘请专业人员来协助进行有关财务数据分析和预测。

❷ 财务尽职调查的内容

财务尽职调查关注的重点包括以下几方面。

(1) 公司概况和历史沿革。在财务尽职调查中，调查人员将收集和查阅相关的法律文件，包括主管机关批文、公司的营业执照、税务登记证、出资证明及验资报告、公司章程、投资协议及意向书和备忘录、各种行业审批资质文件、股东会决议、评估报告和工商变更登记等；考察企业的创立和演变过程，包括企业股权的变更情况、企业主营业务的变化情况，以及主要资产的形成和变化的过程等。通过历史沿革调查，可以发现企业在股权和资产方面可能存在的问题和风险，并寻求解决这些问题和应对风险的方法。

(2) 股权结构。了解企业的股权结构，包括股东名称、股东的出资形式、持股比例和实际控制人等，并对有关控股股东的情况做适当了解。

(3) 财务组织机构和管理制度。在财务尽职调查中，调查人员将了解企业的财务组织机构和管理制度，包括财务制度和会计制度、年度经营计划与财务预算的编制和考核、会计报告流程和财务管理模式等。

(4) 财务会计报表。查阅公司历年的财务报表及审计报告，以及未来数年的财务预算和规划。

(5) 资产与负债。了解企业的资产状况及其资产归属，并对企业的债务进行审查，了解有关债务的偿还期限和利率等。

(6) 税费。了解企业需要交纳的各种税费及其税率的情况。

(7) 关联交易。对公司的供应商、代理商或零售经销商进行审查，了解企业内部各种关联交易的类型以及与之相关的政策等，包括交易流程、交易价格和结算原则。

11.3.3 法律尽职调查

❶ 法律尽职调查的概念

法律尽职调查是指风险投资家对企业的法律方面所进行的调查。法律尽职调查的目的是确保企业的经营符合各项法律法规，并揭示企业在法律方面可能存在的风险因素。

法律尽职调查的方式包括审阅相关的历史文件和记录、合同协议，实地考察，与企业各部门的负责人及企业其他成员交谈，走访相关政府部门等。由于可能需要用到法律方面的专业知识和技巧，因此，在法律尽职调查中，风险投资机构一般会从外部的律师事务所聘请专业人员来协助进行法律尽职调查。

❷ 法律尽职调查的内容

在法律尽职调查中，风险投资家关注的重点主要包括以下几方面。

(1) 企业档案。了解企业的设立情况，查询企业的章程和档案，包括企业的股权结构、股东的背景情况。了解被投资企业章程中的重要条款的内容，例如，公司的重大经营决策，如增资、合并或资产出售，须经持有多少比例以上股权的股东同意才能通过。了解是否有特别投票权条款，以及查阅投资协议、股东会及董事会的会议记录等。

(2) 产权归属。了解企业的财产，包括不动产和知识产权及其所有权归属状况，核实企业是否存在财产租赁关系。

(3) 合同与协议。查阅企业与客户及合作伙伴所签订的重要协议，如销售协议、合作研发协议、原材料供应协议等，并了解这些合同与协议发生效力的条件与期限。

(4) 法律诉讼。了解企业是否存在法律纠纷，包括企业在过去曾经发生的法律诉讼，以及未决的诉讼案件。如果企业存在未决的诉讼，那么应了解这些诉讼案件可能会给企业的发展带来多大程度的不确定性。

(5) 知识产权评估。知识产权(Intellectual Property，IP)是指以专利、著作权和商标形式存在的，受到法律保护的知识、技术、作品和图片等无形资产。在对知识产权的尽职调查中，需要重点关注的问题包括以下几个方面。

- 核实企业是否拥有核心技术的知识产权。如果核心技术的知识产权归企业所有，那么还需要了解该知识产权是否涵盖公司所有产品，这些知识产权受保护的范围(国家或地区)如何。
- 如果企业并不拥有核心技术的知识产权，那么需要了解企业是否与核心技术的所有者之间达成了使用相关技术的许可协议，这些许可协议的内容是否完备。
- 了解企业是否存在知识产权方面的未决诉讼，包括针对企业商标和专利的诉讼，确认这些诉讼是否会影响风险投资家的利益。

(6) 合规性审查。在尽职调查中，风险投资家还需要了解企业的经营业务是否符合各种法律法规的要求，了解企业的经营活动是否存在与相关的法律，如《中华人民共和国环境保护法》《中华人民共和国劳动法》和《中华人民共和国反垄断法》等相抵触的情况。例如，了解公司与员工之间签订的雇用协议及有关工资福利待遇的规定是否符合《中华人民共和国劳动法》的要求。

本章小结

在投资前对投资项目进行深入和全面的尽职调查具有重要的意义，它事关风险投资的成败。在尽职调查中，风险投资家将通过各种渠道收集有关创业企业的信息，并对项目的每一个方面进行深入的分析和研究，以确认自己在前一个阶段对这些企业所做出的判断是否属实，并揭示和发现投资项目可能存在的各种风险因素和重大隐患。

以提交投资条款清单为界，尽职调查的过程可以划分为初步尽职调查和后期尽职调查两个阶段。将尽职调查划分为两个阶段有助于风险投资家更好地把握投资机会，并避免资源浪费。尽职调查的过程包括5个步骤，即组建调查团队、制订调查计划、搜集信息和访谈、对搜集到的资料进行审查和分析以及撰写尽职调查报告。尽职调查的方法主要有三种，即利用企业提供的信息资料进行考察、实地考察以及走访相关人员。

尽职调查的内容包括业务尽职调查、财务尽职调查和法律尽职调查三个方面。本章分别介绍了在这三个方面的尽职调查中需要重点关注的内容，了解这些内容对于风险投资家和那些想要顺利通过尽职调查，并从风险投资基金那里获得投资的创业者来说同样重要。

思 考 题

1. 简述尽职调查的概念。
2. 简述尽职调查与初步筛选之间的区别。
3. 简述风险投资尽职调查的作用。
4. 尽职调查可划分为哪两个阶段？划分阶段的原因是什么？
5. 简述风险投资尽职调查的基本步骤。
6. 风险投资尽职调查的方法有哪些？
7. 什么是业务尽职调查？列出业务尽职调查关注的重点。
8. 什么是财务尽职调查？列出财务尽职调查关注的重点。
9. 什么是法律尽职调查？列出法律尽职调查关注的重点。

|第 12 章|

估值

1. 理解各种估值方法的优点与不足。

2. 理解影响企业价值的内部和外部因素。

3. 理解估值谈判的重要性。

4. 理解比较估值法的基本原理。

5. 理解估值倍数的主要类型。

6. 掌握运用比较估值法对企业进行估值的步骤。

7. 理解现金流折现法的基本原理。

8. 掌握运用现金流折现法对企业进行估值的步骤。

9. 理解风险投资估值法的基本原理。

10. 掌握运用风险投资法对项目进行估值的步骤。

11. 理解实物期权估值法的概念及运用。

12.1　估值概述

12.1.1　估值的概念

估值(Valuation)是指对企业的货币价值进行评估的过程。对企业进行估值是为了确定风险投资基金购买企业股权的价格。通过估值的过程，风险投资家可以对企业的投资价值做出正确的判断，并作为将来投资决策的依据。

对企业进行估值是风险投资流程的一个重要步骤，在风险投资家对企业的投资和退出过程中都需要对企业进行估值。风险投资家将在尽职调查所获得的企业财务报表和经营历史数据的基础上，选择恰当的估值方法来对企业的价值进行评估。传统的估值方法主要有两种，它们是比较估值法和现金流折现法。比较估值法主要是从市场的角度来分析公司的价值，因此又称为相对估值法。现金流折现法基于公司的现金流和折现率来评估公司的价值。现金流折现法不使用类似公司的相对价值的信息，因此，现金流折现法又称为绝对估值法。审慎的投资者在做出投资决策前一般会同时采用现金流贴现分析法(绝对估值法)和比较分析法(相对估值法)对企业进行估值。换句话说，他们既从市场的角度又从企业自身的角度来对企业的价值进行评估。

在风险投资行业中，比较估值法是一种常用的估值方法，尤其适合于对企业退出价值的评估。许多IPO退出案例都是采用这种估值法进行估值的。现金流折现法是专业人士首选的估值方法，尤其适合对那些进入了后期发展阶段，并具有稳定现金流的企业进行估值。风险投资法是风险投资家经常用到的估值方法，它是一种基于比较估值法的估值方法。实物期权法是一种基于期权定价理论的估值方法。在本书中，我们将对这几种估值方法的基本原理及其在风险投资中的应用进行详细的介绍。

12.1.2　影响企业估值的因素

对风险投资家来说，如何为创业企业确定一个合理的估值是一件非常困难的事情。一般来说，采用估值方法进行技术分析并不能得到企业的精确估值。除了运用恰当的估值方法以外，在对企业的价值进行判断时，风险投资家往往会参考一系列因素。这些因素大致可以分为内部因素和外部因素两种类型，如表12-1所示。其中，内部因素主要是企业所处行业、企业发展阶段、市场规模、知识产权、创始人和管理团队、前期经营业绩和企业特点等，而外部因素主要是IPO市场的状况、所处地区以及投资者的类型等。在这些因素中，企业所处行业、发展阶段和所处地区是影响企业估值的重要因素。

表12-1　影响企业估值的因素

内部因素	外部因素
所处行业	IPO市场的状况
企业发展阶段	所处地区
市场规模	行业发展趋势
知识产权	来自其他投资者的竞争
创始人和管理团队	投资者的类型
前期经营业绩	
企业特点	
声誉	
退出机会	
以往融资情况	

❶ 影响估值的内部因素

影响企业估值的内部因素依照优先顺序排列主要有以下这些。

(1) 所处行业。创业企业所在的行业会对它的估值具有很大的影响。一般来说，那些新兴行业的初创企业的估值会比传统行业高得多，原因是新兴行业中的创业企业更可能拥有创新的商业模式和较大的市场发展空间。因此，与传统行业中的企业比较，它们一般具有更大的增长潜力，也更有可能通过公开上市的方式退出，因此，投资者更愿意给它们较高的估值。例如，一家互联网技术企业的估值通常会比一家传统行业的企业(例如一家普通的硬件开发公司)的估值高出许多。另外，每个行业都有自己的估值逻辑和方法。例如，一家餐馆的估值可能是它的各种资产的3～4倍，而一家具有可观的用户流量的互联网公司的估值通常是年营业收入的5～10倍。

(2) 发展阶段。企业的估值与企业的经营风险呈现此消彼长的关系。一般情况下，风险越高，估值越低；风险越低，估值越高。那些处于早期阶段的企业，由于不确定性很高，投资风险很大，因此估值也较低。

一般来说，成功企业的估值是随着时间的推移而递增的。当企业经过一段时间的运行之后，与企业前景相关的不确定性因素逐步得到消除，尤其是当企业有了客户和销售收入之后，市场变得明朗，它们所面对的市场不确定性和风险大为减少，企业的估值也将随之提高。

(3) 市场规模。对市场规模和市场增长的预测将影响企业的估值。一般来说，拥有大规模的市场是创业企业能够获得快速成长的一个重要原因。如果企业的市场规模比较大，市场增长较快，那么企业未来的发展将更加迅速，也更有可能通过公开上市的方式退出。因此，在对企业进行估值时，投资者更愿意给那些服务于大规模市场的企业较高的估值。例如，虽然优步公司从未赚到钱，并且累计发生的亏损达到了4.17亿美元，但因为这家企业所面对的市场规模巨大，从长远来看具有巨大的潜在盈利能力。因此，很多投资者都希望为这家企业提供融资，这使它拥有了很高的估值。目前，优步的估值高达500亿美元。

(4) 知识产权。因为创业企业可以通过技术与知识产权建立长久的竞争优势，因此拥有专利技术和知识产权可以增加企业的估值。

(5) 创始人和管理团队。一家创业企业的成功在很多时候取决于其创始人和管理团队的素质。创始人的教育背景和经历，包括创始人接受过什么样的教育，是否有工程技术或者MBA学位，曾经在哪家大公司工作，承担过什么样的开发项目，或者是否有过创业经历等，这些都是影响企业估值的重要因素。另外，有强大的管理团队是创业企业获得成功的一个重要因素。管理团队的成员所拥有的知识、技能和经验将会影响企业的估值，许多初创企业因为拥有优秀的技术开发人员或工程师而获得了较高的估值。

(6) 前期经营业绩。企业前期的经营状况和业绩会影响企业的估值。投资者可根据创业企业前期所取得的业绩来预测企业的发展前景。一些创业者是第一次创业，既无经验，也没有良好的声誉，但是他们凭借在前期所取得的优秀业绩而获得了较高的估值。例如，由于Facebook在前期经营中受到了用户的广泛欢迎，拥有规模巨大的用户数，这使得它在首轮融资中获得了高达1亿美元的估值。反之，如果创业企业的前期经营业绩不佳，将很难得到一个较高的估值。

判断创业企业前期业绩的标准主要有以下两个。

- 收入和利润。销售收入和利润是影响企业获得较高估值的主要因素。那些已经有销售收入的企业更容易让投资者给出一个较高的估值。虽然企业在初期发展阶段的销售收入可能并不多，却能显示出这家企业在未来的成长潜力。更加重要的是，一旦创业企业有了收入，那么风险投资家就可以使用更精确的价值方法来对其价值进行评估，从而使企业的估值拥有坚实的基础。

- 市场业绩。影响企业估值的另外一个因素是创业企业的市场表现，包括市场份额、用户数量、签约零售商等，它们都可以增加企业的估值。在初创阶段，很多创业企业都没有收入或者现金流为负，但是，如果它们的市场和用户发展状况良好，例如，活跃用户或付费用户数量稳步增加，并且增加的速度很快，那么，这些数据将充分证明创业企业具有快速成长的潜力，从而让投资者给它们一个较高的估值。例如，Snapchat是一款手机应用软件，虽然它长期亏损，但由于它所面对的市场规模巨大，每天都有10亿人次的用户使用它，具有巨大的潜在获利能力。因此，投资者都愿意给它一个很高的估值。

(7) 企业特点。那些具有较高资本效率的，即只需要较少资本投入即可实现盈亏平衡、获得销售收入和利润的企业通常会获得较高的估值。另外，一些创业企业曾经接受过加速器的创业培训和辅导,其不确定性和风险都有效降低了,同时它们还获得了相关的商业资源,因此,这些企业在未来获得成功的概率将更高。研究表明,许多从知名的加速器培训项目毕业的创业企业都获得了更高的估值。

(8) 声誉。企业创始人的声誉将对企业的估值产生影响。如果一家企业的创始人是连续创业者,有过多次创业经历,并且其创办的企业中还有过被收购或者上市退出的案例,那么也会提升企业的估值。

(9) 退出机会。如果一家创业企业有希望在预定的时间框架内通过公开上市或者并购的方式实现高倍数的退出,那么企业的估值也会相应地提高。例如,一家创业企业拥有大量希望通过收购创业企业来实现增长的买家,这将会显著提升它的估值。

(10) 以往融资情况。创业企业过去的融资情况,包括投资人的声誉、前一轮的估值等都将对该轮的估值产生一定影响。

❷ 影响估值的外部因素

虽然,企业自身的因素是决定企业估值高低的重要因素,但是,来自市场的力量也会极大地影响企业的估值,尤其是风险资本市场的供给和需求状况,它们才是影响企业估值高低的最终决定性因素。一般来说,风险资本市场的资金供应越多,对好的投资项目的需求越迫切,企业的价值越会被高估。例如,股市泡沫或超额资本供给通常会普遍提高估值,这种市场因素对估值的影响比来自企业自身的所有因素都更强大。

(1) IPO市场的状况。股市环境对企业的价值具有重大的影响。一般情况下,当股市处于牛市的时候,大家都愿意接受较高的估值,企业的价值更加被看好。例如,当2000年IPO市场处于繁荣状态时,美国首轮投资的投资前估值的中值为800万美元;而到了2010年,当股市处于谷底时,该数字也跌至400万美元。

(2) 地区资本供求。企业的估值还受到地区风险资本供求关系的影响。例如,一个地区的风险资本供给越多,企业的估值也越高;反之,如果一个地区的风险资本供给较少,企业的估值也较低。例如,在硅谷地区,由于拥有众多的风险投资机构和丰富的风险资本供给,投资者之间存在激烈的竞争,因此创业企业更容易获得较高的估值;相反,在那些欠发达地区,由于缺乏风险资本的供给,即使是那些优秀的创业企业也很难获得较高的估值。

近年来,在国内市场,随着风险资本规模的增加,对投资项目的需求显著增长,对创业企业的估值水平也跟着大大提高。

(3) 行业发展态势。大多数投资者都会跟风进行投资,而且他们愿意为那些热门的商业概念支付更高的溢价,因此,当行业发展态势对企业有利时,企业会获得较高的估值。例如,在互联网的鼎盛时期,那些从事电子商务的创业企业所得到的估值比泡沫破灭时的估值要高出很多。又如,随着移动互联网行业的兴起,那些从事相关领域业务的企业都获得了更高的估值。

(4) 来自其他投资者的竞争。在面临来自其他投资者的竞争时，风险投资机构一般会提高其对企业的估值。例如，当有多家风险投资机构都希望参与创业企业的某一轮次的融资时，企业将获得更高的估值。一般来说，企业受欢迎的程度越高，参与企业融资活动的投资者数量越多，那么企业的估值也会越高。

(5) 投资者的类型。不同的投资者可能会对同一家公司给出不一样的估值。例如，企业风险投资者与独立风险投资基金比较，它们更有可能给企业一个更高的估值，而且这个估值的高低主要取决于创业企业的业务和技术与企业投资者的核心业务和战略的契合程度，以及是否能够从对创业企业的投资中获得协同效应。

另外，投资者所能够提供的增值服务和资源也将影响它们对创业企业的估值，不同类型的投资者为企业提供的增值服务和商业资源是不同的，它们给企业的估值也会存在差异。例如，有些顶级的风险投资机构可以为企业提供更好的增值服务和网络资源，为了补偿为创业企业所提供的附加价值和资源，它们更有可能给创业企业一个较低的估值。

12.1.3　估值谈判

在风险投资家与企业家进行投资条款清单谈判中，确定企业的估值是一个重要的内容。估值谈判是投资者和创业者就企业的估值进行协商，并在相互妥协的基础上，最终就企业的估值达成一致的过程。

事实上，虽然技术分析法为估值提供了一个分析的框架，但是这个框架并不能解决风险投资家面临的所有估值问题。首先，创业企业具有很高的不确定性，尤其是那些早期阶段企业，它们的未来发展和业绩都具有很大的不确定性。例如，虽然一些创业企业没有销售收入，现金流经常为负，但它们一旦获得成功，可能会带来高额的投资收益。因此，在对这类企业的估值中，传统的技术分析方法往往难以发挥作用。其次，在对初创企业的估值中并不存在所谓"理想"的估值方法，各种估值方法各有其优点和缺点。由于投资者和创业者各自站在自己的立场看待企业的价值，他们在选择估值方法时主要是由各自追求的利益决定的。因此，他们给出的估值结果可能大相径庭。最后，对企业进行估值的过程往往带有很强的主观性。对企业进行估值的方法和程序很多，有些可以量化，有些需要借助经验和判断，尤其是在对早期阶段的企业进行估值时，风险投资家往往需要大量依赖经验与直觉做出判断。由于每个人的经验不一样，因此对企业的估值也不一样。

在大多数时候，无论是依据估值方法进行技术分析还是借助经验进行判断都无法得出一个精确的企业估值。在这种情况下，投资者与创业者就需要通过谈判和协商来确定一个双方都能接受的企业估值。

专栏　**Hotmail公司的估值谈判** ————————————————

　　沙比尔·巴蒂亚出生于印度，是Hotmail公司的联合创始人和首席执行官。1988年，他在19岁的时候，通过一个交换项目进入加州技术学院学习，后来进入斯坦福大学并且获得了工程学硕士学位。在毕业之后，巴蒂亚在苹果公司工作了一段时间，在此期间，他参与了FirePower系统的开发。在这里，他认识了硬件工程师杰克·史密斯。1995年8月，巴蒂亚与杰克·史密斯建立了一家名为JavaSoft的企业，这家初创企业主要开发互联网工具，它在互联网上提供例如文件生成器这样的个人数据库服务。他们将自己的商业计划书提交给许多风险投资家，但在开始的时候没有获得成功，因为大多数潜在的投资者都认为当时的互联网市场已经很拥挤，而这家新企业很难吸引用户。同时，这家企业所处的发展阶段也太早，创始人太年轻且缺少经验。

　　两位创始人不停地在投资者中间进行游说，但总是遭到风险投资家的拒绝。有一天，杰克灵光一闪，想到了一个可以将用户吸引到他们现在的网站并使用他们自己开发的互联网工具的主意，就是向用户提供免费的基于互联网的电子邮件服务。他们认为，这个主意有益于他们正在进行的融资活动，于是他们重新振作起来，继续开展融资活动。

　　1996年2月，他们遇到了史蒂夫·贾维森，他是德雷珀和贾维森风险投资公司的管理合伙人。这家公司专注于投资信息技术领域那些处于早期阶段的创业企业，这些企业经常需要种子资金来启动。贾维森当时正在互联网领域寻找新的投资机会，沙比尔和杰克通过其他风险投资家的介绍认识了贾维森。但是，对方会面后，贾维森当即拒绝了这两个创始人的融资请求，因为他觉得这家企业的产品处于一个拥挤的市场中，很难被市场和分销渠道所接受。但是，与以前那些风险投资家不同，两位创始人注意到贾维森并没有过多地关注他们的年龄和缺少经验，因此沙比尔决定与贾维森讨论有关免费电子邮件的创意。结果，贾维森立刻就对这个创意产生了兴趣。这次会面因为这个免费电子邮件的创意又持续了几个小时，经过一番讨论，三个人都认识到电子邮件可能会成为互联网行业的一个重要应用。于是，他们开始热烈地讨论围绕这个免费的基于互联网的电子邮件的创意建立一家初创企业的可能性，同时，他们也认识到这个免费服务所带来的广告业务将是收入的重要来源。当那天的会议结束时，德雷珀基金已经决定要投资这家名为JavaSoft的初创企业。

　　沙比尔和杰克与德雷珀基金开始了估值谈判。他们希望德雷珀基金能够投入300万美元来换取初创企业30%的股份，但是贾维森认为他们提出的估值高得不合理。贾维森问他们需要多少资金能够将产品原型开发出来并证明这个原型是可行的，经过短时间的考虑之后，他们回答说需要50万美元。

　　贾维森向沙比尔和杰克提出了一个投资条款清单，根据这个投资条款清单，德雷珀基金将投资30万美元换取初创企业30%的股份。贾维森告诉他们，他对JavaSoft的估值是参考其他一些可比较的种子阶段的投资企业的估值得出的。沙比尔的回应是德雷珀投入

30万美元获得15%的股份。贾维森对这个提议感到很不愉快，因为对他来说，在一家企业拥有这个份额的股份太少了。德雷珀的投资理念是必须持有一家企业25%~40%的股份，因为只有这样才能够与他们在投资过程中所花费的时间相匹配。同时，他们也希望在未来的融资中股份被稀释后依然能够保留较大份额的股份。

贾维森又提出以60万美元换取JavaSoft30%的股份，这一股份比例将让德雷珀基金感到更加舒服，并且能够提供足够的资金来支持JavaSoft发布新产品，开发这个新产品预计将花费3个月的时间。

沙比尔和杰克反对这一提议，因为他们不希望筹集如此大额的资金并失去这么多的企业股份。对他们来说，按照贾维森所说的这种方式筹集资金的成本太高了。因此，他们继续坚持以30万美元换取15%的股份，公司的投资后估值是200万美元。最后，沙比尔和杰克告诉贾维森，如果德雷珀公司在第二天午夜之前仍然不接受这一融资提议，他们将要放弃与德雷珀公司的合作，并从其他愿意对JavaSoft公司投资的天使投资者那里融资。但是，沙比尔向贾维森隐瞒了一个事实，那就是这个天使投资者其实是创始人之一——杰克·史密斯的父亲，即雷克斯·史密斯，而且他最多只能向创业企业投资10万美元，另外，他也不能为创业企业提供相关的运作经验来增加企业的价值。但是，斯贾维森在当时无法确定沙比尔的这一说法仅仅是想要故作姿态以便获得一个更好的交易价格还是真的想要这样去做，但是无论如何，贾维森不愿意冒失去这一投资机会的任何风险，因此在最后期限到来之前，贾维森还是接受了他们对企业的估值。此外，雷克斯·史密斯也参加了JavaSoft的首轮融资，并投资15 000美元，获得公司0.75%的股份。

贾维森后来回忆此事时说："我确信我被敲竹杠了，我本来可以获得一个更好的交易价格，而且我认为这个所谓的天使投资者只不过是一个纸老虎，沙比尔是我遇到的最有趣的谈判对手。"事实上，这项投资比德雷珀曾经参与的任何类似的投资都要昂贵。与JavaSoft具有可比性的企业是Four11.Release Software和iTv，这些企业的投资前估值都比JavaSoft低。

最后的谈判结果是德雷珀基金投入30万美元获得JavaSoft公司1 867 704股(15%)，雷克斯·史密斯投资15 000美元获得93 386股(0.75%)，沙比尔和杰克每人持有400万股(32.125%)，价值为642 500美元。另外，价值40万美元的2 490 272股(20%)作为公司未来员工的股份被保留起来。

12.2 比较估值法

本章将研究如何运用比较估值法对企业的退出价值进行评估。

12.2.1 比较估值法概述

❶ 比较估值法的概念

比较估值法又称为倍数估值法和相对估值法，它是一种通过比较目标企业与同行业的上市公司的价值与销售收入或净利润等经营数据的比值来估算目标企业的价值的估值方法。例如，如果一些在股票市场上公开交易的生产计算机硬件的公司的市场价值大约是它们销售收入的2倍，那么我们就可以合理推断一家快速成长中的开发和生产计算机硬件的初创企业的价值也是其销售收入的2倍。但是，在这家企业公开发行股票之前，它的估值一般都会少于其销售收入的2倍，原因是作为非上市企业，这家企业的股票的流动性比那些公开上市发行股票的企业的流动性要差。

比较估值法是风险投资家在计算企业的退出价值时常用的一种方法。一些实证研究表明，企业在首次公开发行时的估值更多采用比较估值法而不是现金流贴现分析法。比较估值法取得成功的关键是要确保比较对象之间具有真实的可比性。可比企业是指与被估值的私人或公众企业具有类似特征的私人或公众企业。一般来说，可比企业与目标企业之间的可比性是建立在类似的行业和类似的成长性的基础上的。在采用比较估值法时，大多数情况下可能会使用多种估值倍数进行估值，以便确定企业的合理估值区间。

❷ 比较估值法的基本原理

用比较估值法进行估值的基本原理是：首先，在市场上找到一组可比企业，确保这些企业与需要估值的目标企业具有相类似的特征，如风险、成长率、资本结构和现金流等。其次，我们借助从市场上获得的公开数据对这些可比企业进行分析，并得出相应的多种估值倍数。再次，借助其他信息来选择适合本次估值的估值倍数。最后，将目标企业的关键财务指标乘以可比企业的估值倍数，从而得到企业的估值结果。

采用比较估值法对企业进行估值的公式为

$$v_y = i_x \frac{v_x}{i_x} \tag{12-1}$$

式中：v_y为目标企业的价值，i_y为目标企业的关键财务指标，v_x为可比企业的市场价值，i_x为可比企业的关键财务指标，$\frac{v_x}{i_x}$为估值倍数。

假设我们准备对一家被投资企业的退出价值进行评估。我们预计这家企业会取得成功，并且6年后的销售收入会达到5000万美元。通过观察，我们发现与目标企业处于同一行业的上市企业的股票价值大概是其销售收入的5倍。我们用同样的倍数来计算目标企业的估值，并测算出目标企业的退出价值应该是其销售收入的5倍，也就是2.5亿美元。这是一种对企业进行估值的快捷方法。在很多情况下，风险投资家都采用类似的方法来计算企业的退出价值。

12.2.2 估值倍数[①]

在采用比较估值法进行估值时可以采用多种类型的估值倍数来计算企业的估值，其中，应用较为广泛的是下面这5种估值倍数。

❶ EV/EBIT

EV/EBIT即企业价值/息税前利润。其中，EV(Enterprise Value)是企业价值，它等于企业发行的所有有价证券，包括普通股、长期债券和优先股(公开上市公司所发行的有价证券包括普通股和长期债券两个部分)的市场价值的总和减去过剩现金(Excess Cash)。过剩现金是指超过企业正常经营中所需要的现金数量的那部分现金。当企业拥有的现金数量超过其销售收入的20%时，这部分超过的现金称为过剩现金。EBIT(Earnings Before Interest and Taxes)是息税前利润，即未计算利息和税项前的利润，它是衡量公司营业利润的一个指标。由于EBIT是一个与企业在稳定状态下的现金流存在一定的对应关系的指标，因此，企业价值/息税前利润的比值可以直观地反映企业价值与现金流的比值。

一般来说，EV/EBIT估值法更适合于对那些处于后期阶段的企业进行估值，因为这些企业基本上已经有了稳定的现金流。在对处于早期阶段的创业企业进行估值时，就不能采用EV/EBIT估值倍数进行估值，原因是大部分这种类型的企业的现金流均为负。

❷ EV/EBITDA

EV/EBITDA即企业价值/息税折旧及摊销前利润，又称为市现率估值倍数，它是企业价值与息税折旧摊销前收益的比值。息税折旧摊销前收益(Earnings Before Interest，Taxes，Depreciation and Amortization，EBITDA)即未计算利息、税项、折旧及摊销前的利润。

EV/EBITDA估值模型通过将目标企业的EBITDA与上市公司的EBITDA以及作为EBITDA倍数的上市公司估值进行比较，从而确定目标企业的价值。与EV/EBIT估值倍数类似，EV/EBITDA估值倍数也比较适合于对那些已经拥有稳定现金流的后期阶段企业进行估值。

与息税前利润相似，息税折旧及摊销前利润也能反映企业现金流的情况。但是，EV/EBIT及EV/EBITDA两个估值倍数所反映的企业现金流是不一样的。由于EBITDA忽略了企业的折旧问题，因此它在对一些折旧方法存在很大差异的行业中的企业进行估值时是非常有用的，而且EBITDA也不受企业摊销政策的影响，因此，EV/EBITDA估值倍数能够更加客观地反映企业产生现金流的能力。

---

① 改编自：Andrew Metrick，Ayako Yasuda. Venture Capital and the Finance of Innovation(2nd)[M]. Hoboken：John Wiley & Sons，2011.

❸ EV/*S*

EV/*S*即企业价值/企业年销售收入，它是企业总价值与年销售收入的比值，或者等于每股价格除以每股销售收入。这是一种在对企业进行快捷估值时经常采用的估值倍数，尤其是对于那些风险投资家热衷的高成长性行业而言，这是一种非常有用的估值倍数。在这些行业中，处于早期阶段的创业企业经常会出现EBIT(息税前利润)和EBITDA(息税折旧及摊销前利润)都是负数的情况，因此不能用这些指标来获得合理的估值倍数。一般来说，由于企业的销售收入永远不可能出现负值，因此，即使在企业的利润为负的情况下，也可以采用这种估值倍数来对企业进行估值。

❹ P/E

*P/E*即每股市价/每股收益。这一估值倍数又称为市盈率估值倍数，它是在估值领域广为人知的一个估值倍数。每股价格指的是公司每股股票的价格，每股收益反映的是分配到每股的利润。在公司层面上，*P/E*等于企业股权价值与公司净利润的比值。我们可以用公司股票的市场价值(股价与股份的乘积)除以公司的净收益(利润)计算出*P/E*的值。由于利润仅分配给公司股票持有者而不是公司债券的持有者，因此，市盈率指标的分子只能用股票的市场价格，而不能用企业的价值。

*P/E*估值法适合于对盈利稳定的企业进行估值，尤其是在对二级股票市场上的股票进行估值时，它是一种较常用的估值方法。但是，由于处于早期阶段的企业经常处于亏损状态，利润为负，因此，大多数情况下都不能采用这一估值倍数来对处于早期阶段的企业进行估值。

❺ P/B

*P/B*即每股市价/每股账面价值，它又称为市净率估值倍数。这是一种职业投资者常用的估值方法。与市盈率指标类似，我们也可以通过用每股市值除以普通股的账面价值的方法来计算*P/B*。在公司层面上，*P/B*等于企业股权价值与股东权益账面价值的比值。我们可以用公司股票的市场价值除以公司的普通股的股权价值得到这一估值倍数。与市盈率估值倍数的情况类似，市净率的分子也只能采用公司股票的市场价值，而不是整个企业的价值。在企业层面上，企业的价值除以所有企业资产的账面价值所得到的估值倍数可以近似看作每股市价与每股账面价值的比值。

*P/B*估值倍数与现金流的关系不大，而是与企业清算后的剩余价值存在相关性。这意味着，*P/B*估值倍数不能低于1，如果这个估值倍数低于1，那么企业的股权持有者最好出售自己所持有的公司股份，并获取其中的差价。

*P/B*估值倍数适用于对那些资本密集型行业中的企业进行估值，这些企业拥有大量的固定资产并且账面价值较为稳定。在国内，这个估值倍数主要应用于对那些涉及国有股的企业进行估值。

12.2.3　比较估值法的基本步骤

用比较估值法来评估目标企业价值的基本步骤有如下几个。

❶ 确定影响企业价值的关键变量

根据目标企业的特征选择一个对企业价值具有显著影响的关键变量，如将净利润作为估值指标。一般来说，对于那些已经实现销售收入的企业，可以采用销售收入作为估值指标。在公开市场上，一般会用企业的利润和账面价值作为估值指标，而在一些特殊的行业，可能会使用一些专门的估值指标。例如，在互联网领域，一个常用的估值指标是当前注册用户的数量；而对于一家技术型企业，则可能会将该企业的专利数量作为估值指标。

❷ 选择参照企业

采用比较估值法的第二步是选择可比较的企业。在这一步，我们需要选择一个或一组与目标企业类似的企业作为参照企业。我们可以通过市场调查找出在同一行业中与目标企业的销售收入比较接近的全部企业，然后对目标企业及这些企业的业务和财务特征进行分析。业务方面重点分析企业的产品、商业模式和目标市场等，财务方面重点分析企业的资产规模、利润率及增长速度等方面。最后，选择那些在业务和财务特征方面都与目标企业接近的企业作为参照企业。在可能的情况下，应尽量选择属于同一细分行业的，并在规模和盈利能力方面与目标企业更为接近的企业作为参照企业。

❸ 计算参照企业的估值倍数

一旦选定了参照企业，我们就可以计算出这些参照企业的各种估值倍数。估值倍数即企业价值或股票市值与关键变量的比值，如市盈率。如果是一组参照企业，可以采用这组企业的估值倍数的均值或中位数等。例12-1中，表12-2给出了与目标企业处于同一行业的4家参照企业的财务和销售数据。为了找到估值倍数，我们同时需要分子与分母。在比较分析法中经常用到的分子是企业价值(EV)和企业股票市值(股权市场价值)。企业价值反映的是公司所有证券的市场价值，而企业股票市值反映的仅仅是企业发行的普通股的市场价值。接下来，我们还需要分母，最直观的分母是现金流的代表。事实上，虽然估值倍数与现金流量比率之间所存在的关联性并不是显而易见的，但是，所有的估值倍数都与现金流量比率(Cash Flow Ratio)存在某种联系。现金流量比率是指现金流量与其他项目数据相比所得的值。

通常情况下，当我们计算估值倍数时，我们首先选择某个我们感兴趣的财务指标作为分母，然后再选择分子。分子要么用企业价值，要么用企业的股票市值。在给定分母的情况下，我们只能选择与之对应的那个企业价值或者企业股票市值作为分子。一般来说，如果分母是一个与公司债权和股权所有者都有关的变量，例如，息税前利润、息税折旧及摊销前利润、销售收入或雇员人数，那么就应该选择企业价值作为分子。如果分母是一个与企业的股权持有者有关的变量，例如，股权收益或股权账面价值，那么就应该选择企业股权的市场价值作为分子。对于应该选用什么样的估值倍数并没有统一的规定，主要是参照行业标准进行的，一个指导原则是尽量使用在不同企业之间具有一致性的估值倍数。重要的是投资者如何看待估值倍数的有效性，如果一个估值倍数被认为是有效的，那么它将能够很好地预测目标企业的价值。

❹ 计算目标企业的估值

根据上一步计算出来的估值倍数和目标企业的相关财务指标就可以计算出目标企业的估值。计算方法是用目标企业的关键变量乘以上一步得到的一组参照企业的估值倍数的平均值，从而得到目标企业的估值。

例12-1[①]

问题：根据表12-2中例出的有关参照公司的信息，计算目标公司最为近似的估值。

解答：表12-3中列出了这4家参照公司的估值倍数，还有每一个估值倍数所对应的中位数和平均值。

基于给出的每一个估值倍数和每一个参照公司，我们能够计算出目标企业的相对价值。例如，假设目标公司的销售收入是8000万美元，那么，用A公司的企业价值(EV)÷销售收入(S)，可以求出估值倍数=250÷90≈2.78，进而可以计算出目标公司的估值是：8000万美元×2.78≈2.22亿美元。采用同样的步骤，我们可以计算出一组目标公司的估值，这些估值的平均数=3.53亿美元(见表12-4)。

表12-2　目标公司以及所在行业内的4家参照公司的市场和财务数据　　百万美元

项目	目标公司	A公司	B公司	C公司	D公司
销售收入(S)	80	90	60	30	45
息税前利润(EBIT)	7	30	6	8	9
息税折旧及摊销前利润(EBITDA)	10	60	8	15	22
销售收入	5	19	3	5	7
每股收益	45	90	30	60	60
每股账面价值		230	220	170	210
企业价值(EV)		250	220	190	220

① 改编自：Andrew Metrick，Ayako Yasuda. Venture Capital and the Finance of Innovation(2nd)[M]. Hoboken: John Wiley & Sons，2011.

表12-3 估值倍数

估值倍数	A公司	B公司	C公司	D公司	平均值
EV/EBIT(企业价值/息税前利润)	8.33	36.67	23.75	24.44	23.30
EV/EBITDA(企业价值/息税折旧及摊销前利润)	4.17	27.5	12.67	10	13.59
EV/S(企业价值/销售收入)	2.78	3.67	6.33	4.89	4.42
P/E(每股市价/每股收益)	12.11	73.33	34	30	37.36
P/B(每股市价/每股账面价值)	2.56	7.33	2.83	3.5	4.06

表12-4 采用比较法计算目标公司的估值　　　　　　　　　百万美元

估值倍数	A公司	B公司	C公司	D公司	平均值
EV/EBIT(企业价值/息税前利润)	58.31	256.69	166.25	171.08	163.08
EV/EBITDA(企业价值/息税折旧及摊销前利润)	41.7	275	126.7	100	135.85
EV/S(企业价值/销售收入)	222.4	293.6	506.4	391.2	353.40
P/E(每股市价/每股收益)	60.55	366.65	170	150	186.80
P/B(每股市价/每股账面价值)	115.2	329.85	127.35	157.5	182.48

12.3 现金流折现法

12.3.1 现金流折现法概述

❶ 现金流折现法的基本原理

现金流折现法是一种常用的估值方法。这种方法通过将被估值企业在未来预期产生的全部现金流折为现值从而得到企业的价值。虽然现金流折现法有不同的类型，并采用许多专门的技术方法，但它们对企业进行估值的基本原理都是一样的。在使用现金流折现法计算创业企业价值时，首先预测企业未来数年的收入和自由现金流，然后确定企业资本的成本，最后使用企业的资本成本作为折现率将企业未来的自由现金流进行贴现，从而得到企业未来现金流的现值，该现值即为企业的估值。

用现金流折现法估值的过程如下所述。

(1) 估计企业在未来的现金流。企业未来的现金流包括两项内容：一是企业在预测期内的自由现金流；二是企业的终值。

● 估计企业在预测期内的自由现金流(FCF)。采用这个模型对目标企业进行估值时，我们首先需要预测企业在预测期内每年的现金流状况，这主要是通过预测企业在预测期内每年的利润表、资产负债表和现金流量表获得的。

- 估计企业的终值。企业的终值是企业在预测期结束后所有的现金流在末年度的贴现值。

我们将企业在预测期内的现金流与预测期末的终值相加，即可得到企业在未来年度的现金流。

(2) 估计加权平均资本成本r_{WACC}。

(3) 通过现金流折现计算求得企业现金流的现值(PV)。用加权平均资本成本将预测期内企业的终值和自由现金流贴现回当下即得到企业未来现金流的净现值，用数学公式表示为

$$\text{NPV} = \frac{\text{FCF}_1}{1+r_{\text{WACC}}} + \frac{\text{FCF}_2}{(1+r_{\text{WACC}})^2} + \frac{\text{FCF}_3}{(1+r_{\text{WACC}})^3} + \cdots + \frac{\text{FCF}_t+\text{TV}_t}{(1+r_{\text{WACC}})^t} \tag{12-2}$$

❷ 应用现金流折现法的前提

应用现金流折现法对企业进行估值的前提是能够获得企业数年的财务记录。在尽职调查中，风险投资家可以获得的有关企业运营的财务数据，如资产负债表、利润表和现金流量表，以及企业对未来多年的财务规划。风险投资家可以对这些数据进行分析，并在此基础上对企业未来的发展状况进行预测，包括预测企业未来的销售收入和利润，然后以此作为对企业进行估值的依据。

12.3.2 现金流折现法的基本步骤

现金流折现模型是一个较为复杂的财务预测模型，运用该方法的基本步骤如下所述。

❶ 计算自由现金流

(1) 现金流指标的概念。虽然EBITDA是常用的现金流指标，但EBITDA并非企业控制人所能直接动用的现金，而且它没有考虑到企业在运营期间需要进行必要的投资所导致的现金流变化。例如，企业业务扩张需要更多的资本投资，而EBITDA并没有将这部分现金的占用考虑在内。因此，在现金流折现模型中常用的现金流指标一般为企业自由现金流(Free Cash Flow to Firm，FCFF)，它是指在支付贷款和债券的利息之前，扣除经营费用、税负、再投资和流动资金之后的经营现金流。

(2) 现金流计算公式。对于一家只拥有营运资产的企业来说，计算自由现金流的思路如图12-1所示。

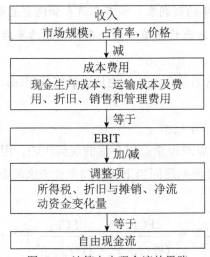

图12-1　计算自由现金流的思路

资料来源：欧阳良宜. 私募股权投资管理[M]. 北京：北京大学出版社，2013.

计算自由现金流的公式为

$$FCF = EBIT \times (1-\tau) + Depr - CapEx - \Delta NWC \tag{12-3}$$

即

企业自由现金流=息税前利润×(1−所得税税率)+折旧−资本支出−流动资金变化

式中：FCF为自由现金流；EBIT为息税前利润；τ为公司所得税率；Depr为折旧；CapEx为资本费用；ΔNWC为净流动资金的变化量，NWC=现金+库存+应收款−应付款，或者NWC=净当前资产−净负债。

我们对等式(12-3)里的每一项进行检验，第一项EBIT是对所有现金流计算的会计度量。对于一个没有来自非营运业务的收入和费用的全部采用股权融资的企业来说，EBIT等于税前净收入。在这个案例中，EBIT(1−τ)代表由企业的所有资产所产生的总的税后收入。这是对包括某些非现金费用和排除一些现金费用的收入的一个会计度量。非现金费用主要是折旧和摊销，虽然它们并不直接占用企业的现金，但它们使企业财务报告中所反映的EBIT减少了。这样，我们就需要在等式中加上这两项。相反，在财务报告中，虽然不能将资本费用、企业对厂房和设备的投资作为费用处理，但是它们要占用企业的现金。因此，我们需要在等式里减去这两项费用。对于扩张中的企业来说，资本费用超过折旧是很常见的。

等式(12-4)中剩下的最后一项ΔNWC是流动资金的变化量。当企业扩张的时候，它对流动资金的需求也会随之增加。企业必须保留一些额外的现金以应对流动资金的增加，这将会减少企业的现金流。因此，我们就需要从等式中减去ΔNWC。

❷ 计算终值

接下来应该计算企业的终值(Terminal Value，TV)，终值是企业在预测期结束后所有

的现金流在末年度的贴现值。计算终值的公式为

$$TV_t = \frac{FCF_t(1+g)}{r-g}$$
(12-4)

式中：g为永续增长率；r为折现率；FCF_t为第t年的自由现金流。

❸ 计算加权平均资本成本

(1) 资本成本的概念，资本成本是指股权或债权资本的机会成本。债权资本的成本等于贷款或债券的利率，它可以被看作银行或投资者为了投资企业而放弃资金的其他用途所导致的机会损失的一种补偿。股权资本的成本即股东要求的投资收益率。它等于无风险投资收益加上反映公司股权风险程度的溢价。股权资本的成本可以看作对股东放弃投资于同等风险程度的股票所失去的投资收益的一种补偿。我们通常将股权和债权资本成本的加权平均值称为加权平均资本成本(Weighted Average Cost of Capital，WACC)。

(2) 资本成本的计算公式。加权资本成本(WACC)的计算公式为

$$WACC = \frac{E}{D+E}r_E + (1-\tau)\frac{D}{D+E}r_D$$
(12-5)

式中：r_E为股权资本成本，它根据资本资产估值模型(Capital Asset Pricing Model，CAPM)计算得出(详见下一节)；$\frac{D}{D+E}$为杠杆率，D企业发行债券的市值(通常这一数值很难得到，我们采用账面价值来代替。注意并不是所有会计上的债务都是债券，例如，递延收益就不属于债券)；E为企业股权的市值，即企业发行在外的股票的每股的当期价值；τ为公司所得税税率；r_D为债务融资成本，在资本资产估值模型中，它等于平均利息率。

(3) 计算股权资本成本。资本资产估值模型是估计公司股权资本成本的一种方法。根据资本资产估值模型，计算企业股权的资本成本r_E的公式为

$$r_E = r_f + \beta_E(r_m - r_f)$$
(12-6)

式中：r_E为股权资本成本，即股东要求的收益率；r_f为无风险证券(如美国政府发行的国库券)的利率，一般采用最近发行的期限为10年的国债收益率，一般为4%；β_E为Beta系数，它代表企业股票的波动程度，相当于股票历史收益率与市场指数收益率之间的相关系数，一般为1.5~2.5；r_m为股票市场收益率，一般采用股票市场综合指数；(r_m-r_f)为市场风险溢价。

Beta系数用于测量在一个市场上，或一个地理区域中，某一个公开交易的股票价格相对于所有股票的指数或者综合指数的波动性。如果Beta系数＞1，则表示股票的波动性比指数或综合指数更高；Beta系数=1，表示股票的波动性与指数或综合指数相等。例如，一只股票的Beta系数为1.5，如果指数价值发生1%的改变，那么，这只股票的价格将会发生1.5%的变化。

根据资本资产估值模型，市场的波动性对于企业价值具有一定的影响，具体影响的大小，需要考虑企业涉及的行业相对于整个市场的敏感性。例如，高科技产业等行业受市场波动影响显著，风险也更高。因此，在考虑回报时，也需要提高相应的收益率以获得补偿。另外，越早期的投资对于未来市场变化的预测越困难，风险也越大，所要求的收益率也就越高。因此，市场风险溢价(Market Risk Premium)的估计的可能区间较大，为简单化，假设其为8%。

根据上述算法计算出的股权资本成本的范围为16%～24%。

❹ 计算净现值

将企业在预测期内的现金流与预测期末的终值相加就可以得到企业未来年度的现金流。然后，用加权平均资本成本作为折现率 r_{WACC} 将企业未来年度的现金流折现，即得到企业未来现金流的净现值(NPV)，用公式表示为

$$NPV = \frac{FCF_1}{1+r_{WACC}} + \frac{FCF_2}{(1+r_{WACC})^2} + \frac{FCF_3}{(1+r_{WACC})^3} + \cdots + \frac{FCF_t+TVT}{(1+r_{WACC})^t}$$

例12-2

一家风险投资基金准备对一家创业企业进行投资，决定采用现金流折现法对企业的价值进行估算。

假设被投资企业的销售收入按照下面三个阶段增长：

(1) 初期的迅速增长；

(2) 中期的缓慢增长；

(3) 永续的稳定增长。

预计企业的销售收入在初期以30%的增长率增长，在中期以20%的增长率增长，在10年后将一直以每年5%的增长率增长，如图12-2所示。

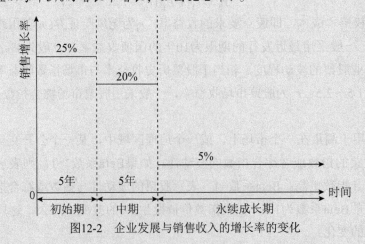

图12-2　企业发展与销售收入的增长率的变化

假设企业的盈利能力(EBIT/销售收入)在每一个阶段都是不一样的，如图12-3所示。

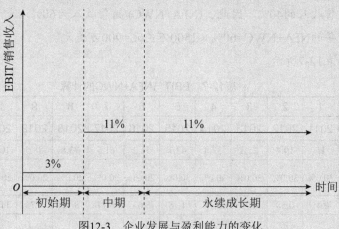

图12-3 企业发展与盈利能力的变化

有关企业销售收入增长和盈利能力变化的假设如表12-5所示。

表12-5 有关企业销售收入增长和盈利能力变化的假设

期间	销售收入增长率	EBIT/销售收入
初始期	30%	3%
中期	20%	11%
永续成长期	5%	11%

采用企业2010年度的财务数据来预测企业未来的销售收入，预测结果如表12-6所示。

表12-6 销售收入增长率

年度 关键财务数据	0	1	2	3	4	5	6	7	8	9	10	11	12
	2010	2011	2012	2013	2014	2015	2016	2017	2018	2019	2020	2021	2022
销售收入/百万美元	11.5	15.0	19.4	25.3	32.8	42.7	51.2	61.5	73.8	88.5	106.2	111.6	117.1
销售收入增长率%		30.0%	30.0%	30.0%	30.0%	30.0%	20.0%	20.0%	20.0%	20.0%	20.0%	5.0%	5.0%

风险投资家与企业管理层已就表12-6中的预测达成一致。采用现金流折现法计算企业价值的步骤如下所述。

1. EBIT与NFA+NWC的计算

基于假设的EBIT/销售收入利润率计算EBIT，计算工式为

$$EBIT=EBIT/销售收入利润率×销售收入$$

例如：2011年的EBIT=3%×1500万美元=45万美元

基于假设的(NFA+NWC)/销售收入的比值计算净固定资产(NFA)和净营运资产(NWC)，计算工式为

$$NFA+NWC=(NFA+NWC)/销售收入×销售收入$$

净固定资产(NFA)+净营运资本(NWC)是销售收入的一定比例。在过去3年中，这

个比例平均为70%。未来净固定资产(NFA)可能会降低到销售收入的20%，净营运资产(NWC)大概是销售收入的40%。因此，(NFA+NWC)/销售收入为60%。

例如：2011年的NFA+NWC=60%×1500万美元=900万美元

计算结果如表12-7所示。

表12-7　EBIT与NFA+NWC的计算　　　　　　　　　　　　百万美元

年度 关键财务数据	0	1	2	3	4	5	6	7	8	9	10	11	12
	2010	2011	2012	2013	2014	2015	2016	2017	2018	2019	2020	2021	2022
销售收入	11.5	15	19.4	25.3	32.8	42.7	51.2	61.5	73.8	88.5	106.2	111.6	117.1
销售收入增长率		30.0%	30.0%	30.0%	30.0%	30.0%	20.0%	20.0%	20.0%	20.0%	20.0%	5.0%	5.0%
EBIT	0.26	0.45	0.58	0.76	0.98	1.28	5.63	6.77	8.12	9.74	11.68	12.28	12.88
EBIT/销售收入	2.3%	3.0%	3.0%	3.0%	3.0%	3.0%	11.0%	11.0%	11.0%	11.0%	11.0%	11.0%	11.0%
NFA+NWC	7.50	9.00	11.64	15.18	19.68	25.62	30.72	36.90	44.28	53.10	63.72	66.96	70.26
(NFA+NWC)/销售收入	65.2%	60.0%	60.0%	60.0%	60.0%	60.0%	60.0%	60.0%	60.0%	60.0%	65.0%	60.0%	60.0%

2. 计算加权平均资本成本(WACC)

τ是公司所得税税率，为25%，资产Beta为0.81。

1) 计算股权资本成本

企业股权资本成本r_E，即股权资产所要求的目标收益率。根据资本资产估值模型(CAPM)计算企业股权资本成本的公式为

$$r_E = r_f + \beta_E(r_m - r_f) \tag{12-7}$$

式中：r_f为无风险证券的利率，为2.9%；r_m为股票市场的收益率；(r_m-r_f)为市场风险溢价，为8%；β_E为股权Beta系数，为1.08。

股权资本的成本=2.9%+1.08×8%=11.54%

2) 计算加权平均资本成本

计算加权平均资本成本(WACC)的公式为

$$\text{WACC} = \frac{E}{D+E} r_E + (1-\tau)\frac{D}{D+E} r_D \tag{12-8}$$

式中：r_D为债务融资成本，在资本资产估值模型中，它等于平均利息率，为2.9%；r_E为企业股权资本成本，为11.54%；假设长期的目标杠杆率$D/(D+E)=0.25$，$E/(D+E)=1-D/(D+E)=0.75$。

加权平均资本成本=0.75×11.54%+0.75×0.25×2.9%=8.66%+0.54%=9.2%

3. 计算自由现金流(FCF)

计算自由现金流的公式为

$$\text{FCF} = \text{EBIT}(1-\tau) + \text{Depr} - \text{CapEx} - \Delta\text{NWC} \tag{12-9}$$

由于ΔNFA=CapEx(资本费用)-Depr(折旧)，因此，式(12-9)可改为

$$FCF=EBIT(1-\tau)-\Delta NFA-\Delta NWC$$
$$=EBIT(1-\tau)-\Delta(NFA+NWC)=EBIT-EBIT\cdot\tau-\Delta(NFA+NWC)$$

式中：EBIT$\cdot\tau$为所得税。

根据上述计算自由现金流的公式和表12-7中的信息，我们就能够计算出每一年的自由现金流。

例如：2011年的FCF=0.45-0.11-1.5=-1.16

计算结果如表12-8所示。

表12-8　第1~12年的自由现金流　　　　　　　　　　百万美元

年度	1	2	3	4	5	6	7	8	9	10	11	12
EBIT	0.45	0.58	0.76	0.98	1.28	5.63	6.77	8.12	9.74	11.68	12.28	12.88
减所得税	-0.11	-0.15	-0.19	-0.25	-0.32	-1.41	-1.69	-2.03	-2.44	-2.92	-3.07	-3.22
减Δ(NFA+NWC)	-1.5	-2.64	-3.54	-4.5	-5.94	-5.1	-6.18	-7.38	-8.82	-10.62	-3.24	-3.3
自由现金流(FCF)	-1.16	-2.21	-2.97	-3.77	-4.98	-0.88	-1.1	-1.29	-1.52	-1.86	5.97	6.36

4. 计算终值

终值的计算公式为

$$TV_t=[FCF_t\times(1+g)]/(r-g) \tag{12-10}$$

式中：g为永续增长率；r为折现率；FCF_t为第t年的自由现金流。

预计从第11年以后销售收入以每年5%的增长率增长，第11年的终值为

$$TV_{11}=[FCF_{11}\times(1+g)]/(r-g)=5.97\times(1+5\%)/(9.2\%-5\%)=14\ 925万美元$$

5. 计算折现现金流

基于上述这些假设，采用现金流折现公式计算企业的折现现金流为

$$NPV=\frac{FCF_1}{1+r_{WACC}}+\frac{FCF_2}{(1+r_{WACC})^2}+\frac{FCF_3}{(1+r_{WACC})^3}+\cdots+\frac{FCF_t+TV_t}{(1+r_{WACC})^t} \tag{12-11}$$

折现现金流的计算如表12-9所示。

表12-9　折现现金流的计算　　　　　　　　　　百万美元

年度	1	2	3	4	5	6	7	8	9	10	11	12
自由现金流(FCF)	-1.16	-2.21	-2.97	-3.77	-4.98	-0.88	-1.1	-1.29	-1.52	-1.86	5.97	6.36
折现因子	0.916	0.839	0.768	0.703	0.644	0.59	0.54	0.495	0.453	0.415	0.38	0.348
现值(PV)	-1.06	-1.85	-2.28	-2.65	-3.21	-0.52	-0.59	-0.64	-0.69	-0.77	2.27	2.21
永续增长率(g)												5.0%
1~11年的自由现金流的现值												-12.00

（续表）

年度	1	2	3	4	5	6	7	8	9	10	11	12
第11年的终值												149.25
终值的现值												56.72
企业的总现值												44.72

1～11年企业自由现金流的现值为-1200万美元。

企业终值的现值=14 925万美元×0.38≈5672万美元

企业的总现值=1～11年自由现金流的现值+企业终值的现值=-1200万美元+5672万美元=4472万美元。

从上面的计算可以看出，处于早期阶段的企业的价值主要来自企业的终值，而非来自短期的现金流。另外，即使企业的会计利润为正，自由现金流也可能为负。

12.4 风险投资估值法

12.4.1 风险投资法概述

❶ 风险投资法的概念

风险投资法是风险投资家经常使用的一种估值方法，又称为风险投资估值法，它是由哈佛商学院教授威廉·萨尔曼(William Sahlman)在1987年首先提出的。风险投资法首先对企业在未来退出时的价值进行预测，然后用一定的折现率将其折为现值，并根据未来融资轮次中预计风险投资家所持有的股份将被稀释的程度进行调整，从而得到企业当前的价值。通常情况下，风险投资法所用的折现率比公开交易的股票的回报率要高得多，原因是风险投资家必须从他们的投资中获得高额回报以补偿他们向具有高度不确定性的创业企业提供融资所承受的高风险。

风险投资法的特点是站在投资者的角度来对企业进行估值，并且与交易机构的联系更加紧密。我们所说的风险投资法实际上指的是一系列相互有所差异的估值操作方法。但是，这些估值法的核心思想都是一样的，即通过将投资者对于预期收益的要求与投资最终退出时的企业估值进行比较，来确定投资者在退出时间点所要求的份额，再反向推导出投资时所需的股权份额。

❷ 风险投资法的基本原理

风险投资法是一个比较好的近似估值方法。用风险投资法对企业进行估值的基本原理：首先，假设企业在未来某个时间节点，例如退出时，可以实现正的现金流和收益。

其次,用比较估值法,如通过市盈率法,对企业在退出这个时间节点的价值进行估值,从而计算出企业在退出时的终值。最后,按照风险投资基金所期望的回报率,将上述终值折为现值,从而得到企业在当下的估值。

12.4.2 关键参数的确定

在采用风险投资法对企业进行估值时,往往需要提前判断和确定几个关键的数值,即投资规模、企业在退出时的终值和风险投资家的预期收益率。下面,我们重点介绍确定后两个数值的一些基本原则和方法。

❶ 退出终值

用来计算企业退出终值的估值方法主要是比较估值法。在采用比较估值法估算企业退出时的终值时,需要先计算参照企业的估值倍数,再以预测的目标企业退出时的财务指标乘以参照企业的估值倍数,从而得出企业的终值。

P/E市盈率估值倍数是在计算企业退出终值时经常使用的一种估值倍数,它等于每股价格除以每股净收益,或企业股权价值与企业净利润的比值。这种估值方法通常用于对二级股票市场上的股票进行估值,由于风险投资家一般希望被投资企业通过IPO方式实现退出,因此采用这种方法计算退出终值是恰当的。

$$P=E\times P/E \tag{12-12}$$

式中:E为预测的退出时的目标企业的净利润;P/E为参照企业的市盈率估值倍数。

假如投资者希望通过其他方式退出投资,那么也可以用其他适当的估值倍数来计算终值。

❷ 预期投资收益率

在本轮投资中,对于投资收益率的估计将直接影响风险投资基金在企业所占的股权份额,而这又将影响企业对退出方式的选择,因此,合理地估计预期投资收益率是十分重要的。

对处于不同发展阶段的企业进行投资的预期投资收益率的分布范围如表12-10所示。

表12-10 企业发展阶段与预期投资收益率

企业发展阶段	期望的年最低投资收益率
种子期	60%以上
初创期	40%~60%
早期	30%~50%
扩张期	25%~40%
上市前融资或过桥融资	20%~35%

风险投资收益率一般为25%～60%。收益率随着融资阶段的前移而增加。风险投资家预期的投资收益率将随着投资风险的上升、流动性下降以及风险投资基金所提供的增值服务的价值增加而上升。

风险投资收益率比投资者承担系统性的风险所要求的投资收益率高出很多。风险投资家要求获得如此高的收益率的理由主要有以下三个。

- 对风险投资的低流动性进行补偿。
- 对风险投资家提供的增值服务和商业资源进行补偿。
- 对创业者的乐观预测进行修正。

当风险投资家讨论预期投资收益的时候，他们主要参考以前成功的投资案例所获得的投资收益率，并基于典型的高成长性企业的特点。

如图12-4所示，影响和决定预期投资收益率的因素主要包括：

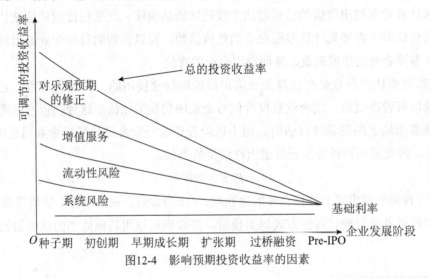

图12-4　影响预期投资收益率的因素

- 系统性风险。
- 流动性风险。
- 增值服务。
- 对乐观预期的修正。

下面将对这4个因素进行详细说明。

(1) 系统性风险所要求的回报。通常，根据资本资产估值模型的规定，企业股权的资本成本r_E的计算公式为

$$r_E = r_f + (r_m - r_f)\beta_E \tag{12-13}$$

式中：r_f为基本收益率，又称为无风险利率。无风险利率是金融学中的一个术语，它用于描述对无风险证券的投资所获得的收益。在实践中，它通常是指美国国债的利息。由于不存在任何风险因素，因此，相对而言，这部分回报率也极低。例如，期限为10年的

国债的收益率一般为4%。

现假设：无风险利率r_f等于国债的收益率4%；β_E系数为1.5%~2.5%；市场风险溢价(r_m-r_f)为8%。

根据上述指标计算出的股票投资收益率为16%~24%。一般来说，股票投资的年收益率一般都低于25%。因此，用系统性风险并不能很好地解释风险投资家要求如此之高的收益率的原因。

(2) 流动性风险所要求的回报。创业企业的股权缺少流动性，流动性风险所要求的回报是对这一缺点的一种补偿。由于非上市企业的股权不能像上市企业的股票那样可以通过公开的股票交易市场进行买卖，因此，投资于创业企业的股权的流动性往往很差。投资者一般要求获得15%~30%的收益率作为对承担这种低流动性可能带来的风险的补偿。

(3) 提供增值服务所要求的回报。在投资后，风险投资家通常还会为被投资企业提供增值服务和商业资源。包括：

● 为初创企业提供管理咨询和商业指导，帮助策划后续融资以及设计退出方案。

● 为企业提供网络资源支持，包括招募有才能的管理者、帮助介绍顾客和供应商、与合作伙伴建立关系等。

● 声誉和信誉度。

风险投资家认为，他们所提供的这些增值服务是有价值的，他们应该得到更高的投资收益率作为对他们提供上述这些资源的报酬。

(4) 对乐观预期的修正。高投资收益率是对创业者对企业所做出的过分乐观的预测的一种补偿。对创业者来说，由于出现"坏情况"的预期缺少激励性，因此，他们对创业企业发展前景的预测一般都是建立在可能"成功"以及假设企业能够实现预期目标的基础上的。

风险投资基金要求对上述这种乐观预期进行修正，并通过将投资失败的风险计入投资回报中，以使其更加符合实际情况。如果创业企业取得成功的概率是33%，那么风险投资法所采用的60%的收益率基本上等于在采用现金流折现法估值时所用的20%的预期收益率。

在影响和决定预期投资收益率的因素中，系统风险与流动性风险随着投资阶段后移而逐渐降低。同时，随着企业的发展成熟，企业逐渐具备了通过IPO和并购退出的条件，企业股权的流动性也会随之增加，流动性风险逐渐降低。另外，创始人将随着企业的发展逐渐积累知识与经验，对风险投资家所提供的增值服务的需求逐渐降低，并最终可以独立地经营和管理企业。因此，在企业发展成熟的过程中，系统性风险、流动性风险以及对增值服务的需求都呈现出逐渐减少的趋势，投资者所要求的预期投资收益率也随之逐渐降低，尤其是对于那些即将进行IPO的企业而言，投资失败的风险已经极大地降低，因此，对Pre-IPO阶段进行投资的投资者所要求的预期投资收益率也最低。

12.4.3 风险投资法估值的基本步骤

运用风险投资法估值包括以下6个步骤。

❶ 确定关键参数

在运用风险投资法时，我们首先需要确定以下三个数值。

- 投资额。根据企业的融资需求确定风险投资基金对企业的投资额。
- 投资期限。预测被投资企业在未来实现成功退出的时间节点。
- 确定折现率。风险投资家一般使用预期投资收益率而不是传统的资本成本作为折现率。所谓期望的收益率即风险投资家期望从特定的投资项目中获得的投资收益率。风险投资家期望这一投资收益率能够补偿他们在投资中所承担的风险和投入的精力。

然后，我们可以根据上面已经确定的三个数值，通过下面的步骤来计算企业的投资前价值。

❷ 计算企业在退出时的价值

企业的退出价值也称为终值，它是被投资企业在未来退出时可能实现的最终价值。风险投资支持的企业通常采用公开上市和并购两种方式实现退出。

虽然可以用来计算企业退出时的终值的方法是多种多样的，例如，可以采用现金流折现法和比较估值法来计算企业的退出价值，但是，一般情况下，风险投资家更倾向于使用比较估值法来计算企业退出时的终值，例如，用市盈率法估算企业的退出价值。

❸ 计算投资者持有股份的未来价值

采用某一折现率可以计算出风险投资基金现在的投资额在未来企业退出这一时间节点的价值。在风险投资法中采用的折现率是风险投资家的预期投资收益率，它一般为30%～80%。投资终值的计算方式为

$$投资终值=投资额\times(1+目标收益率)^t$$

❹ 计算投资者应该获得的股份的比例

用风险投资基金的投资额在未来退出这一时间节点的价值除以企业在退出时的终值，即可得到风险投资基金在退出时所持有的企业股份比例，用公式表示为

风险投资基金退出时所占的股份比例=投资者持有股份的未来价值/企业退出时的终值

这是在投资后没有发生股权稀释的情况下，风险投资家为了获得期望的投资收益应该在被投资企业拥有的股份比例。

在不考虑企业多轮融资所导致的股权稀释的情况下，风险投资家现在投资后所持有的

股份比例等于其在企业退出时所持有的股份比例。但是，在实际操作中，被风险投资支持的企业经常会进行多轮融资，在这个过程中，风险投资家所持有的股权将会被不断稀释。

❺ 计算企业投资后价值

在明确风险投资基金在创业企业中所占的股权份额后，即可以进一步确定企业在投资后的估值，用公式表示为

$$企业投资后估值=投资额/投资者持股比例$$

❻ 计算企业投资前价值

企业投资前价值的计算公式为

$$投资前价值(Pre\text{-}Money)=投资后价值-投资额$$

例12-3

假设某风险投资基金准备对一家创业企业进行投资，企业本轮融资规模为600万美元，该风险投资基金的投资额是600万美元。预计在5年之内退出，预计退出时企业年销售收入为7500万美元。假设不是分段投资，不稀释。

1. 确定预期投资收益率

预期投资收益率即风险投资家所期望得到的内部收益率，它是风险投资在成功的退出中可能获得的投资收益率。假设风险投资家在研究了创业企业的商业模式之后，希望每年获得40%的投资收益率，那么风险投资预期的内部收益率就是40%。

2. 计算退出时的终值

退出终值是企业在未来某个时间节点，例如在投资后5～7年实现成功退出时的价值。成功的退出通常是指企业以公开上市或并购的方式实现退出。

通过对公司退出时间的合理预测，以及特定的行业统计数据，可以确定公司在退出时的销售收入或利润，进而可以估算出公司的市场价格。一般采用市盈率法和市售率法来计算企业退出时的终值。

(1) 市盈率法。市盈率估值倍数即公司市值与公司利润的比值。用目标企业的预期利润乘以特定行业的市盈率估值倍数就可以得到这家企业的预期退出终值。例如，预期企业的业务发展状况良好，它在退出时的年销售收入是7500万美元，预期的税后利润率是15%，即这家企业的税后利润是1125万美元。假设软件行业的市盈率是20倍，那么这家企业的退出终值为

$$企业的退出终值=1125万美元×20=22\,500万美元$$

(2) 市售率法。市售率即公司市值与公司销售收入的比值。预计目标企业在退出时的年销售收入为7500万美元，假设软件行业的市售率倍数通常是3，那么，企业在退出时的终值为

企业的退出终值=7500万美元×3=22 500万美元

3. 计算投资者持有股份的未来价值

在退出时，风险投资基金持有的股份的价值为

投资者持有股份的未来价值=投资×(1+目标收益率)^5=600万美元×(1+40%)^5=3227万美元

4. 确定投资者应该获得的企业股份的比例

在退出时，风险投资基金应该持有的企业股份为

3227万美元/22 500万美元=14.3%

5. 计算投资后企业的估值

计算投资后企业的估值，即Post-money Value。风险投资基金用600万美元购买被投资企业14.3%的股份，即投资后企业的估值×14.3%=600万美元，则企业的投资后估值为

投资后公司的估值=600万美元/14.3%=4196万美元

6. 计算投资前企业的估值

由于企业的投资前估值=公司的投资后估值-本轮投资，因此企业的投资前估值为

企业的投资前估值=4196万美元-600万美元=3596万美元

12.4.4 风险投资法在多轮投资中的应用

创业企业在退出之前经常需要进行多轮融资。在进行后续轮次的融资时，新加入的投资者一般都是通过购买创业企业新发行的股票进入企业的，这将会稀释前期投资者在创业企业中所持有的股份。因此，在企业进行后续融资后，前期投资者在企业所占的股权比例将会相应地减少。在多轮融资的情况下，为了维持预期的投资收益率，前期进入的风险投资基金就需要根据股份稀释的情况来对估值进行调整。这时，通常以最后一轮融资作为起点向前推算企业的估值。

例12-4

假设某风险投资基金在一家软件行业的创业企业的第一轮融资中投资600万美元，要求获得的投资收益率是40%。被投资企业计划在第5年退出，退出时的销售收入是7500万美元。假设软件行业的市售率是3倍，我们可按照企业销售收入的3倍来估计退出时的企业价值，即企业退出时的终值为7500万美元×3=22 500万美元。我们预期在2年后创业企业还需要进行第二轮融资，融资额是1000万美元。在第二轮融资中，风险投资基金要求的投资收益率是30%。

(1) 我们从第二轮融资开始反向推算，在企业第二轮融资中进行投资的第二家风险投资基金需要在创业企业中持有的股份为

1000万美元×(1+30%)^3/22 500万美元≈9.76%

这意味着第二轮融资的估值为

投资后估值=1000万美元/9.76%≈10 246万美元

投资前估值=10 246万美元-1000万美元=9246万美元

(2) 现在计算在第一轮融资中进行投资的第一家风险投资基金在有稀释的情况下在经过调整的企业退出价值中应持有的股份比例。

在有稀释的情况下经过调整的企业退出终值为

22 500万美元×(1-9.76%)=20 304万美元

注意：第一家风险投资基金获得的股份是有稀释情况下经过调整后的退出终值的一部分。

第一家风险投资基金在创业企业中要求获得的股份比例为

600万美元×(1+40%)^5/20 304万美元=15.89%

在有稀释的情况下，为了维持40%的投资收益率，第一家风险投资基金需要持有更多被投资企业的股份。在只有一轮融资的案例中，风险投资基金要求获得的创业企业的股份比例是14.3%。

经过调整的第一轮估值为

投资后估值=600万美元/15.89%=3776万美元

投资前估值=3776万美元-600万美元=3176万美元

对额外资本的需求以及进行第二轮融资是导致企业估值下降的原因。

如果创业企业后面还需要进行第三轮、第四轮等融资轮次，则从最后一轮融资开始反向推算。

12.5 实物期权估值法

12.5.1 期权的基本概念

金融期权是指在一个特定的时期内，以特定的价格买入或卖出特定的标的资产的权利。在资本市场上，如果投资者购买了某种股票的买入期权，就意味着投资者得到了一个在一定时期内以事先约定的价格购买该种股票的权利(但投资者没有必须购买的义务)。

❶ 期权的类型

(1) 买入与卖出期权。按期权所赋予的权利的不同，可以分为买入和卖出期权。

① 买入期权。买入期权(Call Option)又称为看涨期权或买方期权，它是指在一个给定的期限内以某给定价格(或在某价格范围内)购买某种证券的权利(但无此义务)。买入期权赋予期权持有者买进某项资产的权利，如果标的资产的市场价格大于期权执行价格，

那么，买入期权的持有者有权在到期日或到期日之前按照预先设定的期权执行价格买进标的资产。

② 卖出期权。卖出期权(Put Option)又称为看跌期权或卖方期权，它是指在一个给定的期限内以某给定价格(或在某价格范围内)卖出某种证券的权利(但无此义务)。卖出期权赋予期权持有者出售某项标的资产的权利。如果标的资产的市场价格低于期权执行价格，那么，卖出期权的持有者有权在到期日或到期日之前按照预先设定的期权执行价格卖出标的资产。

(2) 欧式期权与美式期权。具体包括以下内容。

① 欧式期权。典型的金融期权是欧式买入期权，欧式期权的持有者只有在到期日才能够行权。例如，一个欧式买入期权，在一年后可以以100美元/股的期权执行价格购买A公司的股票(标的资产)。如果在到期日，A公司的股票价值低于100美元/股，那么期权持有者就会选择放弃执行期权，这样这一期权就会到期自动失效。如果在到期日A公司的股票价值高于100美元/股，那么期权持有者就会选择执行期权，支付100美元/股购买标的资产并获得利润，该利润为A公司股票价格与100美元之间的差价。

图12-5为到期日期权的价值与A公司股票价值的函数，从图中我们可以看出买入期权的价值与到期日A公司股票的价值之间存在直接的联系。

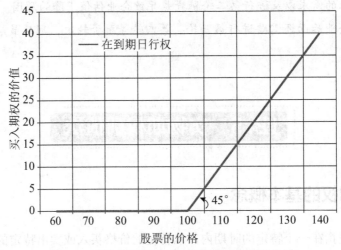

图12-5　买入期权的价值与标的资产价值的关系

另外一个标准的期权是欧式卖出期权，这一期权的持有者有权在到期日按照预先设定的期权执行价格卖出标的资产。例如，一个欧式卖出期权为在一年后以100美元/股的价格卖出A公司的股票。在到期日，如果A公司的股票价格高于100美元/股，那么，期权持有者就会选择放弃执行期权，这将使期权到期自动失效。如果在到期日A公司的股票价格低于100美元/股，那么，期权持有者将会选择执行期权，即以100美元/股的价格卖出标的资产。投资者所获得的利润等于股票价格与100美元之间的差价。如图12-6所示，卖出期权的价值与到期日A公司股票的价值之间存在直接的联系。

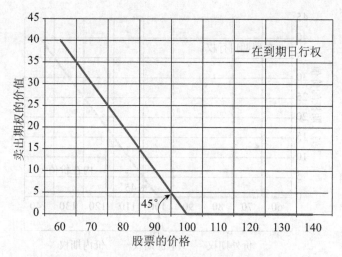

图12-6　卖出期权的价值与标的资产价值的关系

② 美式期权。美式期权可以在到期日之前任何时间行权。在美国，除了货币和股票指数期权以外，大多数期权都是美式期权。

❷ 期权的要素

(1) 期权费(Option Premium)。它是指期权持有人为持有期权而支付的购买费用，也是期权出售人出售期权并承担履约义务而收取的权利金。

(2) 期权执行价格(Strike Price)。它又称为行权价格、敲定价格和履约价格，即期权买方在约定的到期日向期权出售者买进或卖出一定数量的某种标的资产的价格。

(3) 期权价格。现在期权持有人所取得的到期按照约定买进或者卖出标的物品的权利的价格。

(4) 到期日。到期日是期权持有人有权履约的最后一天。如果期权持有人在到期日不执行期权，则期权将自动失效。

❸ 期权价值的构成

期权的价值由内在价值和时间价值组成。

(1) 内在价值。期权的内在价值是期权本身具有的价值，它是指期权持有者在履行期权合约时所获取的收益。它反映了期权执行价格与标的资产价格之间的变动关系。

期权执行价格与标的资产市场价格之间的关系主要有三种，即价内期权、价外期权和平价期权。对于买入期权来说，如果期权执行价格高于当时的股票价格，那么这种买入期权称为价外期权。如果期权执行价格低于现行的股票价格，那么这种期权称为价内期权。如果期权执行价格等于当时的股票价格，那么这种买入期权称为平价期权。行权价格100美元的买入期权的价值与到期日股票价格的关系如图12-7所示。

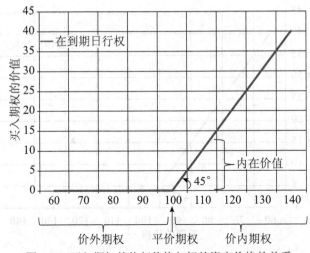

图12-7 买入期权的执行价格与标的资产价格的关系

对于卖出期权来说，对价外期权和价内期权的定义正好相反，即当期权执行价格低于当时的股票价格时称为价外期权，当期权执行价格高于当时的股票价格时称为价内期权。行权价格100美元的卖出期权的价值与到期日股票价格的关系如图12-8所示。

对于卖出或买入期权来说，平价期权的定义都是相同的。期权内在价值的状态如表12-11所示。

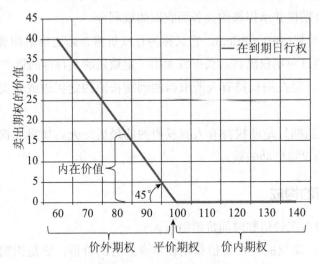

图12-8 卖出期权的执行价格与标的资产价格的关系

表12-11 期权内在价值的状态

类型	$S>K$	$S=K$	$S<K$
买权	价内	平价	价外
卖权	价外	平价	价内

(2) 时间价值。期权的时间价值是指期权的购买者为购买期权而实际付出的期权费减去该期权的内在价值的那部分价值，它反映了期权合约有效时间与其潜在风险与收益

之间的相互关系。一般来说，期权合约剩余有效时间越长，时间价值也就越大。买入期
权的时间价值如图12-9所示。

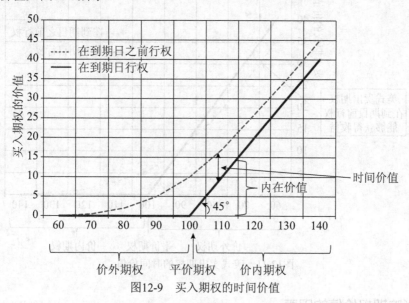

图12-9 买入期权的时间价值

如图12-9所示，通常一个买入期权的时间价值在它是平价时最大，而在向有价期权
和无价期权转化时时间价值逐步减小。当期权处于价内状态时，时间价值等于期权持有
者购买期权的期权费减去其内在价值。当期权处于价外或平价状态时，时间价值等于购
买该期权的期权费，即期权费完全由其时间价值所构成。用公式表示，买入期权的时间
价值=max[$C-(S-K)$，C]，式中，C为买权价格；卖出期权的时间价值=max[$P-(K-S)$，P]，
式中，P为卖权价格。卖出期权的时间价值如图12-10所示。

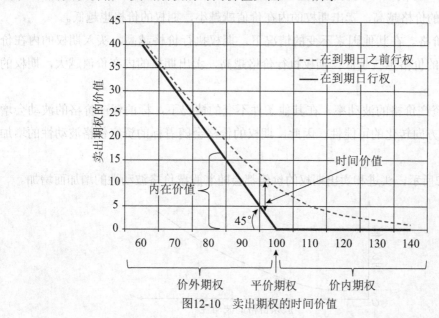

图12-10 卖出期权的时间价值

需要注意的是，对有股票分红的买入期权来说，在到期日之前行权也可能是一个最优

选择。如图12-11所示，在一些情况下，美式卖出期权在到期日之前行权也能够获得收益。

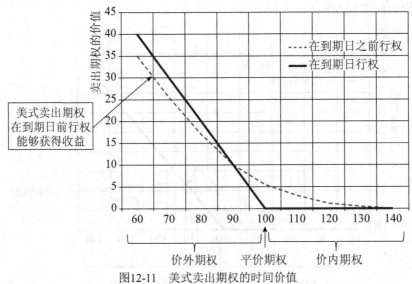

图12-11　美式卖出期权的时间价值

❹ 影响期权价值的因素

了解期权价格的影响因素可以帮助我们更好地判断期权价格的变动方向。一般来说，期权的价值主要与标的资产的价格、行权价格、标的资产价格的波动率以及距离到期日的时间长度等因素有关。

(1) 标的资产的价格。在其他因素不变的情况下，如果时间价值相同，此时价格由内在价值决定。标的资产的价格越高，则买入期权的内在价值越大，期权的价格也越高；标的资产的价格越高，卖出期权的内在价值就越小，期权的价格也越低。

(2) 行权价格。在其他因素不变的情况下，期权执行价格越高，买入期权的内在价值越小，期权的价格也就越低；期权执行价格越高，卖出期权的内在价值越大，期权的价格也就越高。

(3) 标的资产价格的波动率。在其他条件不变的情况下，标的资产价格的波动会增加期权向实值方向转化的可能性，因此，期权的价格会随着标的资产价格波动性的增加而增加。

如图12-12所示，买进和卖出期权的价值都会随着股票价格波动性的增加而增加。

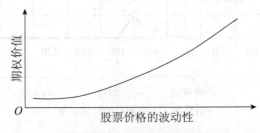

图12-12　期权的价值与股票价格波动性的关系

(4) 距离到期日的时间长度。一般来说，股票价格的波动性会随着距离到期日的时间长度的增加而增加，因此，距离期权到期日的时间越长，期权价值越高；反之，则期权的价值越低。

如图12-13所示，在到期日之前，价外期权也有价值，因为它们有机会在到期日之前盈利。

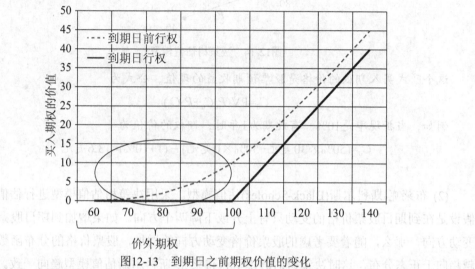

图12-13　到期日之前期权价值的变化

❺ 计算期权的方法

下面介绍两种主要的期权计算方法，即决策树估值模型和布莱克-斯科尔斯(Black-Scholes)估值模型。

(1) 决策树估值模型。决策树估值模型是评估实物期权价值的一种很有用的工具。它假设在到期日股票价格的变动方向只有两个，即上升和下降，并对每一条路径上的每一大节点计算期权行权收益。用决策树估值模型计算期权价值具有简单直观的特点，而且不需要太多的数学知识就可以应用。下面，我们来看一个用决策树计算行权价格为100美元的1阶段买入期权的价格的案例。

例12-5

假设A公司现在的股票交易价格是每股80美元。我们拥有一个执行价格为100美元的欧式买入期权，在1年的有效期内购买1股。我们知道在到期日公司的股票价格会有两种结果，一是每股130美元(景气)，二是每股40美元(不景气)。发生两种结果的概率都是50%。假设在期权到期之前公司股票不会派发红利，那么这个期权在今天的价值是多少？

我们用决策树估值模型计算期权的价值。

图12-14中，C_0是预期收益的现值，S_u是经济景气时的股票价格，此时收益C_u为30美元。

S_d是经济不景气时的股票价格，此时收益C_d为0。P_u是经济景气的概率，P_d是经济不景气的概率。

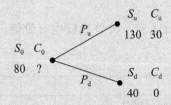

图12-14　决策树估值模型

这个欧式买入期权的价格是股票预期收益的现值，公式为

$$C_0 = \text{PV}(P_u C_u + P_d C_d)$$

例如，当折现率是10%、有效期为1年时，期权的价值为

$$C_0 = (50\% \times 30\text{美元} + 50\% \times 0\text{美元}) \div (1+10\%) = 13.6\text{美元}$$

(2) 布莱克-斯科尔斯(Black-Scholes)估值模型。采用决策树估值模型进行估值的基本假设是在到期日股票价格的变动只有上升或下降两个方向。如果增加到期日股票价格的变动方向，那么，随着要考虑的股票价格变动方向的增加，股票价格的分布函数将越来越趋向于正态分布，这时决策树估值模型和布莱克-斯科尔斯估值模型趋向一致。

如图12-15所示，随着决策树的分支的增加，例如，将其扩展到很多个分支(但总的分支数量是有限的)，就可以使到期日的股票价格服从对数正态分布，如图12-16所示，从而得到布莱克-斯科尔斯估值模型。

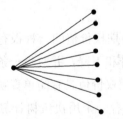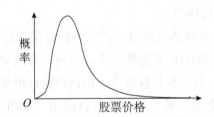

图12-15　股票价格变动方向的增加　　图12-16　到期日股票的价格服从对数正态分布

布莱克-斯科尔斯估值模型是由布莱克和斯科尔斯提出的。在该估值模型中，假设标的资产价格的变动符合"布朗运动"(维纳过程)规律。这种运动的主要特点是：每一个小区间的价格变动服从正态分布，且不同的两个区间内的价格变动是互相独立的。布莱克和斯科尔斯根据无套利均衡原理，通过构造无风险投资组合，得出了布莱克-斯科尔斯估值模型的计算公式。[①]我们可以用它来计算标的资产的价格服从对数正态分布的期权的价值。

采用布莱克-斯科尔斯估值模型计算欧式期权的公式为

$$C = S^X N(d_1) - \text{PV}(X) N(d_2) \tag{12-14}$$

① 龙韬. 实物期权定价法对企业价值的适用性研究[D]. 北京：对外经济贸易大学，2013.

其中，

$$d_1 = \frac{\ln\left[s^X/\,\mathrm{PV}(X)\right]}{\sigma\sqrt{T}} + \frac{1}{2}\sigma\sqrt{T} \tag{12-15}$$

$$d_2 = d_1 - \sigma\sqrt{T}$$

式中：S^X是股票的实际价格，S^X=当时股票的价格-期间派发的股票红利的现值；X是期权执行价格；σ是衡量股票价格波动性参数；$\mathrm{PV}(X)$是期权执行价格的现值，$\mathrm{PV}(X)=X/(1+r_f)^T$，$r_f$是无风险利率；$T$是期权的有效期(以年表示)；$N(d)$是标准正态分布的累积分布函数。

在上述参数中，股票的实际价格S^X、波动性参数σ、期权有效期T、无风险利率r_f的增加都会增加期权价值，但期权执行价格X及派发红利的增加，会降低期权价值。

12.5.2 实物期权估值在风险投资中的应用

❶ 实物期权的概念

实物期权(Real Option)是一种选择商业投资机会或采取特定的商业行动的权利。它本身是一种权利，但非义务。实物是指这种期权与有形的资产而不是金融投资工具有关。

实物期权说明了选择的多样性，它赋予投资者或公司管理者根据经济技术和市场条件的变化做出延迟、放弃、扩张、改变或削减项目的决定的选择权。例如，对一家工厂进行投资以获得未来扩张或出售工厂的机会可以分别看作一种看涨或看跌期权。

实物期权与传统的金融期权的区别在于它们通常不能像证券一样进行交易，而且它们的标的资产也不是可以公开交易的金融证券。进一步的区别还在于，实物期权的持有者，例如公司管理层的行为能够直接影响期权的标的资产的价值。例如，在创业企业的经营和发展过程中，管理者拥有一定的灵活性，他们通过推迟或加速新产品的开发来提高和降低企业的业绩，从而影响作为标的资产的新产品开发项目的价值。与之不同，金融期权的持有者的行为是不会对标的证券的价值产生影响的。一般来说，企业管理层具有改变项目的进展过程的能力，而且他们一般都倾向于让标的项目朝着对自己更有利的方向发展以增加自己所持有的期权的价值。更进一步来说，在进行实物期权分析时，不能查找标的资产价格的波动系数来代表不确定性，而是要用感知到的不确定性。与通过购买获得金融期权不同，实物期权的持有者需要自己去发现和创造金融期权，而这种发现和创造金融期权的过程就是创业、投资和开展商业经营的过程。在风险投资中，投资者可以通过交易结构设计来获得实物期权。这些实物期权可以为投资者带来很高的价值。

一般来说，当不确定性很高时，实物期权的价值更高。另外，当通过等待可以获得新的信息，而且可以根据新获得的信息采取行动时，实物期权具有很高的价值。

❷ 实物期权的类型

企业所拥有的实物期权的种类比较多,大致可以区分为5种类型,即延迟型期权、放弃型期权、扩展型期权、收缩型期权和开关型期权。这5种实物期权的主要特征如表12-12所示。

表12-12　实物期权的类型

序号	种类	特征	适合的领域
1	延迟型期权	获得等待的机会,以确定市场是否有利于做进一步的投资	自然资源开发、房地产、农业、技术开发
2	放弃型期权	如果市场条件恶化,则出售资产	资本密集型行业、进入不确定性市场的新产品
3	扩展型期权	如果价格提高和需求扩大,则增加生产	偏重于开发的行业、电力行业、初创企业
4	收缩型期权	如果价格降低和需求减少,则减少生产	自然资源、服装行业、房地产、消费品行业
5	开关型期权	根据市场条件发生的变化,进行扩张、收缩或者临时关闭企业	位于剧烈变化的市场中的公司、能源行业企业

(1) 延迟型期权。延迟型期权是一种比较常见的实物期权。它赋予管理层在决定何时启动项目时具有更多的灵活性,这种灵活性使企业管理层不必在当前立即决定进行投资,而是可以等待市场和外部环境变得更加明朗之后再进行投资。在这里,将来进行投资时的投资成本的现值是实物期权的执行价格,而距离做出最终决策的时间期限为期权有效期,投资项目未来所产生的现金流的现值为标的资产价格。作为一种看涨期权,当标的资产的价格高于执行价格时,投资者选择执行期权。这种期权一般存在于自然资源开采和提炼、房地产、农业和技术开发等行业。例如,在自然资源开发中,企业可以推迟对一项矿产资源的开发,以等待市场条件变得更加有利。延迟型期权属于美式看涨期权。

(2) 放弃型期权。放弃型期权相当于一种看跌期权,它赋予管理层在项目开发周期内随时终止项目并获取项目清算价值的权利。这种期权一般存在于资本密集型行业,以及当前企业准备开发新产品并进入具有很高不确定性的市场的情况中。在项目开发进行一段时间后,若发现效果并不理想,则可以终止开发,并通过变卖资产以获得清算价值。在这里,项目未来的现金流的现值为标的资产价格,而项目的清算价值相当于看跌期权的执行价格。作为一种看跌期权,如果市场条件恶化,当标的资产的价格低于执行价格时,则应该出售标的资产。放弃型期权也称为终止期权,属于美式期权。

(3) 扩展型期权。扩展型期权赋予管理层在条件有利时增加产出的权利。在进行项目设计和建设时,使其生产能力超过预期的需要水平。这样,如果市场变得有利,就可以通过加快生产速度来提高产出。这一期权赋予企业管理层在市场条件变得有利时选择进行扩张的权利,即执行期权,但管理层没有义务一定要这样做。一个拥有扩展型期权的项目需要花费更多的资金来建设，这些额外的资金即购买扩展型期权的费用。如果项目面临的市场具有扩张的可能性，那么这一期权将会带来巨大的价值。这种期权类似看涨期权。

(4) 收缩型期权。在进行项目设计时，使其具有在未来市场条件变得不利时减少产出的能力，这相当于一种看跌期权。这种期权赋予企业管理层在未来根据市场需求的变化缩小生产规模以节省运作成本的权利。放弃这些未来的花费即期权的执行。同样，额外的前期花费即购买期权的价格。这种期权适合于那些市场需求存在很大不确定性的行业，例如自然资源开采、时装、房地产和消费品行业。

(5) 开关型期权。此种期权类似于金融期权中的跨式期权，即同时买入看涨期权和看跌期权。这种实物期权是看涨期权和看跌期权的组合，可使生产制造系统具有更大的灵活性。例如，在进行设计时，使生产线的生产能力既能够大幅增强也能够大幅降低。当外界条件变得不利的时候，管理层可以关闭部分或全部生产能力，这相当于一种看跌期权；而当外界条件改善后，可重新开启生产能力，这相当于一种看涨期权。这种期权适合那些面临市场剧烈波动的企业，尤其是能源行业的企业。

❸ 实物期权估值

(1) 实物期权估值的意义。实物期权估值，又称为实物期权分析，它是一种在充分考虑企业在未来经营中存在的投资机会或拥有的选择权的价值的基础上来对企业的价值进行评估的方法。

实物期权分析为投资者提供了一个分析当下所面临的情况的新视角。首先，实物期权因素会影响潜在的投资机会的价值，通常情况下，那些具有高成长性的创业企业的大部分价值都是由实物期权价值所构成的，而其他经常使用的估值方法，例如净现值法都没有考虑实物期权所具有的潜在价值。其次，实物期权分析还为我们提供了一个强有力的分析框架，可以让我们更好地理解风险投资的许多方面，并在我们考虑当下和将来的投资决策时提供帮助。在风险投资领域，实物期权分析的应用包括分段投资和投资工具选择，例如分析采用参与可转换优先股进行投资的期权特征。因此，对投资者来说，学会如何识别实物期权并了解它们可能导致的后果是很重要的，具体包括以下两个方面。

① 延迟投资。标准的现金流分析方法假定投资决策是在当下(例如今天)做出的，即使被决策的事件是发生在很久以后，而实物期权赋予了我们一种推迟做出投资决策并通过等待来获得更多的信息的权利。下面我们来看一个相关的案例。

例12-6

假设一家公司拥有投资建一家新工厂的期权，既可以选择在今年，也可以选择在明年投资建厂，现在需要确定这家公司什么时候投资最有利。如果这家公司选择在今年投资，那么它将会更早地获得收入。但是，如果这家公司选择在明年投资，那么它就可以通过等待获得更多有关经济形势发展的信息，而这些信息将有助于避免投资损失。

这家公司知道，如果在今年投资，那么项目的现金流折现值是500万美元。如果在明年投资，那么项目的现金流折现值将会有两种结果：一是有66.7%的概率为600万美元；二是有33.3%的概率为300万美元。假设风险中性利率是10%，未来现金流折现后的现值分别是545万美元和273万美元，投资成本是400万美元。如果公司选择在明年投资，那么投资成本的现值是363万美元。

如果公司选择在今年投资，项目的现金流折现值为500万美元，而投资的成本是400万美元，公司选择在今年投资的价值就是100万美元。根据现金流折现估值法的决策原则，由于项目的现金流折现值大于投资成本，因此公司应该选择在今年投资。

但是，如果公司等到明年再投资，而且仅在现金流不下降的情况下投资(如果现金流折现值降低到300万美元，由于投资将无法盈利，那么公司将放弃投资；如果现金流折现值增加到600万美元，那么公司就会选择投资)。这意味着，如果公司在明年投资，那么它将有66.7%的机会获得182万美元(545万美元–363万美元)的利润。这样，公司选择在明年投资的价值就是182万美元×66.7%≈121万美元。

从上述分析我们可以看出，由于公司选择在明年投资所获得的价值大于在今年投资所获得的价值，因此，公司应该选择等到明年再投资。在此期间，公司可以获得更多的信息以避免投资损失。上述案例说明，采用现金流折现估值法得到的结果可能会让公司去冒一些不必要的风险，而采用实物期权估值法得到的结果则可以让公司避免这些风险。

实物期权分析法认为，如果在延迟做出投资决策的情况下，投资者可以获得更多有用的信息，那么这种延迟做出决策的做法就是有价值的，前提是：

- 尽可能延迟做出决策的时间不会影响企业在这期间的现金流状况。
- 不确定性越高，或者通过等待能够搜集到的新信息越多，那么期权的价值也越高。

② 分段投资。下面我们来看一个用实物期权估值法分析分段投资价值的案例。

例12-7

一个新产品开发项目需要投资1000万美元。在为期1年的时间内，产品开发要么取得成功，要么失败。如果新产品开发成功，那么公司就可以一次性获得2000万美元的收入；如果新产品开发失败，那么公司将没有任何收入。两种结果发生的概率都是50%。

(1) 假设折现率是10%，新产品开发项目的现值是

NPV=-1000万美元+50%×2000万美元/(1+10%)=-91万美元

(2) 现在，假设在新产品开发成功后，接下来还会在市场上全面推广新产品。市场推广活动需要的投资为2200万美元。在为期1年的时间内，市场推广要么取得成

功，要么失败。如果取得成功，公司可以一次性获得5000万美元的销售收入；如果市场推广失败，公司将没有任何销售收入。假设发生两种结果的概率都是50%。

如果折现率依然是10%，那么，市场推广的现值是

NPV=-2200万美元+50%×5000万美元/(1+10%)=73万美元

(3) 现在，假设我们启动新产品开发，并且在新产品开发取得成功后，接下来还会在市场上推广该新产品。新产品开发过程如图12-17所示。

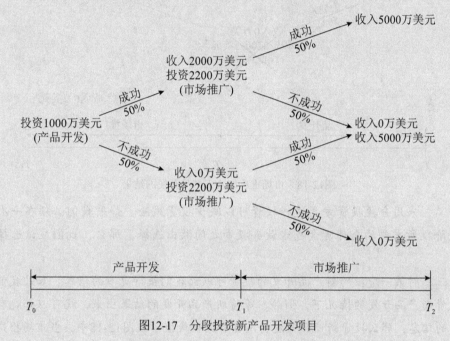

图12-17 分段投资新产品开发项目

如图12-17所示，如果新产品开发成功，而且市场推广也会取得成功，那么预期的现金流为：

(1) 现在投入1000万美元用于产品开发，T_0的现金流是-1000万美元。

(2) 如果新产品开发成功，产生的收益是2000万美元，公司需要投入2200万美元用于市场推广。T_1的现金流是：50%×(2000万美元-2200万美元)=-100万美元。

(3) 如果市场推广成功，公司获得的收益是5000万美元。T_2的现金流是：50%×5000万美元=2500万美元。

该项发展战略的现值为

NPV=-1000万美元-100万美元/(1+10%)+2500万美元/(1+10%)^2=975万美元

在上述分段进行的新产品开发项目中：

第一，如果通过产品开发能够预知市场推广的结果，那么，产品开发就具有实物期权价值，原因是我们可以根据产品开发的结果来决定是否有必要进行后续的市场推广或者对其投资额进行调整。如图12-18所示，当产品开发失败时，我们就可以通过终止投资市场推广来避免损失。

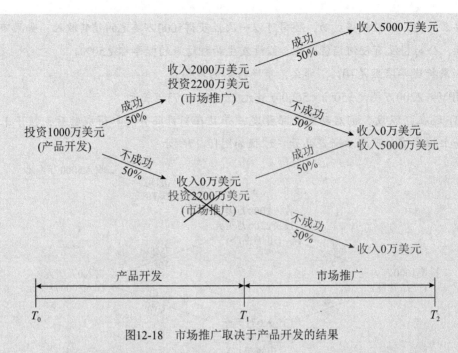

图12-18　市场推广取决于产品开发的结果

第二，采用分段投资方式进行投资可以减少投资风险。如果我们必须在一次性投入两个阶段所需要的全部资金或者放弃投资之间做出选择，那么，我们应该选择放弃投资。

第三，对第一阶段的新产品开发的投资可以让我们获得更多的信息。如果我们可以在不投资新产品开发的情况下，例如，等待新产品开发的结果出来，就可以知晓有关市场推广的信息，那么投资新产品开发将不具有期权价值。在图12-18中，当市场推广不依赖于产品开发计划时，投资将不具有实物期权价值。

第四，如图12-19所示，我们可以从最后一个阶段开始向前逆向求解决策树。

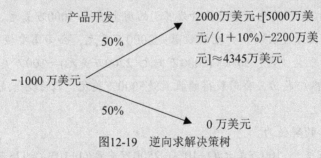

图12-19　逆向求解决策树

NPV=-1000万美元+50%×4345万美元/(1+10%)=975万美元。

(2) 实物期权估值的优势和局限性。与传统估值方法相比，实物期权估值的优势主要体现在以下几方面。

● 在实践中，实物期权为我们提供了一种更好地理解创业企业的价值的方法。它的作用主要有两个方面：一是让我们了解创业企业的未来发展战略具有很强的灵活性；二是让我们认识到通过交易结构的设计来获得实物期权的重要性。

● 实物期权估值让我们更容易接受那些净现值为负的项目。即使在当下处于价外状态，实物期权也有可能让一个净现值为负的项目转变成一个净现值为正的项目。一般来说，只有当项目的净现值为负时，实物期权估值才能对投资决策产生影响。

虽然实物期权估值方法具有重要的价值，但也存在一些局限性。

● 在用实物期权估值公式进行计算时，经常会缺少相关参数。同时，实物期权估值方法只能提供一个大致正确的估值范围，而不能给出精确的估值结果，即使是使用布莱克-斯科尔斯(Black-Scholes)模型进行计算，也只能得到一个大致正确的估值结果。

● 竞争将会削弱实物期权的价值。

● 实物期权导致投资者更容易做出错误的投资决策。例如，在投资者觉得投资的风险较大时，他们往往倾向于通过等待来获得更多的信息，但这有可能会让他们失去最佳的投资时机。

(3) 使用实物期权估值法进行估值。通过期权分析法，我们可以对在未来某个时点购买一股某只股票的期权进行估值。通过类似的方法，我们也可以对投资于某一项目的决策价值进行评估。假设企业现在投资某新产品的开发，如果项目开发获得成功，那么，它就可以在未来对市场推广进行投资，从而获得收益；如果新产品开发的结果不理想，那么，企业就可以放弃该项目，并承担开发新产品过程中所花费的成本。与股票期权类似，投资新产品开发相当于购买了一种实物期权，投资是为了拥有在未来获得某种收益的期权而付出的代价，在新产品开发成功后对市场推广进行投资则相当于行使这种期权。这样，企业对新产品开发进行的投资就与购买股票期权具有类似的性质。

通过将投资新产品开发看作获得实物期权，我们就可以采用评估股票期权的价值的方法来对该实物期权的价值进行评估。

采用布莱克-斯科尔斯公式对股票期权的价值进行评估时，需要输入5个变量，分别是股票的实际价格(S)、期权执行价格(X)、期权到期前的时间(T)、资产价格波动率(或波动系数)(σ)以及无风险利率(r_f)。以投资新产品开发项目为例，与上述5个参数对应的参数如表12-13所示。

表12-13 实物期权评估的输入参数

变量	股票期权	实物期权(投资新产品开发项目)
S	股票的实际价格	投资所涉及的资产能够带来的收益的现值
X	期权执行价格	投资成本的现值
σ	资产价格波动率	衡量未来收益不确定性的参数
T	期权到期前的时间	新产品开发周期
r_f	无风险利率	无风险投资收益率

在确定了上述5个参数之后，我们就可以用布莱克-斯科尔斯公式来计算投资新产品

开发项目的期权价值。

例12-8

一家生物科技领域的创业公司准备投资2000万美元研发基因诊断疗法，开发周期为4年。在4年后，如果基因诊断疗法的开发获得了成功，那么公司将在此基础上进行市场推广，市场推广需要投资3000万美元。如果基因诊断疗法开发的结果不理想，那么公司将会放弃市场推广。

经过分析，可以将基因诊断疗法的开发看作一个为期4年的欧式买入期权，基因诊断疗法未来所产生的现金流的现值即标的资产的价值，进行市场推广所需要的投资相当于期权执行价格，当标的资产的价值超过其执行价格时选择行权。

1. 计算实物期权的价值

我们可以利用前文介绍的布莱克-斯科尔斯公式来计算该实物期权的价值。

(1) 标的资产的价格S。它是指标的资产未来将产生的现金流的现值。如果基因诊断疗法的开发获得成功，那么公司将进行市场推广，可以使用现金流折现分析法将基因诊断疗法未来产生的现金流折算成现值，从而得到标的资产的价格S。这里，分析人员使用21.5%的折现率，3%的永续增长率，通过计算得到标的资产S的价格是4000万美元。

(2) 标的资产的执行价格X。如果公司将开发出来的基因诊断疗法推向市场，推广费用约为2000万美元。

(3) 波动系数σ。在美国，当时与该项目风险相当的一些生物科技公司的股票年收益的标准差为0.5，因此以此参数作为项目标的资产的波动系数。

(4) 期权到期前时间T。它是指预期的开发周期，分析人员将其定为4年。

(5) 无风险投资利率r_f：参考当年美国10年期的国债利率，将无风险利率r_f定为4%。

根据上述参数的设定，我们用布莱克-斯科尔斯公式计算该生物科技公司开发的基因诊断套组开发项目的期权价值如表12-14所示。

表12-14 用布莱克-斯科尔斯模型计算欧式买方期权的价值

项目	参数	数值
标的资产的价格	S	4000万美元
波动系数	σ	50%
期权到期前的时间	T	4年
无风险利率	r_f	4%
期权执行价格	X	2000万美元
	期权执行价格的现值$PV(X)$	1709万美元
	d_1	1.35
	d_2	0.35
期权现值		2558万美元

期权执行价格的现值PV(X)

PV(X)=2000/(1+4%)^4≈2000/1.17≈1709万美元

$$d_1 = \frac{\ln[s^x/PV(X)]}{\sigma\sqrt{T}} + \frac{1}{2}\sigma\sqrt{T}$$

$$=\ln(4000/1709)/0.5 \times 2+1/2 \times 0.5 \times 2 \approx 1.35$$

$$d_2 = d_1 - \sigma\sqrt{T}$$

$$=1.35-0.5 \times 2=0.35$$

采用布莱克-斯科尔斯公式计算期权的价值，公式为

$$C=S^X N(d_1)-PV(X)N(d_2)$$

$$=4000 \times N(1.35)-1709 \times N(0.35)=2558万美元$$

由于该实物期权的价值2558万美元大于开发基因诊断疗法所需要的投资2000万美元，因此该项投资可行。

2. 对实物期权的价值进行敏感性分析

下面考虑三种不同的情况，标的资产价格S分别是3000万美元、4000万美元和5000万美元，表12-15给出了相关的计算结果。

表12-15　用布莱克-斯科尔斯模型计算欧式买方期权的价值

项目	参数	敏感性分析的情况		
		1	2	3
标的资产的价格	S	3000万美元	4000万美元	5000万美元
波动系数	σ	50%	50%	50%
期权到期前的时间	T	4年	4年	4年
无风险利率	r_f	4%	4%	4%
期权执行价格	X	2500万美元	2500万美元	2500万美元
期权执行价格的现值PV(X)		1709万美元	1709万美元	1709万美元
	d_1	1.06	1.35	1.57
	d_2	0.06	0.35	0.57
期权现值		1671万美元	2558万美元	3485万美元

结果表明，在三种情况下，基因诊断疗法开发项目的实物期权价值分别为1671万美元、2557万美元和3485万美元。

本章小结

对创业企业进行估值是风险投资交易结构设计的一项重要内容。一般来说，风险投资的投资对象主要是那些处于早期阶段的创业企业，这些企业具有很高的不确定性，几

乎没有企业经营记录的历史数据，对创业企业的估值在很大程度上依赖于各种未经证实的假设和预期。因此，对创业企业的估值可能是整个投资流程中最有挑战性的部分。

对企业进行估值时常用的估值方法主要有5种，它们是基于资产的估值法、比较估值法、现金流折现法、风险投资估值法和实物期权法。每一种估值方法各有优势和局限性。本章对这5种方法的特点和适用条件进行了探讨，并提出在很多情况下，综合使用多种估值法才会获得最佳答案。

在风险投资中对企业进行精确的估值是很困难的，原因是对未上市企业进行估值可能受到多种因素的影响。这些影响企业估值的因素可以分为两种类型，即内部因素和外部因素。影响企业估值的内部因素主要是创始人和管理团队的情况、创业企业的特点以及市场规模等；影响企业估值的外部因素主要是IPO市场的状况、资本供求状况以及行业发展态势等。

在风险投资中经常用到的估值方法是比较估值法、现金流折现法和风险投资法。本章首先介绍了比较估值法的基本原理、估值倍数的基本类型和估值的基本步骤，给出了用比较估值法进行估值的实际案例；接着介绍了现金流折现法应用的前提和估值程序，并结合实际案例对现金流折现法的基本步骤做了进一步的说明；之后，本章研究了风险投资家所使用的估值方法，介绍了这种估值方法的基本原理，探讨了如何计算退出时风险投资基金在被投资企业中所拥有的股份比例，并从投资前估值和投资后估值的数学公式入手，说明了如何将风险投资基金在被投资企业中所持有的股权份额转换成企业的估值。

思 考 题

1. 什么是估值？主要的估值方法有哪些？

2. 什么是基于资产的估值法？用这种方法对创业企业进行估值存在哪些局限性？

3. 使用比较估值法对企业进行估值的条件是什么？用这种方法对创业企业进行估值的局限性表现在哪些方面？

4. 用现金流量贴现法对企业进行估值的条件是什么？用这种方法对早期阶段企业进行估值存在的困难是什么？

5. 风险投资估值法的特点是什么？

6. 实物期权估值法的局限性有哪些？

7. 为什么需要估值谈判？

8. 影响企业估值的因素主要有哪些？

9. 比较估值法中常用的估值倍数主要有哪些？

10. 结合实例，简述运用比较估值法评估企业价值的基本步骤。

11. 用现金流量贴现法估值的前提是什么？

12. 结合实例，简述运用现金流折现法进行估值的基本步骤。

13. 简述风险投资估值法的基本原理。

14. 简述风险投资估值法采用高折现率的原因。

15. 结合实例，简述运用风险投资法对项目进行估值的基本步骤。

16. 简述实物期权的概念和基本类型。

| 第13章 |

投资工具选择

学习
目标

1. 理解风险投资工具的作用。

2. 了解风险投资家通过选择投资工具希望
   达到的目的。

3. 了解简单与复合投资工具的类型及其特点。

4. 了解可转换优先股的特征及其作为风险

投资工具的优势。

5. 了解参与可转换优先股的概念及其特点。

6. 了解优先股作为风险投资工具的变迁过
   程及其原因。

7. 了解可转换债券作为投资工具的优点。

13.1 投资工具选择概述

投资工具选择是指风险投资家选择适当的投资工具或者投资工具的组合来对创业企业进行投资。它是风险投资交易结构设计的一项重要内容。

在风险投资交易中，通过选择不同的投资工具，可以使风险投资家和创业者分别获得不同的投资回报、控制权和流动性。

风险投资家希望通过投资工具的选择达到以下三个目的。

(1) 最大限度地提高自己的投资收益；

(2) 充分保证投资的安全性；

(3) 使投资拥有良好的流动性。

13.1.1 投资工具的作用

投资工具的作用包括：实现所有权与控制权的分离，减少投资风险，提高预期回报率，减少委托代理问题，建立约束机制和进行信息甄别等。

❶ 实现所有权与控制权的分离

通过投资工具的选择，风险投资家可以获得对企业的控制权。控制权是指控制企业经营方向的权力，一般包括企业的董事会席位和特殊投票权。因为处于早期阶段的创业企业存在严重的信息不对称，并有可能引发创业者的道德风险，因此，风险投资家希望获得更多对企业的控制权，以减少和防范道德风险，保障投资的安全。但是，在全部采用普通股进行投资的情况下，投资者在企业中所拥有的控制权与其所持有的股份比例是一致的。如果一个投资者拥有30%的普通股，那么它也将拥有30%的投票权。由于风险投资基金一般只占有创业企业的少数股份，因此，在采用普通股进行投资时，风险投资基金只拥有很少的一些控制权，而创业企业的创始人作为多数股权的持有者将掌握大部分的企业控制权。

采用优先股进行投资可以实现所有权与控制权的分离，从而确保风险投资基金能够获得足够的企业控制权。在采用优先股进行投资时，可以在投资协议中为优先股设置特殊权利条款，这样就可以使优先股的持有者获得比他们在创业企业中所持有的股份的比例所对应的控制权更多的控制权，从而使风险投资家可以利用这些控制权更好地保护自己投资的安全。

❷ 减少投资风险

由于投资创业企业面临很高的风险，风险投资家希望通过投资工具的选择来获得一定的下行保护，以有效降低投资风险。所谓下行保护功能，即在发生不利情况时，例如，企业经营不善导致企业以低于投资者投资时的企业估值被出售或进行破产清算时，为投资者提供某种额外的保护，以减少其损失。

这种下行保护可以通过清算优先权来实现。在使用优先股或可转换债券进行投资的情况下，投资者将拥有清算优先权。清算优先权是指在公司发生清算事件时，如企业被出售或破产，投资者拥有先于其他投资者从企业的剩余资产中获得清偿，以弥补其投资损失的权利。这样，如果企业发展不顺利，并导致企业以低于投资时的估值被出售或进行破产清算时，风险投资家就可以根据自己所拥有的清算优先权在企业的其他投资者之前获得清偿，从而减少投资损失和风险。

❸ 提高预期回报率

在为风险投资家提供下行保护的同时，投资工具的选择还可以让他们拥有分享企业上行收益的机会。在采用可转换优先股作为投资工具时，如果创业企业发展顺利，那么，风险投资家可以将自己所持有的优先股转换为企业的普通股，并作为企业的股东参与企业利润的分配，从而获取企业发展所创造的资本增值收益，提高预期的投资收益率。

❹ 减少委托代理问题

选择合适的投资工具可以协调风险投资家与创业者双方的利益，并使其变得一致，从而实现激励相容，减少委托代理问题。

❺ 建立约束机制

通过对投资工具的选择可以形成对创业者的约束机制。根据反稀释条款的有关规定，在采用可转换优先股进行投资时，优先股转换为普通股时的转换价格将根据企业在后续融资轮次中的价格来调整，这个转换价格的调整将会影响投资者在企业中所持有股权的比例。企业后续融资轮次的价格主要取决于企业阶段目标的实现程度。如果企业经营不好，或者没有完成预期的阶段目标，那么，企业在后续轮次的融资中就会出现降价融资。这时候，在上一轮融资中进入的投资者所持有的优先股在转换为普通股时的价格将会被调低到与后续轮次融资中所发行的证券的最低价格水平一致。这样，当前期投资者的优先股转换为普通股时，它们将获得更多的普通股，从而使自己所持有的企业的股份比例增加。与此同时，创业者所持有的企业股权将会被大量稀释。

这种机制可以对创业企业的管理层起到很好的约束作用，迫使他们努力工作，以顺利达成各个阶段的目标，只有这样才能避免企业因为经营不善而导致降价融资的发生，并稀释他们在企业中的股权份额。

❻ 信息甄别

可转换优先股可作为一种信息甄别工具。作为优先股的持有者，风险投资家拥有清算优先权，如果创业企业经营业绩欠佳或失败，那么企业将会被低价出售或进行清算。这时，风险投资家可以根据清算优先权拿走企业的全部或大部分剩余资产，而损失和风险将由创业者来承担。在这种情况下，那些对自己的企业缺乏自信或能力较差的创业者就会拒绝接受将优先股作为投资工具，从而可以将能力强和能力差的创业者区分开。

13.1.2　选择投资工具的原则

风险投资家希望通过投资工具的选择来提高投资收益率(分享上行收益)、获得控制权、对创业者形成有效的激励与约束，并实现转嫁风险和保证投资安全等目标。一般来说，在选择风险投资工具时，风险投资家会遵循以下几项原则。

❶ 投资回报最大化

风险投资家希望通过投资工具的选择来最大限度地提高自己的预期投资收益。好的投资工具在为投资者提供下行保护的同时，还要能够为投资者提供分享上升潜力的机会。所谓分享上升潜力是指在好的情况发生时，即被投资企业发展顺利并将获得成功时，要让投资者拥有参与企业资本增值所带来的分配投资收益的权利。在创业企业发展良好的情况下，企业的价值将会大幅增加，这时候，风险投资家希望通过投资工具参与企业资本增值收益的分配，从而使自己的投资回报最大化。

❷ 提供下行保护

由于创业企业的发展具有很高的不确定性，而且其失败率很高，因此，风险投资家希望通过投资工具的选择来减少投资风险，并保障自己所投入资本的安全。通过投资工具的选择，风险投资家可以获得清算优先权。这样，在创业企业发展不好的情况下，尤其是在创业企业破产时，他们就可以借助清算优先权先于普通股持有者拿回投资，从而减少投资损失。

❸ 获得控制权

创业企业存在很高的不确定性和信息不对称，这为创业者采取机会主义行为提供了空间，这些机会主义行为将会损害风险投资家的利益。风险投资家希望通过选择适当的投资工具获得对企业的控制权，包括董事会席位和特殊投票权，这样他们就可以利用这些控制权加强对企业的监控，避免创业者采取机会主义行为，从而更好地保护自己的利益。

❹ 保证投资的流动性

投资工具的选择将决定风险资本的变现能力。普通股一般很难退出，而优先股可通过赎回的方式实现退出。风险投资家希望通过投资工具的选择确保自己投入创业企业的资本具有一定的流动性，并可以容易地从创业企业撤出资本。

❺ 提供激励

通过投资工具的选择对创业者形成有效的激励机制，激励其为企业的发展努力工作并创造更多的价值。

❻ 转移风险

风险投资家可以通过投资工具的选择将一部分风险转移给创业者。在采用可转换优先股进行投资时，风险投资家拥有清算优先权。如果创业企业以低价出售或进行破产清算，他们可以依据清算优先权在其他投资者之前拿回自己的投资，从而减少投资损失和风险，而大部分的损失将由创业者和其他投资者承担。

13.2 投资工具的类型

13.2.1 简单与复合投资工具

风险投资工具可以分为两种类型：一类是简单投资工具；另一类是复合投资工具。

❶ 简单投资工具

简单投资工具包括普通股和公司债券两种类型。在风险投资中，风险投资家关注的是如何在风险可控的条件下取得最佳投资回报，因此，他们希望同时达成两个目标：一是在不利的情况下能够获得下行保护，从而降低投资风险；二是在有利的情况下能够参与分享企业成功所带来的资本增值收益，从而实现投资回报最大化。但是，在采用简单投资工具进行投资时，一般只能够达成这两个目标中的一个。例如，持有普通股虽然可以让投资者参与分享企业的上行收益，却不能给予投资者下行保护；持有公司债券虽然能够为投资者提供下行保护，却不能给予投资者参与分享企业上行收益的机会。由于普通股和公司债券这些简单的投资工具都不能很好地满足风险投资家的需求，因此，风险投资基金很少单独采用简单投资工具进行投资。

❷ 复合投资工具

复合投资工具主要包括可转换优先股、可转换债券和可认股债券。与简单投资工具不同，复合投资工具结合了债券与股权的特点：一方面，复合投资工具具有类似公司债券的现金流分配特性，它使投资者可以获得稳定的投资回报。同时，它所拥有的清算优先权还能帮助投资者规避风险。一般来说，处于早期阶段的企业的失败率很高，投资风险较大。在企业因为经营不善而不得不低价出售或进行清算时，风险投资家可借助清算优先权在其他投资者之前收回自己的投资，从而减少投资损失和风险。另一方面，复合投资工具具有类似普通股的长期看涨期权，投资者可以参与分享企业成功所带来的资本增值收益。

由于复合投资工具能够很好地满足风险投资家的需求，因此，风险投资家更愿意采用复合投资工具进行投资。在美国和欧洲一些发达国家，风险投资家通常采用某种类型的可转换证券来进行投资。可转换证券是一种带有转换权的复合投资工具。转换权是指投资者或贷款者所拥有的要求被投资企业按照预先设置的转换比率用企业的普通股来替换投资者或贷款者手中所持有的优先股或债券的权利。美国在19世纪发行的铁路建设债券是世界上第一个具有转换权的证券。可转换证券的持有者可以在一定时期内按一定比例或价格将其转换成一定数量的另一种证券。使用较广泛的可转换证券主要有可转换优先股和可转换债券。

13.2.2 常用的投资工具

❶ 普通股

(1) 普通股的基本特点。普通股是一种代表公司所有权的证券类型，普通股的持有者拥有公司的所有权。通常情况下，企业的创始人、管理者和雇员持有企业的普通股，并拥有其所有权。普通股主要有以下几个基本特点。

- 普通股不能确保投资者能够获得稳定的投资收益。一般来说，普通股持有者将按照所持有的企业股份的比例，从企业的经营利润中获得股息分配。也就是说，在企业产生盈利之前，普通股的持有者将不能获得股息分配。这样，当企业经营业绩较差或出现亏损时，普通股持有者将不能获得分红。
- 普通股的安全性较差。当清算事件发生时，有担保或无担保的债权人、债券持有者和优先股持有者将在普通股持有者之前从公司清算收益中获得补偿。由于普通股持有者从公司清算收益中获得补偿的权利排在其他所有投资者之后，只有在其他所有投资者都获得补偿之后他们才能得到补偿，因此，普通股不能为投资者提供避险功能。

- 普通股持有者对公司拥有较强的控制权。他们可以获得公司董事会的席位，并拥有对公司重大经营事项的投票权。
- 非上市企业的普通股的持有者很难从公司撤出资本，因此它的流动性较差。

(2) 普通股作为投资工具的特点。作为一种投资工具，普通股主要具有以下两个特点。

- 可以分享上行收益。普通股持有者可以分享企业发展所带来的资本增值收益。由于普通股持有者的收益与企业的经营业绩直接挂钩，因此，当企业发展良好并且经营收入较高时，普通股持有者能够获得更高的投资收益。
- 没有下行保护功能。由于普通股持有者获得股息分配和从公司清算后的剩余资产中获得清偿的权利排在其他所有投资者之后，因此，当创业企业因为经营不善被低价出售或企业进行破产清算时，普通股持有者将在企业的债权人和优先股股东获得补偿之后才能获得补偿，因此，普通股不能为投资者提供下行保护。

例13-1

现在我们来看一个例子。一个创业者创立了一家互联网新企业，并寻求风险投资基金对其进行投资。风险投资基金向创业企业投资200万美元。投资后，创业企业的总股本为500万美元，其中创始人占300万美元，风险投资基金占200万美元。假设风险投资基金全部以普通股的形式投入，并占其40%的股份，而创始人持有的普通股占企业60%的股份。

在这一股权结构下，风险投资基金与创业者在企业以任何方式退出时都将按照40/60的比例对退出收益进行分配，如图13-1所示。

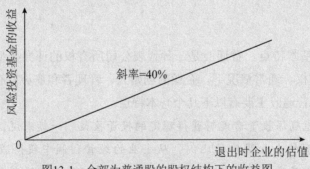

图13-1 全部为普通股的股权结构下的收益图

假设企业在投资后一年以并购的方式退出，通过退出获得的收益为300万美元。风险投资基金与创业者按照各自占企业的股份比例来对退出收益进行分配。由于风险投资基金占企业股权的比例为40%，因此它分得了120万美元；由于创业者占企业股权的比例为60%，因此他分得了180万美元。在这种情况下，风险投资基金所遭受的损失是80万美元。

我们通过例13-1可以看出，如果风险投资基金全部以普通股进行投资，当企业退出时的估值低于投资时的估值时，风险投资基金将无法收回全部投资。

虽然普通股是公开交易的股票市场上的主要投资工具，但由于采用普通股投资不能为投资者提供下行保护，因此，风险投资基金通常不会单独采用普通股对创业企业进行投资。在风险投资中，普通股主要作为一种辅助的投资工具与优先股绑定在一起使用，以获得特定的投资效果。关于这点，我们将在后面详细解释。

❷ 公司债券

(1) 公司债券的基本特点。公司债券是另外一种简单投资工具，它是企业为了满足短期的资金需求，以私募或公募的方式所发行的约定在一定期限内还本付息的有价证券。公司债券的优先级别一般低于银行贷款。发行公司债券可以用公司的资产和(或)应收账款作为担保，也可以是无担保的。公司债券主要有以下几个基本特点。

- 在回报方面，由于公司债券的持有人可以按照固定利率获得利息收入，因此公司债券可以确保其持有者获得稳定的收益。
- 在流动性方面，由于公司债券可要求发行企业到期赎回，因此它具有较好的流动性。
- 在安全性方面，公司债券一般都有抵押或者担保，而且在企业发生清算事件时，债券持有人拥有优先清算权，他们可以在企业的其他投资者之前优先从企业的剩余财产中获得补偿。因此，公司债券可以为投资者提供避险功能，它的安全性较高，风险较小。
- 在控制权方面，公司债券作为投资工具无法满足风险投资作为积极投资者参与企业经营的要求。在采用公司债券进行投资时，其持有人不能作为董事会的成员参与企业的经营管理，也不拥有对企业重大经营事项的投票权。因此，公司债券持有人对企业的控制权很有限，也不能对企业的发展施加重要的影响。

公司债券的基本参数包括本金、利率、担保品和期限。

(2) 公司债券作为投资工具的特点。公司债券作为一种投资工具，主要有以下这些特点。

- 提供稳定的回报。无论企业经营业绩好坏，债券持有者都可以按照固定利率获得利息收入。因此，公司债券可以为投资者提供稳定的收益。
- 提供下行保护。采用公司债券作为投资工具可以为投资者提供下行保护。公司债券持有者拥有对企业剩余资产的清算优先权。当企业因为经营不善而被低价出售，即企业的估值低于投资者购买优先股时企业的估值时，投资者可以根据清算优先权在企业的所有股权投资者获得清偿之前从企业的剩余资产中获得清偿，拿回全部或大部分投资，从而避免和减少投资损失。
- 不能分享上行收益。由于债券持有人只能按照事先设定的利率收取利息，因此，采用公司债券进行投资时，投资者不能参与分享企业发展所带来的资本增值收益。这是公司债券作为投资工具存在的主要缺陷。

采用公司债券投资时，投资者的收益如图13-2所示。

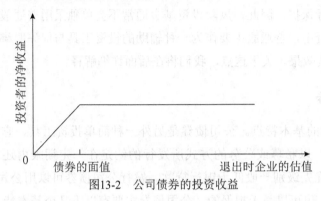

图13-2　公司债券的投资收益

❸ 可转换优先股

对风险投资家而言，采用可转换优先股投资能够带来多方面的好处。首先，他们持有可转换优先股可以和持有优先股一样获得较为稳定的股息收入。其次，在没有转换成普通股时，风险投资家对企业资产拥有清算优先权。在企业经营不善的情况下，特别是在企业破产时，风险投资家能够获得下行保护，从而有效降低投资风险。再次，当企业发展顺利时，风险投资家可以按原先约定的转换价格将所持有的优先股转换为企业的普通股来分享创业企业成长带来的资本增值收益，确保自己的投资收益最大化。最后，持有优先股还可以与企业普通股股东一样享有董事会席位和投票权。

对创业者而言，可转换优先股在带来融资的同时，不会引起企业控制权的转移，可以确保创业者对企业的管理和控制。同时，采用可转换优先股融资不会增加企业的负债率，从而影响企业的后续融资。另外，由于优先股采用固定的息率，一般不参与企业的分红，因此它也不会对公司的利润分配产生重大的影响。

❹ 可转换债券

风险投资中采用的可转换债券是另外一种复合投资工具。可转换债券(Convertible Bond)是公司债券的一种，它的持有人可以在未来某一个时间节点按照事先约定的价格将债券转换为发行债券公司的优先股或普通股。它在本质上是一种附带了一份优先股或普通股的买入期权的公司债券。

可转换债券同时具有债券和股权的特点。对可转换债券的发行者来说，在进行转换之前，它是一种债务，需要支付利息；在进行转换之后，将停止支付利息，将其从资产负债表的负债项下转移到股权项下。

可转换债券是天使投资人和早期阶段投资者经常使用的一种投资工具。对投资者来说，如果企业普通股的价值低于转换价格，则可以继续持有债券，等债券到期时收回本息，此时虽然投资收益率较低，却规避了亏损的风险。如果企业普通股的价值高于转换价格，则可以将债券转换成普通股，以获得较大的投资收益。例如，当企业发展顺利时，企业普通股的价值高于转换价格，这时，投资者可以选择将债券转换为普通股，从而使自己获得更高的投资收益。

对创业者来说，使用可转换债券融资的好处是，在得到资金的同时，不会失去对企业的所有权。

❺ 认股权证

认股权证也是风险投资家较为常用的一种投资工具。认股权证是指企业向投资者发行的一种股票期权，它赋予其持有者在未来某个时间节点按照约定的价格购买企业股份的权利。认股权是一种长期的期权，通常情况下，认股权的有效期可能是数年或者没有时间限制。

获得认股权证可使投资者在未来条件成熟时以较低价格买入企业的普通股，从而可以参与对企业资本增值收益的分配，这将有助于提高投资收益率。因此，认股权证一般与优先股或债券一起发行，以增加这些股票或债券对潜在投资者的吸引力。

❻ 可认股债券

投资者采用公司债券进行投资不仅可以获得稳定的回报，而且可以通过清算优先权获得下行保护，有利于收回投资。但是由于公司债券不具有分享企业上升潜力的功能，因此，投资者在采用公司债券进行投资时，通常还会要求获得认股权证，以使自己能够在未来某个时间节点以较低的价格购买企业的普通股股权，从而可以参与分享企业的资本增值收益。

可认股债券是与认股权证一起发行的公司债券。在投资者以债权形式对创业企业进行投资的同时，他们也获得了一项在未来按照事先约定的价格购买既定数量的企业普通股的期权。例如，当西部技术投资(Western Technology Investment)公司对Fouebook进行投资时，它采用附带认股权证的300万美元的公司债券作为投资工具。

13.3 优先股及其变种

通过前文我们可以看出，普通股和公司债券这些简单投资工具都无法全面满足风险投资交易双方对投资收益和控制权的要求，因此，风险投资家才会求助于优先股来解决这一问题。

13.3.1　优先股

❶ 优先股的概念

与普通股一样，优先股也是一种公司所有权的单位。作为一种特殊类型的公司股票，优先股同时具有股权和债权投资工具的双重性质。虽然优先股本身是一种股权投资形式，但是，由于优先股持有人可以定期获得固定的股息收益，因此它又具有债券的特点。由于这个原因，优先股通常被视为一种复合投资工具。与普通股比较，优先股拥有一系列优先权，包括在股息分配、参与分享资本增值收益、从企业清算收益中获得补偿和反稀释保护等方面的优先权。

由于优先股兼有债权和股权的特征，采用优先股作为投资工具可以很好地满足风险投资家的需求，即同时获得下行保护和分享企业资本增值收益的机会，因此它是风险投资家较常使用的一种投资工具。在美国，几乎所有的风险投资交易都会采用优先股作为投资工具。

通常情况下，优先股持有者都会拥有一些普通股持有者所不具备的权利，具体包括以下几方面。

(1) 控制权。优先股持有者有权拥有公司决策管理的控制权。

(2) 固定股息收入。优先股持有者有权获得固定数额的股息(分红)收入。

(3) 优先分配权。优先股持有者有权在普通股股东之前参与企业利润的分配。

(4) 清算优先权。清算优先权是风险投资家采用优先股进行投资时所获得的一项重要权利。清算优先权是指在对出售公司或对公司进行清算所获得的收益进行分配时，优先股持有者拥有先于普通股持有者获得补偿的权利。

优先股的清算优先权一般排在公司债券持有者和银行贷款之后。典型的清算优先权条款规定，在公司发生清算事件(这些清算事件包括企业被出售、并购或破产)时，优先股持有者可以在公司债券持有人和银行贷款之后、普通股股东之前，从企业的剩余资产中获得清偿直到收回其原始投资。

清算优先权的一个重要作用是为风险投资家提供下行保护。如果新企业失败，风险投资家可以在第一时间从公司拥有的技术和财产中获得补偿，从而最大限度地降低投资损失。例如，公司注册资本500万美元，投资人投资300万美元，获得公司20%的股权。如果企业的退出收益是400万美元，这时候如果投资人没有清算优先权，他只能分得80万美元，但如果他拥有该项权利，则可按照其初始投资收回300万美元。

投资者所持有的清算优先权还能够对创业企业的管理层产生约束作用。因为根据清算优先权的约定，如果企业因为经营不善而以低价出售，导致企业的剩余财产价值低于投资者的投资额，那么投资者将有权拿走企业全部的剩余财产，而创业者将一无所获。因此，清算优先权的存在可以促使创业者努力工作，以尽量避免出现该类风险，这将会对创业者产生很强的约束作用。

清算优先权还能让投资者明确他在资本层级结构中所处的位置。例如，当公司没有债务，只经过一轮风险投资融资的情况下，A轮优先股持有人将在任何清算事件中第一个分得剩余财产。在有多轮融资的情况下，最后一轮融资的投资者将首先被分配剩余财产。这样，D轮投资者将在C轮优先股持有人之前分得剩余财产，C轮投资者将优先B轮投资者获得清偿，依此类推。另外一种不同的分配方式是，各轮所有投资者同时获得清偿。据调查，大约有三分之二的交易会给最后一轮的投资者优先权，即优先于之前的其他各轮投资者获得清偿。

在某些情况下，投资者会要求在其他股权持有者(早期)被清偿之前，获得比他们的原始投资更多的清偿优先权，通常是获得原始投资一个确定倍数的回报，例如2倍或者3倍的清算优先权，即按照2倍或者3倍于原始投资的方式来清偿投资者的投资。据调查，大约四分之一的交易包含这种过度清算优先权，而这种清算优先权中大约有70%是按2倍或者是少于2倍的方式清偿。

❷ 优先股作为投资工具的特点

(1) 提供稳定回报。采用优先股作为投资工具的一个好处是可以获得稳定的股息收入。无论企业经营业绩好坏，优先股持有者都能按照固定的息率分得股息。而且，优先股股东还拥有优先分红权，他们可以在普通股持有者之前获得股息。因此，优先股可以确保投资者获得稳定的股息回报，这也是风险投资家希望采用优先股作为投资工具的一个重要原因。

(2) 具有较好的流动性。虽然优先股股东不能要求退股，但在大多数优先股投资协议中都附有赎回条款。根据赎回条款，优先股持有者可以要求企业对优先股进行赎回。

(3) 提供下行保护。清算优先权可以在发生不利情况时为优先股持有者提供下行保护。在企业发展良好时，这种清算优先权不会对投资者的收益产生影响。但是，如企业出售时的估值低于优先股投资者投资时企业的估值，投资者可以根据清算优先权在持有普通股的管理团队之前获得清偿，从而确保自己能够尽可能多地收回原始投资，达到减少投资损失和控制投资风险的目的。

(4) 获得控制权。在采用优先股进行投资时，风险投资基金可以获得超过其所持股份比例的控制权，以加强对创业企业的控制。虽然传统意义上的优先股并不具有董事会投票权，但风险投资家可以通过在投资协议中为优先股附加特殊权利的方式来获得对创业企业的控制权。这样，他们不仅可以参加企业的董事会并行使投票权，而且他们通常还会获得对企业重大经营决策的否决权。

(5) 不能分享上行收益。在获得稳定的投资收益和下行保护的同时，优先股持有者不能像普通股股东一样参与企业股权增值收益的分配，尤其是当企业发展顺利并且退出价值很高时，优先股投资者可能会失去获得高额股权增值收益的机会。

在实践中，风险投资家一般会选择可转换优先股作为投资工具，以获得分享企业成长所带来的好处的机会。可转换优先股拥有与优先股同样的清算优先权，它在为风险投资家提供下行保护的同时，还为投资者提供了一个在适当时候将其所持有的优先股转换为普通股权的选择权。这样，如果企业发展顺利，投资者就可以行使选择权将自己所持有的优先股转换成普通股，并向普通股股东一样参与企业成长所带来的股权增值收益的分配。

(6) 对不同轮次投资者的利益进行调节。风险投资家选择优先股作为投资工具还可以对不同融资轮次投资者之间的利益关系进行调节。每一轮融资都会产生新的优先股，与企业的老股东比较，新股东在对企业信息的掌握方面往往处于劣势地位，而且一般来说，新一轮融资的价格都会高于之前轮次的融资价格。因此，作为企业的新股东，他们有权要求获得优先于老股东的投资者权利。例如，新产生的优先股的股东在红利分配和资产清算方面优先于先前所有轮次的股东。

在美国，公司法允许在优先股的类别下设置不同系列的优先股，如A系列和B系列优先股。通常来说，最早的种子期的天使投资者在投资企业时获得的是普通股。当企业向机构投资者进行第一轮融资时，称为A轮融资，机构投资者购买的是企业的A系列可转换优先股。依此类推，在第二轮和第三轮，投资者购买的依次是B系列和C系列可转换优先股。

为了对在不同轮次参加进来的投资者的利益进行调节，公司法允许企业在发行每一类或者每一系列优先股之前，通过公司章程或投资协议来事先设定该类或该系列股票的优先权利、普通权利及受到的限制。因此，在投资谈判中，风险投资家一般会要求企业在章程中设置专门的条款来为自己持有的优先股附加更多的优先权利。这些权利主要包括优先分红权、优先购买权、优先认购权、清算优先权和对企业重大经营事项的否决权等。

一般来说，每一个系列的优先股投资者相对于之前系列的优先股投资者都拥有特定的优先权利。例如，当企业被出售或进行清算时，B系列优先股的持有者将会优先于A系列优先股的持有者从企业剩余资产中获得清偿。

13.3.2 可赎回优先股

❶ 可赎回优先股的特点

可赎回优先股又称为直接优先股，发行此类股票的公司有权按规定价格收回该股票。

可赎回优先股具有以下一些特点。

(1) 不能转换为普通股。可赎回优先股没有转换权，因此不能转换为普通股。

(2) 累计分红。优先股的分红一般来说会累计到股票的面值，而且在赎回期之前不用支付分红。

❷ 有关参数

(1) 面值。可赎回优先股的账面价值等于投资者购买股票时的投资额。投资者可以根据这个面值在普通股之前获得补偿。

(2) 赎回条款。可赎回优先股的投资协议中通常会包含一个赎回条款，一般规定发行可赎回优先股的企业需要在某一个时间节点向投资者赎回优先股。这个时间节点可能是企业上市前或在企业成立5年后的一段时间。

赎回该股票的价格在投资协议中加以规定，此价格一般会略高于股票的面值。有时候，对可赎回优先股在清算时可获得的回报会预先设置一个上限，这个上限一般是当初投资者购买可赎回优先股价格的倍数。

❸ 可赎回优先股作为投资工具的特点

对投资者而言，采用可赎回优先股进行投资的好处是可以获得下行保护，即如果企业发展不顺利，那么投资者可以根据清算优先权先于普通股投资者从企业的退出收益中获得清偿，从而减少投资损失。但是，它的局限性在于，如果企业获得成功，投资者将无法通过持有的可赎回优先股来参与分享企业的资本增值收益。

由于持有可赎回优先股不能参与分享企业上升所带来的资本增值收益，因此，事实上很少有风险投资基金愿意单独采用可赎回优先股进行投资。我们研究这个可赎回优先股的原因是它可以与其他的投资工具结合在一起使用。作为一种投资工具，可赎回优先股主要有以下几个特点。

(1) 提供下行保护。对投资者而言，使用可赎回优先股进行投资可以拥有清算优先权。因此，当企业发展陷入困境时，投资者可以通过这种清算优先权获得额外的保护。在例13-1中，在采用普通股投资的情况下，如果企业的退出收益是200万美元，那么投资者只能按照自己在企业所占的股份比例从企业的退出收益中分得80万美元。与之不同，假设投资者以优先股的形式向创业企业投资200万美元，那么，当企业的退出收益是200万美元时，投资者将获得全部的企业退出收益，即200万美元。这相当于投资者收回了自己全部的投资，而创业者则得不到任何补偿。从这个案例我们可以看出，在采用优先股作为投资工具的情况下，如果企业退出时的估值小于投资者投资时的企业估值，投资者所拥有的清算优先权可以确保他们顺利收回自己的投资。

如果投资者持有可赎回优先股，投资者在企业不同退出估值时的收益如图13-3所示。

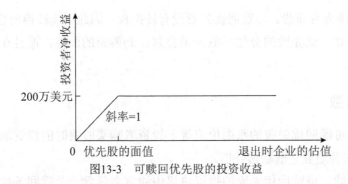

图13-3 可赎回优先股的投资收益

(2) 激励机制。采用可赎回优先股投资的另外一个好处是可以对创业者形成激励机制。采用可赎回优先股投资时，如果企业退出时的估值远远超过投资者投资时企业的估值，此时创业者可以按照当初投资协议所约定的价格向投资者赎回优先股，然后，他们将获得创业企业未来的全部价值。

在采用可赎回优先股投资的情况下，只有当企业的价值超过投资者的投资时，创业者才能够分得企业的剩余价值。在投资者拿回自己的投资以后，企业的剩余价值越大，创业者能够分得的价值也越多。因此，这一机制将会激励创业者努力工作，并创造更多的价值。因为创业者创造的价值越多，创业企业的资本增值越大，他们自己最后能够分到的价值也越多。这一机制在激励创业者为了获得高额回报而努力工作的同时，也为投资者尽快收回自己的投资创造了有利条件。

(3) 不能分享上行收益。采用可赎回优先股进行投资的好处是可以提供下行保护，但是由于赎回优先股只是简单地回收资本，除了带来固定的股息收益以外，几乎不能为投资者带来其他收益。在全部用可赎回优先股进行投资的情况下，投资者在企业以任何价格退出的情况下，永远只能分配到恰好等于其原始投入的收益，除此以外，投资者得不到任何其他的收益。在例13-1中，假设企业退出的价值不是200万美元而是500万美元，那么持有可赎回优先股的投资者能够拿到的依然是200万美元加上固定的优先股的分红，而剩下部分将全部归创业者所有。

因此，投资者通常并不会单独采用可赎回优先股进行投资，而是会将可赎回优先股与普通股组合在一起作为投资工具使用。

❹ 可赎回优先股与普通股的组合

在风险投资交易中，可赎回优先股主要与普通股组合在一起使用。这样，风险投资家将同时持有两种证券，即可赎回优先股和普通股。在优先股为投资者提供下行保护的同时，投资者还能够通过其所持有的企业普通股获得参与分享企业发展所带来的资本增值的机会，因此，他们可以在控制风险的同时获得高额的投资收益。

在采用这种股权结构进行投资时所面临的一个问题是，在总投资中，投资者应该用多大一部分资金来购买可赎回优先股，又应该用多大一部分资金购买普通股。总投资在普通股和可赎回优先股之间的分配完全取决于投资者的主观判断，投资者对总投资的这种分配将会对其最终收益产生很大的影响。

(1) 提供稳定回报。采用可赎回优先股加普通股的组合投资工具进行投资时，风险投资基金可以通过可赎回优先股按照固定的息率获得稳定的股息收入。

(2) 提供下行保护。如果采用可赎回优先股加普通股的股权结构进行投资，那么当企业发展不顺利并且以低于优先股的账面价值的估值退出时，可赎回优先股可为投资者提供下行保护，投资者可以根据清算优先权拿走大部分甚至全部的企业剩余资产。现在，假设投资者将200万美元的投资全部用于购买企业可赎回优先股，同时，投资者还免费获得了企业40%的普通股股权。采用这个假设可使这种股权结构能够很容易地与采用其他投资工具的情形进行比较。基于这个假设，在采用普通股加可赎回优先股的投资工具组合的情况下，当企业发生清算事件时，投资者将首先根据可赎回优先股所拥有的清算优先权拿回200万美元的原始投资。如果退出时企业的估值是200万美元，那么投资者将会拿到200万美元。这与采用可赎回优先股进行投资的效果完全相同。

(3) 分享成长的潜力。采用这种组合投资工具进行投资时，投资者不仅可以获得下行保护，而且有机会参与分享企业成长的潜力。

在例13-1中，当企业退出时的价值大于200万美元时，假设企业退出时的估值是500万美元，那么投资者将首先以可赎回优先股收回200万美元的原始投资(忽略累计分红)。然后，投资者还将凭借其所持有的40%的普通股股份与创业者共同分享剩下的300万美元的企业退出价值，这样，投资者就可以再分得120万美元。因此，投资者从该项投资中总共分得的投资收益是320万美元。

在这个案例中，如果投资者仅以可赎回优先股投资200万美元，而没有持有其普通股，那么投资者所能分得的投资收益将只有200万美元，远小于其采用优先股加普通股的组合投资工具时所能够获得的320万美元。

投资者采用可赎回优先股加普通股的组合投资工具时，在不同的企业退出估值的情况下所能够获得的投资收益如图13-4。

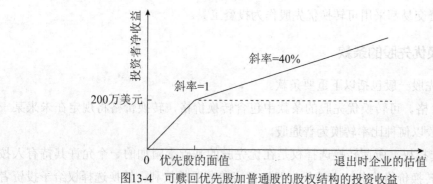

图13-4 可赎回优先股加普通股的股权结构的投资收益

(4) 实现激励相容。在普通股与可赎回优先股共同存在的情况下，当退出时企业的估值超过购买优先股的价格时，投资者将首先以优先股的形式收回自己的投资，剩下的部分将由投资者与创业者按照各自所持有的普通股的股份进行分享。这时，企业创造的价值越多，投资者和创业者能够分到的收益也越多。这种股权结构可以使风险投资家和创业者的目标变得一致，即可以很好地实现风险投资家与创业者之间的利益均衡和激励相容，从而激励他们同舟共济，一起将企业做大。

(5) 对股价的不利影响。采用可赎回优先股加普通股的股权结构存在的一个问题是，在企业退出时，可赎回优先股必须首先被赎回。通常可赎回优先股的条款中会规定，如果企业公开上市，那么企业应从公开募股所筹款项中拿出一部分款项来向投资者赎回优先股。这样虽然可以确保投资者能够顺利收回投资，但是让上市公司从公开发行股票所筹集的资金中拿出很大一部分款项来向风险投资基金赎回优先股，可能会给上市公司带来不利的影响，许多上市公司的股票价格甚至因此而下跌。在这种情况下，采用参与可转换优先股投资则可以有效避免这一问题的发生。

13.3.3　可转换优先股

❶ 可转换优先股的概念

可转换优先股是一种附加了转换选择权的优先股。该转换选择权允许可转换优先股持有者将其所持有的优先股在预先设定的时间节点之后转换为特定数量的公司普通股。可转换优先股主要可通过两种方式转换为普通股：一是可转换优先股持有者根据自己的意愿将其转换成普通股，即自愿转换。二是当满足某些门槛条件时进行自动转换，又称为强制转换，例如，可转换优先股的条款规定，在公司进行首次公开发行时，公司所有发行在外的可转换优先股将自动转换为普通股。在大多数情况下，可转换优先股都是根据其持有者的意愿转换为普通股的，但有时候可转换优先股的条款允许公司或者发行人进行强制转换。

在美国，可转换优先股是风险投资基金较为常用的投资工具。据有关统计，大约有95%的风险投资交易都采用可转换优先股作为投资工具。

❷ 可转换优先股的条款

可转换优先股一般包括以下重要条款。

(1) 转换价格。可转换优先股的条款中包含转换价格，转换价格将规定在未来某一时间节点优先股以何种比率转换为普通股。

(2) 转换选择权。所谓转换选择权是在优先股的基础上附加的一个允许其持有人按照事先约定的转换价格将其持有的优先股转换成普通股的权利。转换选择权给予投资者在退出时在赎回和转换这两个选项之间进行选择的权利。当投资者选择赎回时，他可以获得清算优先权加上累计分红；当投资者选择转换时，他可以将所持有的优先股转换为普通股以分享资本增值所带来的收益。

当企业退出时的收益低于投资者购买可转换优先股的原始价格时，投资者将会按照清算优先权加累计分红的方式来获得投资收益。在这种情况下，采用可转换优先股投资的效果与采用可赎回优先股投资的效果没有什么区别。

当企业退出时的收益超过当初购买优先股时的原始价格时，投资者将在通过优先股的清算功能获得投资收益还是将优先股转换为普通股获得投资收益之间进行选择。如果投资者根据优先股转换为普通股之后占企业的股份比例来参与企业退出收益的分配所获得的价值小于清算优先权加累计分红所能够分到的价值，那么他们将选择继续持有优先股；如果投资者将所持有的可转换优先股转换成普通股以后所分得的收益超过其按照清算优先权加累计分红所获得的收益，那么，投资者就会将自己所持有的优先股转换为企业的普通股。

(3) 强制转换。大多数风险投资协议都会包含一项可转换优先股的强制转换条款。根据这些强制转换条款，当公司临近上市时，优先股投资者必须将其所持有的优先股转换为普通股。触发这一强制转换的条件一般是合格的首次公开发行(Qualified IPO)。所谓合格的首次公开发行是指首次公开发行的估值达到或超过投资者与创业企业所签订的融资协议中所规定的金额。这个金额通常被定得较高，以确保企业首次公开发行的股票能够在纳斯达克和纽约证交所这样主要的证券交易所进行交易。当企业的首次公开发行达到合格的首次公开发行的要求时，将触发强制转换条款，投资者所持有的可转换优先股将被自动转换为企业的普通股。因此，在企业上市之前，可转换优先股的功能与可赎回优先股类似；而在企业上市之后，它的功能与普通股一样。

❸ 可转换优先股的优势

风险投资家一般会选择可转换优先股来对创业企业进行投资。对风险投资家而言，使用可转换优先股进行投资的优势主要有以下这些。

(1) 获得稳定回报。与其他类型的优先股一样，可转换优先股也可以提供稳定的利息收入。在风险投资基金将自己所持有的可转换优先股转换为普通股之前，它们可以按照固定的息率分得股息作为投资收益，这些股息主要来源于企业的日常现金流。

(2) 提供下行保护。可转换优先股投资者拥有清算优先权，这种清算优先权可以为它们提供下行保护功能。当公司因经营不善而导致破产清算时，风险投资基金可以先于普通股股东从公司的剩余财产中获得清偿。在极端的情况下，他们甚至可以拿走全部的企业剩余价值作为对自己投资的补偿。例如，如果一个风险投资基金以可转换优先股的形式投资某一公司200万美元，转换价格是每股5美元，那么在转换后，风险投资基金将持有超过40万的企业普通股。如果已经发行在外的普通股是60万股，那么，风险投资基金在将可转换优先股转换为普通股后将拥有40%的普通股。在这个案例中，如果企业以出售方式退出所获得的收益小于500万美元(忽略累计分红)，也就是说，风险投资基金从企业的退出收益中所分得的投资收益小于200万美元，那么投资者将会选择继续持有优先股，并按照清算优先权拿走出售企业的全部收益。

(3) 分享上行收益。当企业发展顺利时，可转换优先股投资可以为投资者提供参与分享企业成长所带来的资本增值收益的机会，尤其是当创业企业发展顺利并有可能进行IPO时，投资者可以选择将优先股按照事先约定的条件转换为普通股，从而使自己能够像企业的普通股股东一样参与分配企业公开上市所带来的资本增值收益。

在上面的案例中，如果该公司以超过500万美元的价格售出，假设卖出价格是600万美元，那么投资者为了增加自己的收益，就会将所持有的优先股转化为普通股，并以40%的比例参与分享企业的出售收益，此时投资者所获得的投资收益是240万美元，大于按照清算优先权所获得的200万美元(忽略累计分红)。而且，企业创造的价值越大，则投资者通过转换后所持有的普通股所获得的利益也越大。

(4) 获得控制权。在可转换优先股的持有者将其所持有的可转换优先股转换成普通股之前，他们并不拥有普通股股东所具有的相关权利，他们不能出席公司的董事会，也不能参与公司的经营管理决策。因此，在采用优先股进行投资时，投资者所拥有的控制权较普通股股东弱。但是，为了保护自己的利益，风险投资家往往希望在行使转换权之前就获得部分企业的控制权，包括与普通股股东一样的投票权，从而能够对企业的发展和经营管理施加重要的影响。这些控制权一般是通过为优先股附加特殊权利条款的方式来实现的。在投资谈判中，风险投资家通常会要求为其所持有的优先股附加一些特殊控制权，这些权力包括：允许风险投资家像普通股持有者一样参加企业的董事会，拥有对企业经营重大事项的一票否决权以及在特殊情况下更换管理人员的权力。这些权力通常会反映在风险投资家与创业者达成的投资条款清单和股权投资协议中。

(5) 实现激励相容。可转换优先股的重要功能是可以实现风险投资家与创业者的激励相容。

当企业发展不顺利时，企业在退出时的估值可能低于上一轮融资时企业的价值。这时候，由于风险投资家持有优先清算权，因此，他们可以根据清算优先权拿走企业退出的全部收益，而创业者将一无所获。只有当企业发展顺利并以较高的估值退出时，即企业的退出收益大于投资者购买优先股的价格时，创业者才能够参与企业退出收益的分配。

当企业退出时的估值远远超过投资者购买优先股的价格时，投资者将按照当初投资协议中约定的转换价格将自己所持有的优先股转换为普通股。这时候，由于企业创始人一般持有企业的大部分股权，因此他们能够分到企业退出价值中的大部分。这种机制将会激励创业者努力工作，为企业创造出更多的价值。

对于投资者而言，创业者工作越努力，创造的价值越多，他们不仅能够更加顺利地收回自己的投资，而且能够通过将优先股转换为普通股分到更多的投资收益。

因此，采用可转换优先股投资可以让创业者与投资人的利益变得一致，即如果创业企业发展顺利，那么创业者和风险投资家都将获得丰厚的回报，从而实现了激励相容。

例13-2

转换条件定义的是企业退出收益的水平，在这一水平上，投资者将自己所持有的可转换优先股转换为普通股所获得的投资收益要比赎回所获得的投资收益更高，我们将这个退出收益水平称为转换点。

我们将A系列优先股的转换点表示为W_A，可通过一些计算来确定这个转换点。

例如，在一个投资案例中，投资者面临两种选择，如果投资者选择转换，那么转换后他们将获得500万美元的股份。由于企业的总股份是2000万美元，创始人拥有1500万美元股份，那么，转换后投资者所拥有的企业股份是25%。

假设企业的退出收益=W，如果投资者选择将优先股转换为普通股，那么他能够获得的投资收益是25%W。假设退出收益是W，如果投资者选择赎回，那么他能够获得的投资收益是500万美元与W之间的较小值。

对于任何企业退出时的收益W，投资者在做出转换或不转换的决策时，他们都将对在上述两种情况下自己所能够获得的收益进行比较。如果转换所获得的收益大于赎回能够获得的收益，那么他们会选择将自己所持有的优先股转换为普通股；反之，则继续持有优先股并获得赎回收益。可转换优先股的转换条件如图13-5所示。

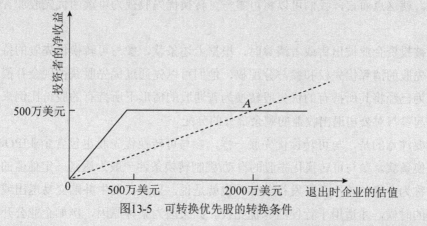

图13-5 可转换优先股的转换条件

在图13-5中，虚线代表投资者将优先股转换为普通股所获得的收益，实线代表投资者继续持有优先股并通过赎回所获得的投资收益。当被投资企业的退出价值较低时，即实线位于虚线的上方时，投资者最好选择赎回并获得现金。但是，如果被投资企业退出时的收益很高，即当虚线位于实线的上方时，投资者最好选择将自己所持有的优先股转换为普通股。转换点发生在转换收益与赎回收益相等的那个点，这个点即图中虚线与实线相交的点A。

转换条件可用不等式表示为：25%W>500万美元。

如图13-5所示，企业在转换点A处的退出收益W_A=2000万美元。如果企业退出所获得的收益是2000万美元，那么投资者既可以通过赎回获得500万美元，也可以通过将优先股转换为普通股获得500万美元。当企业的退出收益小于2000万美元时，投资者最好选择赎回。当企业的退出收益大于2000万美元时，投资者最好选择转换。

13.3.4 参与可转换优先股

❶ 参与可转换优先股的概念

参与可转换优先股可以视为一种附加额外权利的可转换优先股。该额外权利允许参与可转换优先股的持有者在公司被出售或进行首次公开发行时获得与优先股的面值相等的现金(通常是原始投资额加累计分红)加上公司的股权。

参与可转换优先股的条款如下所述。

首先，按照A系列优先股投资者购买股票的原始价格支付投资者。然后，A系列优先股股东将在视为已将优先股转换为普通股的情况下与其他普通股股东共同参与分配。

对于200万美元的投资，如果采用参与可转换优先股进行投资，投资者可以同时获得200万美元清算优先权的可赎回优先股加上40%的普通股。因此，参与可转换优先股具有与可赎回优先股加普通股投资方式类似的作用，它同时拥有下行保护和分享升值潜力的功能。就这点而言，我们可以将可参与可转换优先股视为可赎回优先股加普通股的结合体。

在被投资企业被出售或者清算时，根据上述条款，参与可转换优先股的持有者同时拥有优先股的清算优先权和参与分配权，他们可以先通过优先股获得现金补偿，然后按照被视为已经将其所持有的优先股转换为普通股的情形下所持有的股份比例来与普通股股东一起参与对公司退出收益的剩余部分的分配。

需要注意的是，与可转换优先股一样，参与可转换优先股也包含企业IPO时的自动/强制转换条款。参与可转换优先股的自动/强制转换条件一般为达到一定估值的首次公开发行，称为合格的首次公开发行条件。也就是说，只有在发生并购交易退出或者发生清算事件的时候，才适用于行使清算优先权。如果因为某种原因，例如企业公开上市而触发了可转换优先股的强制/自动转换条件，那么可参与分配优先股将被转换为普通股，此时清算优先权将不再适用。

我们来看一个例子。投资者采用参与可转换优先股向创业企业投资200万美元，投资者将得到200万股的可赎回优先股和40%的普通股股权。参与可转换优先股带有在企业以首次公开发行方式退出时的估值达到门槛条件的强制转换条款。在该案例中，该门槛条件为企业退出时的股价超过每股5美元并且退出收益超过500万美元。当企业以并购方式退出时，如果企业的退出价值大于每股5美元也将被视为满足合格的首次公开发行条件。

在这个案例中，参与可转换优先股的自动/强制转换门槛条件是企业退出时的估值达到投资时企业估值的5倍。也就是说，当退出时投资者所持有的参与可转换优先股的价值达到1000万美元时，即40%W=1000万美元，企业的退出估值达到W=2500万美元时，即满足合格的首次公开发行条件，参与可转换优先股将自动转换为普通股。

因此，参与可转换优先股实际上是可赎回优先股加普通股的组合投资工具与可转换优先股投资的一种混合形式，两者之间以合格的首次公开发行条件作为分界线。

❷ 参与可转换优先股的特点

(1) 以企业并购方式退出。对任何退出时价值低于合格的首次公开发行条件的退出而言，参与可转换优先股可视为可赎回优先股加普通股的股权结构。在这种情况下，投资者将首先以可赎回优先股的清算优先权拿回自己的原始投资，然后以其所持有的普通股(被视为已经将其所持有的优先股转换为普通股)来参与剩余的企业退出价值的分配。

在上面的例子中，当企业的退出价值低于2500万美元(合格的首次公开发行条件)时，投资者所持有的参与可转换优先股是可赎回优先股与普通股的组合。如果企业的退出价值小于200万美元，那么投资者将按照清算优先权参与企业退出价值的分配。如果企业的退出价值大于200万美元，那么投资者在按照其所持有的可赎回优先股的清算优先权收回本金和累计分红之后，还将持有企业40%的普通股。假设企业的退出价值是500万美元，那么投资者将以可赎回优先股先拿回200万美元，然后以40%的普通股参与分享剩下的300万美元，因此，投资者一共可获得320万美元。此时的收益图与采用可赎回优先股加上普通股的组合投资工具时的收益图是一样的。

(2) 以首次公开发行方式退出。当企业的退出价值满足了合格的首次公开发行条件时，将会触发自动转换机制。这时自动转换条款将会发生作用，所有的参与可转换优先股将会自动转换为普通股。

我们来看上面的例子，合格的首次公开发行条件为2500万美元。当企业的退出价值大于2500万美元时，全部参与可转换优先股都将自动转换为普通股。当企业的退出价值正好等于2500万美元时，又分为以下种情况：

- 在发生转换之前，这一股权结构的总价值是200万美元+40%×(2500万美元–200万美元)=1120万美元。
- 在转换之后，这一股权结构的价值立即下降到1000万美元。从图13-6可看出下降幅度为1120万美元–1000万美元=120万美元。

如果投资者持有参与可转换优先股，他们在不同的企业退出估值时所获得的投资收益如图13-6所示。

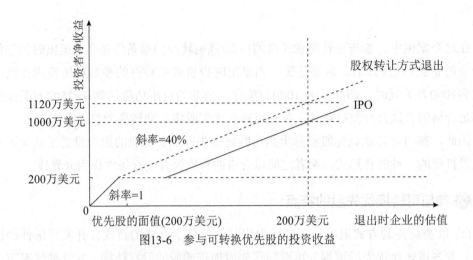

图13-6　参与可转换优先股的投资收益

13.3.5　优先股作为投资工具的变迁

研究表明，在美国风险投资市场上，风险投资工具的发展大致经历了以下三个阶段。

❶ 20世纪70年代

在20世纪70年代之前，企业进行IPO的机会并不高，风险投资支持的企业主要以并购的方式退出。在采取并购方式退出时，企业资本升值的潜力并不是特别大。因此，在选择投资工具时，投资者考虑的主要有两点：一是充分保证投资的安全性，并希望投资工具能够提供下行保护；二是能够获得稳定的投资收益。可赎回优先股的功能和特点能够很好地满足投资者的这两个要求，因此，在这个阶段，可赎回优先股是主要的风险投资工具。

对投资者来说，他们进行投资的主要目的是实现财务回报的最大化。采用可赎回优先股作为投资工具，虽然可以获得下行保护，但是，在单独采用可赎回优先股投资时，投资者并不能参与企业成功所带来的资本增值收益的分配，因此，没有任何投资者愿意单独采用可赎回优先股进行投资。

为了更好地分享企业成长的潜力，投资者通常会将可赎回优先股与普通股组合在一起作为投资工具使用，即采用可赎回优先股加普通股的股权结构进行投资。这样，如果企业发展状况不佳，投资者将通过可赎回优先股所具有的优先清算权获得下行保护。如果企业发展顺利，投资者又能够通过普通股来参与分享资本增值收益。在可赎回优先股到期后收回投资额的同时，投资者还能通过所持有的普通股继续保留在企业中占有的股份份额，并通过所持有的普通股来参与企业发展所带来的资本增值收益的分配。因此，将可赎回优先股和普通股结合使用可以使风险投资家同时获得下行保护并拥有分享成长潜力的机会。

当采用可赎回优先股进行投资时，风险投资家投入的资本需要通过被投资企业赎回的方式来收回。一般来说，根据赎回条款，在被投资企业上市后，需要拿出一部分从股票市场上筹集的资金来赎回风险投资家手中所持有的优先股。但是，公众投资者并不喜欢在他们自己购买企业的股票时，企业原来的股东和投资者却在撤出资金。因此，这种做法将会对上市公司的股价产生不利影响，并导致公司股价下跌。可赎回优先股所具有的这一特点使其在风险投资工具的选择中处于不利地位。

❷ 20世纪80年代

到了20世纪80年代，经济的健康发展使IPO市场开始变得活跃起来，IPO市场的繁荣又使得风险投资的退出变得相对容易。在这个时期，有越来越多的风险投资支持的企业通过公开上市的方式实现了退出，并为其投资者带来了高额的投资收益。

当采用可赎回优先股加普通股的股权结构进行投资时，投资者可以通过自己所持有的普通股参与分享企业发展和公开上市所带来的资本增值收益。但是，根据可赎回优先股的条款的约定，企业在上市后需要用公开发行股票所募集到的资金来赎回风险投资家手中的可赎回优先股，这将会对企业的股价产生不利的影响。

由于可赎回优先股存在这一局限性，投资者转而采用可转换优先股作为投资工具进行投资。采用可转换优先股进行投资时，如果被投资企业公开上市，持有可转换优先股的投资者可以选择按照事先约定的价格将优先股转换为普通股，而不再需要上市企业用公开发行股票所募集的资金来赎回这些股份，这样做的好处主要有两个：一是避免了企业公开上市后用发行股票所募集的资金向投资者赎回可赎回优先股；二是投资者可以在企业公开上市时将自己持有的优先股转换为普通股，在不需要持有企业普通股的情况下就拥有分享企业资本增值收益的机会，从而确保自己能够从对创业企业的投资中实现投资收益的最大化。

正是因为持有可转换优先股所具有的这个好处，在风险投资支持的企业开始大量以公开上市方式退出的背景下，可转换优先股逐渐取代了可赎回优先股，并成为当时风险投资基金最常用的投资工具。

❸ 20世纪90年代

到了20世纪90年代，风险投资基金开始大量投资后期阶段的项目，而且投资的规模越来越大，对被投资企业的估值也越来越高。上市和并购交易成为风险投资退出的两个主要方式。因此，在这个阶段，风险投资家在考虑如何减少投资风险的同时，也开始关注如何才能在这两种退出方式下使自己获得最大的投资收益。

根据前文的分析，我们知道，在企业选择通过并购方式退出时，可赎回优先股加普通股的组合式投资工具对投资者来说最为有利。在采用这种类型的投资工具时，投资者可以首先通过可赎回优先股拿回自己的投资，然后通过所持有的普通股参与企业的退出收益的分配。但是，采用这种类型的投资工具的弊端是，如果被投资企业以公开上市的方式退出，那么企业需要用一部分通过公开发行股票所募集到的资金来向投资者赎回其手中所持有的可赎回优先股，而这将会对上市公司的股价产生非常不利的影响。

采用参与可转换优先股进行投资可以很好地解决上述问题。当企业采取并购方式退出时，一方面，持有参与可转换优先股的投资者可以像持有可赎回优先股的投资者一样拥有清算优先权，并在其他投资者之前拿回自己的投资。另一方面，当企业退出时的估值足够大并超过投资者当初购买优先股的价格时，投资者可以首先通过清算优先权拿回自己的原始投资，然后，他们还可以其(被视作为已经将其所持有的优先股转换为普通股的情形下)所持有的普通股来参与剩余的企业退出收益的分配，即持有参与可转换优先股同时拥有清算优先权和资本增值收益的分配权。这种投资工具与可赎回优先股加普通股的组合式投资工具的作用类似。当企业通过并购方式退出时，投资者持有参与可转换优先股从企业退出收益中所分到的部分比持有可转换优先股可以分到的部分更大。

在企业通过公开股票交易市场退出时，持有参与可转换优先股的投资者可以将其所持有的股票按照事先约定的条款转换为普通股来参与分享企业股票的升值潜力，从而避免在采用可赎回优先股加普通股的组合投资工具时，必须用从股市上公开募集到的资金向投资者赎回优先股可能产生的负面影响。

由于参与可转换优先股拥有上述这些优点，它在20世纪90年代以后逐渐成为一种常用的风险投资工具。

13.4 可转换债券

13.4.1 可转换债券概述

❶ 可转换债券的概念

可转换债券(Convertible Debt)是公司债券的一种，它允许其持有者在未来的某个时间节点按照预先设置的价格将其所持有的债券转换成其发行公司的优先股或普通股，又称为可转换票据(Convertible Notes)。

股权融资工具的操作过程较为复杂，采用股权投资工具进行融资的交易成本也较高。因此，只有在融资额较大的时候才适合采用可转换优先股等股权融资工具进行融资。为了降低交易成本，在创业企业进行小额融资时可采用可转换债券作为融资工具。

可转换债券是风险投资中常用的投资工具，尤其是在对早期阶段的企业进行投资时，风险投资家和天使投资者都大量采用可转换债作为投资工具。据有关统计，2001年，41%的种子轮融资采用可转换债券作为投资工具，其他59%采用优先股作为投资工具。

❷ 可转换债券的有关参数

可转换债券的关键参数包括利率、期限、转换条件、转换价格、折扣及企业估值的上限。

(1) 利率。可转换债券通常会产生利息。根据投资者的风险偏好的不同，利率从3%到10%不等。

(2) 期限。典型的可转换债券的赎回期限为一年，但也可以为两年甚至更长的时间。

(3) 转换条件。在企业的A轮融资筹集到预先约定的金额时，可转换债券将自动转换为优先股。

(4) 转换价格。可转换债券转换为优先股的价格与企业A轮融资中发行优先股的价格一致。

(5) 折扣。在下一轮融资时的估值可以有20%的折扣，这是一个可选项。

(6) 企业估值的上限。企业估值的上限为企业进行下一轮融资时估值的上限，这是一个可选项。需要注意的是，企业估值的上限所规定的是下一轮融资时企业的最高价格而不是实际价格。例如，如果市值的上限为1000万美元，那么企业在进行A轮融资时的估值的上限不能超过1000万美元，但是企业的实际估值可能仅为800万美元。

一般来说，为可转换债券预先设定一个较低的企业估值的上限对风险投资家更为有利。原因是，如果企业在下一轮次融资时的估值很高，那么，投资者在将其所持有的可转换债券转换为优先股时的价格也更高，这样投资者所能够获得的企业的股权份额也更小，从而降低首轮投资者的投资意愿。如果为企业在下一轮融资时的估值预先设定一个上限，那么，在进行下一轮融资时，由于企业的估值受到限制，这将使投资者可以较低的价格将自己所持有的可转换债券转换为优先股，从而在企业的股份中继续保留一个相当大的份额，并能避免自己的股份被过分稀释。下面我们，来看一个可转换债券的案例。

例13-3

一家创业企业在进行A轮融资前企业创始人的股份为100万股。种子轮投资者持有的可转换债券的本金为80万美元，折扣是20%。下一轮融资时的企业估值上限为500万美元，自动转换条件为200万美元。

在企业的A轮融资中，投资者投入300万美元，并获得30%的企业股份。

由于A轮融资的规模大于自动转换条件200万美元，因此，可转换债券将自动转换为优先股。

在下一轮融资时，无论是否存在企业估值上限，我们都可以通过下面两个等式来求解融资后企业的股票总数量(N)和每股价格(P)。

(1) A轮投资者获得他们要求的股份比例，即A轮投资者的投资额/P=A轮投资者获得的企业股份的比例×N。

(2) 企业的总股票数量等于每个投资者持有的企业股票数量的和，即N=创始人持有的股票数量+种子轮投资者持有的股票数量+A轮投资者持有的股票数量。

1. 如果存在企业估值上限

如果存在企业估值上限，在这里，企业估值上限是指投资前估值和完全稀释后的价格，那么，种子轮投资者持有的可转换债券将按照预先设置的企业估值上限进行转换，转换价格=(500万美元/100万股)×(1-20%)=4美元/股。

这样，在A轮融资后，种子轮投资者持有的企业股票数量=A轮投资者持有的可转换债券的本金/转换价格=80万美元/4美元/股=20万股。

融资后企业的股票总数量N=100万股+20万股+30%N，那么，可以计算出N=1 714 286股。

A轮投资者持有的企业股票数量=30%N=30%×1 714 286=514 286股。

A轮投资者购买企业优先股的价格=A轮投资者的投资额/A轮投资者持有的企业股票数量=300万美元/514 286股=5.83美元/股。A轮融资后企业的股权结构如表13-1所示。

表13-1　A轮投资后企业的股权结构

类别	比例
创始人	58.3%
种子轮投资者	11.7%
A轮优先股投资者	30.0%

2. 如果不存在企业估值上限

(1) 假设A轮融资的价格为P，由于A轮融资中的投资者投资300万美元购买企业30%的股份，这样，A轮投资者获得的股票数量为300万美元/P=30%N。

(2) 在转换后，种子轮投资者能够获得的股票数量是80万美元/[(1-20%)P]。

A轮融资后企业的股票总数N=100万股+80万/[(1-20%)P]+30%N。

通过求解上述两个等式，可以得出N和P。

N=1 666 667股，P=6美元。

种子轮投资者持有的可转换债券的转换价格是6美元×(1-20%)=4.80美元，该值大于在有企业估值上限的情况下的转换价格4美元。因此，在A轮融资后，种子轮投资者在有估值上限的情况下所获得的企业股份的比例将大于没有估值上限的情况所获得的股份比例。A轮融资后企业的股权结构如表13-2所示。

表13-2　A轮投资后企业的股权结构

类别	比例
创始人	60%
种子轮投资者	10%
A轮优先股投资者	30%

❸ 可转换债券的条款

可转换债券的典型条款如表13-3所示。

表13-3 可转换债券的条款

项目	传统型	有利创业者型	有利投资者型
期限	18个月	24个月	12个月
利率	6%~8%	小于传统型的利率，按单利计算	大于传统型的利率，按复利计算
折扣	20%	没有折扣(或很低的折扣)	20%，折扣随着时间增加
是否有上限	是	否	是，低上限
上限是否打折	是	否	是
董事会席位	否	否	是
在A轮融资之前发生并购会怎样	返还投资+溢价	返回本金+利息(没有溢价)	原始投资1~2倍的溢价
在债券到期前未发生融资会怎样	贷款展期	自动转换	拥有要求创业者赎回的权力或迫使企业破产

13.4.2 采用可转换债券作为投资工具的原因

如今，可转换债券已在企业早期阶段，尤其是在种子轮融资中得到广泛的应用。

❶ 对投资者的好处

对投资者而言，使用可转换债券进行投资的好处主要有以下几方面。

(1) 将估值问题延后。首先，早期阶段的创业企业具有很高的不确定性，要对它们的价值进行准确的评估是很困难的，而且双方往往难以就估值问题达成一致。其次，早期阶段的投资中一般存在较高的信息不对称，为了对企业进行精准的估值可能需要进行详细的尽职调查，需花费大量的时间和成本。同时，进行精准的估值还需要投资者具备相应的经验和技巧，而大多数天使投资者并不具备这样的能力和技巧。最后，如果首轮融资中企业的估值过高，那么，将会降低企业后续轮次融资中投资者的投资意愿。

当采用可转换债券进行投资时，可以不在首轮融资时对企业进行估值，而是等到企业进行后续轮次融资(例如，A轮融资)时再对企业进行估值。这样，由于企业进行后续融资时其不确定性已有效降低，投资者可以更容易地对企业进行精确的估值。同时，企业A轮融资中的投资者一般为机构投资者，他们往往比天使投资者拥有更多的资源和估值技巧，从而可以更高效地对企业进行尽职调查并完成对其进行精确估值的任务。另外，把估值问题留给下一轮投资者去完成还可以避免因为首轮融资的估值过高对后续轮次的融资产生不利的影响。最后，当投资人和创业者无法就公司估值达成一致的时候，往往可以使用可转换债券进行投资，从而避开估值这个包含不确定性的问题，使双方更容易达成投资协议。

(2) 利于风险控制。由于早期阶段的创业企业具有很高的不确定性和信息不对称，而且在对这个阶段的企业进行投资时发生决策失误的风险也很高，因此，投资这个阶段的企业的失败率极高。

采用可转换债券进行投资有利于降低和控制投资风险。当采用可转换债券作为投资工具时，投资者拥有清算优先权。一旦企业经营不善或进行破产清算，他们可以先于企业创始人从企业的剩余财产中获得补偿，从而减少投资损失。

(3) 分享成长潜力。投资者采用可转换债券进行投资还拥有参与分享企业的上行收益的机会。当企业发展顺利时，可转换债券的持有人可以将自己所持有的债券转换为创业企业的股票以分享企业成长所带来的股权增值收益，从而使自己获得投资收益的最大化。例如，在Fouebook创立之初，彼得·蒂尔(Peter Thiel)以可转换债券的形式投资50万美元，并约定在Fouebook的用户数量达到一定规模之后，他可以将其所持有的债券转换为企业10%的股权。后来，彼得·蒂尔将其所持有的债券转换成Fouebook的股份，并获得了高达数亿美元的投资收益。

专栏 **可转换债券融资**[①] ─────────────────

在Hotmail与微软公司展开并购谈判的同时，公司创始人意识到他们必须加快融资的速度，因为公司的资金快要耗尽了。在当时的情况下，公司仅能够再维持数周的时间。这时，德雷珀公司的合伙人贾维森向创始人提出可以考虑其他的融资方案，以便延长公司可以用于融资谈判的时间。创始人决定以1.25亿美元的估值进行融资，但是外部投资者并不愿意接受这一报价。德雷珀基金已经参与了Hotmail公司之前所进行的每一轮融资，它对Hotmail公司的投资额度几乎已经达到了基金规定的在任何一家企业能够投资的投资额度的上限，因此德雷珀基金将不能向Hotmail公司提供更多的股权融资。基于这一考虑，德雷珀基金提出可以向Hotmail公司提供350万美元的可转换贷款融资，这部分资金中的大部分资金将来自于德雷珀基金合伙人的私人账户。蒂姆·德雷珀将投入100万美元，其他的数位合伙人将各自向Hotmail公司投入他们所能够投入的最大资金额度。根据有关条款，如果未来Hotmail公司被收购，这一可转换贷款将在后续的融资轮次中转换为公司的优先股股权。这些股权带有参与分配优先权条款，根据这一条款，投资者可以在并购发生后的第一时间拿回他们的全部投资，然后他们还可以按照已经将这一贷款转换为股权的情况参与公司收益的分配。如果Hotmail公司选择与外部投资者达成另一轮的融资协议，按照完全棘轮反稀释保护条款，这些股份的价格将会自动调整到与新一轮次融资相同的价格。公司创始人对德雷珀提出的这一融资方案所附带的参与分配条款和反稀释条款感到担忧，因为德雷珀基金有可能会利用这些条款寻求在创业企业中获得比其应该获得的股份更多的股权，而这对创始人来说是很不公平的。

───────────────

① 本案例内容改编自斯坦福商学院案例。

(4) 获得稳定的收入。采用可转换债券进行投资有利于确保投资者获得稳定的投资收益。首先，可转换债券的利息分配权排在银行贷款之后，却比企业的所有股权投资者的优先级别更高。因此，可转换债券的投资者可以在企业的股权持有者之前获得利息分配。其次，投资者采用可转换债券进行投资还可以获得较为稳定的利息收入。与公司债券类似，应按照事先约定的固定利率向可转换债券持有者分配利息，并且不会随着公司经营情况的好坏而发生增减，即无论企业是亏损还是盈利，投资者每年都可以按照事先约定的利率拿到固定的利息。因此，在将可转换债券转换为股票之前，可转换债券的持有人可以从利息收入中获得较为稳定的投资收益。

(5) 更加简单、快捷。通常用于可转换债融资的条款清单只有两三页纸，因此投资谈判和操作都更加简单、快捷，而律师费用也随之大为降低。

❷ 对创业者的好处

对创业者而言，在早期阶段的融资中使用可转换债券作为投资工具主要有三个方面的优势。

(1) 融资成本低。一般来说，债务融资的成本比股权融资的成本更低。作为一种债务融资工具，可转换债券有利于降低创业企业的融资成本，让创业企业以更低的成本获得其所需要的资金。

(2) 保留所有权。在企业的首轮融资中，企业的估值一般较低，这时，如果采用股权融资形式进行融资，那么创业者就需要放弃大量的股份，甚至有可能使他们过早失去对企业的控制权。与之不同，可转换债券作为企业承担的一种债务，在为企业带来资金的同时，并不会使企业的股权结构发生变化，或者使创业者在企业中所占的股权份额被稀释，从而有利于确保创业者对企业的所有权和控制权。

(3) 获得提升企业估值的机会。在首轮融资时，由于企业的不确定性很高，如果这时对它们进行估值，一般难以获得较为理想的估值结果。而在采用可转换债券进行融资时，并不需要对企业进行估值，这就使企业获得了一个提升自己估值的机会。在进行后续融资之前，企业可以对自己的商业模式进行迭代，通过调整和转型，实现产品与市场的匹配，极大地减少在技术和市场方面所面临的不确定性，并确保自己在下一轮融资时能够获得一个更高的估值，从而可以较低的代价筹集到发展所需要的资金。

本章小结

选择投资工具是风险投资家在投资中需要经常面对的问题。通过投资工具的选择可以提高投资回报，降低投资风险。本章首先介绍了投资工具的作用以及选择投资工具的原则。然后，重点介绍了风险投资中较为常用的两种复合投资工具，即优先股和可转换债券，并分析了风险投资家采用这两种投资工具进行投资的动机。

在大多数风险投资交易中都采用优先股进行投资。优先股主要有三种类型，它们是可赎回优先股、可转换优先股和参与可转换优先股。可赎回优先股是一种具有债券特征的投资工具，相对于普通股来说，它的优先级别更高，但不能转换为普通股。有时候需要为可赎回优先股在清算时可获得的回报预先设置一个上限，这个上限通常是购买价格的倍数。

可转换优先股是风险投资中较为常用的投资工具。它能够为投资者提供与可赎回优先股同样的下行保护功能。但是它拥有一个转换为普通股的额外的选择权，可以为其持有者提供分享上行潜力的机会。在投资者将其转为普通股之前，它具有与可赎回优先股一样的功能。在满足合格的公开发行的条件下，它的可赎回权利自动消失。

参与可转换优先股是带有附加功能的可转换优先股。除了与可转换优先股一样拥有下行保护和分享上行收益的功能以外，参与可转换优先股还拥有按照视为已经将其所持有的优先股转换为普通股的情形下所持有的股份比例参与分配企业退出剩余价值的权利。

本章阐述了将多种投资工具进行组合使用的原理及其作用。在风险投资交易中，为实现同一目标，可能有多种投资工具及其组合可供选择。一般来说，风险投资家不会单独使用优先股进行投资，而是会将优先股与普通股或者其他类型的优先股结合在一起使用。本章还讨论了在风险投资发展的不同历史时期所使用的投资工具的类型及其组合形式，说明了这些投资结构是如何随着时间的推移而不断演进的，并分析了其中的原因。

相对于股权融资方式，可转换债融资具有更加简单、方便和易操作的优点，可以显著降低交易成本。因此，在融资额较小的种子轮融资中，更加适合采用可转换债券作为融资工具进行融资。

思 考 题

1. 风险投资家通过选择投资工具希望达到的目的有哪些？
2. 简述选择风险投资工具的原则。
3. 简单投资工具有哪两种类型？它们的基本特点是什么？
4. 复合投资工具的特点是什么？有哪些类型？
5. 为什么风险投资家采用复合投资工具进行投资？
6. 简述优先股的概念、特点和类型。
7. 简述可赎回优先股作为投资工具的特点。
8. 为什么风险投资家不单独使用可赎回优先股作为投资工具？
9. 简述可转换优先股条款的主要内容及其作为风险投资工具的优势。
10. 如何看待普通股加优先股的投资结构与可转换优先股投资结构的区别？
11. 简述参与可转换优先股的概念和特点。
12. 简述优先股作为风险投资工具的变迁过程。
13. 投资者采用可转换债券作为投资工具有哪些好处？
14. 为什么创业者会同意选用可转换债券作为融资工具？

|第 14 章|

交易结构设计

1. 理解什么是交易结构设计以及它的作用。　　5. 了解退出安排的主要内容。

2. 了解风险投资交易结构设计的五项原则。　　6. 了解什么是投资条款清单以及它的作用。

3. 了解财务结构设计的主要内容。　　　　　7. 了解什么是投资条款清单谈判。

4. 了解公司治理结构设计的主要内容。

14.1 交易结构设计概述

14.1.1 交易结构设计的概念

在风险投资行业，交易结构(Deal Structure)是指在投资交易中，投资者与证券发行人就双方在投资后所拥有的权利以及需要履行的义务所达成的合同条款。交易结构设计是指确定这些合同条款的过程。交易结构设计的目的是建立风险投资家与创业企业之间的责、权、利关系的基本框架。通过交易结构设计，可以明确风险投资家与创业者之间的权利和义务，并对风险投资家与创业者之间的利益和风险进行合理配置。

14.1.2 交易结构设计的作用

风险投资交易结构设计具有协调利益关系、减少委托代理问题、提供足够的回报、降低投资风险、分配控制权、为投资后管理提供依据及信息甄别的作用。

❶ 协调利益关系

在风险投资交易中，风险投资家和创业者都站在各自的立场看问题，并且双方都试图使自己的利益最大化，这将导致双方之间的利益冲突。通过交易结构设计可以对交易双方之间的利益关系进行调节，使双方的利益变得一致，从而减少潜在的利益冲突，实现激励相容。

❷ 减少委托代理问题

早期阶段的创业企业不仅具有很大的不确定性，而且存在严重的信息不对称，这种不确定性和信息不对称为创业者采取各种机会主义行为提供了空间，并有可能引发道德风险。通过交易结构设计，可以建立完善的公司治理结构，对创业者的行为进行有效的激励和约束，从而达到减少委托代理问题的目的。

(1) 降低信息不对称。风险投资家与创业者之间存在很高的信息不对称，这种信息不对称可能引发道德风险，并给投资者造成损失。在交易结构设计中，通过设置知情权条款，可以使风险投资家及时获取有关企业经营活动的信息，从而降低与创业者之间的信息不对称。

(2) 防范道德风险。在交易结构设计中，为了保护自己的利益不被大股东所侵害，风险投资家通常会要求获得对企业重大经营事项的一票否决权。这样，当企业创始人在董事会上提出有可能损害风险投资家利益的经营议案，例如低价出售企业的决议时，风险投资家就可以动用自己所拥有的一票否决权来阻止这个决议的通过。另外，风险投资家还可以通过设置限制性条款来对创业者的行为进行约束，以防范道德风险的发生。

(3) 进行激励。通过交易结构设计可以建立激励机制，例如，通过实施股票期权计划来对企业的管理层和员工进行激励，以确保他们在没有监督的情况下也不会采取机会主义行为，从而防范道德风险的发生。

❸ 提供足够的回报

通过交易结构设计可以确保风险投资家获得预期的投资收益率。例如，通过选择可转换优先股作为投资工具不仅可以使风险投资基金获得较为稳定的股息收入，还能参与分享企业发展所带来的资本增值收益。

❹ 降低投资风险

在尽职调查之后，如果风险投资家根据所获得的信息判断企业存在较大的风险，那么，他们就可以通过设计交易结构来为自己争取更多的控制权，以减少投资风险。同时，他们还可以通过选择适当的投资工具将风险转移给创业者，从而减少自己所需要承担的风险。

❺ 分配控制权

在创业企业早期轮次的融资中，风险投资家所持有的企业股权通常少于50%，而且这些股份主要是以优先股的形式存在的。在这种情况下，为了防范道德风险，保护自己的利益不受大股东所采取的机会主义行为的侵害，风险投资家需要通过交易结构设计来获得对企业的控制权。控制权是指投资者在自己所持有的股份不占多数的情况下能够对企业的经营活动与发展方向施加影响的权力。一般来说，创业企业的控制权主要包括董事会席位、特殊投票权以及其他一些对企业的经营管理活动具有控制功能的权力。

(1) 董事会席位。在理论上，企业董事会的成员应由普通股股东以选举方式产生，因此董事会的组成与股东所持股份的比例是一致的。但是，在风险投资交易中，董事会席位的分配通常不是由股东的持股比例所决定的，而是依据投资条款清单中关于董事会席位分配的条款来决定的。因此，风险投资基金支持的企业董事会席位分配可能会与股东的持股比例不一致。

通过交易结构设计，可以约定不同的董事会成员的选举方式，从而可使风险投资家在创业企业的董事会中获得超过他们自己所持有的股份比例的席位，进而获得对创业企业的控制权。例如，某个投资条款清单规定，企业的董事会共有5个席位，董事会席位的产生方式是其中两个席位由A轮优先股投资者推选，另外两个席位由创始人推选，还有一个席位以所有股东一致同意的方式选出。这样，在创业企业进行A轮融资之后，风险投资基金虽然只持有被投资企业1/3的股权，却可以控制半数的董事会席位。这个案例说明，通过交易结构设计，风险投资家作为优先股持有者可以获得超过其持股比例的创业企业董事会的席位和投票权，并可利用董事会的席位和投票权来对被投资企业的经营和发展施加重要的影响。

(2) 特殊投票权。在首轮融资之后，风险投资家所持有的企业股权一般少于50%，而企业的董事会席位主要掌握在以创始人为代表的大股东手中。在这种情况下，为了确保自己的利益不受企业大股东所采取的机会主义行为的侵害，风险投资家往往通过交易结构设计来为自己所持有的优先股增加一些保护性条款。这些保护性条款的主要内容就是特殊投票权。这种特殊投票权将赋予风险投资家一票否决企业经营中的特定事项，如出售企业和进行后续融资等方面的提案的权力。这样，如果企业创始人提出的某些重大经营议案有可能损害风险投资家的利益，风险投资家就可以利用特殊投票权来否决这些议案，如否决创业者提出的后续融资计划，以保护自己的利益。

❻ 为投资后管理提供依据

通过交易结构设计还可以为风险投资家在投资后参与对被投资企业的管理提供法律依据。在交易结构设计中，风险投资家通常会要求获得对企业的管理权，并将其作为投资协议的一项重要内容。这些管理权包括对企业的重大经营决策发表意见和建议、出席企业的董事会、查阅有关企业财务状况方面的信息和其他一些权利，这些权利将写进公司章程和双方最后签署的投资协议中。这样，在投资后，风险投资家就可以行使这些权利来参与创业企业的管理。

❼ 信息甄别

风险投资家还可以通过交易结构设计来对创业者进行信息甄别，从而减少逆向选择。

14.1.3 交易结构设计的原则

在进行交易结构设计时，不仅需要充分考虑每笔交易的具体特点，还需要遵循以下这些具有普遍性的原则。

❶ 兼顾双方利益

在风险投资交易中，风险投资家与创业者之间经常会发生利益冲突。在许多时候，两者想要达成的目标是不同的，甚至是互相矛盾的。例如，投资者想要所获得投资回报最大化，但这会减少创业者的收入；而创业者希望增加自己对企业的控制权，而这又将增加投资者所面临的风险。兼顾双方的利益是交易结构设计需要遵循的一个基本原则。一方面，在被投资企业所创造的价值中，要让风险投资家获得足够大的份额，以对投资者所承担的风险进行补偿；另一方面，要将这些价值中的足够大的份额留给创业者，以激励他们努力工作，为企业创造更多的价值。通过交易结构设计，可以对风险投资家和创业者之间的利益进行调整，以实现激励相容，确保创始人与风险投资家能够齐心协力，共同将蛋糕做大，从而实现共赢和双方利益的最大化。

❷ 对利益和风险进行平衡

在交易结构设计中，应充分考虑利益与风险的平衡。例如，风险投资家经常采用股票期权计划来对企业管理层人员和员工进行激励。但这些企业管理层人员和员工从这一激励机制中获益的同时，也需要承担一定的风险，例如承担企业亏损所带来的损失等。

❸ 满足双方需求

在进行交易结构设计时，需要充分照顾交易双方的利益和不同偏好，只有这样才能设计出一个让双方都感到满意的交易结构。例如，风险投资家获取的高额投资收益主要是通过投资的退出来实现的，因此，风险投资家往往希望获得对退出的控制权。与之不同，创业者可能更关心公司的运营，因此，他们更希望保留对公司经营的控制权。通过交易结构设计，可以让风险投资家对公司运营的参与度降到最低，同时，又能让他们在公司出售或转让自己所持股份方面拥有很大的控制权，从而同时满足交易双方的需求。

❹ 分别配置剩余索取权、控制权与清算权

风险投资结构设计需要遵循的一个重要原则就是对剩余索取权、控制权与清算权进行分别配置。剩余索取权又称为现金流量权，它是投资者依据所持有的企业股权的比例所拥有的对企业未来现金流的要求权，它是所有权的直接体现。控制权是指控制企业经营方向的权力，它主要是董事会席位和投票权。清算权又称为剩余财产分配权，它是指投资者对企业剩余财产的索取权。一般来说，公司股东所拥有的控制权和清算权是与他们所拥有的剩余索取权相对应的。但是，在风险投资交易中，通过交易结构设计可以将剩余索取权与控制权和清算权进行分离。对风险投资家来说，获得一定的企业控制权便于他们参与企业的经营管理，对创业企业实施有效的监督，否决对自己不利的重大经营提案，从而防范道德风险的发生，更好地保护自己的利益。对创业者来说，他们一般希望保留对企业的剩余索取权，但是，为了换取所需要的融资，他们也愿意放弃一部分对企业的控制权。这样，通过交易结构设计将企业的控制权与剩余索取权进行分离，可以在让创业者继续保留对企业的剩余索取权的同时，让风险投资家获得他们所需要的控制权。另外，通过交易结构设计还可以将企业的剩余索取权与清算权进行分离，从而可以

在让创业者继续拥有对企业的剩余索取权的同时，让风险投资家获得清算优先权。这样做有利于减少投资风险，提高风险投资家的投资意愿。

❺ 动态分配控制权

风险投资及交易结构设计的一个重要原则是对企业的控制权进行动态分配。Lerner(2012)认为，随着企业经营状况的变化，控制权在风险投资家和创业者之间分配的比例也会发生改变。当企业运行良好时，让创业者掌握控制权；当企业陷入困境时，让投资者获得控制权。

通过对创业企业的控制权的动态配置，可以确保企业的控制权始终掌握在能够高效利用这种控制权的一方手中。在企业发展顺利的情况下，保持企业经营的自主性，并让创业者获得更多的控制权，有利于他们充分发挥自己的聪明才智，从而促进企业的快速发展；当企业陷入经营困境或者危机时，则将企业的控制权转移给投资者，以确保他们自身的利益不受损害。

❻ 为双方提供激励

通过交易结构设计，可以为双方提供有效的激励，激励创业者和风险投资家齐心协力，为实现长远的目标而努力，这个长远的目标就是被投资企业的退出。

(1) 对创业者进行激励。通过交易结构设计，可以建立有效的激励机制，激励创业者更加努力地工作，促进企业的成长与早日退出，并避免被投资企业发展成为生活方式型的企业。

(2) 为风险投资家提供激励。风险投资家所提供的增值服务和网络资源对被投资企业的发展很重要。通过交易结构设计，可以建立激励机制，激励风险投资家为被投资企业提供更好的增值服务，以促进企业的快速发展和上市。

14.2 交易结构设计的主要内容

交易结构设计的内容主要包括财务结构设计、公司治理结构设计和退出安排三个方面。

14.2.1 财务结构设计

❶ 估值

交易结构设计一般从对企业的估值开始。对企业的估值将决定风险投资基金购买企业的股权价格以及在企业中所持有的股份比例。

(1) 投资前和投资后估值。估值有两种类型，即投资前估值和投资后估值。投资前估值是指在本轮融资之前企业所具有的价值。本书前文中用估值方法所得到的估值都是投资前估值。投资后估值是指包括当前轮次的融资所提供的资本在内的企业价值。在投资者对企业投入资金之后，企业的估值的增加仅仅是它所拥有的现金数量的增加。在这种情况下，投资后企业估值的增加也仅仅是现金的增加量，计算公式为

$$投资后估值=投资前估值+投资额$$

例如，一家企业的投资前估值为200万美元，在风险投资家对其投资500万美元之后，这家企业的投资后估值为700万美元。

(2) 估值调整机制。企业创始人一般倾向于认为自己的企业能够在未来获得高速增长，因此，他们希望自己的企业能够获得尽可能高的估值。与之不同，风险投资家通常会对企业的发展前景持更审慎的态度。因此，大多数风险投资家都会对创业者在商业计划书中所提出的财务预测进行合理的质疑。由于双方看问题的角度不同，创始人与风险投资家之间经常会在企业的估值上发生分歧。估值调整机制(Valuation Adjustment Mechanism，VAM)是解决风险投资家与创业者之间与估值有关的分歧的一个重要机制。这一机制适合于风险投资和成长投资等不以取得被投资企业的控制性股权为目的的投资案例，并且在对偏后期阶段企业的投资中比较常见。

风险投资中的估值调整条款一般会约定，当创业企业按计划实现了预期的阶段目标时，风险投资家将按照较高的估值购买创业企业的股权；而当创业企业未能实现预期的阶段目标时，则风险投资家将以较低的估值购买创业企业的股权。这个预期的阶段目标一般是企业未来数年的销售收入或净利润等关键财务指标的增长。估值调整机制发生作用的结果是双方在企业中所持有的股份比例的变化。例如，一家创业企业的投资前估值为735万美元，风险投资家向这家企业投入500万美元，并获得其40.5%的股份。估值调整条款规定，如果创业企业在投资后未按计划实现预期的阶段目标，则将投资前估值调整为665万美元，此时，风险投资家投资500万美元将获得42.9%的股份。估值调整前后，创业企业的股权结构变化如表14-1所示。

表14-1　估值调整前后的股权结构变化

项目	实现里程碑			未实现里程碑		
	股数	股权价值/万美元	股份	股数	股权价值/万美元	股份
创始人	7 000 000	735	59.5%	7 000 000	665	57.1%
投资者	4 761 905	500	40.5%	5 263 158	500	42.9%
总数	11 761 905	1235	100%	12 263 158	1165	100%
每股价格		1.05美元			0.95美元	
投资额	500			500		
投资前估值	735			665		
投资后估值	1235			1165		

这种估值调整机制不仅可以有效化解双方在企业估值上的争议，而且会对创业者形成激励，激励他们努力工作，提高企业的经营业绩，以实现特定的企业发展目标，因为只有这样，他们才能够以较高的估值出售企业的股票，从而增加自己所持有的企业股份。同时，这种估值调整机制还将对创业者产生很强的约束作用，因为如果创业企业没有实现预期的发展目标，那么，创业者就只能按照较低的估值将一部分股份让给风险投资家，这样做会减少他们所持有的创业企业股份，甚至失去对企业的控制权。为了避免这种情况的发生，创业者就会努力工作，以提升企业的经营业绩，从而使企业达成预期的发展目标。

专栏14-1　Hotmail的估值调整机制 ———————————————————————

Hotmail用第二次融资轮次中融到的资金扩大了它的管理团队。在Hotmail第二轮融资谈判结束后不久，便向公众发布了一款新产品，这款新产品能够让用户更方便地访问公司的网站。随着新产品的发布，创始人发现注册用户的数量每个小时都在大量增加。在第一个月内，在使用最少的市场资源的情况下，每天都会有成千上万的用户到Hotmail注册。虽然Hotmail花费在广告和公共关系上的费用不到5万美元，但是用户每一次向接受者发出邮件都会促使Hotmail的用户数量快速增加。

到1996年8月中旬，Hotmail开始了它的第三轮融资。沙比尔开始与门罗资本就其所提供的投资条款清单进行谈判。门罗资本的投资条款清单承诺分两阶段向Hotmail投入300万美元。在第一个阶段，100万美元将按照1500万美元的投资后估值投入Hotmail，以这个估值，投资者将以每股1美元的价格获得价值100万美元的Hotmail公司的C轮优先股；在第二阶段，门罗资本将在6个月后根据公司的业绩表现向Hotmail投入200万美元。在开始的时候，沙比尔对门罗资本给出的这个慷慨估值感到很满意，因此，他认为没有必要再与门罗资本就1500万美元的企业估值做进一步的谈判。他对风险投资家采取的这种宽松气氛的谈判方式也感到很满意。除此之外，德雷珀公司愿意在Hotmail的第二轮融资中以1500万美元的估值向公司提供其余的50万美元融资，以维持他在Hotmail的股权份额不变。

沙比尔向门罗资本咨询，希望能够进一步了解门罗资本所提供的投资条款清单中的估值调整条款。门罗资本解释说在进行大额投资时他们经常会使用这一估值调整机制，这一机制的作用是将估值与创业企业的后续业绩表现挂钩。估值调整条款在投资条款清单中分为两个部分。

1. 保证

门罗资本第六期基金保证将在Hotmail公司的第四轮融资中根据与第三轮融资中类似的优先股条款，以每股2美元的价格投资200万美元购买公司的优先股。这一保证在第三轮优先股融资结束后的120天内有效。门罗资本同意，如果Hotmail公司在1996年12月31日之前能够让使用Hotmail邮件服务的注册用户数量达到或者超过50万，那么，门罗资本将在本条款失效之前执行这一保证。

2. 卖方期权

Hotmail公司拥有一个根据与C系列优先股条款非常类似的条款以1.5美元每股的价格将总价值为200万美元的D系列优先股卖给门罗资本第六期基金的卖方期权。这一卖方期权将在C系列优先股融资结束后的120天内有效。公司有权行使这一卖方期权的前提条件是它能够在1996年12月31日前让使用Hotmail邮件服务的注册用户的数量超过30万。

更进一步的，创业者与门罗资本达成另外一项协议，即如果Hotmail在年底之前无法实现两个目标中的任何一个(即公司注册用户的数量少于30万)，那么，门罗资本将在第二阶段按照每股1美元的C轮优先股的价格向Hotmail公司投资200万美元。

创始人对这一估值调整条款充满信心，因为他们清楚，按照目前公司注册用户的增长速度，在年底之前实现公司的总用户数量达到50万这一目标将会毫无问题。

在后来的讨论之中，门罗资本的合伙人又向Hotmail的一位年轻的销售人员询问1996年第4季度公司能够实现多少销售收入，这位销售人员告诉他估计到那个阶段的广告收入至少可以达到100万美元。于是，门罗资本提出在上述估值条款中增加公司的销售收入作为注册用户之外的额外考核指标。他认为Hotmail销售人员所提供的实现100万美元的广告收入的目标定得有些过高，因此将目标定为实现80万美元的销售收入。这样，他在上述保证条款的后面加上新的内容："并且在1996年的第4季度公司实现不低于80万美元的销售收入。"对于卖方期权部分，新增的内容是："并且在1996年第4季度实现不低于50万美元的销售收入。"

对估值调整条款经过修改之后，创始人认为，即使要实现那个较低的销售收入目标都是很困难的，如果他不能实现这一目标，那么门罗投资将在第二阶段以每股1美元的价格购买Hotmail公司的股票，而这将会极大地稀释创业者在公司中所拥有的股份。但是，由于Hotmail公司的销售人员已经承诺能够实现这一目标，最后创始人还是很勉强地同意了对估值调整机制条款的这一改动。

创始人的担忧最终在1996年第4季度变成了现实，Hotmail公司当期仅实现了35万的销售收入。但是，公司注册用户的数量在同期几乎达到了100万。虽然按照上述签订的估值调整机制条款，门罗资本有权按照每股1美元的价格购买公司的股票，但是，鉴于Hotmail的注册用户远远超过了预定的目标，门罗资本决定与Hotmail公司就公司的估值重新谈判，并对创始人进行补偿。1997年3月，根据各方达成的新协议，Hotmail第四轮融资中优先股的价格被确定为每股1.25美元。门罗资本以这个价格向Hotmail投入200万美元以换取其D系列优先股。同时，德雷珀公司也新增投资100万美元以维持其在Hotmail公司所持有的股权份额不变。

❷ 投资工具的选择

通过投资工具的选择，风险投资家与创业者可以分别获得不同的收益。在风险投资中，可转换优先股和参与可转换优先股是风险投资家较为常用的两种投资工具。

例14-1

在一家创业企业的A轮融资中，风险投资家采用参与可转换优先股投资500万美元，占企业的股份为41.7%。每股价格1美元，持有股数5 000 000股。

假设投资者持有1.5倍的清算优先权，即企业的退出收益＜500万美元×1.5=750万美元时，风险投资基金获得全部的退出收益，10%的累计分红，但最高不超过25%。

转换条件为：在企业进行合格的IPO时，参与可转换优先股自动转换为企业的普通股。合格的IPO是指首次公开发行的股票的价格＞20美元/股，并且首次公开发行的融资额＞2500万美元。由于总股数为1200万股，因此，在首次公开发行后，企业的总市值＞24 000万美元。

在企业发生清算事件时，风险投资家与创业者所获得的投资收益如下所述。

(1) 投资者的收益。投资者采用参与分配可转换优先股所获得的投资收益如图14-1所示。

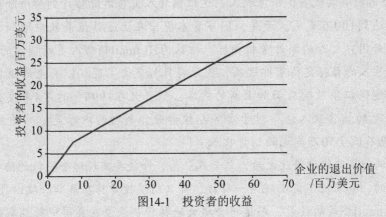

图14-1 投资者的收益

当退出收益为0～750万美元时，通过清算优先权(1.5倍)，投资者获得全部退出收益。

当退出收益在750万美元以上时，投资者通过参与清算优先权获得的收益为750万美元+41.7%×(企业退出收益−750万美元)。

(2) 创业者的收益。创业者能够获得的收益如图14-2所示。

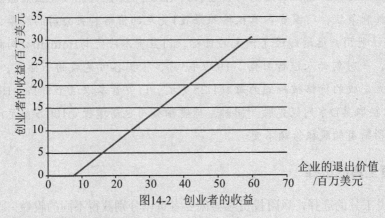

图14-2 创业者的收益

当退出收益为0～750万美元时，创业者的收益为0。

　　当退出收益在750万美元以上时，创业者获得的收益为企业退出收益–投资者所获得的收益。

❸ 股权定价与股份比例

　　在风险投资交易中，投资者向创业企业投入现金并同时获得企业新发行的股份。

　　(1) 股权定价。当投资者提议对一家企业进行投资时，他们通常已经采用估值方法对这家企业的价值进行了评估。企业在风险投资家对其进行投资前的估值称为投资前估值。知道了企业的投资前估值和投资前企业股份的总数，我们就可以计算出投资者在购买企业股权时需要支付的每股价格，计算公式为

$$每股价格=投资前企业的估值/投资前企业的股份$$

　　例如，企业的投资前估值为300万美元，企业在投资前已发行的股份是150万股，那么企业股份的每股价格为

$$每股价格=投资前估值/投资前股份=300万美元/150万股=2美元$$

　　我们可以看出，投资前企业股份的总数会对风险投资家需要支付的每股价格产生显著的影响，企业的股份数量一般是通过谈判来确定的。

　　(2) 股份比例。在交易发生之后，由风险投资家所拥有的那部分企业股份的比例是他们购买的股份数量除以投资后企业发行在外的总股份数，计算公式为

$$风险投资基金的持股比例=\frac{风险投资基金购买的股份数}{投资后企业发行在外的股份总额}$$

　　我们可以用另外一种方式来表达这个意思，公式为

$$风险投资基金的持股比例=投资额/投资后估值=投资额/(投资前估值+投资)$$

　　这样，一旦确定了企业在投资前的估值，我们就可以计算出风险投资基金在投资后所持有的被投资企业的股份比例。方法是用风险投资基金的投资额除以企业投资后的估值。例如，一家企业的投资前估值为300万美元，当风险投资基金对这家企业投资200万美元之后，风险投资基金的持股比例为

　　风险投资基金的持股比例=200万美元/(300万美元+200万美元)=2/5=40%

　　这意味着风险投资基金在交易完成后将获得企业40%的股份。

❹ 股权结构表

　　几乎所有的投资条款清单都会包含一个股权结构表的摘要。股权结构表(Capitalization Table)又称为资本结构表，它是一个显示公司股权的所有者以及它们所持有的股权比例或债券持有者的表格。它会列出所有权的形式，例如普通股、优先股、认股权、期权、优先票据和次级债券。股权结构表还将显示在本轮融资完成后，谁拥有公司的哪个部分。它是理解和跟踪被投资企业的融资轮次和股权稀释情况的一个非常有用的工具。下面我们来看一个例子。

例14-2

假设一家企业准备进行第一轮融资。在融资前，企业创始人持有200万股企业的股票。在进行第一轮融资时，企业的投资前估值是1000万美元，风险投资基金的投资额是500万美元。

企业的投资后估值是1500万美元。

在投资后，风险投资基金所拥有的企业股权比例＝500万美元/1500万美元＝33.3%

创始人所持有的企业股权比例＝100%－33.33%＝66.67%

全部发行在外的股票数量＝200万股/0.6667＝300万股

风险投资基金所持有的股票数量＝300万股×33.33%＝100万股

每股价格＝500万美元/100万股＝5美元

被投资企业的股权结构表如表14-2所示。

表14-2　股权结构表

类别	股票数量/股	股票价格/美元	估值/美元	股份比例/%
创始人	2 000 000			66.67
风险投资基金	1 000 000	5	5 000 000	33.33
总额	3 000 000	5	15 000 000	100

❺ 重要的财务条款

(1) 清算优先权。清算优先权是仅次于估值的第二项重要的财务条款。清算事件是指出售公司。发生清算事件的情况主要有两种：一是被投资企业以某个合理的价格被一家规模更大的公司收购；二是由于企业经营不善而终止经营(例如破产)并出售所有的资产。在清算事件中，有担保和没有担保的债权人、债券持有人和优先股股东有权在普通股股东之前从出售公司的收益中获得补偿。清算优先权是指在公司发生清算事件时，合同赋予投资者的从出售企业的收益中获得补偿的优先权。例如，一个拥有2倍清算优先权的风险投资基金，在清算事件发生时，有权在作为管理层的普通股股东获得补偿之前，优先从出售公司的收益中获得2倍于其原始投资额的金额作为补偿。清算优先权将决定风险投资家作为优先股股东能够从出售被投资企业的收益中获得多少补偿。

(2) 选择转换权。选择转换权是指投资者根据被投资企业的经营状况或企业上市后股票的市场表现来决定是否将其所持有的优先股转换为普通股的选择权。例如，在被投资企业通过出售股权的方式退出的情况下，如果投资者将优先股转换为普通股参与企业退出收益的分配能够获得的投资收益比按照清算优先权加累计分红的方式参与企业退出收益分配获得的投资收益更高，那么投资者就可以根据这个条款将其所持有的优先股转换成普通股，以实现其投资收益的最大化。虽然投资者可以按照自己的意愿将自己所持有的可转换优先股随时转换成普通股，但是，在公司发展顺利的情况下，投资者一般都会将转换权保留至公司IPO或被收购时再行权。在一些极端的情况下，投资者会将自己所持有的优先股转换为普通股以获得作为普通股股东的投票权，从而增加自己对企业的控制权。需要注意的是，一旦投资者将优先股转换为普通股，他们将不能再将其转换回优先股。

(3) 反稀释保护。在企业发展的过程中，往往需要进行多次融资，但是企业无法保证每次融资时发行股票的价格都是上涨的。当企业以低于前期融资轮次发行股票的价格进行新一轮融资时，现有的投资者所持有的企业股权便会贬值。为了避免这种情况的发生，投资者往往会在进行投资时要求获得反稀释保护。

反稀释保护是一种下行保护机制，它可以在创业企业进行降价融资(Down Round)时为投资者提供保护。降价融资是指创业企业以低于前期融资轮次中的企业估值发行证券进行新一轮的融资。在企业进行降价融资时，反稀释条款可以使现有投资者获得额外的股票以补偿其损失。

理解不同的反稀释条款的细微差别是很重要的，需要注意的方面是反稀释条款发生作用的条件。一些反稀释条款仅在后续融资价格低于一定水平时才发生作用，而另外一些反稀释条款则将向员工发行股票和其他较小规模的融资排除在外。例如，在加权平均反稀释条款中规定，如果新发行的股权的价格低于A系列优先股投资者购买企业股票的原始价格，那么A系列优先股的转换价格需按加权平均法作相应调整，但董事会同意的用于员工期权计划的股权和其他用于特殊目的的股权除外。

通常情况下，只有在适用反稀释条款的投资者参与新一轮的降价融资时，反稀释条款才会发挥作用，这将有助于防止"搭便车"行为的发生，即一家创业企业可能有多个前期投资者，在企业进行新一轮的融资时，只有一部分前期投资者愿意追加投资。如果有反稀释条款的同时还有继续参与权条款(Pay-to-Play)，那么参与新一轮融资的投资者将获得反稀释保护，而拒绝参与新一轮融资的投资者将不会获得调整价格的机会，这些投资者将会遭受降价融资所带来的损失。这种机制有利于激励企业的投资者继续参与企业后续的降价融资。

在有反稀释保护的情况下，投资者所持有的优先股在转换为普通股时的转换价格将根据降价融资轮次的价格进行调整。根据保护程度的不同，反稀释条款可分为宿命棘轮调整和加权平均调整两种类型。

① 完全棘轮条款。完全棘轮条款是一种常用的反稀释保护机制。据有关调查，大约20%的风险投资交易都采用这种形式的反稀释保护措施。完全棘轮条款的意思是，如果一家公司以比A投资者最初购买优先股的价格更低的价格向B投资者发行新的优先股，那么投资者A所持有的优先股的价格就应该下调，投资者A所持有的优先股将被重新定价直到与投资者B购买优先股的价格一致。

在条款清单中，完全棘轮反稀释条款的一般表述如下：当公司以低于当前A轮优先股的转换价格的条件发行额外的证券时，这个转换价格应该降低以与新股发行的价格保持一致。

下面我们通过一个案例来解释它是如何发生作用的。

例如，我们在A轮融资中以每股1美元的价格购买了某企业500万的可转换优先股。假设在一年后，在B轮融资中该企业以每股0.5美元的价格发行1000万股总价为500万美元的可转换优先股。在完全棘轮保护的情况下，B轮融资中每股0.5美元的价格将会引起对A轮融资中的转换价格做出0.5美元的调整。A轮融资中股票经过调整的转换比例为1美元/0.50美元=2。

完全棘轮条款是一种对投资者有利的条款。通常情况下，棘轮条款发生作用的结果是那些拥有固定数量的普通股的公司管理层和员工所持有的股权份额将会显著地被稀释。因此，设置反稀释保护条款将会对创业团队产生压力，迫使他们努力工作，按时完成企业发展的阶段目标，以保持和增加企业的价值。

② 加权平均条款。加权平均条款是另外一种类型的反稀释保护机制。它的意思是当企业以比A轮投资者购买优先股的价格更低的价格向B轮投资者发行新的优先股时，加权平均反稀释保护机制会将A轮优先股投资者所持有的优先股的价格向下调整，以使其与A轮投资者购买优先股的价格与B轮投资者购买优先股的价格进行加权平均后的价格保持一致。

完全棘轮条款会将所有之前出售的股票价格转换为本轮的股票价格，而不考虑先前的筹资金额或发行股数。在完全棘轮条款的情况下，如果企业以低于上一轮投资者支付的股价向某个投资者出售哪怕是一股新的股票，那么所有上一轮投资者所持有的股票都将会按照新的股价进行重新定价，以与这一股新股票的价格保持一致。相对棘轮条款来说，加权平均调整条款是一种较为温和的反稀释方式。在加权平均的情况下，在对A系列优先股进行重新定价时，将考虑低价新发行股票的数量。在采用加权平均调整方式时，将以所有股权平均价格重新计算投资者和企业管理层的股份，这样就会减轻企业管理层的股权稀释程度。下面我们来解释加权平均反稀释条款是如何发生作用的。

在条款清单中，加权平均反稀释条款的一般表述为：如果新发行的股权的价格低于投资者购买A系列优先股的原始价格，那么A系列优先股的转换价格需按加权平均法做相应调整，调整后的价格计算公式为

$$NCP=OCP[CSO+CSP)/(CSO+CSAP)]$$

新的转换价格=旧的转换价格×[(企业已发行的普通股总数+在后续融资中能购买的普通股总数)/(企业已发行普通股总数+在后续发行时实际购买的普通股数量)]

式中：NCP是新的转换价格；OCP是旧的转换价格；CSO是企业已经发行的普通股总数；CSP是在后续融资中能够购买的普通股数量(例如，如果这不是一个降价融资，那么投资者能够购买到的数量）；CSAP是在后续融资中实际被购买的普通股(例如，购买者实际买到的数量)。

我们应该认识到，反稀释条款的作用是重新确定A系列优先股的转换价格，实际上并没有发行任何新的股票。因此，反稀释条款是通过对转换价格的调整发挥作用的，而

且反稀释与转换价格调整这两个术语通常代表同样的含义。

加权平均反稀释条款可以分为狭义和广义的两种类型。广义的加权平均条款是基于完全稀释(包括所有可转换的证券、认股权和期权)的概念来定义的。决定新的加权平均价格的计算公式的分母是所有发行在外的普通股,不仅包括企业已经发行的普通股(包含所有可以转换为普通股的优先股),而且包括通过将其他的期权和证券(包括员工期权)经过转换可以得到的普通股。

狭义的加权平均条款是基于已经发行的普通股来定义的,因此在狭义的加权平均条款中,决定新的加权平均价格的公式的分母中仅包括企业发行在外的普通股,而不考虑其他可转换为普通股的证券。

例14-3

在一家创业企业的A轮融资中,它的投资前估值为700万美元,风险投资基金以每股1美元的价格购买5 000 000股的企业优先股,购买价格为500万美元。在A轮融资后,创业企业的股权结构如表14-3所示。

表14-3 初始股权结构表

类别	股数	投资额/美元	每股价格/美元	股份比例
普通股(创始人)	7 000 000			58.3%
A系列优先股	5 000 000	5 000 000	1.000	41.7%
合计	12 000 000			100.0%

现假设在B轮融资中,投资者投入300万美元,并要求获得33.3%的公司股份,则在采用不同的反稀释保护机制下,A轮投资者所持有的企业股份如表14-4、表14-5、表14-6所示。

情景1:没有反稀释保护条款

表14-4 没有反稀释保护的企业股权结构

类别	股数	投资额/美元	每股价格/美元	股份比例
普通股(创始人)	7 000 000			38.9%
A系列优先股	5 000 000	5 000 000	1.000	27.8%
B系列优先股	6 000 000	3 000 000	0.500	33.3%
合计	18 000 000			100.0%

情景2:完全棘轮反稀释保护条款

表14-5 完全棘轮反稀释保护下的企业股权结构

类别	股数	投资额/美元	每股价格/美元	股份比例
普通股(创始人)	7 000 000			11.1%
A系列优先股	34 965 035	5 000 000	0.143	55.6%
B系列优先股	20 979 021	3 000 000	0.143	33.3%
合计	62 944 056			100.0%

情景3：广义的加权平均反稀释保护条款

表14-6　广义的加权平均反稀释保护下的企业股权结构

类别	股数	投资额/美元	每股价格/美元	股份比例
普通股(创始人)	7 000 000			35.4%
A系列优先股	6 195 787	5 000 000	0.807	31.3%
B系列优先股	6 578 947	3 000 000	0.456	33.3%
合计	19 774 734			100.0%

(4) 继续参与权。如果某个投资者在企业的后续融资中决定继续进行投资，那么这将会影响其他投资者的投资决策，鼓励他们在企业的后续融资轮次中继续进行投资。通过设置继续参与条款(Pay-to-Play)可以确保现有的投资者同意继续参与企业后续轮次的融资。

在投资条款清单中，继续参与条款的一般表述为：所有投资者都要参与企业后续可能发生的降价融资，除非董事会允许所有投资者都可以放弃参与，否则，任何没有参与的投资者所持有的A系列优先股将自动失去反稀释保护权利。

根据上述这个条款的规定，优先股股东如果想要获得转换价格调整所带来的好处(无论是运用加权平均法还是完全棘轮法)，那么他就必须参与创业企业后续轮次的降价融资，并购买等比例的股份。如果该优先股股东不愿意参与后续轮次的降价融资，那么，他所持有的优先股将会失去反稀释保护权利，其转换价格也不会因为后续发生的降价融资而进行调整。

(5) 优先购买权。风险投资家在参与对创业企业的第一轮投资时可以要求获得对后续融资轮次继续进行投资的权利。优先购买权又称为优先拒绝权(Right of First Refusal)，它是一种合同规定的参与后续投资交易的权利。根据优先购买权的规定，在被投资企业发行新股时，风险投资家拥有按照原先持有的股份数量的一定比例优先于他人购买增发新股的权利。

这一权利使风险投资家能够在创业企业发展顺利时追加对创业企业的投资，从而使自己可以从企业的发展和资本增值中获取更多的利益。当然，他们也可以在创业企业发展状况不佳时放弃投资。同时，这一权利还有助于确保风险投资家所持有的创业企业的股份不会在企业的后续融资中被稀释。

(6) 股息分配。股息是指公司向其所发行的特定类型的证券的持有者支付的收益。通常情况下，股息都是在经过公司董事会的批准后，按季度支付给优先股的持有者的。股息分配条款又称为分红条款。

典型的股息条款表述为：A系列优先股的持有者每年(在董事会宣布分配股息时)有权在普通股持有者分配任何股息之前收到累计的或者非累计的股息，股息按照原始购买价格以及8%的息率分配。优先股的持有者也有权参与(按被认为已经转换为普通股的情况)按比例分配股息。

优先股股东根据股息分配条款从创业企业获得的股息对减少投资风险和损失具有重

要的作用，尤其是在投资额很大的情况下，这种作用将更加明显。

我们来看一个例子，假设采用可转换优先股进行投资，投资者通过该项投资获得创业企业40%的股权。企业在投资后的估值是1亿美元。企业通过出售股权的方式退出时，其估值低于投资后估值，例如，企业以8000万美元的估值出售。

在这个时候，投资者将行使清算优先权，从企业的退出收益中拿走4000万美元外加累计的分红2000万美元(每年400万美元，5年共计2000万美元)作为对自己的投资补偿。从这个例子中，我们可以看出是否有分红条款将显著地影响风险投资基金的投资收益。在有分红条款时，投资者获得的投资收益是6000万美元；而在没有分红条款时，投资者只能拿到4000万美元。

一般来说，投资额越大，投资者在退出时所期望的投资收益率就越低，这时股息对投资收益的影响也越大。

14.2.2 公司治理结构设计

作为积极的投资者，风险投资基金希望能够对企业的经营和发展方向进行有效的控制，而争取控制权是确保它们有效参与被投资企业的经营管理的一种重要途径。公司治理结构设计的一个重要任务是通过对企业的控制权的分配来使风险投资家获得创业企业的董事会席位和投票权，这些将成为他们在投资后对企业进行监控管理的法律依据。

公司治理结构设计的主要内容包括控制权分配、激励机制、约束机制和信息披露。

❶ 控制权分配

在风险投资中，风险投资家一般采用可转换优先股进行投资，这些优先股并不具有表决权和出席董事会的权利，而且风险投资基金主要采取非控股的方式进行投资，它们在被投资企业中所占的股份一般不会超过40%。由于风险投资基金在所有权层面上对被投资企业的控制力是比较弱的，因此，它们就需要通过在经营层面上对被投资企业施加重要的影响来控制其经营和发展方向。

控制权是指投资者对被投资企业的经营和发展方向施加重要的影响的权力。在采用普通股进行投资的情况下，投资者对企业的控制权是与其所持有的企业股权份额一致的。但是，在风险投资中，风险投资家可以通过交易结构设计来使自己获得与其所持有的企业股份不相称的企业控制权。这些控制权主要是指创业企业的董事会席位以及投票权。

(1) 董事会席位。董事会是公司的经营决策机构，它拥有任命公司的首席执行官、批准年度计划、预算和重大商业决策以及对公司的利润分配等重大事项做出决定的权力，可以对公司的经营发展方向施加重要的影响。风险投资家通常希望获得创业企业的董事会席位，从而能够对企业进行有效的监控，并对其经营管理施加重要的影响。同时，他们还可以通过在董事会中的席位更好地为创业者提供指导和建议，以促进企业的快速发展。

风险投资家一般采用可转换优先股进行投资。从理论上说，在行使转换权将自己所持有的优先股转换为普通股之前，风险投资家一般不能出席企业的董事会，也不享有对公司经营决策的投票权。但是，风险投资家可以通过交易结构设计使自己获得被投资企业董事会的席位并拥有投票权。这样，即使风险投资家还未将自己持有的优先股转换为普通股，他们依然可以出席企业的董事会，参与被投资企业的经营管理，并对其施加重要的影响。

在风险投资支持的企业中，董事会席位的分配一般是由投资条款清单中关于董事会席位分配的条款来决定的。在投资条款清单中，董事会席位分配条款的一般表述为：董事会由__名成员组成。公司董事会的成员包括____、____(以上是投资者的代表)、____、____。

A系列优先股持有者，按照单独的类别进行投票，有权选举____名由投资者指定的公司董事会的成员。普通股持有者作为一个单独的类别进行投票，有权选举____名董事会成员。剩余的董事会成员将由优先股和普通股持有者一起投票，并在一致同意的情况下选出。

通过投资条款清单中的董事会席位分配条款可以约定不同的董事会成员的产生方式。例如，某个董事会席位分配条款规定企业的董事会共有5名成员，其中两名董事由A轮投资者选出，另外两名董事由创业者或者普通股持有者选出，还有一个董事则由双方一致同意选出。这样，风险投资家通过上述董事会席位分配条款可以获得半数的企业董事会席位。

一般情况下，A轮融资完成之后，被投资企业的董事会将包括风险投资基金的代表、创始人、在任的首席执行官及其他独立董事。在联合投资的情形下，领投的风险投资机构通常会派出代表来担任被投资企业的董事长。有关调查发现，在企业早期轮次的融资中，领投的风险投资机构一般至少会获得一个企业董事会的席位，而其他参与投资的风险投资机构也经常能获得董事会席位，尤其是当企业的创始人缺少经营管理经验时，风险投资机构在董事会中所占有的席位也会相应地增加。

在企业后期轮次的融资中，投资者要想获得企业董事会的席位并不那么容易。当企业没有足够的董事会席位可以分配给那些在后期参与进来的风险投资机构时，风险投资机构通常会要求在投资协议中增加一个董事会观察员的条款，从而使它们可以指派一名代表作为无投票权的观察员列席企业的董事会。这些观察员获得了出席董事会的权利，但没有投票权。许多风险投资机构都会派出投资经理或者助理来担任这一职务。

在某些情况下，企业董事会的一些成员可能需要获得双方的支持才能当选。这名董事可以通过两种方式选出：一是按照一人一票的原则选出大家一致同意的候选人；二是按照持有普通股和优先股股份的比例投票选出。

(2) 投票权。投票权是指企业的优先股和普通股持有者所拥有的对可能会对公司的经营和发展产生重大影响的事项进行投票的权利。这些事件可能包括股息支付、发行新一类别的股票以及合并与清算事件。优先股持有者一般不拥有董事会的投票权，但是，风险投资家可以通过交易结构设计来使自己获得表决投票权。这一表决权通常与风险投资家所持有的优先股转换为普通股后所拥有的投票权保持一致。

(3) 保护性条款。在A轮融资之后，风险投资家一般会在创业企业的董事会中至少拥有一个董事会席位，可以参与企业的经营管理，但这并不能确保他们的利益不会遭受大股东的侵犯。在这种情况下，风险投资家可以要求设置保护性条款来对自己的利益进行保护，这种保护性条款主要包括对企业重大经营事项的一票否决权和多数投票条款。

- 一票否决权。一票否决权是针对公司经营的重大事项和重要的交易行为，包括经营方向的重大变化、对外投资、资产重组、重大资产购置或出售、新股发行、并购事件、企业经营层的选择、薪酬制度以及企业年度经营目标等制定的保护性条款。风险投资家可以借助一票否决权否决那些对自己不利的经营决策，以更好地保护自己的利益不受损害。

- 多数投票条款。在某些情况下，使用否决权条款来抵制公司的重大经营事项可能产生负面的作用。例如，只要有极少数股东反对即可终止一项交易(如发行可转债融资)。很多时候，虽然A系列优先股在转换后的持股比例只占公司普通股的10%~20%，但是只要这些A系列优先股股东投票反对，一些公司经营事项就无法通过。为避免这种情况的出现，通常会为保护性条款设定一个生效的前提，即只有当持反对意见的优先股股东所持有的股份超过一定的比例时，他们的反对才有效。

这种多数投票条款一般会规定董事会需要以多数人同意的方式批准各种重要事项。风险投资基金可能会坚持要求在投资协议中规定未获得特定比例以上的股东批准或者董事会同意，企业将不能做某些事情。例如，在投资条款清单中规定，企业经营的重大事项，例如企业资产转让和后续融资等需要得到超过2/3的股东的投票同意。那么，在这种情况下，即使投资者持有的被投资企业的股权少于公司的50%，但只要他们持有的股份超过1/3，便获得了相应的否决权。

投资条款中的多数投票条款的一般表述为：只要有任何A系列优先股仍发行在外流通，以下事件需要提前获得大多数A系列优先股股东批准，无论这些事件是直接发生的还是通过兼并、资产重组或类似事件所导致的。这些事件包括：变更风险投资家所持股份的条款，授权发行更多股份，发行优于或等同于风险投资家所持有的股票的优先权的股票，回购任何普通股，出售公司，变更公司登记执照或章程，变更董事会的董事人数，支付或宣布支付股利与对外借贷等。

在一些国家和地区，多数投票条款在公司法中已经有所体现。依照我国公司法的规定，公司的合并、分立、解散以及修改公司章程或增减注册资本等事项须经三分之二以上的股东通过。如果三分之一以上的股东反对，上述重大事项是无法通过的。虽然在一定程度上，公司法能为中小股东提供一定的保护，但是在多数情况下，风险投资家还是会在投资条款清单中重申这些条款。

❷ 激励机制

公司治理结构设计的一个重要内容是建立股权激励机制，它主要有三个方面的作用：一是实现激励相容，让企业管理层与风险投资家之间的利益变得一致，可以减少潜在利益冲突，防范机会主义行为和道德风险的发生；二是激励管理层和员工努力工作；三是吸引并留住优秀人才。

风险投资家在交易结构设计中通常会要求创业企业制订员工股票期权计划。股票期权计划(Employee Stock Ownership Program，ESOP)是指公司建立的向其雇员分配公司股份的计划。根据股票期权计划，公司的管理层和员工可以在未来的某一个时间节点以事先约定的价格购买一定数量的本公司股票。

这种股票期权计划是一种有效的激励机制，它对企业员工的激励作用体现为两个方面：一是所有权激励；二是报酬激励。股票期权计划的所有权激励作用发生在员工购买股票之后，而报酬激励作用发生在员工购买股票之前。我们在这里主要讨论股票期权计划的报酬激励作用。

当风险投资支持的企业聘用关键员工时，它们通常会给予这些员工一些购买本公司股票的期权。这些股票期权允许企业员工在未来的一段时间内按照预先确定的价格和数量购买公司股票。这样，如果企业经营业绩良好，它的股票价格也会随之上涨，而员工所持有的股票期权的价值就会相应增加。如果企业最终成功地进行了首次公开发行，那么，员工就可以行使自己所持有的股票期权并按照既定的价格购买一定数量的企业股票，然后在锁定期结束后向股票交易市场上的公众投资者出售这些股票。由于向公众投资者出售企业股票的价格与员工行使股票期权购买企业股票的价格存在价差，因此，企业员工将从交易中获取高额的利润，这就是员工持有公司股票期权的收益。下面我们来看一个通过股票期权计划激励员工的例子。

例14-4

某高科技公司开始实施股票期权计划时，公司股票的价格为5美元。由于公司发展状况良好，在5年之后，公司进行了首次公开发行，这时公司股票在市场上的公开交易价格为25美元。如果那些拥有股票期权的员工选择在这时行权，那么，他们就可以每股5美元的期权执行价格买进10万股的本公司股票，并按每股25美元的价格在股票市场上出售，从而获取(25美元–5美元)×10万股=200万美元的期权利润。

从上述讨论中我们可以看出，员工的股票期权收益的高低取决于企业业绩的高低，而企业的经营业绩又取决于员工的努力程度。这样，为了获得高额的期权收益，员工就会更加努力工作,为企业创造更多的价值。因为只有这样才能改善企业的经营业绩,促进企业的高速成长,从而使他们手中所持有的企业股票期权快速增值。这就是股票期权计划的报酬激励作用。

需要注意的是,制订员工股票期权计划可能会对公司的股权结构产生影响。为了实施员工股票期权计划,通常需要先建立员工股票期权池(Option Pool)。员工股票期权池是一组预留的股票期权,这些期权将会在一个较长的时期内分阶段授予企业的管理层和员工。虽然可以建立一个更大的期权池使创业企业拥有更多的股票来激励其管理层和员工队伍,但并不是说这些股票越多越好。风险投资家一般会要求企业创始人从自己所持有的股份中拿出一部分来建立员工股票期权池,这样建立股票期权池所产生的稀释效果将由企业创始人来承担。同时,由于在员工股票期权池中保留的股票数量包含在用于计算每股价格的投资后股份中,又由于每股价格=投资后估值/投资后股份,因此,更大的期权池将会增大计算每股价格时分母的数字,它在降低每股价格方面所发挥的作用与降低投资后估值所带来的结果是一样的。下面我们来看一个例子。

例14-5[①]

在投资后,被投资企业的股权结构如表14-7所示。

表14-7 投资后的企业股权结构

类别	持股数/股	股票价格/美元	估值/美元	股份/%
创始人	2 000 000			66.67
风险投资基金	1 000 000	5	5000000	33.33
总计	3 000 000	5	15000000	100

如果设立一个未分配的员工股票期权池,期权池占公司股份的20%。

这时,创始人所占的股份将变为:100%-33.33%-20%=46.67%

发行在外的股票总数为:200万股/0.466 7=4 285 408股

员工股票期权池所持有的股数=4 285 408×20%=857 082

风险投资家所持有的股票总数=4 285 408×33.33%=1 428 326

股票价格=500万美元/1 428 326=3.50美元

在建立员工股票期权池后,被投资企业的股权结构如表14-8所示。

表14-8 建立员工股票期权池后的企业股权结构

类别	持股数/股	股票价格/美元	估值/美元	股份/%
创始人	2 000 000			46.67
员工股票池	857 082			20
风险投资基金	1 428 326	3.5	5 000 000	33.33
总计	4 285 408	3.5	15 000 000	100

---

① 改编自:布拉德·菲尔德, 杰森·门德尔松. 风险投资交易[M]. 桂曙光, 译. 北京: 机械工业出版社, 2014: 100.

从例14-5可以看出，一个更大的期权池会大量增加公司发行在外的股票数量，即增大计算每股价格时分母的数字，从而显著降低股票的价格。

❸ 约束机制

(1) 董事会批准的事项。该条款规定由董事会负责批准可能影响公司经营或股权结构的公司重大决策，包括股权结构的变化(增减资、大股东变化)、治理结构的变化、公司重大重组(兼并、资产转让)、公司重大负债、薪酬制度变动等，以保护企业股东的权益不受管理层机会主义行为的侵害。

(2) 限制性条款。在进行交易结构设计时，风险投资家通常会设置一些限制性条款来对作为企业大股东的创业者的行为进行限制，以防范道德风险。在融资协议中，限制性条款又称为否定性条款，它规定了创业者不能在未经投资者批准的情况下采取的行为的类型，包括对外举债、投资、改变企业的经营方向、变更公司控制权、出售企业资产、购买超过一定数额的资产、发行新股，尤其是发行比早期投资者级别更高的证券等。限制性条款要求创业者在采取上述这些重要的交易行为时必须事先征得投资者的许可。

制定限制性条款的动机是保护风险投资家的权利，使其免受企业管理层可能采取的机会主义行为的侵害。虽然限制性条款所列出的项目越多越有利于保护投资者的利益，但是列出的项目过多可能会影响公司的正常运作。因此，风险投资家需要在保护他们的利益和维持公司的正常运作之间寻找平衡。

这些限制性条款通常会与多数投票条款结合使用。例如，规定如未经持有A系列优先股的投资者以50%以上的多数投票同意，公司不得从事某些特定的事项，出售超过一定价值的公司资产，以防止创业者进行关联交易，或做出损害投资者利益的行为。

(3) 管理层雇用条款。在交易结构设计中，风险投资家经常会要求设置管理层雇用条款。在管理层雇用条款中，风险投资家可能还会要求拥有解雇和撤换管理层的权力，以确保他们对创业企业的控制，防范道德风险。

(4) 竞业禁止。创始人或团队中掌握关键技术的核心成员如在其离职之后成立新企业，并从事与公司类似的业务来与原来的企业竞争，或者从原企业带走人才和业务，将会损害原有企业的利益。为了避免这种情况的发生，在进行交易结构设计时，风险投资家还会要求设置竞业禁止条款。根据竞业禁止条款，企业创始人和团队核心成员在离开企业后的一段时间内，不得在同一行业中的其他企业任职，或者从事与企业相互竞争的业务。这种协议的有效期限通常为1年，部分地区的法律允许高至5年的竞业禁止期限。作为补偿，企业将在这些雇员离职时向他们支付一定的赔偿金。

(5) 对创始人活动的限制。企业创始人从事与企业经营无关的活动可能会占用他们大量的时间和精力，并减少他们对创业企业的关注，从而影响企业业绩。为了避免这种情况的发生，在进行交易结构设计时，风险投资家还会要求设置一个限制企业创始人活动的条款,这个条款一般表述为:每一个创始人都应该将他们的工作时间全部奉献给公司,创始人从事任何与公司无关的职业活动都应该事先获得董事会的批准。

(6) 行权。行权(Vesting)条款又称为股票期权兑现条款。当硅谷的高科技企业雇用关键员工时,它们一般会授予这些员工一个购买公司股票的期权作为报酬的一部分。如果员工获得了这一期权,他们就可以在未来的一段时间内获得与该股票期权对应的股票的所有权,这称为行权。

创业者的人力资本在创业企业的发展中发挥着关键的作用,为了留住高素质人才,降低员工的离职率,风险投资家在进行交易结构设计时通常会要求设置行权条款。行权条款与股票期权计划结合可以发挥"金手铐"的作用,达到鼓励员工继续留在企业发展的目的。金手铐(Golden Handcuffs)是指一种财务激励手段,它的作用是防止公司创始人和重要的雇员在预先确定的期限或在到达某个重要的里程碑之前离开公司。

行权条款可以确保企业中的每个人只有在经过长期的努力之后才能获得企业的股权。根据行权条款,创业企业一般会在3~5年的时间内分阶段授予员工所持的有股票期权的所有权,这意味着企业管理层和员工必须在企业工作3~5年才能真正拥有购买企业股份的期权的所有权。如果他们在这之前离职,他们一般只能得到很少一部分股票期权。尤其是当创业企业发展顺利时,企业员工所持有的股票期权的价值将会得到很大的提升,一旦他们在规定的时间到来之前离开了企业就会损失很大一笔财富。因此,在行权条款的约束下,企业员工必须在一段时期内留在创业企业发展,才能真正拥有购买企业股份的期权的所有权,这将会大大降低员工的离职率。

行权条款所规定的行权方式主要有两种,即分段行权和断崖行权。分段行权通常按照时间分阶段(每年、每季或每月)授予员工所持有股票期权的所有权,并在3~5年的时间内完成行权。断崖式行权通常是在一个时间点发生,并一次性完成行权。典型的早期阶段企业的行权条款一般规定员工所获得的股票期权的25%在1年后以断崖方式行权,剩余部分的期权以分段行权的方式按月行权,并在4年内完成全部股票期权的行权。这样,如果员工在1年内离开公司,那么他将得不到企业股份。如果员工留在创业企业满1年,那么他将会通过断崖行权获得25%的企业股份。然后,他将会在接下来的36个月中按照分段行权的方式每月获得一部分企业的股票期权直到获得全部剩余的股票期权。如果他在18个月后离开公司,那么他将会得到37.25%的股份。

在许多情况下,企业创始人的行权条款会与员工的这种比较平衡的行权条款存在很大差异。例如,有些企业管理人员的行权条款允许将他们所持有股票的行权时间加速,这样做的原因主要有两个:第一,在创业企业被大企业并购时,许多企业管理人员将会失去工作。由于这些管理人员之前已经为企业创造了价值,因此让他们失去一大部分的企业股份是不公平的。第二,企业管理层和关键员工的配合对于完成潜在的并购交易来说是很重要的。因此,为了得到这部分人员的配合,通常会让他们的行权时间加速以激励他们协助完成并购交易。

当某个员工离开公司的时候，那些尚未行权的股份将会作废。这些股份并不会重新加以分配，而是会被放回到总股本中。这样，那些继续留在企业的人，包括持有企业普通股的创始人、持有股票期权的企业管理层和员工以及持有优先股的风险投资家的股权都会因此增加并从中受益。

需要注意的是，行权条款不仅对风险投资家来说很重要，它对于创始人来说也具有同等重要的意义。在某些情况下，当企业创始人之间的合作出现问题时，其中的一些创始人可能会希望其他的一个或多个创始人离开创业企业。在这种情况下，如果不存在行权条款，那么被要求离开企业的那个创始人就会带走他所持有的公司股权，而那些留下的创始人所拥有的股权并没有因此增加。如果创业团队中的每一个创始人都有行权条款，那么将会对他们产生良好的激励作用，激励他们加强团队合作并努力工作。这种机制对企业的员工来说也同样适用。

(7) 限售权。企业创始人和管理团队的全身心投入对创业企业的成功具有关键作用。如果企业创始人或管理团队的成员减少他们自己所持有的企业股份，那么可能会降低他们对企业的投入程度。为了防止这种情况的发生，风险投资家通常会要求设置限售权条款。限售权条款规定，企业管理层在未经投资者同意或者企业尚未进行首次公开发行的情况下，不得出售自己所拥有的企业股票。

❹ 信息披露

风险投资的对象主要是非上市的私人企业，与上市企业不同，这些企业没有义务定期向公众披露其经营信息。另外，在投资后，由于风险投资家并不参与被投资企业的经营管理，因此，他们与创业企业的管理层之间会存在信息不对称。这种信息不对称的存在让风险投资家很难对创业者的行为做出准确的评价，并有可能引发道德风险。为了及时获取有关被投资企业的信息，降低信息不对称的程度，在进行交易结构设计时，风险投资家一般会要求设置知情权条款。知情权是指投资者通过定期获得企业的经营报告和财务报表或其他方式来了解被投资企业的经营和财务信息的权利。根据知情权条款，被投资企业需要定期向风险投资基金提供月度、季度、年度财务报表。风险投资家将对这些财务报表进行审查，以监督企业的现金流和财务状况。此外，风险投资家还可以随时查阅企业的财务报告，获取股东大会的文件等。

14.2.3　退出安排

确保风险投资能够顺利地实现退出对风险投资家来说具有重要的意义。风险投资基金具有固定的存续期限，到期必须将资本归还给投资者。退出可以使风险投资基金对创业企业的投资重新获得流动性，从而能够归还给投资者。同时，风险投资基金还需要通过退出来兑现投资收益。事实上，风险投资基金所获得的高额投资回报主要来自公开上市和并购这样的退出事件。另外，获得对投资退出的控制权还有助于减少创业者的机会主义行为。因此，风险投资家在对创业企业进行投资时就会考虑退出问题，并要求在投资协议中设置与退出有关的条款以确保自己的投资将来能够顺利地从创业企业撤出。与退出安排有关的条款主要有以下这些。

❶ 强制转换

一般来说，在创业企业成立时，创业者向企业投入资金形成企业的股份，这时企业的股票类型只有一种，即普通股。在创业企业对外融资时，它可能会向外部投资者发行优先股或其他可转换证券，从而使企业具有多元化的股票结构。但是，在公开交易的股票市场上，一般只有一种股票类型，即普通股。因此，在一家风险投资支持的企业申请首次公开发行之前，企业股票的承销商通常会要求企业将发行在外的所有证券都统一转换为普通股，从而有利于股票的定价和出售。

强制转换条款要求企业在一些特殊事件发生时将发行在外的可转换优先股自动转换为普通股。一般来说，自动转换的条件主要有两个：一是当企业进行合格的首次公开发行时；二是被投资企业的退出收益达到一定的要求时。在这两种情况下，企业发行在外的优先股都将自动转换成普通股。

对创业者来说，他们一般希望将自动转换的条件设置得低一些，这样他们就可以获得更多的灵活性。与之相反，风险投资家往往希望将自动转换的条件设得高一些，这样他们就可以在企业进行IPO的时机和退出方式的选择上拥有更多的控制权。

强制转换的关键原则是，无论实际的自动转换条件是什么，都要为不同系列的优先股设置相同的自动转换条件。否则，当一家企业准备进行首次公开发行时，其中一个类别的优先股持有者的转换条件会比即将进行的首次公开发行所能达到的转换条件更高，而且这些优先股持有者还有权否决首次公开发行。因此，在交易结构设计中，必须确保在每一轮融资中，都为所有系列的优先股设置同样的自动转换条件。

❷ 赎回权

赎回权是指风险投资家要求创业企业回购其在融资时所发行的股票的权利。在交易结构设计中，风险投资家一般会要求设置赎回权条款。根据赎回权条款，风险投资家有权在特定的条件下要求创业企业回购自己所持有的企业股份，从而实现投资退出。在有些情况下，风险投资家甚至还会要求创业企业以超过其原始投资的价格回购其所持有的股票作为对其投资的补偿。这些特定的条件主要包括两个：一是预先设置的时间期限。例如，风险投资家可以在进行最初的投资的5年或者8年后要求被投资企业按预定的价格回购其所持有的优先股。二是约定企业预期需要实现的阶段目标。例如，在投资协议中预先约定被投资企业应在约定的期限内进行首次公开发行或被战略投资者收购。如果企业未按计划实现预期的阶段目标，那么，风险投资基金将有权要求企业创始人以约定的价格回购其所持有的部分或全部被投资企业的股份。

设立赎回权条款的一个原因与风险投资基金的存续期有关。大多数风险投资基金都采用有限合伙制形式组建，并拥有固定的存续期，通常为10年加3个1年的延长期。这样，风险投资家就需要获得赎回权，从而确保其在基金的存续期到期之前将投资从被投资企业中撤出，并归还给投资者。

设立赎回权条款的另外一个原因是为了避免风险投资基金的投资组合中的企业变成生活方式型的企业。经过一段时间的发展，一些被投资企业可能已经拥有了稳定的经营业务和一定的销售收入，从而可以为管理层提供好的生活质量。但是，这些企业的发展潜力可能永远无法达到进行首次公开发行的条件，也不能吸引战略投资者进行收购。赎回权条款将确保风险投资家在这种情况发生时拥有一个可行的退出渠道，并及时从这些生活方式型的企业中撤出资本。

❸ 拖带权

拖带权(Drag-along)又称为领售权，它是通过投资协议赋予一家企业的投资者可以强迫所有其他投资者都同意采取某项特定的行动的权利，例如出售企业。

拖带权条款的存在将使风险投资的退出变得更加容易。在大多数情况下，创始人和其他普通股持有者所拥有的普通股的股份都足以对企业的出售事项施加重要的影响甚至对其进行控制。在某些情况下，普通股持有者在并购交易中将作为一个单独的类别进行投票，或者企业创始人拥有大多数的企业已发行股份。即使他们所持有的股份并不占多数，他们仍然有能力干扰或破坏一桩对风险投资家有利的并购交易。在大多数并购交易中，任何一个股东都对交易拥有异议权，这些权利允许股东对并购交易提出反对意见。因此，当一个股东行使异议权的时候，并购交易可能会被延迟。许多并购协议都允许买家在拥有超过5%～10%的被并购企业的股份的股东持异议的情况下放弃并购交易。

因此，风险投资家经常会遭遇这样的情况，当他们已经准备好要向第三方出售自己所持有的被投资企业的股权时，由于遭到被投资企业其他股东的反对而导致并购交易失败或难以进行。为了避免这种情况的发生，在进行交易结构设计时，风险投资家通常会要求设置拖带权条款。根据拖带权条款的规定，如果风险投资家同意出售或清算公司，则无论被投资企业的其他股东是否同意，这些股东都必须跟随风险投资家按照风险投资家已经与第三方谈定的条件和价格向第三方转让自己所持有的股份。

虽然拖带权条款的存在有利于风险投资家向那些有意收购被投资企业股权的战略投资者出售股权并通过并购的方式实现退出，但是拖带权条款在保护投资者利益的同时也会对创始人的利益产生不利的影响，尤其是当企业在并购交易中的退出收益等于或者低于风险投资家所拥有的优先清算权时，企业创始人很可能会在并购交易之后变得一无所有，因此企业创始人可能会极力抵制这一交易，或者说，他们不愿意以一个他们认为很低的价格出售企业。

④ 跟售权(Tag-along)

跟售权(Tag-Along Rights)或共售权(Co-Sale Rights)基本上是与领售权(Drag Along Right)相对应的权利。跟售权是指在企业的创始人向第三方出售企业的股票时，风险投资家拥有将自己所持有的一部分或全部企业的股票随同创始人的股票一起出售给第三方的权利。根据跟售权条款，当企业创始人准备将他们所持有的企业股份出售给第三方时，风险投资家有权要求以同样的条件和价格将自己所持有的企业股份也出售给第三方，从而与企业创始人一起实现退出。这一条款可以在企业创始人出售企业的股票时保护作为企业少数股份持有者的风险投资基金的利益不受损害。

⑤ 登记权

风险投资基金购买的是非上市的私人企业的股票，这些股票必须向证券交易委员会登记后才能在股票交易市场上出售和交易。登记是指填写证券交易委员会所要求的法律文件并披露有关发行公司的信息的过程。在美国，根据1933年颁布的证券法的规定，企业在准备向公众出售股票的过程中，需要向证券交易委员会进行登记。

设置登记权条款有利于确保风险投资基金从被投资企业的顺利退出。由于被投资企业在对其股票进行登记的过程中可能会耗费相当的精力和资源，因此这些企业一般会尽量避免对其股票进行登记。为了避免这种情况的发生，在进行交易结构设计时，风险投资家一般会要求设置登记权条款，从而使企业有义务对投资者所持有的股票进行登记。根据登记权条款，风险投资家可以要求被投资企业对其所持有的股票进行登记。这样，在登记之后，风险投资家所持有的企业股票就可以在股票市场上交易和流通，他们就可以向公众投资者出售这些股票并换取现金，从而实现从被投资企业的退出。

14.3 投资条款清单

14.3.1 投资条款清单的概念

在风险投资家对投资项目进行初步筛选和前期尽职调查之后，他们将获得大量有关创业企业的信息，在此基础上，风险投资家将对创业企业的投资价值和风险程度做出判断。对于那些有投资意向的项目，风险投资家将会对企业进行估值并进行交易结构设计，交易结构设计的结果将集中体现在投资条款清单中。

投资条款清单(Term Sheet)，又称为投资意向书，根据美国风险投资协会(NVCA)的定义，投资条款清单是投资者确认自己愿意参与企业的某一个轮次融资的意向文件。企业与投资者签署这个文件则意味着，在交易完成之前，企业愿意与投资者就投资的法律条款进行磋商并接受投资者的尽职调查。

作为一个框架性协议，投资条款清单的作用是将风险投资协议的交易结构固定下来。投资条款清单的内容包括对企业的估值、投资额、股权比例、投资工具的类型、反稀释保护、清算优先权、董事会席位分配、投票权以及和退出有关的条款等。这些内容是交易结构设计的一个集中体现，也是创业者与风险投资家之间将要签署的正式的投资协议和其他法律文件的摘要。

虽然美国风险投资协会提供的标准投资条款清单模板长达16页，但在风险投资交易中比较常见的还是6～8页A4纸的条款清单。投资条款清单中的大多数条款的作用都是保护在被投资企业中占少数股权的投资者，以确保他们的利益不会受到管理层和大股东的损害。在中国，投资条款清单可能还有别的称谓，如投资意向书和谅解备忘录等。虽然这些文件的格式与投资条款清单不尽相同，但它们所发挥的作用和主要内容都是类似的。

14.3.2 投资条款清单的作用

一般来说，投资条款清单的作用主要包括以下几个方面。

❶ 控制交易走向

投资条款清单是一个框架性协议，它为风险投资家提供了一个控制交易走向的工具。通过投资条款清单，风险投资家可以将交易结构设计中所形成的有关创业企业的估值、公司治理以及退出方面的安排等关键内容以书面的形式加以明确，并作为与创业者进行投资谈判的基础。

❷ 表达投资意向

在进行尽职调查后，对于那些有初步投资意向的项目，风险投资家将向创业者提交一份投资条款清单，并以这种方式来表达自己的投资意向。如果创业者愿意接受这份投资条款清单，则表明创业者也有接受风险投资家投资的意向。因此，提交与接受投资条款清单是双方有意进行合作并开始谈判的起点。

❸ 投资谈判的基础

投资条款清单是一个有关交易结构设计的框架协议。这些内容为双方之间的投资谈判勾画了一个大致的框架，是双方进行投资谈判的基础。

❹ 体现双方的共识

投资条款清单明确了创业者与风险投资家之间将要签署的正式协议中的关键内容。

在交易双方经过谈判就交易结构达成一致的情况下，投资条款清单将双方所达成的共识以书面形式表现出来。事实上，投资条款清单的每一部分内容都是在最后达成交易时需要签署的更详细的法律文件的摘要，双方律师将在投资条款清单的基础上起草具有法律约束力的正式投资协议。同时，投资条款清单中的一些条款的内容还将体现在公司章程、投资者权利协议以及投票权协议等由双方共同签署的多份法律文件中。

❺ 约束作用

在投资谈判中，投资条款清单对双方都有一定的约束作用。在投资条款清单中通常会有一个排他性的时间安排，以限制创业企业在这段时间中与其他潜在的风险投资家进行接触和洽谈。

14.3.3 投资条款清单谈判

投资条款清单谈判是风险投资家与创业者就投资交易结构进行磋商并达成一致的过程。在进行尽职调查和交易结构设计之后，对于那些感兴趣的创业企业，风险投资家通常会向它们提交一份投资条款清单，以表达自己投资创业企业的意愿。在收到投资条款清单之后，创业者对风险投资家的投资意愿通常有三种回应方式：一是拒绝；二是接受并签署投资清单；三是希望通过谈判对投资条款清单中的一些条款进行修改或完善。通常情况下，创业者会采取第三种方式来回应风险投资家的投资意愿。

投资条款清单谈判的内容主要包括企业的估值、投资金额、投资期限、投资工具、控制权分配以及退出安排等。一旦确定需要谈判，那么接下来双方将会拟定一个谈判的日程安排。投资条款清单谈判通常按下列顺序展开：①确定企业估值和投资额；②拟定出资时间表；③董事会席位分配；④明确创始人的股份；⑤投资工具的选择。在谈判的过程中可能会有分别代表风险投资机构和创业企业的律师参加。谈判将一直持续到双方就投资条款清单中的所有核心条款达成一致，然后，双方将签署投资条款清单。投资条款清单是一个关于风险投资交易的一个框架协议，它体现的是双方就交易结构设计达成一致的结果。这份投资条款清单的内容将反映在《融资参股协议》《公司章程》和《管理层雇用协议》中。

投资条款清单谈判一般将持续4～6周的时间。在谈判过程中，由于每一方都会尽量为自己争取更多的利益，因此谈判的过程可能会变得异常艰难。如果发生这样的情况，谈判有可能会持续数周甚至数月的时间。

❶ 双方的目标

(1) 风险投资家的目标。风险投资家希望自己投资的企业最终能够以首次公开发行或并购的方式退出，并获得很高的投资收益。但是，获得很高的投资收益并非他们的终级目标，他们的终极目标是希望通过成功的退出建立自己的声誉，然后可以募集更大规模的基金。

如图14-3所示，投资的成功退出，尤其是通过首次公开发行的方式实现退出，可以帮助风险投资家迅速建立自己的声誉，然后，他们就可以凭借这一声誉募集更大规模的基金，并建立更大规模的投资组合，从而获得更多的管理费和投资收益分成。

图14-3　风险投资家的目标

(2) 创业者的目标。创业者创建企业和进行融资的根本出发点是希望建立一个成功的企业，因此他们希望从外界获得足够的资源，来充分发展企业的业务和推动企业的成长，并使其成为所在行业中的垄断性企业。创业企业关注的一个重点是如何让企业获得快速发展，并通过企业的快速发展实现企业价值的最大化。

❷ 双方关注的焦点

在风险投资交易中，风险投资家和创业者各自站在自己的角度看问题，双方的目标、所考虑的问题和关注的重点存在很大的差异，这些都有可能导致投资者和创业者发生潜在的利益冲突。

(1) 风险投资家关注的重点。一般来说，在进行交易结构设计时，风险投资家重点关注的因素主要有两个：一是财务因素，它将影响最终将投资变现后风险投资基金所能够获得的投资收益的高低；二是控制因素，这将影响风险投资家对被投资企业的控制和管理能力以及否决企业重大交易事项的能力。

对风险投资家来说，在交易结构设计中要实现以下三个重要的目标。

① 财务回报最大化。通过交易结构设计可以确保风险投资基金在承担合理的投资风险的情况下实现投资回报的最大化。例如，如果企业的发展状态良好，那么风险投资家希望能够对企业追加投资，以使自己的利益最大化。

② 对被投资企业施加影响。创业企业存在很高的不确定性和信息不对称，这为创业者采取机会主义行为提供了空间。因此，在进行投资谈判时，风险投资家往往希望获得更多的控制权，以确保被投资企业做出合理的投资和管理决策。

③ 确保投资的顺利退出。一般来说，在进行交易结构设计时，风险投资家就需要考虑项目的退出安排，以保证自己的投资能够最终顺利退出被投资企业并实现投资回报的最大化。

对风险投资家来说，他们投资创业企业的根本目的是获取资本增值收益。风险投资的理想投资方式是IPO或者并购，只有以这些方式退出，才能实现投资回报的最大化。因此，风险投资家希望在未来的某个时间节点能够顺利实现投资退出，例如通过公开上市或者以并购的方式实现投资退出，以获取高额的投资收益。

另外，声誉对风险投资家的职业生涯及其以后的资金募集活动具有重要的影响，而被投资企业公开上市退出是风险投资机构建立声誉的一个重要途径。风险投资家希望通过成功的退出，尤其是公开上市退出来迅速建立自己的声誉。

(2) 创业者关注的重点。在交易结构设计中，创业者关注的首要目标是企业的生存与发展，并希望能够从创业的过程中获得合理的收益。创业者关注的一些重点包括以下几个方面。

① 获取企业发展所需要的资源。创业者希望借助风险资本的力量使企业获得快速发展。他们期望从风险投资家那里获取发展所需要的各种资源，包括资金和管理资源，以促进企业的快速发展。

② 尽可能保留控制权。在投资谈判中，创业者希望能为自己保留更多的股份和对公司的控制权，以维持企业经营管理活动的自主性。

③ 与投资者分担风险。创业企业面临很高的不确定性和风险，他们引入风险投资的一个原因是希望与它们共同承担创业过程中的风险。

④ 获得财务回报。创业者希望通过企业的发展获得足够的回报，作为对自己辛苦努力和承担风险的一种补偿。

(3) 双方的共同关注点。

① 使新企业获得成功。双方都希望新企业获得成功，因为只有这样风险投资家和创业者才能获得各自所预期的结果。

② 财务回报的分配。风险投资家和创业者都希望能够从企业的成功中获得尽量多的财务回报。在谈判和交易结构设计中，通过对财务回报进行合理的分配，可以为风险投资家和创业者提供良好的激励，鼓励他们为企业的增值和发展更加努力地工作，创造出更大的价值，从而为最终实现高回报倍数的退出打下基础。

③ 控制权的分配。一般情况下，创业者希望尽可能多地保留自己对企业的控制权，以保持经营管理活动的自主性。但是，风险投资家也希望获得足够的控制权，以保证自己所投入资本的安全性，并对创业企业的机会主义行为进行有效控制。因此，双方之间可能会在企业控制权的分配上产生利益冲突，并导致双方对控制权的争夺。

董事会席位的分配是保证风险投资基金能够参与企业经营管理的关键机制。一般情况下，风险投资家都希望在被投资企业的董事会中至少拥有一个席位，这样，他们就拥有参与和影响被投资企业经营活动的权力。许多时候，风险投资基金可能还希望获得多个被投资企业的董事会席位，但创业者并不愿意让出更多的控制权。这时候，风险投资家与创业者就会为了董事会席位的分配问题进行谈判。

在风险投资家与创业者进行谈判时，特殊投票权条款也是双方经常争论的一个焦点。这种特殊投票权赋予风险投资家一种与其所持股份不相称的权力。风险投资家希望拥有这一权力来对企业可能采取的某些特定行为进行控制，以保护自己的利益。但是，由于风险投资家也可以动用这种权力来随意拒绝那些不符合自己利益的交易，从而对企业的经营管理形成制约，因此，创业者可能希望投资协议中包含尽量少的或者没有特殊投票权条款。

需要注意的是，在投资条款清单谈判中，许多企业创始人往往过分在意控制权的得失，对于这些创始人来说，他们需要清楚的一个道理是：分得一个大蛋糕的较小的部分永远好于获得一个小蛋糕的全部，即使只是拥有一家成功的大企业的少数股权，他们所能够获得的利益也会远远优于由他们完全拥有并控制一家小企业所能够得到的利益。

④ 退出部分股份。在未来某个时间，风险投资家和创业者都希望从被投资企业中退出部分或者全部所持有的股份。

专栏14-2　Hotmail的投资条款清单谈判[①]

　　JavaSoft公司是Hotmail公司的前身，在公司的两个创始人沙比尔·巴蒂亚与他的合作伙伴杰克·史密斯与德雷珀公司就创业企业的估值达成一致之后，德雷珀公司向JavaSoft公司提交了一份包含企业估值以及其他投资交易关键内容的投资条款清单。一般来说，德雷珀公司在对创业企业的投资中都会使用标准格式的投资条款清单，而且不希望创业者就这份条款清单与自己发生过多的争议。

　　在投资条款清单谈判中，JavaSoft公司雇用了怀特和李律师事务所的马克·怀特作为法律顾问。虽然马克缺少风险投资谈判的经验，但是JavaSoft没有更多的资金聘请有经验的律师，马克是唯一愿意在不预先支付律师费的情况下接受这份工作的律师。德雷珀风险投资公司为了节省费用而不雇用自己的律师。创业者询问马克是否愿意在双方就投资条款清单的细节达成一致并签署投资条款清单以后，在实施有关法律条款的过程中同时代表德雷珀公司和JavaSoft公司。由于同时代表双方的利益，在交易完全结束之前，律师事务所将不能私自对投资条款清单做出任何改变。

　　在律师的陪伴下，投资条款清单谈判正式开始。德雷珀公司向创业者提交了一份投资条款清单，正如传说的那样，这份投资条款清单与在大多数之前的交易中向其他创业者所提供的投资条款清单是完全相同的。两个创始人对这份投资条款清单的总体内容并没有什么异议，但是希望对其中的一些条款做出修改。

　　首先，他们很关注投资条款清单中风险投资家所持有的优先股所具有的参与分配权，因为根据这份投资条款清单，德雷珀公司在本次交易中将获得参与可转换优先股。根据参与可转换优先股的有关条款，在公司发生清算事件时，风险投资家将首先以优先清算权拿回相当于初始投资额的清算收益，然后再以相当于已经将优先股转换为普通股的条件与创始人共同参与对公司剩余资产的分配。但JavaSoft公司的两个创始人认为，这一条款是允许德雷珀公司"吃双份餐"，并认为这是不公平的。但是德雷珀公司的合伙人斯蒂夫·贾维森对创业者的这一看法表示了异议，他认为这一条款是非常重要的。

---

① 本案例内容改编自斯坦福商学院案例。

在这一条款的约束下，创业者必须努力工作，让公司快速增值，并且尽力避免清算事件的发生，最终以一个较高的估值实现退出。因为如果发生破产或低价出售公司等清算事件，那么，由于风险投资家拥有双倍的财产分配权，他们会拿走公司清算时的所有资产，而创业者可能什么也得不到。因此，这个条款将对创业者产生一种约束机制，可以防止创业企业在早期阶段以一个较低的价格出售。其次，JavaSoft 公司的两个创使人对投资条款清单中的优先购买权/优先拒绝权提出了异议，因为这一条款允许德雷珀公司在创业企业下一轮次的融资中"购买全部或者任何数量的企业股权"，这将有可能使德雷珀公司最终获得对创业企业的控制权，而两位创始人希望能够维持自己对JavaSoft公司的控制权。另外，这份投资条款清单中的其他一些内容也让创始人感到不安，他们担心这些内容可能会在未来对他们造成不利影响。该投资条款清单的内容如表14-9所示。

表14-9 A系列优先股投资条款清单

1	投资者及投资额	Draper Fisher Associates 第三期基金	$281 700
		Draper Fisher Partners有限责任公司	$18 300
		雷克斯·史密斯(Rex Smith)公司	$15 000
		投资总额	$315 000
2	证券类型	A系列优先股	
3	每股价格	$0.1606(A系列优先股原始购买价格)	
4	资本表	融资前企业发行的股本为10 490 272股的完全稀释普通股，其中	
		Sabeer Bhatia	4 000 000
		Jack Smith	4 000 000
		保留的员工股票池	2 490 272
		总股本	10 490 272
		本轮融资发行1 961 090股A系列优先股，其中	
		Draper Fisher Associates第三期基金	1 753 774
		Draper Fisher Partners有限责任公司	113 930
		雷克斯·史密斯(Rex Smith)公司	93 386
		新发行的股本总数	1 961 090
		发行后企业的股本总数	12 451 362
5	行权计划	除了董事会决定的以外，所有全职员工所持有的普通股应在第一年的年末兑现25%，此后，在IPO之前所授予的股票按照每个月兑现1/36的速度行权	
		Sabeer Bhatia 和Jack Smith是公司的创始人。创始人股是指由创始人所持有的普通股	
		如果创始人离开公司或者选择不再作为公司的全职员工，公司将有权回购一部分创始人所持有的股票。回购计划为：在本轮融资完成后回购75%，此后按照每个月1/36的速度继续回购。在36个月之后，公司无权进行回购。如果公司完成IPO上市，那么公司也将随之失去该项回购权。在回购这些股份的时候，公司按照每股0.005美元的价格回购	
6	补偿	在公司被并购、出售或者完成IPO之前，如果没有董事会的同意，任何员工所收到的年度补贴都不应该超过65 000美元(除非这些佣金是按公司制订的奖励计划提取的)。任何以及全部在本轮融资之前应该支付给创始人的补偿金不受本条款的限制	

(续表)

7	分红	只要收入是合法取得的，并且经过董事会的同意，优先股持有者有权在普通股持有者分红之前按照8%的比例每年获得公司的分红。采取非累计的方式进行分红
8	清算优先权	在公司发生任何清算事件时，优先股持有者有权在普通股持有者之前获得与其原始投入加上累计应分配而未分配的红利相等的公司剩余资产作为补偿
		在已经支付A系列优先股持有者的原始投入之后，A系列优先股依然享有参与公司剩余资产分配的权力，公司的剩余资产将依照平等的方式在所有股东之间按比例进行分配。
		当发生并购、收购或者出售公司的大部分资产，以至于公司股东不再拥有对存续公司的多数所有权的时候，将被视为等同于清算事件
9	转换权	优先股持有者有权选择在任何时间将自己持有的优先股按照1:1的转换价格转换为公司的普通股。转换价格应该根据下面所描述的反稀释措施进行调整。
		自动转换条款：在公司估值不低于3000万美元，并且在扣除承销回扣与注册费用之前发行的股本金额不少于600万美元的情况下，所有的优先股将在公司的普通股的承销发行结束时按照所进行的公开发行时的每股价格(在扣除承销佣金和费用之前)自动转换为公司的普通股
10	反稀释条款	在股票分割、以额外股份形式派发股息、股票合并和增减资本等情况下采用按比例的反稀释保护，当公司以低于原定的转换价格发行额外的普通股或者与普通股等价的证券(并非专门为员工保留的股票份额)时，优先股的转换价格将采用"加权平均法"根据反稀释保护措施进行调整
11	投票权	优先股的持有者拥有等同于已经将其所持有的优先股转换为普通股的条件下的表决权
12	登记权	(1)要求登记的权利。如果持有至少20%的优先股(或者是将持有的优先股转换为已经发行的普通股，或者是这种普通股与优先股的组合)的投资者要求公司对其所持有的至少20%的股份(或者任何虽然低于这一百分比，但在发行时预计的总收入超过200万美元)进行申请上市的备案登记，那么公司应该尽最大努力来让这些股份获得登记。假设公司在早于1998年7月15日之前，或者公司首次公开发行股票之后的1年之内并没有义务去进行这种登记。根据这一要求登记的权利条款，公司并没有义务去进行两次以上的登记。
		(2)共同登记。在公司登记或者在后续轮次融资中进入的任一投资者要求对其所持有的证券进行登记时，投资者有权要求进行共同登记。但是，本权利条款不适用于在公司及其承销商根据股票市场的行情要求各股东按比例减少需要登记的股票数量的情况。未经持有50%以上的A系列优先股(或者是已经将A系列优先股转换为普通股或普通股与优先股的组合)的股东的同意，公司不能授予其他任何股东比A系列优先股更加优越的共同登记权。
		(3)S-3登记权。当登记的股票发行超过50万美元时，投资者有权要求公司进行不限制数量的S-3表格(如果公司可以获得)的登记，前提是在优先股股东的要求下公司每年进行的S-3表格的登记不超过两次。
		(4)费用。公司应该承担所有要求登记、共同登记以及S-3登记的费用(这些费用不包括出售股票的股东发生的承销的折扣和佣金以及特别的律师费用)。当由于要求登记而发生的专项审计费用超过15 000美元时，这项费用应该由出售股票的股东按比例承担
		(5)转换权。当公司发出书面通知时，登记权可以被转换，需注意：这一转换与证券的出让方的转换同时进行；需要超过10万股的股票转换；转给那些同意通过单一的代表采取行动的有选举权的合伙人或者股东。
		(6)其他条款。与合理的登记权有关的其他条款应该包含在购买协议中，这些条款包括交叉补偿条款、申请上市登记的有效时间期限、承销协议以及公司最多延迟90天(S-3登记最多为60天)要求登记的能力

(续表)

13	董事会	董事会由3名董事组成,其中1名董事由Draper Fisher Associates第三期基金选派,并由斯蒂夫·贾维森担任。Draper Fisher Associates的其他合伙人拥有担任董事会观察员的权利。公司原来的董事包括沙比尔·巴蒂亚、杰克·史密斯、雷克斯·史密斯、斯蒂夫·贾维森和1名由所有董事会成员以一致同意方式选举产生的独立董事
14	优先购买权	在公司向任何人或者实体(不包括战略投资者、员工股票期权、设备融资、发行股票收购其他公司、在承销发行中向公众发行的股票或者其他意外情况下)发行任何数量的股份时,优先股持有者有权优先购买一部分或所有的这些股票。 当公司准备发行任何数量的股票时,公司有义务事先通知所有的优先股股东。 如果优先股股东的相关机构在收到公司将要发行证券的通知后的第15天内没有做出回应,或者是拒绝购买全部证券,那么优先股股东未购买的剩余部分的证券将在120天内以不低于公司现有股东的持股条件向第三方出售。这一优先购买权将在公司股票公开上市发行后失效。 另外,如果根据公司董事会的决策授予后来通过购买公司股票进入公司的其他股东拥有比本次交易中进入的优先股股东更优越的拒绝权和登记权,那么公司将授予本次交易进入的优先股股东同等的权利
15	共售权	公司、A系列优先股持有者和创始人受到共同出售股票的协议的约束,即如果任何一个创始人提出将他所持有的股票的全部或者一部分出售给第三方,那么A系列优先股的持有者有权与创始者一起按比例出售自己所持有的股权,或者基于同样的条件行使第一拒绝权。这一协议将于2000年7月31日之前或者是在首次公开发行时失效
16	限制性条款	只要公司有发行在外的优先股,在未经持有半数以上的优先股的股东投票或书面同意的情况下,公司不得新发行任何在分红权、赎回权或清算优先权方面比A系列优先股的优先级别更高的股权证券。而且在未经半数以上的优先股股东同意的情况下,公司不能进行将导致任何优先股股东的优先权和特权发生改变和变化的公司章程或其他法律文件的修改。 公司进行以下的经营活动需要事先获得半数以上的优先股股东的书面同意:①任何并购、公司合并或与其他公司的重组;②任何将会导致50%以上的公司投票权发生转移或者导致全部或大部分的公司资产被出售的交易或一系列交易
17	专有信息与保密协议	公司的每一位管理人员、董事和雇员都应该遵守对公司和投资者来说可以合理接受的专有信息和保密协议。每一个创始人和其他关键技术人员都应该签署一个公司和投资者可以接受的保密协议
18	购买协议	本投资是依据公司和投资者都能接受的合理的股权认购协议做出的,这一协议应包括适当的表述并确保公司的专利、诉讼、前雇员、外部活动、签订协议能够符合这里所设定的条款以及适当的交割条件,包括对公司法律顾问的选择
19	律师费与法律费用	公司应该向律师和法律顾问支付不超过5000美元并且对投资者和公司来说是合理的费用

上述投资条款清单的摘要是下述各方在真诚合作的基础上所达成的协议。在接受本投资条款清单以后,公司从签署本协议之日起21天的时间内将不再寻求、考虑或者接受其他的融资或者出售公司的提议。如果未被采纳,本投资条款清单将于2月14日(星期三)上午九点失效。

Draper Fisher Associates 三期基金　　　　JavaSoft公司

蒂姆·德雷珀(签字)_____   沙比尔·巴蒂亚(签字)_____

斯蒂夫·贾维森(签字)_____   杰克·史密斯(签字)_____

日期：_____   日期：_____

本章小结

交易结构设计的一个重要作用是对风险投资家和创业企业管理层的利益关系进行调节，以实现风险投资家与企业管理层之间的激励相容，从而最大限度地减少道德风险。风险投资交易结构设计的基本原则是兼顾双方的需求和利益，并努力使双方都对融资方案感到满意。

风险投资交易结构设计的内容包括三个方面：一是财务结构设计；二是确立公司治理机制；三是退出安排。财务结构设计的内容包括对企业进行估值，确定风险投资基金购买企业股权的价格和份额并设计财务条款。重要的财务条款包括清算优先权、选择转换权、反稀释保护、继续参与权、优先购买权和股利。本章重点分析了这些财务条款发挥作用的原理，例如，本章介绍了两种形式的反稀释条款的运作原理。在采用优先股投资时，风险投资家通常会获得反稀释保护。这种保护性条款将使股权持有者获得一个在企业进行下行融资时调整转换价格的机会。从理论上来说，这种保护性措施可让风险投资家在下行融资时获得额外的股份作为补偿。公司治理机制的内容包括控制权分配、激励机制、约束机制和监督机制等。通过对被投资企业控制权的分配可以确立公司的治理结构。在与创业者进行谈判时，风险投资家通常会要求获得一些特定的控制权，例如，获得企业董事会的席位和特殊投票权。这些权利都是通过为风险投资基金持有优先股附加特殊的控制权来实现的。它们可以确保风险投资家能够参与创业企业的经营管理，并对创业的经营活动施加重要的影响。建立有效的激励机制可以减少委托代理问题。在交易结构设计中，可以通过实施员工股票期权计划，建立对企业管理层和员工的激励机制，鼓励他们为企业的发展和价值的最大化努力工作。

投资条款清单是一个说明有关投资的财务、法律和其他事宜的商业文件。作为一个框架型的协议，它的作用是将风险投资协议的交易结构固定下来。在美国，风险投资家一般采用优先股进行投资，由于这种优先股投资会附加许多复杂的限制性条款，这些条款主要涉及反稀释保护、清算优先权和特殊投票权等，风险投资家可能需要与创业者进行大量的谈判以就这些投资条款达成一致。本章分析了风险投资家与创业者的目标，描述了他们在谈判中各自所关注的重点以及双方共同关注的问题。

思 考 题

1. 什么是交易结构设计？它的作用有哪些？

2. 简述风险投资交易结构设计的原则。

3. 交易结构设计的主要内容有哪些？

4. 重要的财务条款主要有哪些？

5. 简述估值调整机制的作用。

6. 结合实例，说明完全棘轮条款发生作用的机制。

7. 简述加权平均条款发生作用的机制。

8. 简述控制权分配的主要内容。

9. 为什么风险投资家需要获得创业企业的董事会席位？它是如何实现的？

10. 风险投资家要求获得一票否决权的原因是什么？

11. 简述公司治理机制中的激励机制和约束机制的主要内容。

12. 简述退出安排的主要内容。

13. 简述投资条款清单的作用。

14. 在投资条款清单谈判中，风险投资家和创业者各自关注的重点有哪些？双方的共同关注点有哪些？

| 第 15 章 |

投资后管理

学习
目标

1. 了解投资后管理的主要内容。

2. 理解投资后管理的重要作用。

3. 了解监控管理的4项内容。

4. 了解风险投资家在投资后收集企业信息

的重要性和主要方式。

5. 了解风险投资基金为创业企业提供增值
服务的5项内容。

15.1 投资后管理概述

投资后管理是指风险投资家在投资后通过对被投资企业的监控管理，并为其提供增值服务，以减少投资风险，促进企业快速成长和价值提升的过程。投资后管理是风险投资区别于传统金融中介的一个重要标志。一般来说，传统的金融中介在投资后并不会参与被投资企业的经营管理，与之不同，风险投资家在投资后会积极参与被投资企业的经营管理，并为其提供重要的商业资源和增值服务。

风险投资家通过投资后管理来确保其投资目标和预期的投资收益的实现。风险投资家进行投资后管理的任务归纳起来主要有两个：一是通过监控被投资企业和参与企业经营管理来减少信息不对称，防范企业家的道德风险，以保护投资者的利益；二是通过为创业企业提供增值服务和商业资源，以弥补其在经验和资源上的欠缺，减少其发展过程中的不确定性，并促进其快速发展和增值。

公司章程和投资协议是风险投资家对被投资企业进行投资后管理的依据。在公司章程中，将会对被投资企业的董事会席位和董事会成员的来源做出规定。在投资后，风险投资基金将依据投资协议安排委派一名或多名风险投资家作为自己的代表担任被投资企业的董事会成员，参与被投资企业的经营决策并行使表决权，从而对被投资企业的经营管理施加重要的影响。

除了对被投资企业进行监控管理以外，风险投资家还会通过自己担任企业董事会成员来为企业提供必要的增值服务。例如，通过定期出席董事会，他们可以与企业的创始人和管理层保持密切的接触，从而可以向他们不断灌输商业运作和经营管理方面的知识，并指导他们经营管理企业。

15.1.1 投资后管理的两种模式

企业的发展状况和所处的发展阶段不同，则风险投资基金介入被投资企业管理的程度也会存在较大差异。研究表明，影响风险投资基金介入被投资企业管理的程度的因素主要有企业所处的发展阶段、投资规模、风险投资家自身的经验与技能、被投资企业管理团队的经验、企业的发展状况等。一般来说，如果被投资企业的发展状况良好，风险投资家就会较少地介入其管理，反之则会更多地介入其管理。如果企业所处的阶段偏早期，则风险投资家会更多地介入企业的管理，并随着企业的发展成熟，逐渐减少对企业管理的介入。根据风险投资家介入被投资企业的管理的程度不同，可以将投资后管理的模式大致分为两种类型，即参与管理和放任管理。

❶ 参与管理

大多数投资早期阶段企业的风险投资基金都会采取参与管理(Hand-on)的模式来管理被投资企业。采取这种管理模式的风险投资基金通常都会要求获得被投资企业董事会的席位和投票权。在投资后，风险投资基金将派出自己的代表出任企业董事会的成员，定期出席企业的董事会并参与企业的重大经营决策，从而能够对企业的经营管理活动施加重要的影响。除此之外，风险投资家还会利用自己作为企业董事会成员的身份为被投资企业提供增值服务，包括协助和指导创业者制定企业发展战略、帮助招募管理人员和专业人才、介绍商业合作伙伴、策划后续融资方案以及安排企业退出等。

❷ 放任管理

一些风险投资基金，尤其是投资后期阶段企业的风险投资基金可能更倾向于对被投资企业采取放任管理(Hand-off)的模式。它们一般不要求获得被投资企业的董事会席位，也不参与企业的经营管理决策。因此，被投资企业的管理层将在运作和管理企业方面拥有更多的灵活性，包括拥有在选择企业发展方向和经营决策方面的自主权。

15.1.2 投资后管理的作用

风险投资家对被投资企业进行的投资后管理对企业的发展和成功具有非常重要的作用，具体体现在以下几个方面。

❶ 减少委托代理问题

虽然可以通过投资契约从内部来对企业家的行为进行约束，但由于契约本身可能存在缺陷和不完备性，因此并不能完全防范创业者的机会主义行为。投资后管理可以弥补契约监管可能存在的不足，加强对创业者的约束和监管，从而减少委托代理问题。

❷ 减少不确定性

风险投资的投资对象主要是处于早期阶段的创业企业，这种类型的企业存在多方面的不确定性，其中最大的不确定性是管理的不确定性，这主要是由于创业企业的创始人缺少商业运作方面的经验所导致的。例如，一些企业创始人是初次创业，他们可能缺少企业运作的实践经验；还有一些高科技企业的创始人是技术专家，他们可能缺少商业知识和经验。由于缺少相关的知识和经验，这些创始人经常会选择错误的发展战略，或者在经营方向上犯错误，从而导致企业的失败。与这些缺少经验的创始人比较，风险投资家大多具有较丰富的行业背景和商业知识。在投资后，他们可以利用自己所拥有的知识和经验为创业者提供指导和建议，帮助他们提高经营管理水平，从而降低创业企业发展中的不确定性。

❸ 降低信息不对称

投资后管理的一个重要作用是降低风险投资运作中的信息不对称。在投资后，风险投资家将通过定期审查经过会计师事务所审计的企业财务报表、与企业进行日常联络和沟通等多种方式来收集被投资企业经营方面的信息，以便及时了解企业的经营和发展状况，从而降低与创业者之间的信息不对称程度。

❹ 监控企业发展

风险投资家可以通过出席创业企业的董事会和行使表决权来对创业企业的经营和发展施加重要的影响，并确保创业企业按照预先设定的方向发展。

❺ 保护投资者利益

虽然在A轮投资后风险投资家一般只持有不到50%的企业股份，但是，他们可以利用自己所掌握的特殊投票权来否决那些对自己不利的经营提案，从而保护自己的利益不会受到大股东所采取的机会主义行为的损害。

❻ 促进企业的快速成长

风险投资家一般拥有丰富的专业知识和经验，并建立了广泛的社会网络。在投资后，他们可以利用这些资源为被投资企业提供重要的增值服务，包括为企业家提供指导和建议，帮助企业招募人才，为企业介绍重要的客户和供应商等，以帮助企业更好地成长和增值。Hellmann(2000)在研究中发现，风险投资家在投资后为创业企业提供的增值服务与企业经营绩效的提高之间存在相关性，并有助于创业企业的绩效表现的提升。

❼ 帮助企业度过危机

在企业发展不顺利或者出现经营危机的情况下，风险投资家可以根据投资协议中的有关条款对企业的管理层进行更换，并推荐自己的人出任企业的CEO，对企业进行改革和重组，从而帮助企业重新走上健康发展的轨道。

15.2 监控管理

监控管理是指风险投资家在投资后对被投资企业进行监督、控制和对企业的经营施加影响的过程。这是一种由投资协议所确定的，风险投资家参与管理被投资企业的方式。通过这种监控管理可以减少风险投资家与创业者之间的信息不对称度，确保被投资企业按照预先设定的方向发展，避免创业者采取机会主义行为，从而更好地保护投资者的利益。如图15-1所示，风险投资家进行投资后管理的内容主要包括信息收集、监控、参与经营决策、二次筛选和危机管理5个方面。

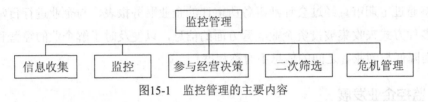

图15-1　监控管理的主要内容

15.2.1　信息收集

信息收集是投资后管理的一项重要内容，它是指风险投资家在投资后通过审查企业定期提交的财务报告、实地考察、与企业进行日常联络和沟通等方式来获取有关被投资企业经营和发展状况的信息，减少信息不对称的过程。

❶ 信息收集的重要性

(1) 有利于实施监控。及时并全面地获取有关被投资企业的经营发展信息是对被投资企业实施有效监控的一个重要前提。通过收集企业日常活动中的各种信息，风险投资家可以了解被投资企业的经营和财务状况，减少信息不对称，并及时发现企业运作中出现的各种问题和潜在的风险，从而能够及时采取相应的措施来避免经营危机的发生，并确保被投资企业的健康发展。

(2) 防范道德风险。在风险投资家与创业者之间存在的信息不对称为创业者采取机会主义行为提供了空间，他们有可能利用自己所拥有的信息优势做出损害风险投资家的利益的行为，从而引发道德风险。通过信息收集活动，风险投资家可以及时获取被投资企业经营活动的信息，减少与创业者之间的信息不对称，从而有利于加强对创业者的监控，防范道德风险的发生。

❷ 收集信息的方式

风险投资家一般可以通过下面这些渠道来获取有关企业经营活动的信息。

(1) 出席企业董事会。作为被投资企业董事会的成员，风险投资家可以通过出席董事会的方式来获取有关企业经营活动的信息，具体包括企业重大经营决策和经营计划的制订、重大人事变动、财务状况、资金使用以及经营绩效等方面。

(2) 参加经营工作会议。除了出席企业的董事会以外，风险投资家还可以通过参加企业内部的经营工作会议来了解企业的日常经营状况和动态。

(3) 审查财务报表。在风险投资基金与企业签订的投资协议中一般会包含一个知情权条款。根据知情权条款,企业需要定期(如每月或者每季度)向风险投资家提交企业经营报告和财务报表。这样,风险投资家就可以通过定期审阅这些经营报告和财务报表来了解企业的经营和财务状况。另外,风险投资家作为企业董事会成员还有权随时查阅企业的财务报表,从而可以更容易地了解企业的真实财务状况,减少信息不对称。

(4) 日常联络与沟通。在投资后,风险投资家一般会与企业创始人和管理层建立密切的合作关系,并通过定期沟通与交流来获得有关企业经营状况的重要信息。风险投资家与创业者的日常联络与沟通方式包括:通过电话与创业者联络,定期与创业者会晤,对被投资企业进行实地考察和走访等。事实上,每个风险投资家都会采取一套符合自己特点的方式来与被投资企业保持接触。例如,有一些风险投资家会选择每周都与企业创始人通电话,而另外一些风险投资家则会不定期地对企业进行走访。通常情况下,风险投资家对企业经营活动的了解程度在很大程度上取决于他们与企业家之间的关系的密切程度。

15.2.2 监控

投资后管理的一项重要内容是对创业企业的经营和发展状况进行监控。

❶ 对财务状况进行监控

在投资后,被投资企业将定期向风险投资家提交经过注册会计师审计的企业财务报表,风险投资家可以通过审查这些财务报表来了解被投资企业的财务状况。如果风险投资家发现企业可能存在发生财务危机的风险,例如,企业烧钱的速度过快,或者企业的资金即将耗尽等,他们就会及时采取措施,例如,要求被投资企业节省开支或者削减人员等来避免危机的发生。

❷ 对企业发展状况进行监控

在投资前,风险投资家一般会要求被投资企业制订一份企业未来经营发展的计划并明确在融资后需要实现的阶段目标。在投资后,风险投资家将参考这一经营计划来对被投资企业的经营和发展状况进行监控。风险投资家还将会密切关注被投资企业的经营发展状况,了解被投资企业实现阶段目标的情况,并将其与企业经营计划中要求实现的阶段目标进行比较,以判断被投资企业的实际发展与计划之间是否存在较大的偏差。如果发现被投资企业未按照预期的时间节点实现阶段目标,或者与计划存在较大偏差,例如,用户数量的增长不及预期,那么风险投资家就可能要求创业者进行必要的整改,包括削减费用,以使企业尽快实现收支平衡。如果被投资企业多次未能按预期实现阶段目标，那么风险投资家就可能终止对企业的后续投资。

15.2.3 参与经营决策

风险投资家可以通过出席被投资企业的董事会的方式来影响企业的经营决策，并对企业的经营活动和发展方向施加影响。在投资后，风险投资基金通常会派出一名自己投资管理团队的成员，通常是负责该投资项目的风险投资家作为代表参加企业的董事会。这位风险投资家可能曾经参加过对企业的尽职调查，并对被投资企业的业务领域和运营情况具有相当的了解。他可通过出席被投资企业的董事会来收集有关被投资企业的经营和发展状况的信息，还可以通过自己所拥有的投票权来影响企业的经营决策，从而确保创业企业按照预定的方向发展。

❶ 出席董事会

在投资后，风险投资家通常会定期(每月或者每个季度)出席一次创业企业的董事会。作为创业企业董事会的成员，风险投资家拥有的权利包括：

- 审核和评价企业的财务状况和业绩表现。
- 定期参加企业的经营管理会议。
- 对企业管理团队进行审查和考核。
- 审核企业的薪酬制度。
- 对企业的重大经营和交易事项，如收购或出售公司资产等进行审查。
- 协助企业选择会计师事务所、律师事务所和投资银行等中介机构。

❷ 行使特殊表决权

风险投资家可以通过行使自己在被投资企业董事会的投票权来对企业的经营活动施加重要影响。风险投资基金一般拥有对企业重大经营决策事项的一票否决权，当企业管理层提出对投资者不利的经营提案时，风险投资家就可以利用自己的一票否决权来否决这些提案，以保护自己的利益不受侵害。

15.2.4 二次筛选

二次筛选是指风险投资家在投资后定期对风险投资基金的投资组合中的企业发展前景进行评估，并将那些发展良好并拥有巨大发展潜力的企业挑选出来追加投资的过程。由于创业企业具有很高的不确定性，即使经过严格的筛选和尽职调查，在风险投资基金的投资组合中依然会有一些企业无法实现预期的发展目标。同时，风险投资基金的资源也是有限的，而这些有限的资源应该被投资于那些最有发展潜力的企业。因为上述原因，风险投资家需要定期对基金投资组合中的项目进行筛选，及时放弃那些没有发展前景的项目，并将节省下来的资源用于支持那些最有可能获得成功的项目，以进一步扩大它们的优势。只有这样，才能实现基金投资收益的最大化。

在对创业企业进行初次投资后，风险投资家将作为企业董事会的成员出席被投资企业的董事会，跟踪被投资企业的经营发展状况。同时，他们还会通过多种渠道收集被投资企业的产品开发、用户以及销售收入增长等方面的信息。在此基础上，他们将定期对企业的发展前景进行评估，将那些没有发展前景的项目淘汰，并将那些发展良好并拥有成功潜力的项目挑选出来进行追加投资。

15.2.5　危机管理

危机管理是指风险投资家在企业经营出现危机的情况下为其提供管理支持的过程。风险投资家对企业管理的介入程度会受企业经营状况的影响。在一般情况下，风险投资家不会深度介入企业的日常经营管理活动，尤其是当企业的经营和发展顺利的时候，他们更有可能采取放任管理的模式。但是，当被投资企业的经营出现严重问题或陷入经营困境时，风险投资家对于被投资企业的管理方式就可能发生变化。这时候，他们可能会积极介入企业的经营管理，协助企业解决所面临的各种问题，帮助企业度过经营危机，这称为危机管理。

在采取危机管理模式时，风险投资家往往会更加积极地介入被投资企业的经营管理活动，并动用自己在企业董事会所掌握的权力，解雇或者撤换那些不称职的管理人员，迫使企业创始人离开企业，甚至全面接管被投资企业，以达到改善企业经营状况和提升企业经营业绩的目的。

风险投资家对创业企业进行危机管理的常见做法主要有三种。

❶ 更换企业管理层

创业企业的董事会成员在理论上是由普通股股东以选举方式产生的，董事会的组成也应该与公司股东所持股份比例保持一致。但是，在风险投资支持的企业中，董事会席位是由投资协议中的董事会席位分配条款所规定的。在这种情况下，董事会席位的分配就可能会与股东的持股比例不一致。一般来说，在A轮融资之后，大多数风险投资支持的企业的董事会都会有5名成员，其中2名由A轮投资者推选，另外2名由公司推选，还有1名外部董事由公司推选，但需要得到股东的一致同意。在经过多轮融资之后，大多数被投资企业的多数股权和董事会都将由包括风险投资基金在内的外部投资者所集体掌控。因此，风险投资家在投资后通常可以获得被投资企业一半或一半以上的董事会席位。这表明，风险投资家可以通过加入董事会直接参与企业管理，并因此实质控制整个董事会。如果企业面临倒闭风险，风险投资家拥有的表决权还可以使其有机会取代创业者成为首席执行官(CEO)[①]。

此外，风险投资家还可以通过在交易结构方面所做的安排使他们在企业发生经营危机的情况下获得对被投资企业的控制权，从而拥有促使企业做出改变的权力与地位。例如，一家风险投资支持的创业企业的董事会席位分配条款规定，企业的董事会共有5个席位，在实现预期的阶段目标的情况下，风险投资基金拥有2个董事会席位；而在创业企业未按计划实现阶段目标的情况下，风险投资基金将获得第3个董事会席位。这样，这家企业的董事会席位的分配将根据创业企业实现阶段目标的情况发生变化。当创业企业未完成预期的阶段目标时，风险投资基金将获得额外的董事会席位，从而获得被投资企业董事会的多数席位，并拥有更换创业企业管理层的权力。

在投资后，风险投资家会利用自己在被投资企业董事会的席位密切监控被投资企业的经营和发展状况。当发现企业进展与预期计划相差太远时，或者企业发展对管理人员的要求已经超过企业现有管理人员能够胜任的范围时，风险投资家就会要求召开董事会来改选管理层，利用自己手中所掌握的投票权迫使企业现有的CEO离开，并推荐自己的人来担任企业的首席执行官，这样做将会更加有利于企业的健康发展。例如，1987年，红杉资本以250万美元购买了思科公司29%的股份，并成为其第一大股东。虽然思科公司的两位创始人莱昂纳德·博萨科和桑迪·勒纳都是杰出的技术专家，但是，由于他们缺少经营管理公司的经验，不具备带领思科公司快速发展的能力，因此，1990年8月，在唐·瓦伦丁的主持下，思科公司的董事会解雇了两位创始人，并引入职业经理人钱伯斯来担任思科公司新的CEO。作为一位拥有丰富经营管理经验的职业经理人，钱伯斯能够更好地应对公司快速成长中所面临的各种挑战。在他的带领下，思科公司快速成长并在2000年成为全球市值最高的企业。

专栏　康柏的危机处理[②]

洛德·凯尼恩(Rod Canion)毕业于休斯顿大学，获得计算机科学的本科和硕士学位。1982年，由于看好个人电脑行业的发展前景，凯尼恩与另外两位任职于德州仪器公司的高级经理哈理斯(Jim Harris)和梅杜(Bill Murto)决定创建一家专门开发和生产科学家和工程师使用的高性能便携式个人电脑的新企业。在风险投资家本杰明·罗森的支持下，三位创始人创建了康柏电脑公司。凯尼恩成为康柏公司的第一任总裁和首席执行官，而本杰明·罗森则担任康柏公司的董事会主席。

在康柏公司成立后的第一年，即1983年，它所开发和生产的便携式个人电脑的销量就达到53 000台，总收入1.11亿美元。在此后数年，康柏公司快速成长，在全球计算机工业排名中的位次也不断上升。1994年，康柏成为世界上最大的个人计算机(PC)供应商。

---

① 道格拉斯·卡明，等. 私募股权投资[M]. 孙春民，等，译. 北京：中国金融出版社，2016:419.
② 根据网络资料改编。

到了20世纪80年代末，个人电脑行业的竞争态势开始发生变化。随着个人电脑生产制造技术的逐渐成熟，个人电脑的整机和元器件的价格开始大幅下降。在这一背景下，以戴尔为代表的个人电脑组装厂商迅速崛起。这些新型的个人电脑生产厂家不再自行生产元器件，而是采用市场上成熟的元器件产品进行装配，这样做可以大幅缩短个人电脑的生产周期，并降低产品的生产成本，从而使个人电脑售价大幅下降成为可能。在20世纪80年代中期，康柏公司的利润率一直保持在35%左右。但是，在戴尔和AST公司这些新兴的同行企业所开发的低价格个人电脑的挑战下，康柏公司的销售收入和利润率开始不断下滑，并首次出现了亏损。

在个人电脑普及化和低价竞争的市场发展趋势面前，当时作为康柏公司CEO的凯尼恩却不愿转型生产普及型的低价电脑，而是依然坚持其一直以来所奉行的高端路线。到了1990年底，康柏的经营业绩已经大幅下滑。在这种情况下，作为康柏董事长的本·罗森站出来，采取了一系列的措施来扭转康柏所面临的不利局面，以使其摆脱经营困境。他与公司的技术和销售主管一起考察个人电脑和元器件的市场价格情况，研究康柏公司转型生产低价电脑的可行性。1991年，在罗森的主持下，康柏公司的董事会免去了凯尼恩的首席执行官职务，并决定由伊珐·普飞(Eckhard Pfeiffer)出任康柏公司新的首席执行官。普飞曾获得工商管理硕士学位，并担任德州仪器公司市场部的副总裁，他在公司经营管理和市场销售方面拥有丰富的经验。

伊珐·普飞临危受命，接管了公司大权。在他的领导下，康柏公司改组了原来按照功能划分的部门，诸如制造部、工程部、销售部等，重新按照产品类型组建部门，如服务器部、台式电脑部、手提电脑部、网络产品部等。同时，设立了一个专门从事低价个人电脑生产和销售的独立部门，并使其在元器件采购和销售方面拥有很大的自主权。另外，为了降低运作成本，他还大刀阔斧地裁减了2700名雇员(占当时公司全部员工的1/4左右)。在采取了这些危机治理措施之后，康柏从原来专注于生产高价位的高档个人电脑转型进入快速增长的普及型低价个人电脑市场，并采取降价和扩大分销商队伍的策略，力图重新夺回失去的市场份额。

一年之后，由于普及型电脑市场的需求旺盛，康柏公司的销售收入不断上升，从1992年的41亿美元提高到1993年的72亿美元，增长幅度超过70%，终于成功摆脱了经营困境。1998年，康柏的销售额达到了310亿美元，成为当时世界上最大的个人电脑生产商。

虽然风险投资家拥有董事会的控制权，能够更换企业管理层，但这并不意味着他们可以随意更换企业创始人。

一般来说，在创业企业快速发展和面临转型时，某些优秀的创始人的作用是无可替代的，原因是这些创始人要比其他人更加了解创业企业所在领域的技术发展趋势和市场情况。因此，在公司发展状况良好的情况下，风险投资家更倾向于保留创业团队的完整性，并确保创业团队能够独立对企业进行经营和管理，以充分发挥企业创始人和创业团队的作用。实际上，风险投资家只有在迫不得已的情况下才会去更换企业原来的管理层。例如，企业的产品开发遭遇失败，或者可能无法完成预期的发展目标。这时，风险投资家可能会从各方面寻找那些可能导致企业失败的原因，包括人事方面存在的问题。在许多情况下，更换公司的CEO可能是一种最有效的干预方法。汉纳·伯顿在对硅谷企业所做的一项调查中发现，风险投资家在对一家创业企业进行投资后的20个月内任命一名新CEO的可能性大约为10%，这种可能性在40个月内会上升到50%，而在投资后的80个月内撤换CEO的可能性超过80%。Kaplan等(2009)对50个创业公司IPO案例的研究发现，在这些企业中，有大约56%的创始人和75%的企业高管都在企业上市之前离开了原来的创业企业。Hellmann和Puri于1999年对170多家硅谷高科技企业所进行的一项研究发现，有半数以上的企业创始人在风险投资进入6年以后已不再担任企业的首席执行官。

当企业原来的创始人和高级管理人员在某个企业经营危机中被解雇时，风险投资家往往会通过自己的人脉关系从外部寻找更称职的职业经理人来担任创业企业的CEO。在思科的案例中，红杉资本的合伙人唐·瓦伦丁就用一个高素质的职业经理人钱伯斯替代思科公司原来的创始人，因为钱伯斯作为职业经理人比公司原来的创始人更了解如何才能更好地应对迅速增长的市场所带来的对企业和产品的需求。那些被替换下来的CEO经常还会继续留在创业企业中发挥作用，或者担任其他职务。这意味着，风险投资家在用一个更加胜任职位和更有经验的新CEO来替换企业原来的创始人，以促使创业企业获得更快成长的同时，也会设法留住企业原来的CEO并继续让他们在企业中发挥自己所拥有的能力。

❷ 要求回购

风险投资家一般采用优先股或者优先债的形式来进行投资，并在投资协议中约定了在某些特定条件下有权要求被投资企业对风险投资家手中的优先股进行赎回的条款。因此，当被投资企业不能达成预期的发展目标或者不能按照预期进行首次公开发行或者以并购方式退出时，风险投资家就可能要求被投资企业按照原始的购买价格或者原始购买价格的某一个倍数赎回自己所持有的优先股，从而实现投资退出。

❸ 强制清算

根据投资协议中有关条款的规定，在被投资企业出现严重的经营和财务危机时，风险投资家有权要求被投资企业进行清算。虽然进行清算本身意味着投资的失败，但是，由于风险投资家一般以优先股进行投资，在企业发生清算事件的情况下，他们所拥有的优先清算权可以确保他们在企业创始人和其他股东之前从出售企业所获得的收益中获得补偿。因此，进行强制清算往往可以将企业经营失败的风险和损失转嫁给创业者，并将风险投资基金的损失最小化。

15.3　增值服务

创业者缺少管理经验和商业资源是制约创业企业发展的一个重要因素。在投资后，风险投资家将为被投资企业提供管理咨询，帮助创业者解决所面临的各种经营管理问题，以弥补他们在管理经验上的不足。同时，风险投资家还将为被投资企业提供网络支持，例如，帮助招募有才华的管理人员，帮助介绍客户和商业合作伙伴等，以弥补企业在商业资源方面的劣势，从而促进其快速发展和增值。

增值服务是指风险投资家在投资后为被投资企业提供的一系列服务。如图15-2所示，这些增值服务的内容主要包括管理咨询、人力资源支持、提供网络资源、安排后续融资和设计退出方案5个方面。

图15-2　风险投资家提供的增值服务的内容

为企业提供增值服务往往并不在投资协议所规定的范围中，这些增值服务主要是基于风险投资家与创业者之间所建立的合作关系来提供的。风险投资家为被投资企业提供增值服务的频次如图15-3所示。

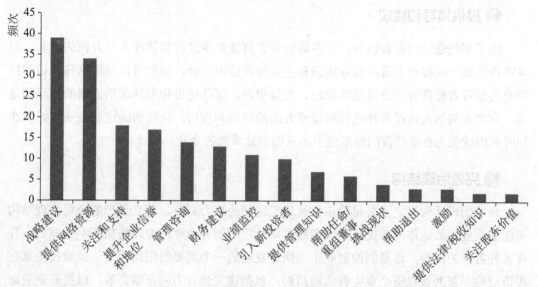

图15-3　风险投资家提供的增值服务的频次

15.3.1 管理咨询

创业企业在公司治理和经营管理方面可能存在各种问题和缺陷。例如，一些企业的治理结构不合理，另外一些企业的财务管理制度不健全。如果这些问题和缺陷不能及时得到纠正，势必会制约和阻碍企业的发展。风险投资家可以利用自己的知识和经验来为被投资企业提供管理咨询，包括策划并完善公司治理结构和财务管理制度的方案，协助其建立和完善激励机制，以及提供企业经营和管理方面的建议和指导等，并与创业者一起找出解决他们所面临的各种经营管理难题的方法，以促进创业企业更好地发挥成长和增值的潜力。风险投资家为企业提供管理咨询的内容包括协助企业制定发展战略、提供指导和建议、完善治理结构、完善经营管理流程、完善财务管理制度、建立激励机制和提供信息咨询7个方面。

❶ 协助企业制定发展战略

正确的发展战略可以帮助企业获取竞争优势，促进企业的快速发展。但是，由于创业企业的创始人和管理层一般缺乏相关的知识和经验，因此，他们在为自己的企业制定正确的发展战略方面可能面临很大的挑战。风险投资家在帮助创业企业制定正确的发展战略方面可以发挥重要的作用。由于风险投资家一般拥有丰富的企业经营管理知识和运作经验，他们可以根据企业所处的发展阶段和发展状况，协助企业制定正确的发展战略，从而帮助企业更好地抓住市场机会，获取领先优势。例如，在华平资本对BEA公司投资后，华平资本的合伙人Bill Janeway指导BEA公司的创始人制定了合适的企业发展战略，从而帮助BEA公司走上了快速发展的道路。

❷ 提供指导和建议

除了那些连续创业者以外，大多数创业者可能缺少经营和管理企业方面的经验，而风险投资家一般拥有丰富的商业知识和企业经营管理经验，他们可以利用这些知识和经验来为创业者提供有关公司经营管理、人员招聘、团队建设和市场营销方面的指导和建议，向企业创始人传授各种经营和管理方面的经验和技巧，从而帮助这些企业创始人在短时间内成长为企业经营的行家里手，从而创建成功的企业。

❸ 完善治理结构

公司治理结构规定了公司股东与管理层之间的权力划分。建立合理的公司治理结构是创业企业高效运作的前提，但大多数早期阶段的创业企业的治理结构都不太规范，存在各种各样的问题，这是制约创业企业快速发展的一个重要的阻碍因素。风险投资家在投资后将会帮助被投资企业完善治理结构，包括建立强有力的董事会等，以提升企业运作的效率，促进企业的快速发展。

❹ 完善经营管理流程

风险投资家在投资后还会帮助被投资企业完善其经营管理流程。例如,在红杉资本投资之前,思科公司在管理流程上存在很多缺陷。在投资后,红杉资本的合伙人唐·瓦伦丁利用自己所拥有的专业知识和经验帮助思科公司建立了专业化的管理流程。

❺ 完善财务管理制度

许多处于早期阶段的创业企业都缺乏管理和使用大额资金的经验,并且其财务管理制度也不健全。风险投资家一般拥有丰富的财务管理经验。他们在投资后将会帮助被投资企业完善财务管理制度,包括建立规范的会计报告系统,从而提高企业在管理大额资金,尤其是使用风险投资资金方面的效率。

❻ 建立激励机制

许多处于早期阶段的创业企业都缺少高效的激励机制。风险投资家在投资后将帮助这些企业建立和完善激励机制,包括实施股票期权计划和建立合理的绩效考核制度等,从而激励企业员工更加努力地工作,为企业创造更多的价值。

❼ 提供信息咨询

风险投资机构一般拥有行业和市场研究方面的专业人才,可以为创业企业提供技术、市场和行业发展方面的研究报告、专家意见和信息咨询服务,以帮助创业企业做出正确的经营决策。

15.3.2 人力资源支持

风险投资家可以为被投资企业提供人力资源方面的支持,具体包括帮助企业招募管理人员和管理团队成员等,这是风险投资家为企业提供增值服务的一个重要内容。

❶ 帮助企业招募管理人员

风险投资家所提供的增值服务的一个重要内容是帮助企业招募首席执行官。对于那些进入成长和扩张阶段的企业来说,拥有一个运作技巧高超和管理经验丰富的首席执行官是获得成功的关键。在企业进入成长和扩张阶段后,风险投资家一般会花大量的时间来帮助企业招募职业经理人或高级管理人员。例如,KPGB的合伙人约翰·多尔曾经帮助网景公司招募吉姆·巴克思达勒(Jim Barksdale)担任其新CEO。吉姆·巴克思达勒曾经担任McCaw移动通信公司的首席执行官,并在AT&T和McCaw合并后任职于AT&T的无线服务部,是一名经验丰富的职业经理人。在KPGB对网景公司进行投资后,KPGB的合伙人约翰·多尔成功地说服了吉姆·巴克思达勒离开AT&T，出任网景公司的首席执行官。在巴克思达勒的管理下，网景公司快速成长起业。

创业企业CEO的更换和升级在风险投资支持的创业企业中是一个常见的现象。那些高科技创业企业的创始人往往是技术方面的专家，但他们一般缺少经营管理企业方面的经验和技巧。随着企业的发展，尤其是当企业步入快速发展阶段之后，这些企业创始人在经营管理经验和技巧方面所存在的局限性将会变得越来越明显，导致他们不再胜任企业CEO职位。风险投资家往往会在这个时候介入，他们通常会推荐那些从企业外部招募的职业经理人来担任创业企业的CEO，以替换那些不合格的企业创始人。例如，在对思科公司进行投资之后，红杉资本的合伙人唐·瓦伦丁利用自己所掌握的网络资源招募到了一位经验丰富的职业经理人约翰·莫格里奇来担任思科公司的首席执行官，以替换原来的企业创始人。

另外，当企业进入高速成长阶段以后，由于在管理能力和经验方面存在欠缺，一些企业创始人往往会主动要求退下来，并希望由职业经理人来代替自己担任企业的CEO职位。这时候，风险投资家就可以利用自己的人脉关系和网络资源来为被投资企业招募优秀的首席执行官。例如，谷歌的两位创始人佩奇和布林都是技术方面的天才，但是，在成功创办谷歌之后，他们开始意识到自己在管理能力和经验方面存在的欠缺。为了谷歌公司的快速发展，他们希望引入更有经验的职业经理人来代替自己担任谷歌的CEO职位。作为谷歌公司的投资人，KPGB的合伙人约翰克·多尔向佩奇和布林推荐了75位CEO的候选人，但都被两位创始人拒绝了。后来，约翰·多尔了解到布林希望由Novel公司的首席执行官埃里克·施密特(Eric Schmidt)来接替自己担任谷歌的新CEO，于是，多尔就开始去做施密特的工作，包括陪施密特晨跑一个月，最后，他终于说服施密特离开Novel公司，出任谷歌的新CEO。谷歌公司在施密特的管理下获得了快速发展，并在三年后成功进行了首次公开发行，市值超过1 800亿美元。

❷ 帮助企业招募管理团队成员

在投资后，风险投资家可以利用自己的关系和网络资源帮助被投资企业招募管理团队的核心成员，以促进创业企业尽快组建一个完整的管理团队。风险投资机构一般拥有广泛的专业人才网络，他们可以利用这一资源来为创业企业推荐高水平的技术、营销和财务等方面的专业人员，以充实和优化创业企业的管理团队。例如，如果被投资企业的管理团队缺少市场营销方面的经验，那么风险投资家就可以通过自己的专业人才网络招募一名具有丰富营销经验的人才来担任企业的营销主管，从而帮助企业补上这一短板。一些风险投资机构甚至建立了专业的人力资源招募团队来帮助被投资企业招募专业人才。例如，安德森-霍洛维茨风险投资公司(Andreessen Horowitz)就建立了一个拥有11名人力资源专家的人才招募团队，他们的任务是帮助基金投资组合中的企业招聘各种各样的专业人才。

15.3.3 提供网络资源

风险投资家可以利用自己所拥有的网络资源为创业企业提供支持和帮助，包括构建战略联盟、为被投资企业介绍客户和供应商、帮助被投资企业寻找合作伙伴以及引入战略投资者等。

❶ 构建战略联盟

风险投资家提供网络资源的一个主要方式是在风险投资基金的投资组合中的企业之间(包括以前投资的企业和当前投资的企业)构建战略联盟。通过投资组合中的企业之间的合作，可以使它们获得更加广泛的资源，产生协同效应，降低成本，提升竞争优势，从而带来共赢的结果。

一些知名的风险投资机构往往会致力于在其投资组合中的企业之间构建合作伙伴关系，并促成这些企业之间建立战略联盟。例如，著名风险投资机构KPGB的合伙人珀金斯就效仿日本财团的做法，开创了一项名为"经联体"的投资方式。"经联体"是一个日语词汇，它的原意是指那些日本企业集团内部形成的一种紧密的合作关系，以促进企业集团内的供应商和制造商之间以及上下游企业之间的合作，从而产生协同效应。KPGB每年都会为其投资组合中的企业的高层管理人员组织6次聚会，以帮助这些企业建立紧密的协作关系。①

❷ 为被投资企业介绍客户和供应商

创业企业在其成长的过程中往往需要一些关键的商业资源，例如，与重要的供应商和客户建立关系等。风险投资家可以利用自己的人脉关系和声誉来为被投资企业介绍客户和供应商，以帮助其实现快速成长。

❸ 帮助被投资企业寻找合作伙伴

风险投资家可以利用自己所拥有的人脉关系和网络资源帮助被投资企业与其他企业建立战略性合作伙伴关系。例如，为被投资企业介绍技术合作伙伴，共同开发新产品，或者帮助被投资企业进入新的市场领域。例如，在戈壁资本对灵图软件进行投资后，它向灵图软件引荐了IBM和NTT DoCoMo，因为这些著名的公司都是戈壁资本所管理的基金的有限合伙人。后来，在IBM的支持下，灵图软件成功地开发了导航和网络地图搜索程序，并成功中标中国联通的招标项目，获得了向联通公司提供地理信息和软件的机会。

---

① 阿伦·拉奥，皮埃罗·斯加鲁菲.硅谷百年史[M].闫景立，侯爱华，译.北京：人民邮电出版社，2014-96.

❹ 引入战略投资者

风险投资家可以利用自己的网络资源为创业企业引入战略投资者。例如，戈壁资本将灵图软件公司引荐给日本的NTT DoCoMo公司，而NTT DoCoMo作为战略投资者参加了对灵图软件的新一轮投资。

15.3.4　安排后续融资

帮助企业安排后续融资是风险投资家所提供的增值服务中的一项重要内容。据有关研究，风险投资支持的企业在其发展过程中往往需要进行多轮融资，而风险投资家可以在这些企业的后续融资轮次中发挥积极的作用。首先，风险投资家可以通过对被投资企业进行追加投资的方式来满足其后续融资需求。风险投资家一般采取分段投资的方式对企业进行投资。在对创业企业进行首次投资时，他们一般会根据企业的后续融资需求预留一部分资本用于未来对被投资企业的追加投资。其次，除了自身对被投资企业进行追加投资以外，风险投资家还可以利用自己的社交网络和人脉关系为被投资企业引荐新的投资者，或与新投资者进行联合投资。例如，在对灵图软件进行投资后，戈壁资本又引入包括美国橡树投资(Oak Investment Partners)在内的新投资者来参加对灵图公司的后续投资。最后，风险投资家还可以利用自己在融资方面的知识和经验帮助被投资企业设计后续轮次的融资方案，并在融资时机、渠道和规模方面为创业者提供有益的指导和建议。

15.3.5　设计退出方案

当企业发展到相对成熟的阶段以后，它们往往需要通过首次公开发行来筹集更大规模的资金。风险投资家可以利用自己在这方面所拥有的知识和经验帮助被投资企业选择有利的退出时机和合适的退出方式，并帮助企业设计退出方案，确定合适的IPO地点等。另外，风险投资家还可以在企业上市的过程中为其提供重要的支持和帮助。由于风险投资家一般与律师事务所、会计师事务所和投资银行等中介机构建立了长期稳定的合作关系，他们可以帮助企业选择合适的承销商、法律顾问和审计机构，以确保被投资企业顺利地完成首次公开发行。

本章小结

风险投资家在投资后将对被投资企业进行监控，参与其经营管理，并向它们提供增值服务和商业资源。这是风险投资区别于其他私募股权投资的一个重要特征，也是它作为积极投资者的一个主要职责。

风险投资家对创业企业进行投资后管理的作用主要体现在两个方面：一是控制投资风险。通过对被投资企业的持续关注，可以有效降低风险投资家与创业者之间的信息不对称，并防范企业家的机会主义行为，从而有效控制投资风险。二是减少不确定性和增加企业的价值。通过为被投资企业提供管理服务和商业资源，不仅可以减少创业企业发展过程中的不确定性，还可以推动被投资企业的快速成长和资本增值。

投资后管理的内容主要有两个方面：一是对被投资企业进行监控管理；二是为企业提供增值服务和其他必要的商业资源。在投资后，风险投资家作为企业董事会的成员对企业的经营状况进行跟踪和了解，对它们进行有效的监控，参与企业的经营管理决策。

本章重点介绍了风险投资家对被投资企业进行监控管理的主要方式。从信息搜集、监控、参与经营决策直到在被投资企业发生危机的情况下采取的危机管理措施等。通过这些监控管理活动可以有效地降低双方之间存在的信息不对称，防范企业家的道德风险，从而保护投资人的利益。

风险投资家为企业提供的增值服务的内容包括：为被投资企业提供管理咨询，帮助企业招募核心团队成员，介绍商业合作伙伴，担任企业融资顾问以及帮助企业设计退出方案等。通过在这些方面为创业企业提供有效的支持与帮助，可以加快企业的价值创造和资本增值过程。

思 考 题

1. 投资后管理的两种模式是什么？
2. 简述投资后管理的作用。
3. 简述监控管理的主要内容。
4. 简述在投资后管理中收集企业信息的重要性以及主要方式。
5. 风险投资家参与企业经营决策有哪两种方式？
6. 危机管理的方式有哪些？
7. 简述风险投资家为创业企业提供的增值服务的主要内容。

| 第 16 章 |

风险投资的退出

1. 理解风险投资退出的原因和重要性。

2. 了解风险投资的5种退出途径。

3. 了解影响风险投资退出时机选择的因素。

4. 了解影响风险投资退出方式选择的因素。

5. 了解IPO退出方式的利弊。

6. 了解企业通过IPO退出的一般程序。

7. 了解并购方式退出的一般程序。

16.1　风险投资退出概述

16.1.1　风险投资退出的原因

退出事件(Liquidity Event)是指占有私人企业很大股份的股东出售其所持有的企业股份以换取现金或其他企业(通常是规模更大的企业)的股票的交易行为。在风险投资行业，退出是指风险投资基金出售自己所持有的被投资企业的股份并获得现金或其他企业的股票的过程。一般来说，风险投资基金主要通过将其所持有的被投资企业的股权出售给股票交易市场上的公众投资者、大企业(战略投资者)、企业管理层、其他风险投资机构或私募投资机构的方式来实现从被投资企业的退出。风险投资退出的原因主要包括以下几个方面。

❶ 企业发展阶段

风险投资所追求的高额投资收益主要来自企业快速成长所带来的资本增值，因此，风险投资基金只有投资那些拥有巨大成长潜力的企业才能获得丰厚的投资收益。一般来说，当创业企业凭借一种新产品或者新商业模式进入市场并取得初步的成功后，对新产品的市场需求将会快速增长，这些企业将进入扩张期并快速成长。但是，随着行业的普及化和竞争壁垒的降低，模仿者和竞争者将会进入市场，从而使市场竞争变得激烈起来。同时，随着时间的推移，新产品的市场需求也会趋于饱和。这样，在经历一段时间的高速成长之后，企业的发展速度将会放缓并趋于稳定。如图16-1所示，典型的创业企业的发展过程表现为一条S形的增长曲线。

一般来说，风险投资的阶段主要是企业发展的初创期、早期和扩张期。这些阶段是企业发展速度较快的阶段，也是企业资本增值较快的时期。在这三个阶段进行投资，风险投资基金能够获得高额的投资回报。当企业的发展进入稳定成长期之后，企业的成长性和资本增值潜力都将下降，由于不能满足风险投资基金对预期投资收益率的要求，风险投资家就会考虑将资本从这些企业中撤出来，并重新寻找那些处于早期阶段的具有很高成长潜力的企业进行投资。

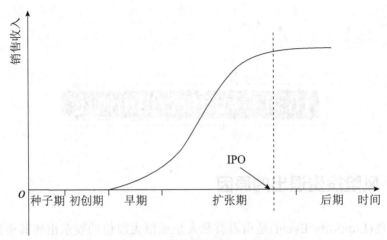

图16-1　创业企业的S形增长曲线

② 获得流动性

通过退出可以使风险资本重新获得流动性。风险投资基金主要通过买进企业股权的方式进入创业企业，但由于这些被投资企业是非上市的创业企业，它们的股权流动性很差。只有通过退出才能使这些企业的股权获得流动性，从而使风险投资家可以在基金的存续期结束时将风险资本及其投资收益归还给投资者。

③ 获取投资收益

风险投资基金获得的投资收益主要包括两个部分：一是从企业获得的股息收入；二是资本增值收益。其中，资本增值收益占了绝大部分，这些资本增值收益主要是通过退出来实现的。风险投资基金通过购买企业股权的方式进入具有很高成长性的创业企业，这些企业的资产会随着企业的快速发展而大量增值。在被投资企业经历快速发展和资本大量增值之后，风险投资基金就会卖出被投资企业的股权以获取资本增值收益。

④ 锁定投资损失

在风险投资基金的投资组合中，只有很少一部分企业能够按照预期的计划获得快速发展，而大部分企业将表现平庸甚至陷入经营困境。当风险投资基金的投资组合中的一些企业由于无法完成预期的阶段目标或者发展前景不尽如人意而不再具有继续持有的价值时，风险投资家就应该对这些企业进行清算，将风险资本从这些企业中撤出，以减少或锁定投资损失。

⑤ 建立声誉

被投资企业的成功退出不仅可以为风险投资机构创造高额的投资回报，而且可以为它们带来巨大的声誉。从历史来看，那些顶级的风险投资机构的声誉主要是通过成功的退出，尤其是首次公开发行这样能够带来高额投资收益的退出建立起来的。这种声誉将使风险投资机构发起和募集新基金的过程变得更加容易。借助这一声誉，风险投资机构就可以募集规模更大的基金，从而获得更多的投资收益分成。

16.1.2 风险投资退出的重要性

对风险投资的运作来说，风险投资的退出具有以下几个方面的重要作用。

❶ 促进风险资本的良性循环

风险投资家可以通过退出将风险资本从成熟的项目中撤出来，并将其归还给投资者。然后，风险投资家就可以从投资者那里募集新的基金，并寻找新的投资机会，将风险资本投入那些处于早期阶段并拥有巨大发展潜力的创业企业，从而实现风险资本的良性循环。

❷ 提供激励

退出机制可以为风险投资家和企业家双方提供激励，鼓励他们为实现企业的发展和资本增值通力合作并创造更多的价值。首先，风险投资的退出是风险投资家获得高额报酬的前提条件。风险投资家所获得的报酬主要来自投资收益分成。投资收益分成的比例为风险投资基金利润的20%。一般来说，风险投资基金的投资收益越高，风险投资家能够获得的报酬也越多，而风险投资基金的高额投资收益主要是通过投资项目的退出来实现的。其次，企业公开上市所带来的高额收益是激励创业者努力工作，为企业创造更多价值的动力。创业企业具有很高的失败率。企业的创始人和员工之所以愿意放弃具有安全感的工作和稳定的收入，冒着巨大风险投身创业活动，一个重要原因就是看到了企业未来上市可能给他们带来的巨大财富。因此，退出为风险投资家与创业者提供了一个共同的奋斗目标，即通过退出来获得高额的财务回报。这个目标将创业者与风险投资家的利益捆绑在一起，从而实现了激励相容，并激励他们为实现这个长远的目标而齐心协力，努力工作。

❸ 吸引风险资本的投入

投资者之所以愿意冒着投资损失的风险将自己拥有的资金交给风险投资家去运作和管理，是因为想要获得高额的投资回报。风险资本的退出机制为风险投资基金获取高额投资回报提供了可能性。如果被投资企业能够完成一个成功的IPO退出，例如，在纳斯达克等股票市场公开上市，风险投资基金通过出售其持有的企业股权往往可以获得几十倍甚至上百倍的资本增值。事实上，每一次成功的IPO退出都会起到很好的示范效应，并对风险资本的提供者产生激励，激励他们将资本源源不断地投入风险投资行业。

❹ **确认基金投资组合的价值**

风险投资基金的投资组合中的企业主要是未上市的创业企业。由于这些企业的股权缺少流动性，因此要对这些企业的价值做出准确的评估存在很大的困难。在企业退出之前，一般都是按照投资成本来计算风险投资基金的投资组合中的企业的价值的。通过企业的退出，尤其是通过首次公开发行方式退出可以使基金投资组合中的企业的股权获得流动性，有助于投资者对这些投资项目的价值做出准确的判断。

❺ **对风险投资家进行甄别**

风险投资的退出机制可以帮助风险投资基金的投资者对基金管理人的质量进行甄别。由于风险投资运作存在高度的不确定性和信息不对称，风险投资基金的投资者很难对基金管理人的投资活动做出准确的判断。通过风险资本的退出可以让投资者对风险投资基金的业绩表现进行评价，并进而对风险投资家的能力和努力程度做出判断。这样，他们就可以根据风险投资家之前所发起和管理的基金的业绩表现来决定是否对其所发起的新基金进行投资，从而有效避免逆向选择。

❻ **推动风险投资行业的发展**

IPO退出所带来的高额投资收益是推动风险投资行业发展的重要力量。大量证据表明，IPO市场的繁荣与风险投资活动的兴旺两者之间存在稳定的联系。在IPO市场繁荣时期，会有更多的退出事件发生，从而为风险投资基金带来高额的投资收益，而这又将吸引投资者向风险投资基金投入更多的资本。从历史来看，每当IPO市场处于繁荣时期，都会有更多的资本进入风险投资领域。例如，在20世纪90年代后期，随着IPO市场的繁荣，大量的互联网创业企业纷纷在纳斯达克股票市场上市，投资这些企业的风险投资基金也获得了高额的投资回报。受到高额投资回报的刺激，投资者向风险投资基金投入了大量的资本，从而增加了风险资本的供给，而这又导致许多新的风险投资基金被创建起来，并募集更多的资本，进而促成了更多的风险投资活动，并促进了风险投资行业的繁荣和发展。

16.1.3 风险投资的退出策略

风险投资的退出策略是指能够为企业所有者和投资者带来利润的退出计划。通常情况下，风险投资支持的企业主要通过首次公开发行(IPO)、并购、二次转让或回购实现退出。

从投资者的角度看，首次公开发行是最理想的退出策略。另外，被战略投资者高价收购也是一个不错的退出策略。但在实践中，大部分的风险投资项目都不能满足公开上市发行的条件，或者吸引战略投资者进行收购。根据美国风险投资协会的统计，1995—

2015年，美国风险投资基金共投资了82 882家企业，其中有2010家，即2.43%的企业通过IPO的方式实现退出，另有7515家，即9.07%的企业通过并购的方式实现退出。在很多情况下，风险投资支持的企业可能会选择以二次转让或回购的方式实现退出。在一些情况下，甚至可能需要对被投资企业进行清算。

❶ 公开上市

公开上市退出是指风险投资基金将自己持有的被投资企业的股份出售给股票市场上的公开投资者从而实现投资退出。公开上市退出又分为两种方式：一是在被投资企业进行IPO时就在股票市场上出售其所持有的全部被投资企业的股份；二是在企业IPO一段时间之后，通过在二级市上分期减持的方式出售其所持有的被投资企业的股份。由于企业的股票在上市后都存在锁定期，因此风险投资基金主要采用第二种方式退出。

根据Salman的研究，公开上市退出可以为风险投资家带来极高的声誉和巨大的投资回报，因此，它是风险投资最理想的退出方式。从历史来看，那些成功的风险投资退出案例，例如，红杉资本对谷歌的投资主要是以公开上市的方式退出的。虽然公开上市退出是风险投资最理想的退出方式，但是，风险投资基金投资组合中的大多数企业最终都无法满足公开上市发行股票的条件。根据有关研究，在所有风险投资项目中，能够发展到较大的规模并通过公开上市的方式实现退出的企业的数量非常少，在美国市场上，只有不到10%的风险投资项目最终能够满足这一要求。

另外，通过IPO退出还具有成本高、准备时间长的缺点，因此，风险投资家并不会将上市作为基金投资组合中的企业唯一的退出渠道。在许多情况下，风险投资家更倾向于让基金投资组合中的企业以并购等更容易实现的方式退出。

❷ 企业并购

风险投资的第二种主要的退出策略是企业并购。企业并购即风险投资基金将其持有的被投资企业的全部或大部分股份出售给另外一家企业。在并购交易中购买被投资企业股权的企业又称为战略投资者，它们往往来自与被并购企业属同一行业的大型企业。这些战略投资者对创业企业进行并购的动机包括获得新技术、进入新市场以及获得协同效应等。

通过并购方式退出的好处是可以让风险投资基金在短期内收回投资，而且，与其他的退出策略比较，战略投资者更倾向于给被并购企业一个较高的估值。因此，大多数的并购退出案例都能够让风险投资基金获得较为理想的投资收益。

需要注意的是，在以并购方式退出时，伴随创业企业所有权的改变，企业的控制权也会全部或部分地转移到战略投资者的手中，从而导致创业者失去对企业的控制权。因此，采取并购方式退出经常会遭到来自企业创始人和管理层的反对。

虽然存在这样一些局限性，但是，并购退出方式仍然是风险投资经常采用的一种退出策略，原因是风险投资基金投资组合中的大多数企业最终都难以满足股票公开上市交易所需要符合的条件。事实上，在美国，很多风险投资支持的企业都是通过被大公司收购的方式实现退出的。

❸ 二次出售

二次出售是指风险投资基金将其所持有的被投资企业的股份出售给另一家投资机构。购买这些股份的一般是其他风险投资基金，或者私募股权投资机构，它们通过购买风险投资基金所持有的创业企业的股权份额的方式进入创业企业。有限合伙制基金都有一定的存续期限。在一些情况下，在基金的存续期快要到期时，基金投资组合中的一些企业仍然无法达到公开上市的要求，也不能吸引战略投资者进行并购。这时，风险投资基金就可通过将其所持有的企业股份出售给其他投资者的方式退出被投资企业。

❹ 股权回购

股权回购是指风险投资基金将所持有的企业股份出售给企业的管理层或其他股东而从企业退出的一种方式。在回购中，企业股权的收购方是企业的创始人或者是企业的管理层。其中，风险投资基金将所持有的企业股份出售给企业的管理团队称为管理层收购(Management Buyout，MBO)。股权回购经常与杠杆收购联系在一起。杠杆收购是指当企业的创始人或管理团队以他们自己的信誉做担保或以目标公司的资产作为抵押从银行或其他信贷机构那里获得融资来收购风险投资家手中所持有的企业股权。

在许多情况下，风险投资基金投资组合中的一些企业在经过一段时间的发展之后，可能已经拥有了稳定的业务和销售收入，却达不到公开上市发行股票的条件，或吸引不到战略投资者进行收购。在这种情况下，风险投资家就会将自己所持有的企业股权出售给企业的管理层和其他股东，以达到从被投资企业退出的目的。

对风险投资家而言，通过回购的方式退出，可在短期内收回资本并获得一定的投资收益。对创业者而言，通过回购企业的股份，可以增强他们自己对企业的控制权甚至完全拥有企业。虽然股权回购退出方式对风险投资家和创业者都具有一定的吸引力，但在很多情况下，企业的管理层或者创始人可能并不拥有从风险投资家手里购回企业的股权所需要的大额资金，也很难从银行等信贷机构那里获得足够多的贷款。这时候，他们往往需要得到并购基金的支持才能够完成股权回购交易。另外，在许多情况下，创始人可能希望风险投资家继续留在企业中并与他们一起分担企业经营风险。出于这种考虑，企业创始人可能并不愿意从风险投资家手中购回企业的股份。

❺ 清算

清算退出是指当被投资企业经营失败或符合投资协议中规定的清算条款的要求时，通过对创业企业进行清算的方式来实现投资的退出。

风险投资基金通常是在被投资企业经营失败或破产时才会通过清算的方式将投资退出该企业。一般来说，采用这种方式退出，风险投资家只能拿回部分投资，甚至损失全部投资，因此，这是风险投资家最不希望采用的一种退出方式。虽然从清算退出中能够获得的收益一般较为有限，但是，当被投资企业出现难以扭转的经营困境时，对其进行清算可以避免投资损失的继续扩大，并收回一部分投资。在一些情况下，风险投资家还能利用他们所掌握的清算优先权收回大部分投资，从而减少投资损失。

清算有两种形式，即自愿清算与破产清算。自愿清算又称为关闭企业，它是在企业经营前景不好，而且通过出售企业可以获得较高的收益时所采取的一种自愿关闭企业的行为。自愿清算一般在企业股东会做出清算决议后进行。破产清算是在企业发生严重的危机或资不抵债时被迫做出的关闭企业的行为。在破产清算时，一般需要由所有债权人与企业共同组成清算组来对企业的财产进行清算，并通过出售企业资产来偿还债务。

16.2 风险投资的退出决策

投资退出的方式和时机将决定投资回报的高低。选择正确的退出方式和合适的退出时间，对于风险投资基金实现高收益具有重要的意义。

一般来说，风险投资家在对投资项目进行初步筛选时就已经开始考虑投资退出的问题。在风险投资家准备投资建议书时，他们已经开始策划和设计具体的投资退出方案。在投资后，风险投资家会时刻关注被投资企业的发展状况，并对之前确定的退出方案进行审查。如果被投资企业发展顺利，风险投资家将会选择适当的时机安排企业按照最初设计的退出方案退出；如果情况发生变化，则需要根据实际情况对原来的退出方案做适当的调整，或者采用新的退出方案实现退出。

16.2.1 退出时机的选择

对风险投资家来说，选择合适的退出时机非常关键。企业的退出估值会随着时间的推移而发生变化。在企业发展成熟之前退出，由于企业能够获得的估值较低，因此风险投资基金所获得的投资收益也较少。但是，如果退出得太晚，由于企业的成长性降低，企业的估值也可能较低。另外，股票市场的情况也可能发生变化，从而影响企业的退出估值。因此，如果选择在不利的时机退出，那么风险投资基金将难以获得理想的投资收益。

一般来说，在对企业进行投资后，风险投资家将会密切关注企业的发展状态和资本市场，尤其是IPO市场的状况，并在综合考虑以下各种因素的情况下选择最佳的退出时机，着手安排被投资企业的退出。

❶ 影响退出时机选择的外部因素

(1) 股市行情。股市行情是影响退出时机选择的一个重要因素。首先,当企业选择以公开上市的方式退出时,需要根据股票市场的状况来选择最佳的退出时机。一般来说,风险投资基金所获得的投资收益与被投资企业退出时的估值存在相关性,而企业的退出估值又会受到股票市场的活跃程度的影响。当股票市场的行情高涨时,投资者更愿意给企业股票一个较高的估值,这时被投资企业发行股票的价格也较高;反之,当股票市场的行情低迷时,企业发行股票的价格也比较低。因此,股市行情会直接影响企业股票的发行价格。其次,当企业选择以并购方式退出时,也需要根据股票市场的状况来选择最佳的退出时机。当被投资企业以并购方式退出时,战略投资者在对企业进行估值时往往会参考股票市场上那些公开上市交易的同类企业的市值,而这些公开上市的企业的市值又取决于其股票的价格,这样,股票市场的行情就会对企业在并购退出时的估值产生影响。总之,风险投资家应尽量引导被投资企业在股票市场行情高涨时退出,以获得较高的退出估值。同时,风险投资家应该让被投资企业避免在股市行情低迷时进行首次公开发行,等待市场行情好转时再上市。

(2) 行业发展状况。在行业发展的巅峰阶段,那些成功的企业往往可以在更短的时间内以更高的估值实现退出,从而为风险投资基金带来更高的投资收益。例如,在互联网兴起的20世纪90年代中期,马克·库班创建了一家通过互联网向用户提供在线广播服务的创业企业Broadcast.com。这家企业在1998年互联网浪潮的高峰期公开上市,从而获得了很高的退出估值,为投资者带来了巨大的商业回报。

❷ 影响退出时机选择的内部因素

(1) 企业发展状况。企业发展状况是影响退出时机选择的一个重要因素。风险投资基金的投资组合中的一些企业在经过一段时间的快速发展后将在资产规模、市场份额以及销售收入和利润等方面取得良好的业绩表现,从而具备了进行首次公开发行的条件。这时,风险投资家就应该引导它们及时通过IPO方式退出以获取高额的投资收益。

(2) 企业融资需求。在企业进入扩张阶段后,随着市场需求的增加,企业可能需要进行较大规模的融资,以建设新的生产线或扩大生产能力来满足市场需求。这时,风险投资基金由于受到最高单笔投资规模的限制已经不能很好地满足这些企业的大规模融资需求。因此,这些企业可能需要通过公开上市来筹集大规模资金。

(3) 企业经营前景。在某些情况下,被投资企业可能会陷入经营困境,或者发展缓慢看不到成功的希望。这时,风险投资家就需要对被投资企业进行清算以锁定投资损失并收回部分投资。

(4) 基金融资需求。为了募集新基金,风险投资家可能需要出售现有基金投资组合中的企业以获得投资收益并提升基金的业绩,从而吸引投资者对新基金进行投资。

(5) 基金封闭期到期。有限合伙制基金的存续期通常为10年加3个1年的延长期。在基金的存续期快要结束时，风险投资家需要将投资从被投资企业中撤出，并将其归还给投资者。

(6) 意见分歧。投资者与企业管理层可能在企业的发展方向和战略上发生分歧，由于双方难以达成一致，投资者可能会选择退出。

16.2.2 退出方式的选择

通过上文的分析，如果企业家和投资者都同意对退出时机的判断，那么他们下一步将需要决定采取哪种方式来实现退出。

对风险投资家来说，理想的退出方式是首次公开发行，但这并不是唯一可行的选择。如果被投资企业的发展状况达不到公开上市的要求，或者上市退出的渠道不畅，那么，风险投资家就可能会引导企业通过并购的方式退出。企业并购退出使风险投资家能够在短期内将投资变现，并获得预期的投资收益率。在有些情况下，通过并购退出甚至能够获得与从公开上市退出相当或更好的投资收益。例如，在互联网行业，被战略投资者收购经常能够为投资者带来高额的投资收益。

❶ 影响退出方式选择的因素

在选择退出方式时，风险投资家和创业者一般会考虑当初在投资条款中对退出机制的安排，同时，他们还会考虑如下这些因素。

(1) 投资回报。采取不同的退出方式会给风险投资基金带来不同的投资收益。一般来说，风险投资家会更加倾向于选择那些能够带来较高投资收益的退出方式。

(2) 经济周期。风险投资退出方式的选择会受到经济周期的影响。如果经济状况良好，风险投资支持的企业更容易通过公开上市或并购的方式退出；而当经济进入衰退的时候，风险投资支持的企业通过公开上市或并购退出的案例则会显著减少。

(3) 行业周期。行业本身的生命周期也会影响风险投资的退出。在行业快速成长阶段，风险投资支持的企业通过IPO和并购退出的案例会显著增加。例如，在20世纪90年代末期，当互联网行业进入高速成长阶段时，互联网企业通过IPO退出的数量也达到了高峰。反之，当行业进入成熟和衰退期时，行业中的企业通过IPO和并购方式退出的案例也会减少。

(4) 资本市场因素。股票市场的状况在很大程度上将决定企业实施IPO的难易程度。一般来说，当股市行情高涨时，IPO市场就会繁荣，风险投资支持的企业更容易通过IPO方式退出；而当股市行情低迷时，IPO退出方案将难以实施。虽然看起来并购退出与股票市场之间并不存在直接的联系，但是，如果股市行情不佳，那么投资者收购企业的意愿也会降低，因此，通过并购方式退出时同样需要考虑股市状况的影响。

(5) 企业发展状况。企业的发展状况和业绩表现是影响退出方式选择的重要因素。一般来说，只有被投资企业在资产规模、销售收入或者利润额方面满足上市条件的情况下，它们才能通过首次公开发行方式退出。例如，一个由顶级投资银行负责承销的首次公开发行(IPO)至少需要发行5000万美元的新股，这要求发行企业的股本规模必须大于2亿美元。如果企业的股本规模低于这个要求，它们将不能通过公开上市的方式退出。风险投资基金组合中的一些企业虽然不能达到公开发行股票的条件，但由于它们拥有大企业所需要的新技术或者市场优势，因此，对战略投资者具有一定的吸引力。对于这些企业，风险投资家可以引导它们通过并购的方式实现退出。另外，如果被投资企业既无法达到公开上市的条件，也不能吸引战略投资者，但经营状况比较稳定，那么，风险投资家就可以考虑引导它们通过二次出售或者管理层回购的方式实现退出。

(6) 行业的影响。企业所处的行业会影响它们对退出方式的选择。一般来说，高科技行业的企业更容易通过IPO的方式实现退出。因此，如果企业身处信息技术或生物科技行业，那么它们选择通过IPO方式退出的机率也会更大。

(7) 利益冲突。企业管理层与风险投资家在选择退出方式的时候经常会发生利益冲突或意见分歧。在很多时候，风险投资家更倾向于通过并购的方式退出，原因是通过这种方式退出可以让他们快速收回投资，并美化基金的业绩，从而有利于他们募集下一只基金。与之不同，由于通过并购的方式退出可能会削弱创业者对企业的控制权，因此，创业者可能会反对以并购方式退出，从而可以继续保留对企业的控制权。

(8) 控制权分配。企业的控制权分配状况也会影响对企业退出方式的选择。根据Cumming对1996—2005年223家欧洲风险投资支持的企业的退出情况的调查，风险投资家对创业企业的控制权越强，那么被投资企业更有可能选择以并购方式退出，而不是以IPO或者清算的方式退出。尤其是当风险投资家拥有董事会控制权和更换创始人的权力时，发生并购退出的概率将上升到30%，而以清算方式退出的概率则降低为30%(原因可能是风险投资家的介入可以提升企业的经营绩效，从而降低企业失败的概率)。当企业创始人对企业拥有更多的控制权，风险投资者经验较少或他们所持有的股份是普通股而不是可转换优先股的时候，被投资企业通过IPO退出的概率将上升12%。

❷ 退出方式的比较

(1) 难易程度。在选择退出方式时，还需要考虑各种退出方式的难易程度。一般来说，IPO退出是各种退出方式中难度最大的。

(2) 成本。一般来说，在各种退出方式中，IPO退出花费的成本和费用最高。在准备IPO的过程中，企业需要向股票承销商、会计师事务所、律师事务所和证券监管机构等多个方面支付费用。根据有关研究，当企业发行股票的筹资额在2500万美元以下时，上市费用大约为筹资额的15%；而当企业发行股票的筹资额小于1000万美元时，上市费用将大于筹资额的15%。与IPO退出比较，并购退出的成本更低。一般来说，企业通过并购方式退出需要花费的成本为并购额的1%。

(3) 时间。退出需要花费的时间也是在选择退出方式时需要考虑的一个因素。由于IPO退出需要进行大量的前期筹备，手续烦琐，步骤较多，因此，企业在通过IPO退出时花费的时间也更长。据有关研究，企业准备IPO退出的时间平均为两年左右。

并购退出较IPO退出所花费的时间更少。并购交易持续的时间一般在6个月左右。二次转让退出较IPO或者并购退出实施起来更加容易，持续的时间也更短，原因可能是风险投资基金投资组合中的企业在接受投资前已经过严格的筛选和尽职调查，信息不对称的程度较低，在进行二次转让时需要用于尽职调查的时间也较短。

(4) 退出收益。风险投资家能够从被投资企业的退出中获得的收益将会影响他们对退出方式的选择。从历史来看，IPO或并购退出方式都能够为投资者创造高额的投资收益，但这两种退出方式所创造的收益还是存在较大的差异。一般来说，企业通过IPO退出的收益要远高于并购退出的收益。投资者需要考虑的问题是：让被投资企业继续发展并最终以公开上市的方式退出，还是现在就以一个不错的价格将其出售给战略投资者。研究发现，企业通过IPO退出时的估值会比并购退出的估值高出22%，因此，一般情况下，选择以公开上市的方式退出能够获得比通过并购方式退出更多的投资收益。但问题是，如果投资者选择通过IPO方式退出，他们可能需要为此多等上2~3年的时间，而且在这个过程中还存在很多的不确定性。

(5) 声誉效应。在被投资企业以公开上市的方式退出时，风险投资家将会获得巨大的声誉效应，他们可以凭借这一声誉更容易地募集新的基金。对创业者而言，以公开上市方式退出体现了公众对创业企业的发展前景和创业者能力的高度认可，这种声誉效应使得公开上市退出成为风险投资家和创业者双方的首选退出方案。

(6) 流动性。由于IPO退出方式存在锁定期，企业原有股东、管理层和投资者等内部人士所持有的股票不能在企业进行IPO时出售，而是需要等锁定期满后才能出售给公众投资者。因此，风险投资家需要承担在锁定期内由于股市行情变化和企业股票价格下行所导致的投资贬值的风险。与之不同，在通过并购或者其他股权转让的方式退出时，由于没有锁定期的限制，风险投资基金所持有的企业股权都可以在短时间内获得流动性。

(7) 不确定性。各种退出方式都会存在一定的风险和不确定性，在这里我们主要讨论两种类型的风险，即股价下行风险与财务风险。

① 股价下行风险。虽然通过公开上市退出可以获得理想的投资回报，但是，通过这种方式退出存在的不确定性也很高。如市场接受的股票发行价格可能在上市登记的过程中发生变化。另外，在进行首次公开发行后的锁定期内，企业的股票价格也可能发生较大的变化，从而让投资者承担股票下行的风险。

一般来说，IPO之后存在一定时间的锁定期。例如，根据美国的证券监管法规，在企业股票公开上市后的一段时间内(通常为180天)，企业内部人士(企业原有股东、管理层和投资者)所持有的企业股票不能立刻进行公开交易，而是需要等待锁定期满后才能将其出售给股票市场上的公众投资者。这样，风险投资基金就需要承担在锁定期内由于股票市场行情的变化给其所持有的股票价格带来的下行风险，从而增加了不确定性。

② 财务风险。在采用股权回购方式退出时，企业股权的收购方可能面临较大的财务风险，原因是企业创始人或管理层可能需要向商业银行等信贷机构大量举债融资以收购风险投资基金所持有的企业股权。这样，他们就需要承担到期无法偿还贷款的财务风险。对于企业创始人和管理层来说，由于这一风险的存在，回购退出方式可能并不是最佳的选择。

(8) 控制权。对创业者而言，通过首次公开发行退出一般不会威胁他们对企业的控制权，并可以在IPO之后继续保持其现有职位；而采用并购方式退出往往会削弱创始人对企业的所有权和控制权，并使企业失去其独立性。许多创业企业在被并购后往往会成为大企业的一部分，企业创始人和管理层将失去对企业的控制权，很可能被降格为子公司或某个部门的负责人甚至被辞退。因此，一般情况下，企业创始人和管理层更倾向于选择通过IPO的方式退出。

16.3 IPO退出

16.3.1 IPO概述

❶ IPO退出的概念

首次公开上市(Initial Public Offering，IPO)是指一家公司通过股票交易市场第一次向公众发行股票。这是已经取得明显成功的创业企业为了进一步发展而筹集额外资金的一种方式。

IPO退出是指风险投资基金在被投资企业进行IPO后将其所持有的股票通过股票交易市场出售给公众投资者，从而实现投资退出的方式。被投资企业的首次公开发行使企业的股权转变为可以流通的上市公司的股票，这样，风险投资家就可以在股票市场上向公众投资者出售自己所持有的企业股票并获得现金，从而实现从被投资企业的退出。

在企业进行首次公开发行后一般都有一个锁定期，设置锁定期的目的是防止在企业上市后企业原有股东和投资者向公众投资者出售其所持有的企业股票，从而导致上市公司股票价格的下跌。根据锁定期条款的规定，企业创始人、管理层、员工和投资者所持有的公司股票在进行首次公开发行后的一段特定的时间(通常为180天或者6个月)内不得转让。锁定期的存在让公司有足够的时间来培养潜在的投资者对公司股票的兴趣。

由于锁定期的存在，风险投资基金一般不能在被投资企业的股票进行首次公开发行时立即出售其持有的企业股票，而是需要等到锁定期结束后才能出售这些股票。在锁定期结束后，风险投资家可以通过减持的方式向公众投资者出售自己所持有的企业股票并获取现金，从而实现投资退出。

一般来说，在锁定期结束后，大对数风险投资基金都不会一次性出售自己所持有的全部企业股票，而是会选择有利的时机分批减持其所持有的企业股票，以获取更高的股票溢价。首先，企业业绩的增长可能会导致股票价格的上涨。如果投资者判断被投资企业在上市后仍具有较好的成长性，企业的股票还有可能继续上涨，那么，他们就会继续持有被投资企业的股票，以获取企业成长和股票价格上涨所带来的收益。其次，股票市场的行情也会影响企业股票的价格。一些被投资企业在进行IPO时由于股票市场行情低迷从而导致其股票的价格不够理想。在这种情况下，风险投资家也会选择继续持有被投资企业的股票，直到股票市场的行情好转后再出售。例如，作为盛大网络的投资者，软银亚洲在盛大网络进行首次公开发行后并没有立即出售其所持有的全部公司股票，而是继续持有这些股票以等待股票价格的上涨，并选择在企业的股价达到高点时分批卖出，从而实现了投资收益的最大化。

❷ IPO退出的动机

企业采取IPO方式退出的动机主要有以下这些。

(1) 筹集资金的需要。企业需要通过公开上市来筹集其发展所需要的资金，尤其是那些进入扩张期的企业，它们往往需要大规模的投资来支撑其快速扩张。由于这些企业的融资规模已经超过风险投资基金所能提供的支持，它们需要通过公开上市来筹集更大规模的资金。

(2) 获得流动性。风险投资基金所持有的是非上市的创业企业的股份。在企业公开上市之前，这些股份是非流通的，很难为这些股份找到合适的买家，也无法对其价值做出精确的评估。风险投资家希望通过企业的公开上市使他们所持有的企业股份获得流动性，从而可以将其出售给其他投资者，以获取投资收益。

(3) 获得声誉。进行首次公开发行可以扩大企业的影响，并提升企业的品牌形象。在公开上市后，企业更容易发展客户或与供应商建立关系。例如，因为不用担心上市公司会很快倒闭，从而影响所采购的设备的后续技术支持与升级换代。因此，一些电信运营商更愿意从一家上市公司采购重要的通信设备。

❸ IPO退出的类型

(1) 主板市场。由于主板市场对股票发行人的营业期限、股本多少、盈利水平和最低市值等方面都有较高的要求。例如，规定企业资产的规模达到1亿美元以上，或者要求企业必须有连续三年盈利记录。因此，在主板市场进行首次公开发行的企业大多为处于成熟阶段的大型企业，这些企业一般具有较大的资产规模以及稳定的盈利能力。对于那些高成长性的创业企业来说，由于它们很难满足主板市场对上市公司的资质要求，因此大多选择在条件要求较低的创业板市场上市。

(2) 创业板市场。创业板市场又称为二板市场，它是专门针对那些具有高成长性的中小型企业而设立的股票交易市场。与主板市场比较，创业板市场对上市公司的资质要求相对较低，因此更有利于那些规模较小，并缺少盈利记录的中小企业进行首次公开发行并募集资金。

创业板市场的一个典型代表是美国的纳斯达克(NASDAQ)股票交易市场，它又称为全国证券交易商自动报价系统。这是一个专门针对中小企业设立的股票交易市场，它的任务是为那些具有高成长性的中小企业和高科技企业提供融资服务。

目前，许多国家都在主板市场之外设立了创业板市场，如日本的JASDAQ、欧洲的EASDAQ、新加坡的SESDAQ、马来西亚的MESDAQ和中国香港的创业板等。这些创业板市场为中小企业的融资提供了一个快捷的渠道，促进了中小型高科技企业的发展，并成为风险投资退出的一个重要途径，对促进风险投资行业的发展具有重要的作用。

16.3.2　IPO的利与弊

❶ IPO的优点

(1) 有利于筹集资金。企业通过首次公开发行可以一次性筹集大规模的资金，以支撑企业进行快速扩张，从而获取市场竞争优势。

(2) 有利于获得流动性。风险投资家和企业创始人所持有的是非上市的创业企业的股票。在企业进行首次公开发行之前，这些股票不能进行流通和转让。在企业进行首次公开发行之后，风险投资家和企业创始人所持有的企业股票将转变为上市公司的股票，从而可以通过在股票交易市场上公开出售这些股票来获取现金。

(3) 有利于快速扩张。进行首次公开发行可以提高企业通过并购进行扩张的能力。在企业进行首次公开发行之后，企业的股票将转变为上市公司的股票，并具有很高的流动性。上市公司可以用这些股票作为对价来收购其他企业，而不需要进行杠杆融资，从而减少收购可能带来的财务压力，有利于进行快速扩张。在上市公司收购其他企业时，一般只需要支付很少一部分现金，大部分收购款项都可以用自己的股票来支付。例如，分众传媒在纳斯达克上市后，它在2006年1月用自己公司的股票作价2.31亿美元加上9400万美元的现金完成了对聚众传媒的收购。同时，如果企业在公开上市后发展良好，企业的股票价格也会随之不断上涨，它们用自己的股票作为对价收购其他企业的能力也会相应提高。例如，在思科公司上市后的7年中，它的股票价格上涨了70多倍，这极大地提高了思科公司通过收购进行快速扩张的能力。在这期间，思科公司通过大量并购同行业的创业企业来不断拓展自己的产品线，并获得了高速的成长。

(4) 有利于提高企业的知名度。企业进行首次公开发行往往会获得媒体大量的宣传和报道。这些宣传和报道起到了免费广告宣传的作用，可在短时间内快速提升企业的知名度，并树立企业的品牌形象。在企业公开上市后，它们还会持续地获得来自媒体和公众的大量关注。

(5) 有利于后续融资。进行首次公开发行使企业获得了一个通过股票交易市场进行融资的渠道。在企业公开上市后，它们可以通过增发股票的方式来进行后续融资。另外，上市公司还可以用自己的股票作为抵押物从银行获取贷款。这些都使企业能够更容易地筹集发展所需要的资金。

(6) 有利于建立声誉。进行首次公开发行代表社会与公众对创业企业的正式认可，这将会极大地提高企业的声望，从而使客户、供应商和潜在的员工更加放心(并对他们产生吸引力)[①]。对风险投资家而言，被投资企业进行首次公开发行可帮助他们快速建立声誉，从而使他们今后募集新基金变得更加容易。对创业者而言，他们自己创建的企业进行首次公开发行将为他们带来极高的声誉。这样，当他们今后创建新企业时将更容易获得风险投资家的支持。

(7) 有利于提高投资收益。在进行首次公开发行后，企业创始人和风险投资家所持有的企业股票的价值将得到极大的提升，通过在股票交易市场上出售这些企业股票可以获得很高的投资收益。从历史来看，许多创造了令人惊奇的投资回报和盈利记录的成功的投资案例都是通过首次公开发行实现的。

(8) 有利于提供激励机制。进行首次公开发行可以提升企业管理层和员工所持有的企业股票期权的价值，从而对他们产生很强的激励作用，激励他们为企业上市这个目标而努力工作，为企业创造更多的价值，因为只有这样他们所持有的企业股票才能够获得大幅的增值。同时，这一机制还有利于吸引和留住优秀的员工。

(9) 使经营更加规范。进行首次公开发行的企业需要遵照有关的法律法规建立更加规范的公司治理结构，并定期向社会公众披露有关企业经营状况的信息，从而增加了企业运作的规范性和透明度，有利于降低经营风险，并提高企业的运作效率。

❷ IPO的缺点

通过首次公开发行方式退出存在的缺点和不足主要有以下几个方面。

(1) 上市门槛较高。根据证券监管法规，企业进行首次公开发行需要满足一定的前置条件。例如，拥有一定的资产规模和销售收入，并具有连续多年的盈利记录。同时，还要求企业建立规范的治理结构。

(2) 上市的成本较高。在企业准备首次公开发行的过程中需要花费大量的费用，这些费用主要包括以下几个方面。

---

① 道格拉斯·卡明，等. 私募股权投资[M]. 孙春民，杨娜，译. 北京：中国金融出版社，2016.

- 上市路演费用。
- 支付给会计师事务所的审计费用。
- 支付给律师事务所的法律费用。
- 支付给承销商的承销费用。该费用数额较大，一般为上市募集资金额的5%～10%。
- 企业在公开上市后每年还需要支付一定的监管费用。

(3) 耗时较长。由于进行首次公开发行的程序较为复杂，企业需要花费大量的时间来完成上市前的筹备工作。

(4) 更加严格的监管。企业在进行首次公开发行后将会面临更加严格的监管，包括来自证券交易所和社会舆论的监管。

(5) 信息披露。根据证券监管法规的要求，在进行首次公开发行后，企业需要按照一定的规范定期(按季度或年度)向社会公众披露公司的经营状况和财务报表，并在公司发生重大经营事件时及时披露相关信息。上市公司可能需要耗费大量的时间和资源来完成这些信息披露工作。例如，指派专人制作企业经营报告，向会计师事务所支付财务报表的审计费用。同时，披露企业的经营信息可能泄露企业的商业机密，导致企业在竞争中处于不利的地位。

(6) 有锁定期。首次公开发行存在锁定期，在企业进行首次公开发行后的一段时间内，企业创始人、管理层和员工以及投资者不能向社会公众出售其所持有的企业股票。因此，他们可能需要承担在这期间由于股票价格下行所带来的风险。

(7) 股价波动。公开上市公司的股价和市值很容易受到市场不利因素的影响而出现上下波动的现象，企业管理层将因为股价的波动而承受更多来自投资者和媒体的压力。

(8) 恶意收购。恶意收购者可能通过在股票交易市场上大量收购发行企业股票的方式来获取其控制权，从而导致企业创始人失去对企业的控制。

16.3.3 IPO退出的流程

通过IPO退出的流程如图16-2所示。

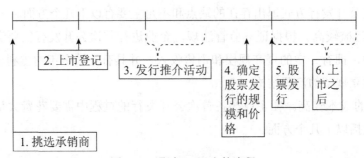

图16-2　通过IPO退出的流程

❶ 挑选承销商

负责企业股票公开发行的投资银行称为承销商(Underwriter)。在企业准备股票首次公开发行的过程中，承销商将承担一些重要的工作，包括履行对股票发行企业进行尽职调查的义务，以及准备需要向公众投资者披露的信息等。在有些情况下，企业会选择多个承销商来负责自己股票的首次公开发行。一般来说，企业主要根据以下这些标准来挑选自己首次公开发行股票的承销商。

(1) 声誉。承销商的声誉高低是发行企业选择承销商时需要考虑的一个重要因素。在企业上市过程中，在股票发行方或卖方与市场上的公众投资者或买方之间存在信息不对称。在这种情况下，股票市场上的公众投资者往往会根据承销商的声誉的高低来判断其负责承销的企业股票的价值。因此，承销商所拥有的声誉有助于提升企业股票在公众投资者眼中的价值。

(2) 业绩记录。承销商的业绩记录，包括他们以前负责的企业首次公开发行的业绩表现情况也是发行企业挑选承销商时需要参考的一个重要因素。

(3) 承销费用。承销商向企业收取的承销费用是企业选择承销商时需要考虑的一个重要因素。

❷ 上市登记

(1) 尽职调查。在确定承销商并与其签署有关合作协议之后，承销商将根据证券监管法规的要求对发行股票的企业进行尽职调查。在完成尽职调查之后将开始进入正式的公开发行过程。

(2) 准备招股说明书。准备招股说明书的初稿，这是一个按照证券交易委员会的要求编制的包含首次公开发行的细节的说明书。但是，由于在这份招股说明书中股票的价格和发行规模尚未最终明确，因此它只能被当作一份有关招股说明书的初稿。在美国，初步招股说明书也被称为红鲱鱼(Red Herring)，原因是这份说明书封面上的警示信息是用红色的字体印刷出来的。

(3) 提交上市登记报告。在美国，企业首次公开发行股票必须向证券交易委员会(Securities and Exchange Commission，SEC)进行登记。证券交易委员会是执行联邦证券法(例如1933年的证券法和1934年的证券交易法案)、对证券交易行为进行监管的机构，它负责对拟上市企业的资质和信息披露情况进行审查。从拟发行企业向证券交易委员会提交财务报告及其他报告(S-1)后到登记正式生效的这段时间称为静默期。在静默期内，企业不能向投资者销售自己的股票。

❸ 发行推介活动

(1) 发放招股说明书。将初步招股说明书发放给潜在投资者传阅。这些潜在的投资者主要是各种机构投资者和个人投资者。

(2) 路演。拟发行企业向潜在投资者路演(Road Show)。路演是指在多个城市进行的针对潜在投资者和其他利益相关者的小规模的推介活动。一家准备进行首次公开发行的公司的管理团队通常会前往潜在投资者所在的城市进行路演以吸引投资者的兴趣。在路演中，发行公司的管理团队将以招股说明书中的内容为核心，向潜在的投资者介绍企业的现状和发展前景，并针对潜在的投资者提出的问题进行解答。企业管理团队进行路演的质量和效果将会影响潜在投资者的投资意愿。

❹ 确定股票发行的规模和价格

在这一步，承销商将确定企业股票首次公开发行的规模和发行价格的大致范围。

(1) 确定股票发行的规模。通常情况下，企业首次公开发行所发行的股票的规模将会占整个企业原始股份的10%～15%。

(2) 确定股票发行的价格。发行定价方法有多种，在美国，较为常用的方法是累计投标询价法(Book Building)。在采用这种定价方法时，承销商会根据他们自己前期所进行的研究为拟发行企业的股票预先确立一个发行价格。在确立股票发行价格的时候，承销商一般会采用现金流折现的估值方法，对企业在预测期内预计产生的自由现金流进行加总并折现后得到企业的估值。同时，他们还会参考行业内可比企业的估值来确定企业的估值区间。然后，承销商会把这个价格写在招股说明书，即红鲱鱼(Red Herring)上，并发放给潜在投资者传阅。接下来，潜在投资者将向承销商提交他们愿意在该价格下购买股票的数量的信息。承销商将会根据收集到的信息建立一本账簿，并在账簿上面记录下所有投资者愿意在某个价格下购买的股票的总数量。如果在预先确定的价格下，投资者愿意购买的企业股票的数量低于预期的数量，那么承销商可能会和企业进行协商，以确定是否调低股票发行价格来增加股票的发行量。如果在某一个价格下潜在投资者购买企业股票的意愿特别高，那么，承销商就会和企业协商，以确定是否提高企业股票的发行价格。在新的股票发行价格确定以后，投资者会让潜在的投资者重新提交他们愿意购买的股票的数量。

一般来说，通过上面提到的这种累计投标询价法，承销商就可以搜集到潜在投资者对一家企业股票的购买意愿和需求信息，并将企业股票的发行价格确定下来。股票发行价格一般会在IPO之前确定下来，有的时候可能要到发行的前一天晚上才能将发行价格定下来。

拍卖也是确定股票发行价格的一种方法。例如，Google发行新股的价格就是采用荷兰式拍卖法(Dutch Auction)确定的。荷兰式拍卖亦称"减价式拍卖"，这是一种特殊的拍卖形式。在传统的拍卖中，拍卖的价格会不断升高，直到最后一个认购者留下来；而在荷兰式拍卖中，拍卖者首先会设立一个非常高的股票发行价格，而这一价格对任何投资者都没有吸引力。然后，它将逐步降低价格直到有人愿意认购拍卖的物品为止。

假设我们现在以荷兰式拍卖法发行100股A公司的股票，在开始的时候，承销商将确定一个很高的拍卖价格，然后逐渐降低价格，直到有人愿意以这个价格认购一定份额的股票，例如8股。承销商将继续降低股票的发行价格直到有人愿意认购更多数量的股票，例如12股。这时，投资者已经以不同的价格认购了20股的股票，即IPO发行数量的1/5。承销商将继续降低股票的价格，直到所有拟发行的股票份额被全部认购为止。在拍卖结束的时候，投资者将获得他们愿意购买的数量的股票，而认购的价格是最后一个胜出的投资者的出价。如果第一个投资者以每股100美元的价格认购8股，第二个投资者以每股75美元的价格认购12股，最后一个投资者以每股50美元的价格认购10股，那么，所有投资者只需要支付最后一个投资者的出价，即每股50美元。

在实践中，承销商首先会公布准备IPO的公司要发行的股票的规模，然后，由投资者向承销商提交他们愿意购买的股票份额及愿意支付的价格，投资者将会有一个月的时间访问承销商的网站，并提交他们愿意支付的价格和购买股票的数量。例如，一个潜在的投资者可能愿意以每股10美元的价格购买1000股，而另一个投资者愿意以每股8美元的价格购买2000股，等等。计算机将会自动将这些认购信息记录下来并模拟上文所描述的拍卖过程。首先由出价最高的投资者认购其愿意购买的股票数量，如果还有股票剩下来，那么再由出价第二高的投资者认购，一直重复这个过程，直到全部拟发行的股票都被投资者认购为止。注意，所有投资者购买股票的价格是由最后一个愿意购买股票的投资者的出价决定的。

❺ 股票发行

在股票登记正式生效之后，承销商将着手进行企业股票的发行工作。它们承担企业股票发行的方式主要有两种，即包销与代销。

在包销模式下，承销商首先将用自有资金买下全部准备发行的企业股票，然后按照约定的价格和数量在二级市场上进行转售。由于承销商在采用包销模式时所承担的风险更大，因此，它们所收取的承销费用一般也更高。

在代销模式下，承销商并不自己购买企业发行的股票，而只是作为销售企业股票的代理商，所有未按计划卖出的企业股票将被退还给发行企业。由于在代销模式下企业股票发行失败的风险完全由企业承担，因此，承销商所收取的承销费用也较低。

在美国，那些顶级的投资银行一般采用包销的模式来承销企业的股票发行。由这些顶级的承销商负责的企业首次公开发行中的股票一般很少出现无法全部销售出去的情况。

采取包销模式发行企业股票的步骤如下所述。

(1) 承销商购买企业的股票。首先，由承销商从企业处购买全部准备发行的股票。承销商购买这些股票的价格一般是企业股票公开发行价格扣除7%的承销费用。

(2) 将股票分配给投资者。承销商将自己购买的企业股票转售给那些有购买意向的投资者，投资者按照公开发行价格购买这些股票。

(3) 超额配售选择权。超额配售选择权又称为"绿鞋"期权，它是指首次公开发行股票的企业给予承销商一项选择权，如果在首次公开发行时，投资者对企业股票的需求比较旺盛，那么获得此项授权的承销商可以按照公开发行价格出售额外的股票。一般来说，这些额外发行的股票的数量约占承销商包销发行股票数额的15%，即承销商可以向投资者额外出售超过其包销股票数量15%的股票。

❻ 上市之后

许多企业的股票价格在首次公开发行之后都会出现明显的上涨，例如，雅虎公司的股票价格在第一个交易日上涨了数倍。

(1) 跟踪分析与造市商。一般来说，承销商和股票发行企业之间都会建立起一种长期的合作关系。在企业股票首次公开发行之后，承销商通常都会继续与企业保持密切的接触，对这些企业的股票的市场价格进行跟踪分析。

除了对企业的股票走势进行跟踪分析以外，承销商还会扮演企业股票交易的造市商的角色。作为造市商，承销商将为企业股票的买方和卖方提供报价，并通过提供让双方都满意的报价来促成双方达成交易。通过这种方式可以确保企业股票交易的正常进行，并维持一个稳定的价格。

(2) 稳定股票价格的机制。在美国，承销商一般会承诺在企业首次公开发行股票后的一段时间(一般是30天)内将企业股票的市场价格维持在首次公开发行价格以上。

一般来说，在企业股票的首次公开发行中，潜在投资者对企业股票的需求都会超过其供给。这样，承销商就可以通过行使"绿鞋"期权出售超过其包销发行股票数量15%的额外股票给投资者。在首次公开发行之后，如果发行企业的股票的价格上涨，那么承销商将会用它通过"绿鞋"期权所获得的那部分数量来满足市场的超额需求，达到平抑股价的目的。如果发行企业的股票的价格下跌，那么承销商将会回购这15%的额外数量的股票来提升股票的价格，以达到稳定股价的目的。

(3) 立即出售与利益冲突。投资者以首次公开发行的价格购买股票，并在公开发行后企业股票的价格上行时立即卖出这些股票以实现快速获利的行为称为立即出售。在首次公开发行时，承销商可能出于回馈客户的想法为发行股票的企业的管理层提供部分公开发行的股票，而这种行为可能会导致利益冲突。

(4) 锁定期。通常情况下，在企业股票首次公开发行后的一段时间内，企业原有股东和投资者以及管理团队等内部人士所持有的股票将被锁定一段时间，这段时间称为锁定期。在锁定期内，企业的管理层和股东等内部人士所持有的股票将被禁止出售给股票市场上的公众投资者。一般来说，这个锁定期的时间期限是6个月，或者是180天。

设立锁定期的目的主要有两个：一是让股权激励机制在企业上市后继续发挥作用；二是防止大规模出售股票给企业股价带来负面影响。一般来说，在企业股票的锁定期结束后，由于企业内部人士都会向公众投资者出售自己所持有的股票，企业将会面临一定的股价下行压力。

16.4　并购退出

16.4.1　并购退出概述

并购退出是指战略投资者从风险投资基金手中购买其所持有的被投资企业的全部或大部分股权，从而使风险投资基金能够将资本从被投资企业中撤出。战略投资者是指一些愿意对新兴的或小型的企业进行投资以获取被投资企业所拥有的专利技术、产品或服务的大企业，这些战略投资者一般与被收购企业属于同一个行业。

需要注意的是，企业合并与企业并购的概念是不同的。企业合并是指两家独立的企业合并为一家新企业，两家企业原来的投资者将成为新企业的股东。企业并购是指企业原有的投资者将自己所持有的企业的全部或大部分股权出售给外部的收购企业，从而使被投资企业成为收购企业的子公司。在企业收购过程中，收购企业向出售企业股权的风险投资基金支付收购款项，风险投资基金卖出所持有的企业股权并获得现金。

对风险投资基金来说，通过并购方式从投资组合中那些没有希望以公开上市的方式实现退出的项目中撤出资本可能是一种比较好的选择，尤其是在股票市场行情低落的时期，企业并购甚至会取代公开上市退出成为风险投资的主要退出渠道。事实上，风险投资机构所投资的大多数项目最后都没有希望通过IPO的方式实现退出，而是采取并购的方式来退出。在美国，风险投资以企业并购的方式退出的概率远大于以IPO的方式退出。例如，1998年，有77家有风险资本支持的企业通过公开上市的方式实现退出，但同期通过并购方式退出的风险投资支持的企业却高达190家。

通过IPO方式退出与通过并购方式退出将对一家企业的主体资格带来不同的影响。通过公开上市的方式退出可以让一家企业在上市后继续保持独立性，而采用并购方式退出则可能使企业丧失独立性，被并购的创业企业在并购后很可能会变成大企业的一个部门或者成为其附属的子公司。因此，以公开上市还是并购的方式退出将对企业的发展战略产生重要的影响。

在美国，成功的并购退出经常被定义为"竞争性的出售"。竞争性的出售意味着，被投资企业有条件进行IPO，但是出售的结果可能比这样做更好；也可能意味着，在企业并不是必须要出售的情形下，且在有不止一家感兴趣的买家的情况下被并购。这种情况通常只在被投资企业的发展状况良好，并已经成功达成一系列重要的阶段目标之后才会发生。

16.4.2 收购方的动机

通过并购方式退出的前提条件是存在潜在的购买者。例如，有潜在的买家对企业感兴趣并有并购的意向。一般来说，并购退出中的收购方通常是与被投资企业属于同一行业的企业，尤其是那些大型的企业，这些企业收购创业企业的动机主要有以下几个方面。

❶ 获得协同效应

收购方可通过兼并获取协同效应。大企业能够通过收购新企业获得范围经济和规模效应，从而减少或降低成本，增强核心竞争力。新企业可以通过与大企业的合并，利用大企业拥有的生产、市场销售渠道等基础设施，从而获得快速的发展。

❷ 提升创新能力

在某些情况下，在一个已有的企业组织架构下开发新技术和新产品可能会出现效率低下的情况，并面临诸多不利因素，例如受到大企业官僚层级制度的制约，因而可能需要较长的开发周期，而且开发成本也很高。创业企业一般机制比较灵活，具有较强的创新性，因此收购创业企业可以帮助大企业解决自身创新动力不足的问题，帮助大企业在短时间内开拓新的业务领域。

另外，通过收购新企业的方式可以帮助大企业获得高水平的开发人才，补充自己的研发队伍，从而提升自己的创新能力，并不断进行业务创新。

❸ 增加收入

收购是上市企业获得增长的一个主要途径。例如，思科公司通过收购使它的销售收入获得快速的增长。

❹ 进入新市场

大企业可能出于实现增长和多元化发展的考虑，需要进入新市场，并开拓新的业务领域。例如，2007年，思科以32亿美元收购WebEx(网讯)公司进入在线视频会议领域。1998年，微软以4亿美元的价格收购了基于网页的电子邮件提供商Hotmail。2005年，新闻集团以5.8亿美元的价格收购社交网站MySpace。2006年，谷歌以16.5亿美元收购视频共享网站YouTube。

❺ 消除潜在的威胁

新企业所掌握的技术具有破坏性，对大企业的现有业务来说可能构成了潜在的威胁。通过收购掌握破坏性技术的新企业可以减少或防止竞争，有利于大企业继续保持竞争优势。

❻ 获得新技术

收购已经开发出新技术的创业企业，是一种从外部购买创新技术的方式。像谷歌和思科这样的大公司对创业企业开展并购的一个重要原因就是希望通过这种方式获得自己所需要的新技术，而且，它们还发现通过这种方式获得新技术的其他好处，例如可以缩短开发周期，在短时间内获取自身发展所需要的新技术，而且成本比自己去研发这样的技术更低。

这一方式尤其适用于互联网这样快速变化的行业，通过并购新企业的方式获取一项新技术能够使已有企业快速适应行业变革，并与行业变革保持同步。

16.4.3 并购退出的优势

通过并购的方式退出可以让风险投资机构在短期内收回资金，并有可能获得可观的投资收益，因而对风险投资而言，企业并购是一种可行的退出选择。

❶ 快捷性

与公开上市比较，通过并购的方式退出具有一系列优势，其中一个优势就是并购退出具有快捷性。

公开上市必须满足监管机构制定的所有的股票上市条件，而创业企业要做到这一点可能需要等待长达数年的时间，而通过并购的方式退出则可以避开这些上市条件的限制，而且更容易操作。因此，通过并购方式退出一般能够在很短的时间内完成交易。

❷ 较少受资本市场的影响

虽然通过公开上市的方式退出能够带来更高的回报，但是，公开上市过程会受到资本市场变化的严重影响，尤其是当股票市场下跌时，创业企业的公开上市将变得十分困难甚至不可能。

因此，在某些特殊的情况下，例如基金到期，或者为了新的基金融资计划而需要提升现有基金的业绩，风险投资家可能倾向于以并购的方式实现快速退出。

❸ 快速获得流动性

通过公开上市退出，由于有禁售期限制，投资者往往不能在上市时将所持有的所有股票在上市后立刻套现。在这种情况下，投资人手中所持有的股票价值会受到股市行情涨落以及企业未来发展不确定性的影响。股票市场的繁荣和衰退超出投资人的控制范围，投资人需要承担由于股价可能下行所带来的风险。

在企业并购中，收购者一般会在协议签订后立即支付相关的并购成本和费用。因此，对于股权转让者而言，采取企业并购的方式退出，几乎不需要承担由于企业未来业绩和股市发展的不确定性所导致的风险。

因此，对风险投资家而言，并购退出是一种比较有利的退出方式，因为它能够使他们的投资收益得到充分的保证并获得更多的流动性。

❹ 较好的回报

并购退出所获得的回报可能与被并购企业从公开上市中能得到的投资回报一样好，甚至更好。在很多情况下，并购交易都可能为风险投资基金带来丰厚的利润。例如，当存在一个竞争性的退出方式，如企业存在公开上市(IPO)的可能性时，并购方往往愿意出高价购买企业的股权。在另外一些情况下，由于潜在的并购者比财务投资者更加了解行业业背景，他们更有可能给被收购的企业一个较高的估值，尤其是当并购活动能够给收购者带来巨大的战略利益的时候，例如帮助并购方扩大市场份额或者进入新市场，该战略投资者更加愿意付出给出一个较高的估值。

在许多情况下，由于作为战略投资者的大企业可能需要创业企业的业务或者技术作为其战略补充，因此他们愿意付出较高的代价来收购创业企业。有时候，风险投资机构通过并购的方式退出所获得的回报可能与公开上市退出所获得的回报相当甚至比后者更高。因此，那些风险投资基金投资的企业通过被同行业的大企业并购来实现退出也可能是一笔有利可图的交易。

专栏 **通过并购方式退出** ─────────────────────

2000年，联想投资在投资金山软件之后，将卓越网从金山软件内部分拆出来，定位为独立电子商务网站。卓越网原来是金山软件的网络事业部，当时在网络界已经具有一定的影响力。2002年，联想的投资团队对卓越网的未来发展进行仔细研究，他们发现当时卓越网的发展面临两大阻碍：一是当时的中国物流业还非常落后，除了京、沪、粤等少数地区之外，其他地区几乎不能实现有效的货物配送，这严重制约了卓越网电子商务业务的发展。二是卓越网没有可行的赢利模式。因为在一般情况下，电子商务网站只有在收入规模达到30亿美元时才能盈利，而当时卓越的收入只有2000万美元，距离盈利还遥遥无期。在这种情况下，联想投资最终决定安排卓越网通过并购的方式实现退出。于是，联想投资找到亚马逊，通过谈判，最终说服其以5000万美元的价格收购卓越网，从而为联想投资带来了原始投资13倍的投资回报。

16.4.4　并购退出的流程

并购退出的流程如图16-3所示。

❶ 聘用投资银行

聘用投资银行作为并购交易的承销商。一般来说，
对于大型的股权并购交易，当投资者和管理层同意出售
企业时，往往会选择一家投资银行作为承销商并代表企
业寻找潜在的买方。

❷ 准备招股说明书

被企业选定作为承销商的投资银行将负责收集拟出
售企业的信息，并对其经营和发展状况进行分析，以确
定退出方式。然后，承销商将对企业进行估值，以确定
报价范围。在对待出售的企业进行估值时，一般会采用现金流贴现法(DCF)。另外，承
销商还需要准备一份介绍待出售企业的详细情况的招股说明书，内容包含本次出售的企
业的基本情况及出售的报价。与IPO招股说明书比较，并购交易的招股说明书的内容更
加简单。

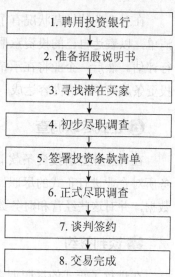

1. 聘用投资银行

2. 准备招股说明书

3. 寻找潜在买家

4. 初步尽职调查

5. 签署投资条款清单

6. 正式尽职调查

7. 谈判签约

8. 交易完成

图16-3　并购退出的流程

❸ 寻找潜在买家

投资银行会帮助收集所有潜在买家的信息，并建立买家名单列表，然后从中筛选出
合格的潜在投资者。

(1) 前期接触。在找到一定数量的潜在买家之后，承销商会安排企业或风险投资家
与潜在的买家签订保密协议，然后向潜在的买家提供被出售企业的经营数据和财务信
息，包括提交招股说明书。如果买家在仔细阅读招股说明书之后对企业感兴趣，那么他
们将会与承销商或风险投资基金建立联系。

(2) 路演。潜在的买方将在承销商的安排下与企业管理层会面。企业管理层将向潜
在的买方进行路演，介绍企业的经营状况和发展前景，并对买方可能提出的问题进行
解答。

❹ 初步尽职调查

在路演结束之后，有意向的买家将通过承销商的安排对企业进行初步尽职调查，
对企业进行实地考察，与企业的管理人员会晤，以获取更多有关企业经营和业务运作的
信息。

❺ 签署条款清单

在对企业的经营状况有了充分的了解后，感兴趣的买家将向企业提交一份投资条款清单，以表达自己的投资意愿。风险投资家和企业在收到这份投资条款清单后将对其进行评估。然后，企业将在承销商的安排下与符合条件的买方展开谈判，直到双方就这份投资条款清单中的内容达成一致。最后，双方将签署投资条款清单和保密协议。

❻ 正式尽职调查

在与企业签署投资条款清单和保密协议之后，潜在的买家将会聘请律师和会计师事务所对企业进行正式的尽职调查。在正式的尽职调查中，买方将接触企业的经营和财务数据，并对这些经营和财务数据的真实性进行核实。

❼ 谈判签约

在进行了正式的尽职调查之后，如果买方对被投资企业感到满意，那么他们将委托律师以双方已签署的投资条款清单为基础起草正式的股权投资协议。在有些情况下，也可能是由企业来起草股权投资协议。然后，双方将通过进一步的谈判来敲定投资交易的细节。最后，双方将签署正式的股权投资协议。

❽ 交易完成

在股权投资协议获得企业董事会和股东会的批准之后，买方根据协议向卖方支付价款，然后，由卖方协助买方完成股权转让登记，交易完成。

本章小结

从被投资企业退出是风险资本运作过程的最后一个阶段。在这个阶段，风险投资基金将通过转让被投资企业的股权的方式实现退出，然后向投资者返还资本，并分配和支付基金的投资收益，最后进行基金清算。

风险投资退出是确保风险资本良性循环的重要机制。成功的退出还能够为风险投资家和创业者双方提供激励。例如，首次公开上市可以让投资者和创业者双方都获得丰厚的投资收益，这将激励他们为企业的成功和价值的最大化努力工作，从而促进创业企业的快速发展和资本增值。同时，成功的退出所产生的高额投资收益也有助于风险投资机构在接下来募集更多的资金。

风险投资的退出决策包括退出时机的选择和退出方式的选择两个方面。退出时机的选择会受到创业企业的发展状况和外部环境因素的共同影响。外部环境因素主要是指退出时的宏观经济状况、股票市场的行情，尤其是IPO市场的活跃程度，以及行业发展状况等因素。

退出方式的选择会影响风险投资基金的投资收益。常见的风险投资退出方式包括IPO、并购、二次出售、管理层回购与清算。IPO退出是风险投资最理想的退出方式，它可以帮助投资者快速建立声誉并提供最高的投资收益。其次是以并购的方式退出。此外，还有管理层回购和二次转让等方式。最坏的情况是企业由于资不抵债而破产，也就是清算退出。本章重点探讨了投资者在这些退出方式之间进行选择的依据，并分析了不同退出方式对风险投资家和创业者的影响。

本章重点关注了IPO和并购两种退出方式，首先阐述了IPO退出方式的概念和类型，分析了IPO退出方式的利弊，并简要介绍了IPO退出的程序。接着探讨了并购退出方式，阐述了并购退出方式的概念，分析了收购者的动机，以及并购退出方式的利弊，并简要介绍了并购退出的程序。

思考题

1. 什么是风险投资退出？
2. 风险资本退出的原因有哪些？
3. 简述风险投资退出的重要性。
4. 简述风险投资退出的途径。
5. 影响风险投资退出时机选择的因素有哪些？
6. 影响风险投资退出方式选择的因素有哪些？
7. 试比较IPO、并购、二次转让、股份回购这4种退出方式，并说明各种方式的优缺点。
8. 为什么说IPO是最理想的退出方式？
9. 试分析IPO退出方式的利弊。
10. 简述IPO退出的一般流程。
11. 企业并购中收购方的动机有哪些？
12. 以并购方式退出的优势有哪些？
13. 简述并购退出的一般流程。

| 第 17 章 |

中国风险投资市场

学习
目标

1. 了解风险投资在中国的发展历程。

2. 了解国内风险资本的主要提供者。

3. 了解国内风险投资机构的类型。

4. 了解国内风险投资活动的特点。

5. 了解国内风险投资退出的主要渠道。

17.1　我国风险投资的发展历程

在我国，风险投资的发展大致经历了4个时期：1985—1997年是探索阶段；1998—2000年是兴起阶段；2001—2004年是调整阶段；2005—2008年是稳定发展阶段；从2009年至今是快速发展阶段。

17.1.1　探索阶段(1985—1997年)

20世纪80年代初期，风险投资的概念开始在我国出现。当时，国内科技领域的一些专家学者开始探讨借助欧美发达国家发展风险投资的经验，加快我国科技成果的转化进程。为了推进经济体制改革和促进科技成果的产业化，1985年3月，中共中央在《关于科学技术体制改革的决定》的文件中首次提出要引入风险投资机制来促进技术创新和高科技产业的发展。在上述背景下，1985年9月，我国第一家风险投资公司中国新技术创业投资公司正式成立。1991年3月，国务院在《国家高新技术产业开发区若干政策的暂行规定》中提出："有关部门可在高新技术产业开发区建立风险投资基金，用于风险较大的高新技术产品开发。条件比较成熟的高新技术产业开发区，可创办风险投资公司。"在这一背景下，一些中央部门和地方政府陆续成立了一些专门投资高科技企业的公司和机构。

1995年5月，国务院在《关于加速科技进步的决定》中提出"发展科技风险投资事业，建立科技风险投资机制"。1996年5月，我国政府在颁布的《中华人民共和国促进科技成果转化法》中进一步明确国家鼓励设立科技成果转化基金或者风险基金，并首次明确了可以将国家财政资金用于开展风险投资业务，这对我国风险投资行业的发展起到了推动作用。随后，一些地方政府陆续成立了一些从事风险投资业务的投资公司，包括各地的科技投资公司、科技风险开发事业中心和科技基金等。

到了1996年，中国经济的快速发展吸引了大量海外留学生，尤其是在美国留学的中国学生回国创业，如亚信创始人田溯宁、百度创始人李彦宏、中星微电子邓中翰、携程网创始人沈南鹏、梁建章等都是在这一时期回国创业的。这些海外留学生创办的企业将国外互联网领域最新的商业模式引入国内，同时带来了大量的风险资本及其全新的投资理念。在这些由留学生创办的企业中，百度、新浪、搜狐和携程等都获得了国外风险投资机构的投资，并先后在纳斯达克股票市场上市，起到了很好的示范作用，对国内风险投资行业的发展产生了积极的影响。

1992年以后，一些国外著名的风险投资机构开始在中国设立办公室和分支机构，并开展风险投资业务。1992年，美国国际数据公司(简称IDG)在中国设立了美国太平洋技术创业投资基金，这是第一只面向中国市场的外资风险投资基金。之后，德雷帕、华登国际和汉鼎亚太等美国著名的风险投资公司和机构也纷纷进入中国。截止到1998年，进入中国市场的海外风险投资机构的数量已经达到40家，而且它们在中国的影响力也越来越大。

但是，在这个阶段，由于缺少退出机制、缺乏专业的风险投资管理人才，以及缺少相应的鼓励创业和风险投资的法规等，我国的风险投资行业的发展总体来看还是比较缓慢的，每年新增风险资本的数额不到10亿元。截至1996年底，我国全部风险投资机构的数量不到24家，所管理的资本总额也只有42.3亿元。

17.1.2　兴起阶段(1998—2000年)

在经历了十多年的探索之后，从1998年开始，我国的风险投资行业进入了第一个快速发展的时期。1998年，互联网行业在美国兴起，大量的互联网创业企业在风险投资的支持下建立和发展起来，并纷纷在纳斯达克上市，从而引发了一股史无前例的风险投资浪潮。在这一时代背景下，民建中央主席成思危先生在1998年3月的全国政协九届一次会议上提交了《关于加快发展我国风险投资事业》的提案，并引起了社会各界的广泛关注。之后，我国政府相继出台了一系列鼓励风险投资行业发展的政策和措施。例如，1999年8月，中共中央和国务院颁布的《关于加强技术创新、发展高科技、实现产业化的决定》，提出要培育资本市场，逐步建立风险投资机制，发展风险投资公司和风险投资基金。2001年9月11日，对外经济贸易部、科技部与国家工商行政管理局联合颁发了《关于设立外商投资风险投资企业的暂行规定》。这些政策的出台对促进我国风险投资行业的发展产生了积极的影响。之后，国内风险投资机构的数量和资本募集规模都呈现了快速增长的态势。据有关统计，1997年和1998年，我国风险投资机构的增长率分别为58.3%和57.9%。1999年，全国新设立风险投资机构36家，增长率高达67.8%。2000年，全国新设立风险投资机构110家，比1999年增长了114.6%。1998年，风险投资机构管理的风险资本额首次超过100亿元，达到143.7亿元。到了2000年底，全国风险投资机构的数量已经达到206家，管理的资本总额超过370亿元。

17.1.3　调整阶段(2001—2004年)

2001年下半年，随着互联网泡沫的破灭，纳斯达克股票指数下跌了50%。在国内，由于经济发展的减速，主板市场的IPO暂停，开通创业板的计划也被暂时搁置下来。这些因素对国内风险投资行业的发展产生了非常不利的影响。之后，我国风险投资行业进入了一个数年的调整期。据统计，从2002年到2003年，我国风险投资机构的数量由296家下降为233家，降幅超过25%。从2002年到2003年，风险投资机构新募集资本额从580亿元下降到500亿元左右，减少约80亿元。

从2004年开始，我国风险投资行业出现了回暖的趋势，投资金额较2003年上升了28%，投资案例数量增加了43%。在这一时期，那些在互联网泡沫破灭前成立的互联网企业，如携程、百度、腾讯和阿里巴巴等都已经开始盈利。

17.1.4 稳定发展阶段(2005—2008年)

2005年11月，国家发改委、科技部、财政部和商务部等十部委联合制定颁布了《创业投资企业管理暂行办法》，这是我国第一部针对风险投资的法规，它的出台为我国风险投资行业的健康有序发展指明了方向。2006年1月，国务院制定了《2006—2020年国家中长期科学和技术发展规划纲要》，明确提出要大力支持我国风险投资行业的发展。2007年6月1日，新修订的《合伙企业法》正式实施，为设立有限合伙制基金提供了法律依据。在政策的引导下，2005年以后，我国的风险投资行业进入了一个新的快速发展时期。2005年，中国风险投资基金新募集资本额为328亿元。2008年，风险投资基金新募集的资本额为499亿元，增长了52%。2005年底，风险投资机构管理的资本总量为441.29亿元。到了2006年底，我国风险投资机构管理的资本总量达到583.85亿元，增长了32.31%。其中，新募集的风险资本额为240.85亿元。据统计，2003年到2006年，分别有335家、325家、434家和371家企业获得了风险投资的资金支持。投资总额达到了289亿元，其中，2006年上半年中国企业获得了214笔风险投资，投资额为18.9亿美元，这是3年来的最高水平。在这期间，来自海外的风险资本在整个国内风险资本市场所占的比例大幅上升。在2006年新募集的风险资本中，有超过一半的风险资本来自海外，占比例达65.1%。2006年由外资风险投资机构主导的投资额超过109.29亿元，占投资额的76.1%。

2003年到2006年，我国有100多家企业在国内外资本市场上市退出，为风险投资机构带来了丰厚的回报。到2006年底，在纳斯达克上市的中国企业已经达到40多家，总市值超过300多亿美元。其中许多企业都是由归国留学生创办的，如中国第一家在纳斯达克上市的集成电路企业中星微电子，就是由三名具有在美国硅谷工作学习经历的留学生所创建的。这些在纳斯达克上市的中国企业创造了中国企业海外退出的新模式，并带动了风险投资行业在中国的发展。

17.1.5 快速发展阶段(2009年至今)

2009年4月30日，深交所正式推出了创业板，这对于完善中小企业的融资渠道，建立风险投资企业的退出机制起到了积极的作用。此后，风险投资支持的企业以IPO方式退出的案例明显增多，这些退出案例所带来的高额投资收益产生了良好的示范作用，吸引大量民间资本进入风险投资领域，从而推动风险投资行业快速发展。2009年至2011年，随着《科技型中小企业创业投资引导基金管理暂行办法》和《关于创业投资引导基金规范设立与运作的指导意见》等法律政策的出台，中央政府和全国各地政府纷纷设立创业投资引导基金，这对增加风险资本的供给以及带动民间资本投资风险投资基金起到了积极的促进作用。

从2009年至今，中国风险投资行业保持了上升的态势，并在2011年到达一个高点。根据清科的统计，2011年风险投资基金新募集资本额达到1780亿元，比2009年的400亿元增长了345%。虽然风险投资行业在2012年和2013年的发展速度有所放缓，但从2014年开始又恢复了快速增长的态势。2015年，风险投资基金新募集资本为1996亿元，比2014年的1170亿元增长了71%。在这期间，风险投资额也保持了较快的增长势头。

道琼斯风险资源(Dow Jones Venture Source)发布的数据显示，2011年，中国风险投资总额高达60亿美元，同比增长了8%，而同期欧洲的数字为61亿美元，这是中国的风险投资规模第一次追平欧洲。英国咨询公司Preqin发布的数据显示，2015年，中国风险投资的交易额创下了最高纪录，全年总共发生风险投资交易1555起，完成投资额370亿美元，同比增长147%，仅次于美国，在全球位列第二。

17.2　我国风险资本的募集

17.2.1　基金募集额

近年来，国内风险投资机构的筹资规模如图17-1所示。2015年，随着一系列扶持创业投资发展政策的陆续出台，大量资金涌入我国风险投资领域，风险投资机构的募资金额和投资规模均创下历史新高。据统计，2015年，风险投资机构新募集597只投资于中国大陆的基金，较2014年增长131.4%。其中，披露金额的基金新募资约1996亿元，较2014年增长70.7%。

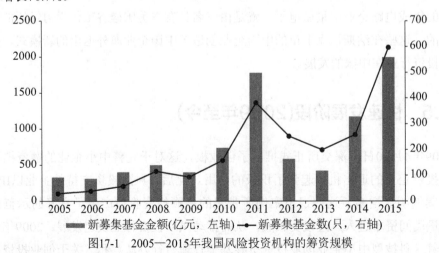

图17-1　2005—2015年我国风险投资机构的筹资规模

资料来源：清科研究中心。

17.2.2 风险资本的来源渠道

❶ 政府

在中国，政府一直是重要的风险资本提供者，尤其是在中国风险投资行业发展的初期，有相当一部分风险投资公司或基金都是政府用自己管理的公共财政资金发起设立的。

在2008年以前，政府主要采用直接投资模式对高科技企业进行投资。中央和各地政府从财政预算中安排专项资金投资设立了许多具有政府背景的投资公司和机构，政府对深圳创新科技投资有限公司的出资就是这方面的一个典型案例。2008年，国家发改委等三部委发布了《关于创业投资引导基金规范设立与运作的指导意见》，鼓励地方政府设立政府引导基金。之后，中央和地方政府主要采取间接投资的模式，通过设立创业投资引导基金来为风险资本市场提供资金。

政府引导基金在本质上是一种母基金，它并不直接投资创业企业，而是投资那些商业性的风险投资机构所发起和管理的风险投资基金，然后再通过这些风险投资基金间接投资创业企业。这种间接投资模式不仅可以有效地规避投资风险，同时有利于引导民间资本和社会资金进入风险投资领域，从而进一步扩大风险资本的供给。

目前，国内政府引导基金的资本主要来源于中央和各级政府的财政资金。例如，2009年10月，国家发展改革委和财政部共同组织实施了国家新兴产业创投计划。截至2015年3月底，已累计支持设立新兴产业创业投资基金213家，总规模达574亿元。另外，各地政府也纷纷用财政资金设立引导基金。目前，国内由中央和各级地方政府发起和成立的各种类型的政府风险引导基金有750多家。

❷ 银行和金融机构

在过去，根据《中华人民共和国商业银行法》第四十三条，内资商业银行不得向非银行金融机构和企业投资，也不能直接持有非金融企业股权。因此，国内商业银行既不能以股权形式直接投资创业企业，也不能为有限合伙制风险投资基金提供资本。当时，在国内开展风险投资业务的银行附属风险投资机构主要是以位于中国香港的中资银行(如建银国际等)为背景发起成立的。

目前，有一部分国内商业银行已经获得开展风险投资业务的法律许可。这些银行开展风险投资业务的一个途径是科创企业投贷联动试点。所谓投贷联动是指商业银行成立附属的风险投资机构，在对创业企业进行股权投资后，由商业银行为创业企业提供商业贷款，从而形成"股权+债权"的投融资模式。这种新型的投融资模式不仅可以为中小企业提供其发展所需要的资金，而且有利于这些企业优化财务结构，并降低融资成本。2016年4月20日，银监会、科技部、人民银行联合印发了《关于支持银行业金融机构加

大创新力度 开展科创企业投贷联动试点的指导意见》，并公布了第一批试点银行的名单，共10家，它们是国家开发银行、中国银行、恒丰银行、北京银行、天津银行、上海银行、汉口银行、西安银行、上海华瑞银行和浦发硅谷银行。上述这些获准开展投贷联动业务的银行可以设立具有投资功能的子公司和科技金融专营机构，并用资产负债表内的资金来对科技型创业企业进行投资。

❸ 企业

目前，企业所提供的风险资本约占我国风险资本总额的45%。根据企业的所有权性质的不同，国内开展风险投资业务的企业主体大致可以分为国有企业、上市公司和外资企业。

(1) 国有企业。在国内，许多国有企业都用企业自有资金设立附属的风险投资机构，这方面的一个典型是深圳达晨。深圳达晨是由湖南省广播电视产业中心全资发起设立的国有控股创业投资企业，注册资本为人民币1亿元。自2000年成立以来，深圳达晨已经先后投资了同洲电子和拓维信息等近百家有快速发展潜力的创业企业，其中有数十家企业已在境内外公开上市。

(2) 上市公司。在国内，许多上市公司都设立附属的风险投资机构开展风险投资业务，或作为出资人为风险投资基金提供资本，如中青旅控股有限公司投资1.25亿元参股北京科技风险投资股份有限公司。

(3) 外资企业。国内一些外资企业设立了风险投资基金来对创业企业进行投资。例如，英特尔公司在中国设立了英特尔中国技术基金(Intel Capital)。

❹ 社保基金

从美国和世界上其他国家风险投资行业发展的经验来看，养老基金是一个主要的风险资本提供者。在国内，由于受到现行法律和法规的限制，目前养老基金尚未在风险资本市场上发挥重要的作用。全国社会保障基金理事会(简称社保基金)是中国规模最大的养老基金，2016年，它所管理的资产接近2万亿元。但是，由于受到有关政策法规的限制，目前，全国社保基金只能将不到其所管理资产的10%的资金用于对风险投资行业的投资。根据有关统计，截至2016年，国内已经有鼎辉创投等多家私募股权投资基金获得了来自社保基金的注资。

❺ 保险资金

在过去，由于受到政策和法规的限制，保险资金不能用于为风险投资基金提供资本。2002年后，国家政策开始允许部分保险资金进入风险投资行业。根据2010年中国保监会发布的《保险资金股权投资暂行办法》，那些符合条件的保险公司可以将不超过其所管理资产的4%的资金用于对股权投资基金的投资。但是，总体来看，目前，中国进入风险投资行业的保险资金的数量还是比较少的。

❻ 个人投资者

个人投资者是国内风险资本的一个重要来源渠道。随着我国经济的快速发展，个人收入也在快速增加，而且，我国个人和家庭所拥有的储蓄存款的规模非常大，并处于不断增长之中。尤其是随着一大批科技创业企业的公开上市，产生了大量高净值的富裕个人。例如，阿里巴巴的创始人马云的个人净资产达到218亿美元，蔡崇信的净资产为44亿美元。这些高净值的个人在未来很有可能会成为风险投资基金和创业企业的投资者。

目前，中国个人投资者所拥有的财富中很大一部分都被用于投资股票和房产，还有大量的储蓄存款处于闲置状态，如果能够引导他们将其中的一部分资金用于投资风险投资基金，那么将会极大地增加风险资本市场的供给。

❼ 境外投资者

从20世纪90年代开始，随着中国风险投资行业的发展，境外投资者开始不断涌入中国，国内最早的风险投资机构IDG创业投资基金就是由美国数据集团投资建立的。在中国的风险资本市场上，来自这些境外投资者的资本一直占有很大的比重。据有关统计，截至2007年，境外投资者所提供的风险资本占中国风险资本总额的比例为55.6%。

17.3　我国风险投资的投资

17.3.1　投资机构的类型

据有关专业机构统计，截至2015年底，我国私募股权投资市场中活跃的投资机构超过8000家，管理资本量超过5万亿元。其中，风险投资机构数量超过2800家，管理资本量超过1万亿元。以资金来源进行划分，我国的风险投资机构可以大致分为外资投资机构、中外合资投资机构、政府投资机构、公司风险投资机构和民间风险投资机构5种类型。

如图17-2所示，在我国的风险投资机构中，外资风险投资机构占69%，本土风险投资机构占28%，中外合资风险投资机构占1%，其他占3%。从数量上看，外资风险投资机构在所有投资机构中依然占据主导地位。

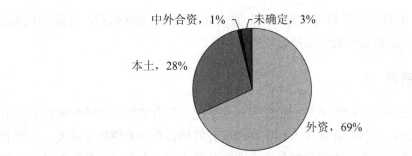

图17-2　中资与外资风险投资机构所占的比例

❶ 外资投资机构

外资投资机构是以海外资金为主成立的风险投资机构。这些外资机构在国内主要以基金管理公司的模式进行运作，而其所管理的基金都设在海外。这些外资基金多从海外募集资本，并以美元作为主要的投资币种。例如，美国的IDG资本，它们从1996年开始进入中国市场，之后，快速占领了大部分的中国风险投资市场。在此后很长一段时间内，外资基金管理机构一直都在国内风险资本市场上扮演重要的角色。

在我国风险投资行业发展的初期，这些海外投资机构所管理的基金的规模远大于国内投资机构所管理的基金规模。这些海外基金一般采取有限合伙制组织形式设立，它们的激励机制更加灵活，管理和运作效率也更高。

❷ 中外合资投资机构

中外合资基金管理机构是境外和境内资金联合成立的投资机构。这些中外合资基金管理机构一般由国外著名的投资机构与国内合伙人联合成立基金管理机构，然后，依托外方的渠道从海外募集资金。在基金募集设立以后，交由本土机构进行运作和管理。这一类机构的典型代表如红杉中国资本、鼎晖创投和赛富基金管理公司。

这些中外合资基金管理机构的中方合伙人，如红杉资本的中国合伙人沈南鹏、IDG的熊晓鸽、鼎晖风险投资的吴尚志、赛富亚洲的阎焱等，他们大多具有海外学习和工作的背景。这些中方合伙人一般在美国和欧洲的名校接受过MBA教育，或拥有工程技术领域的博士学位。他们中的一些人还有在国外从事投资业务的经验，对国外风险资本市场的运作模式非常熟悉。

❸ 内资投资机构

(1) 政府投资机构。政府投资机构是由政府主导成立的风险投资机构。这一类风险投资机构所发起和设立的基金的资本主要来源于政府管理的公共财政资金。例如，1985年9月成立的中国第一家风险投资机构——中国新技术创业投资公司就是一家典型的由政府主导的风险投资机构。之后，一些中央政府部门和地方政府相继发起和设立了一批具有政府背景的风险投资公司或机构，例如北京科技风险投资股份有限公司和武汉新技术风险投资有限公司等。这些由政府出资设立的风险投资公司一般拥有资金规模大和项目来源渠道广等优势，但也存在政企不分、组织结构和投资决策程序复杂以及缺少有效的激励机制等缺陷。目前，由政府主导的风险投资机构正逐渐向政府引导基金转型，典型的代表如国家新兴产业创投计划。

(2) 公司附属风险投资机构。公司风险投资机构是指以大企业、集团公司和上市公司的资金为主发起设立的风险投资机构。国内的公司附属风险投资机构中，除了有一部分追求战略目标以外，大多数都是为了获取高额的财务回报而设立的。1998年之后，风险投资逐渐成为国内投资领域的一个热点。一大批由外资风险投资机构支持的企业在海内外成功上市，并给投资者带来了高额的投资回报。在这些成功的投资案例的示范作用下，一大批具有相当实力的国内大企业开始积极开展风险投资业务，并将一部分企业自有资金投入风险投资领域。这些公司附属风险投资机构的典型包括联想投资、达晨创投和中科英华等。这些大企业主要通过成立附属风险投资公司和机构的形式来开展风险投资业务。在2009年之后，随着国内创业板的开通，又有许多大公司和机构进入风险投资领域，建立附属投资机构，并向风险投资市场投入了大量资金。

在这些国内公司附属风险投资机构中，由上市公司出资设立的机构占了很大的比例。据统计，目前，国内由沪深两市上市公司出资成立的风险投资机构的数量已有100多家。

(3) 民间投资机构。民间投资机构是指以民间资本为主导所成立的风险投资机构。我国大部分民营基金管理机构都是2005年以后成立的。2007年之后，随着新的《合伙企业法》的出台，发起和设立有限合伙制基金有了法律依据，这对民间资本进入风险投资行业产生了积极的影响，一大批以民间资本为主要来源的风险投资基金采用有限合伙制组织形式建立起来。2009年后，随着创业板的推出，我国民间资本开始更加积极地参与到风险投资中来，民营风险投资机构的发展较快，并一直保持上升的态势，尤其是近年来，民营风险投资机构的数量和规模的增长都比较迅速。目前，民营风险投资机构已经成为我国风险投资行业的一个重要组成部分。

17.3.2　投资活动的特点

❶ 投资额

如图17-3所示，2005年以来，我国风险投资行业的投资金额和案例数保持了快速增长势头。据专业机构统计，2015年，我国风险投资机构完成投资3445项，较2014年增加79.7%；完成投资额达到1293亿元，较2014年扩大24.6%。

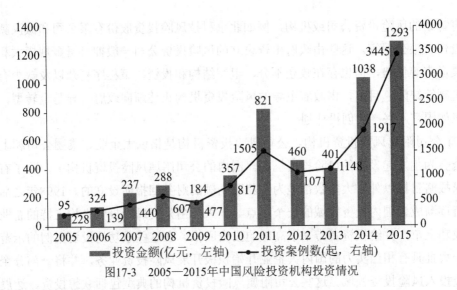

图17-3　2005—2015年中国风险投资机构投资情况

资料来源：清科研究中心

❷ 投资阶段

在我国风险投资行业发展的初期，大部分风险投资机构，尤其是那些由外资风险投资机构管理的风险投资基金主要投资扩张期的企业，并寻求在短时间内从这些企业退出。

如图17-4所示，2008年，我国风险投资机构对扩张期的投资占66.9%，对成熟期项目的投资占17.3%，而对初创期项目的投资仅占15.7%。总体来说，那些已进入扩张阶段的投资风险较小的企业是国内风险投资在这一时期的主要投资对象。2009年后，创业板的推出为风险投资支持的企业提供了一个可行的退出渠道。许多风险投资机构增加了对初创期企业的投资。从图17-4可以看出，2010年以后，投资扩张期的金额快速下降，并在2014年下降到不足30%；而投资初创期的金额呈明显上升的趋势，从2010年的9.1%上升到2014年的32.8%，首次超过投资扩张期的金额。

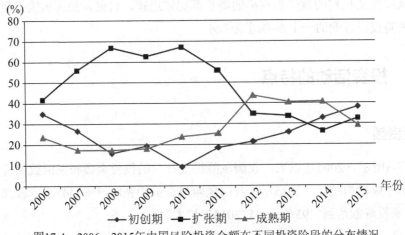

图17-4　2006—2015年中国风险投资金额在不同投资阶段的分布情况

如图17-5所示，2015年，投资种子期的案例数占22.3%，投资初创期的案例数占32.6%，两者合计达到54.9%，比2013年提高了11.5个百分点，反映出风险投资阶段向种子期和初创期迁移的趋势。

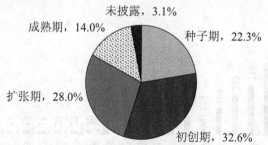

图17-5 2015年中国风险投资基金投资案例的阶段分布情况

资料来源：清科研究中心

虽然获得风险投资支持的种子期和初创期企业的数量较多，但是，由于早期阶段项目的平均投资额较小，因此，处于这两个阶段的项目所获得的风险投资额占风险投资总额的比例并不高。如图17-6所示，2015年，种子期和初创期等早期项目的平均投资额分别为0.19亿元和0.35亿元，两者所获投资合计约占创投机构对外投资总额的37.2%，明显少于扩张期和成熟期项目。

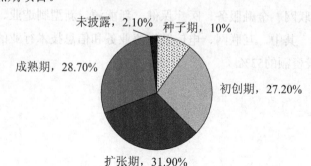

图17-6 2015年中国风险投资基金投资额的阶段分布情况

资料来源：清科研究中心

❸ 投资行业

2015年，我国风险投资的重点投资领域是"互联网+"。如图17-7所示，从投资案例来看，我国风险投资分布于22个行业。其中，互联网、电信及增值业务、信息技术行业发生的投资案例数居前三位，三者合计达到1973起，占全部案例数的57.3%。在互联网行业的1051起投资案例中，有582起发生于网络服务领域，另有371起发生于电子商务领域；在电信及增值业务行业的481起投资案例中，有445起发生于无线互联网服务领域。

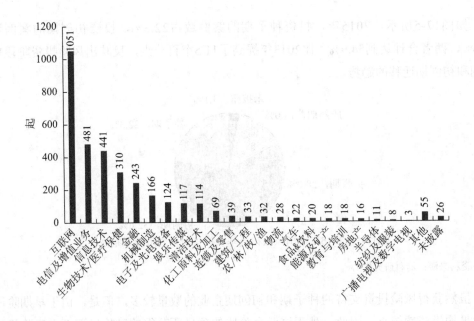

图17-7　2015年中国风险投资案例的行业分布情况

资料来源：清科研究中心

如图17-8所示，从投资额来看，2015年我国风险投资总额为1293.34亿元，主要分布在电子商务、互联网、金融服务、医疗保健、新能源、新型制造业、电子信息以及零售和服务业等领域。其中，互联网、电信及增值业务和信息技术行业的投资额合计约为684亿元，约占总投资额的53%。

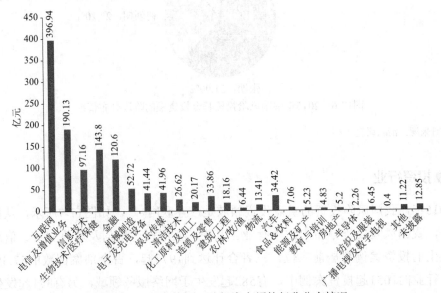

图17-8　2015年中国风险投资金额的行业分布情况

资料来源：清科研究中心

❹ 地理分布

我国风险投资长期以来集中于东部沿海地区。北京、浙江、上海、深圳、江苏和广东这些城市和省份获得的风险投资额处于前列，而中西部地区获得的风险投资额则较少，尤其是贵州、云南、甘肃、青海、山西、广西和宁夏等中西部地区每年所获得的风险投资额还不到全国风险投资总额的1%。

如图17-9所示，从投资案例来看，2015年，北京市发生1042个创投案例，占全部案例数的30.2%，紧随其后的上海市和深圳市，全年分别发生601个和357个投资案例。发生在以上三个城市的投资案例数合计占全国所有投资案例数的比例为58.0%。

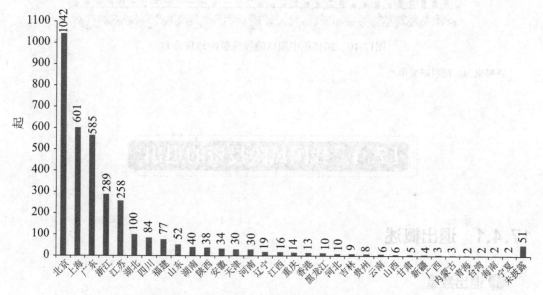

图17-9 2015年我国风险投资案例数的地理分布

资料来源：清科研究中心

如图17-10所示，从投资金额来看，2015年北京市获得的风险投资额为430多亿元，占全国风险投资机构投资总额的33.32%，在全国排名第一；排在第二位的上海获得超过250亿元的风险投资额，占全国风险投资额的19.93%；排名第三位的深圳(包含在广东省总数内)获得130亿元的投资额，占全国风险投资额的10.17%。发生在以上三个城市的合计投资额占全国风险投资额的比例为63.42%。

图17-10　2015年中国风险投资额的地理分布

资料来源：清科研究中心

17.4　我国风险投资的退出

17.4.1　退出概述

❶ 退出数量

如图17-11所示，2014年我国共有444个风险投资支持的企业退出；而2015年我国共有1813个风险投资支持的企业退出，增加了308%。

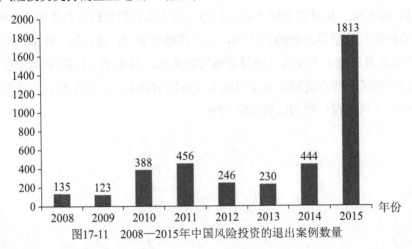

图17-11　2008—2015年中国风险投资的退出案例数量

资料来源：清科研究中心

❷ 退出方式

如图17-12所示，2015年，通过新三板退出的案例为929个，占51.2%；通过并购退出的案例为280个，占15.4%；通过公开上市退出的案例为257个，占14.2%；通过管理层收购退出的项目为58个，占3.2%；通过回购退出的项目为19个，占1%；通过借壳上市退出的项目为15个，占0.8%。

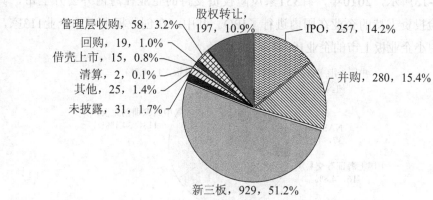

图17-12　2015年中国风险投资退出方式分布

资料来源：清科研究中心

❸ IPO退出渠道的分布

目前，我国风险投资支持的企业通过IPO方式退出的渠道主要有境外上市、国内主板上市、创业板上市以及新三板上市等。在我国风险投资行业发展的初期，大多数风险投资项目都是由外资风险投资机构进行投资的，这些项目大都选择在境外上市退出，其中的原因主要有两个：一是当时国内资本市场还不完善，退出渠道单一。二是国内对企业公开发行股票的条件，包括资产规模、销售收入和连续盈利等方面的要求较高，许多风险投资支持的企业由于无法满足这些要求而不能在国内股票市场通过公开上市实现退出。因此，在这个阶段，风险投资支持的企业主要到境外上市退出。随着国内资本市场的发展和完善，风险投资退出的渠道也变得更加多元化，尤其是2004年6月中小企业板市场的开通和2009年10月创业板的推出，为风险投资提供了更为便利的退出渠道。此后，风险投资支持的企业在国内中小板或创业板上市退出的案例逐渐开始增加。2010年，在所有通过IPO实现退出的项目中，选择境内创业板和中小企业板上市的企业占据绝大多数，分别占34.1%和32.9%。

新三板的正式开通进一步拓宽了风险投资的退出渠道，新三板又称为非上市公司代办股份转让系统。2013年底，证监会宣布将新三板扩大到全国，并对所有公司开放。2014年1月24日，新三板累计挂牌企业达到621家，正式宣告新三板市场成为一个全国性的证券交易市场。目前，新三板已经成为风险投资支持的企业的主要退出渠道。随着做市商制度、优先股发行与转让、主办券商推荐业务规范等配套制度的出台和逐步完善，新三板市场规模不断扩大，成交量飙升，股权流动性明显改善，从而为越来越多的创业企业提供了重要的融资平台。截至2015年底，新三板挂牌企业数量达5219家，总市值近2.5万亿元。全年新增挂牌企业3557家，成交约282万笔，成交数量约28亿股，成交金额约1911亿元，分别是2014年的2.9倍、30.5倍、12.2倍、14.7倍。

如图17-13所示，2010年，有331家风险投资支持的企业在海内外公开上市，其中有238家风险投资支持的企业在国内进行了IPO。其中，在创业板上市的企业113家，占34.1%；在中小企业板上市的企业109家，占32.9%。

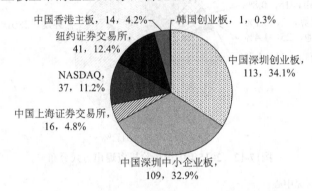

图17-13   2010年中国风险投资IPO退出渠道的分布

资料来源：清科研究中心

17.4.2 退出渠道

❶ 公开上市

我国企业股票上市的场所主要是主板市场、创业板市场和新三板市场。目前，创业板和新三板市场已成为多层次资本市场的重要组成部分。

(1) 主板市场。主板市场也称为一板市场，它是一个国家或地区证券发行、上市及交易的主要场所。主板市场对发行人的营业期限、股本大小、盈利水平、最低市值等方面的要求较高，上市企业多为大型成熟企业，具有较大的资本规模以及稳定的盈利能力。

我国的主板市场有两个，即上海证券交易所和深圳证券交易所，其中深圳证券交易所又称为中小板市场。主板市场对要求公开上市的企业的股本规模和经营业绩的要求都较高，而中小板对上市公司股本规模的要求低一些，要求上市公司的股本总额可低于5000万元，但不得低于证券法所要求的3000万元。截至2013年12月30日，深圳中小板市场的上市公司数量为701家，而截至这个时间节点的主板市场的上市公司数量为944家。

专栏17-1 我国主板市场的上市条件和程序

1. 上市条件

根据《中华人民共和国证券法》《股票发行与交易管理暂行条例》和《首次公开发行股票并上市管理办法》等有关规定，在国内主板市场首次公开发行股票并上市的有关条件与要求如下所述。

- 股票经国务院证券管理部门批准已向社会公开发行。
- 发行人最近三个会计年度净利润均为正且累计超过人民币三千万元；最近三个会计年度经营活动产生的现金流量净额累计超过人民币五千万元，或者最近三个会计年度营业收入累计超过人民币三亿元。
- 发行前股本总额不少于人民币三千万元。
- 向社会公开发行的股份不少于公司股份总数的25%；如果公司股本总额超过人民币4亿元，其向社会公开发行股份的比例不少于10%。
- 公开发行人是依法设立且持续经营三年以上的股份有限公司。原国有企业依法改组而设立的，或者在《中华人民共和国公司法》实施后新组建成立的公司改组设立为股份有限公司的，其主要发起人为国有大中型企业的，成立时间可连续计算。
- 公司在最近三年内无重大违法行为，财务会计报告无虚假记载。
- 最近一期末无形资产(扣除土地使用权等)占净资产的比例不超过20%。
- 最近三年内公司的主营业务未发生重大变化。
- 最近三年内公司的董事、管理层未发生重大变化。
- 国家法律、法规规章及交易所规定的其他条件。

2. 上市程序

国内主板上市流程如图17-14所示。

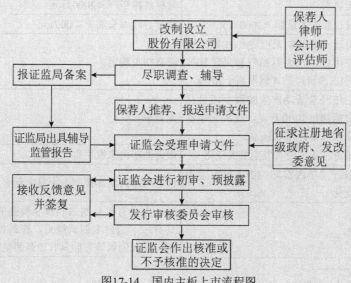

图17-14 国内主板上市流程图

(2) 创业板市场。由于在主板市场上市的门槛很高，一般创业企业在连续经营历史、净资产和利润额方面都难以达到其要求。《公司法》规定，投资者和企业创始人所持有的法人股在三年内不能上市流通，这使风险投资的退出变得很困难。创业板的上市条件比主板市场更为宽松，还采取了许多有利于高科技企业退出的措施。例如，对企业的总股本要求不高，也不要求连续三年盈利，实行保荐人制度等，更有利于高成长性企业的退出。因此，创业板的设立更好地满足了创新和高成长型企业的融资需求，为风险投资的退出提供了一个便捷的途径。

根据2009年3月31日证监会公布的《首次公开发行股票并在创业板上市管理暂行办法》和2012年4月20日深圳交易所经证监会公布的《创业板股票上市规则》，我国对创业板市场上市企业的基本要求主要是：①持续经营三年以上的股份有限公司；②最近两年连续盈利，累计净利润不少于1000万元，或最近一年盈利，净利润不少于500万元，且最近一年营业收入不少于5000万元；③发行后股本总额不少于3000万元。除了要求高成长性以外，与主板市场比较，创业板市场对上市企业在利润和营业收入等方面的要求都更低。创业板与主板对上市企业的基本要求的比较如表17-1所示。

表17-1　创业板与主板IPO条件的比较[①]

项目	主板和中小板	创业板	
		标准一	标准二
利润	三年连续盈利，三年净利润累计≥1000万元	两年连续盈利，两年净利润累计≥1000万元	一年盈利且净利润≥500万元
营业收入净现金流	三年经营活动产生的现金流量净额超过5000万元，或者三年营业收入累计超过3亿元	无要求	最近一年营业收入≥5000万元
成长性	无要求	利润持续增长	最近两年营业收入增长率均不低于30%
净资产	无要求	发行前净资产≥2000万元	
股本	发行前股本总额≥3000万元	发行后股本总额≥3000万元	
无形资产比例	最近一年期末无形资产(扣除土地使用权、水面养殖权和采矿权等后)占净资产的比例不高于20%	没有相关规定	
经营活动产生的现金净流量	三年经营活动产生的现金流量总金额超过5000万元，或者三年营业收入累计超过3亿元	无要求	
董事及管理层	最近三年内没有发生重大变化	最近两年内未发生重大变化	
实际控制人	最近三年内实际控制人没有发生变化	最近两年内实际控制人未发生变更	
成长性与创新能力	无	发行人具有较高的成长性和较强的核心竞争力，具有一定的自主创新能力，在科技创新、制度创新、管理创新等方面具有较强的竞争优势	

[①]　邹菁. 私募股权基金的募集与运作[M]. 北京：法律出版社，2015：196.

(续表)

项目	主板和中小板	创业板	
		标准一	标准二
募集资金用途	用于主营业务	用于主营业务的扩大生产规模、开发新产品或者新业务、补充流动资金等	
限制行为(部分)	最近一个会计年度的净利润不应主要来自合并财务报表范围以外的投资收益	公司资产不得全部或者主要为现金、短期投资或者长期投资	
违法行为	最近36个月内无重大违法行为	最近三年内无重大违法行为	
发审委	设主板发行审核委员会,25人	设创业板发行审核委员会,不少于35人,原则上不得兼任主板发审委委员	
咨询委员会	无	设创业板咨询委员会,35人,交易所聘任	
初审征求意见	征求省级人民政府、国家发改委意见	无	

我国的创业板市场于2009年10月正式开板。创业板的推出为一大批信息技术、清洁技术、生物技术、健康医疗、新材料以及新能源行业的高成长性企业提供了融资渠道,也使风险投资支持的企业的上市退出变得更加顺畅,例如,作为一家风险投资支持的企业,深圳同洲电子就是通过在创业板上市实现退出的。截至2012年10月,已有355家企业在创业板挂牌上市,其中有205家企业在上市前获得风险投资机构的资金支持,占比达57.7%。

(3) 三板市场。三板市场是一个独立于主板市场和创业板市场之外的全国性场外股权交易市场,它的正式名称是"代办股份转让系统"。它是经中国证券业协会批准,由具有代办非上市公司股份转让业务资格的证券公司采用电子交易方式,为非上市公司提供的特别转让服务,其服务对象为中小型高新技术企业。

三板市场的前身是中关村科技园区代办股份转让系统,该系统于2001年7月16日正式开办。它是由各省、市、自治区分别设立的场外交易中心(或自动报价系统)经全国联网后形成的,最初仅向全国54个国家级高新科技园区开放,专门为科技园区内的非上市公司提供股份转让交易服务。股权转让的对象主要是国内外企业、上市公司、投资机构等。

2013年1月,全国中小企业股份转让系统在中关村代办股份转让系统的基础上揭牌运营,初步形成了以主办券商为基础的场外市场制度框架。2013年12月14日,国务院发布了《关于全国中小企业股份转让系统有关问题的决定》,我国第三个全国性交易所正式建立并向全国中小企业开放。12月30日,证监会发布了修改后的《全国中小企业股份转让系统业务规则(试行)》,对在全国股份转让系统挂牌的规则做出了具体的规定。根据上述法规和规定,全国股份转让系统对挂牌企业的盈利性或者收入都没有任何要求,申请挂牌的公司不受股东所有制性质的限制,也不限于高新技术企业,可以尚未盈利,只要依法设立且存续满两年、股权结构清晰、经营合法规范、公司治理健全、业务明确并履行信息披露义务，均可以经主办券商推荐申请在全国股份转让系统挂牌。在放低进入门槛的同时，全国股份转让系统挂牌审核程序也大为简化。对于股东人数不超过200人的股份公司，证监会不再进行事前审核，可以直接向全国股份转让系统公司申请挂牌，由全国股份转让系统进行自律审查；而对于超过200人的股份公司，证监会对申请文件和信息披露的要求也相应降低。

到2013年12月30日，在全国股份转让系统挂牌的公司总数已经达到356家，总股本为97.08亿股，总市值为547.96亿元。目前，新三板已经成为风险投资支持的企业退出的一个重要渠道。

(4) 境外上市。中国企业的境外退出渠道主要包括NASDAQ、中国香港主板、中国香港创业板、新加坡创业板等。据有关统计，大约只有24%的风险投资支持的企业通过境内资本市场退出，而其余76%都是通过境外资本市场实现退出的，如新浪、搜狐、网易、亚信、UT斯达康、金蝶等。

在我国风险投资行业发展初期，风险投资支持的企业主要通过境外股票市场上市的方式来实现退出。一方面，由于国内股票市场的发展尚不完善，企业上市的难度较大；另一方面，许多中国互联网公司都是由位于境外的风险投资公司和基金进行投资的，它们以红筹模式到境外股票市场上市，从而避开了国内复杂的审批程序。因此，许多风险投资支持的企业都是通过境外上市来实现退出的。例如，携程、盛大网络、Tom、e龙、第九城市、掌上灵通、空中网、前程无忧和金融界等企业都选择在美国NASDAQ股票市场公开上市。

虽然境外各大证券交易所的上市条件存在很大的差异，但是，一般来说，它们都会对上市公司的资产规模、盈利年限、连续盈利记录、最低新股发行量等方面设置一定的要求。中国企业到境外上市不仅需要符合中国证券监管部门的要求，而且需要达到境外证券交易所对上市企业资质的要求。

2005年，我国共有81家企业在境外上市；而2006年，共有86家企业在境外上市。截至2006年底，我国企业在境外上市的累计数量已经达到400家，其中，以红筹模式上市的企业占总数的80%以上。

专栏17-2　东方通的上市之路[①]

东方通的主导产品是中间件，中间件作为与数据库、操作系统齐名的三大基础软件之一，可广泛应用于金融、电信、能源、交通、政府、军工等行业。目前，东方通的产品在市场上已经能够与世界级软件巨头的同类产品相抗衡。

广东太平洋是由美国太平洋技术风险基金和广东省科技创业投资公司合资成立的专门投资高科技项目的投资公司。1999年，广东太平洋决定对东方通公司进行投资，出于

---

① 吴侨发. 十五年未了局：创与投博弈——东方通和风投恩怨录[J]. 机构投资，2012. 有改动

便利海外上市操作的考虑，当时设计的投资方案是广东太平洋与东方通的创始人张齐春等10名自然人共同设立深圳东方通新公司。其中，广东太平洋出资600万元，持有新公司15%的股份，新公司成立后将逐步承接东方通原有的业务。然后，双方再在百慕大注册一家公司来承接深圳东方通的资产，从而使深圳东方通可以借这家百慕大公司的名义在境外资本市场上市。

2000年，正当东方通积极筹备海外上市的时候，美国互联网泡沫破灭，NASDAQ指数跌入谷底。在这种情况下，东方通只得暂停海外上市的准备工作。

2000年10月，深交所公布《创业板市场规则》，启动了开通创业板市场的筹备工作。在上述背景下，东方通开始筹划在国内创业板上市。2000年10月，东方通顺利进入创业板公布的328家"准上市公司"行列。2000年12月，涌金实业以1500万元受让广东太平洋所持有的深圳东方通的15%的股权，此次股权转让的资产溢价达到了20倍。涌金实业之所以接受这一高溢价，正是因为预期深圳东方通能够在创业板上市退出。但是，2001年11月，创业板推出的计划被搁置，东方通借道创业板上市的计划也随之落空。

2005年6月，东方通再次筹备海外上市，并于2005年7月由TONGTECHNOLOGY设立北京东方通泰，准备以北京东方通泰为平台实现海外上市。但是，随着沪深股市在2006年6月重新启动IPO，创业板的推出预期也变得更加明确。2006年底，东方通决定放弃海外上市的计划，转而筹备在国内创业板上市。

2014年1月28日，东方通科技股份有限公司在深圳创业板成功进行了IPO，按新股发行价22元人民币/股计算，涌金实业获得了6.93倍的投资回报。

❷ 企业并购

在我国风险投资发展的早期阶段，由于国内股票市场的退出机制不完善，企业通过公开上市方式退出的难度很大，因此，被其他企业并购成为风险投资支持的企业的一个主要退出渠道。例如，2003年7月，IDG投资的易趣网被eBay收购，IDG成功地从易趣退出并获得了19.4倍的投资回报。2004年3月，IDG投资的另外一家公司3721被雅虎以1.2亿美元的估值收购，IDG的投资成功变现退出。在2010年前，国内实现退出的1000多个风险投资项目中，并购退出所占的比例为49.9%，通过上市退出的比例为37.1%。

❸ 二次出售

在国内，一些风险投资项目是通过二次出售的方式实现退出的。这方面的一个典型案例是华平资本将对麦考林的股权投资转让给红杉资本。

专栏17-3　红杉中国成为麦考林最大股东 ——————————

2000年，华平基金联合中国香港亚网电子、凯达集团以及中国台湾一家投资公司，向麦考林投资1300万美元，并成立电子商务网站"麦网"。在投资后，华平基金作为麦考林的最大股东持有其60%左右的股权。但是，由于华平基金的存续期是10年加2年的延长期，因此，在2007年，当基金的存续期快要到期时，华平基金不得不选择将其所持有的麦考林的股权转售给红杉中国，红杉中国得以接替华平资本成为麦考林的最大股东。

❹ 股权回购

目前，由企业管理层进行回购成为国内风险投资退出的一个重要渠道。所谓股权回购是指企业自身或其管理人员收购风险投资基金所持有的企业股份。由于我国现行法律还不允许由企业自己购买自己的股份，在操作中，往往需要另外成立一家新公司来收购风险投资基金所持有的企业股份。

本章小结

本章首先回顾了风险投资在中国的发展历程。风险投资进入我国已经有二十多年的时间，虽然在这期间获得了很大的发展，但与美国等成熟的风险投资市场比较起来还存在很大的差距。尤其是在当前大众创业和万众创新的时代背景下，需要大力发展我国的风险投资事业。其次，介绍了国内风险资本的募集情况和风险资本的来源渠道。再次，介绍了我国风险投资机构的类型以及风险投资活动的特点。最后，介绍了国内风险资本的退出机制，并重点关注了创业板的上市规则。

思考题

1. 简述我国风险投资的发展特点。
2. 我国风险资本的来源渠道有哪些？
3. 我国风险投资机构的类型有哪些？
4. 简述我国风险投资活动的特点。
5. 国内企业可以选择的退出渠道有哪些？
6. 结合实际情况，分析我国企业如何选择退出方式。

参考文献

[1] 阿伦·拉奥，皮埃罗·斯加鲁菲. 硅谷百年史[M]. 闫景立，侯爱华，译. 北京：人民邮电出版社，2014.

[2] 保罗·A. 冈珀斯，乔希·勒纳. 风险投资周期[M]. 宋晓东，刘晔，张剑，译. 北京：经济科学出版社，2002.

[3] 鲍勃·齐德. 风险投资业[M]. 潘焕学，译. 北京：中国人民大学出版社，2004.

[4] 北京道可特律师事务所. 外资PE在中国的运作与发展[M]. 北京：中信出版社，2012.

[5] 珀威茨·K. 阿曼德，查尔斯·D. 谢泼德. 创新管理[M]. 陈劲，等，译. 北京：北京大学出版社，2014.

[6] 布拉德·菲尔德，杰森·门德尔松. 风险投资交易[M]. 桂曙光，译. 北京：机械工业出版社，2014.

[7] 布莱恩·科恩，约翰·卡多尔. 天使投资人的忠告[M]. 郑磊，张平平，译. 北京：机械工业出版社，2014.

[8] 道格拉斯·卡明，等. 私募股权投资[M]. 孙春民，杨娜，译. 北京：中国金融出版社，2016.

[9] 戴维·罗斯. 超级天使投资[M]. 桂曙光，尚孟生，译. 北京：中国人民大学出版社，2015.

[10] 大卫·柯克帕特里克. Facebook效应[M]. 沈路，梁军，崔筝，译. 北京：华文出版社，2010.

[11] 胡芳日，曹毅，等. 创业投资守门人[M]. 北京：经济科学出版社，2010.

[12] 胡海峰. 风险投资学[M]. 北京：首都经济贸易大学出版社，2013.

[13] 冯晓琦. 风险投资[M]. 北京：清华大学出版社，2012.

[14] 冯宗宪，谈毅，等. 风险投资理论与透明度设计研究[M]. 北京：科学出版社，2010.

[15] 高成亮，符亚明，王卓. 风险投资运作[M]. 北京：首都经济贸易大学出版社，2013.

[16] 国家发展和改革委员会. 2015年中国大众创业万众创新发展报告[M]. 北京：人民出版社，2016.

[17] 理查德·汤普森. 风险投资实务[M]. 何峻，何迅文，译. 北京：机械工业出版社，2012.

[18] 李吉栋. 创业投资引导基金的理论与实践[M]. 北京：冶金工业出版社，2011.

[19] 李钟文，威廉·米勒，玛格丽特·韩柯克，亨利·罗文. 硅谷优势[M]. 北京：人民出版社，2002.

[20] 梁鹏. 日本风险投资体系运作研究[M]. 北京：知识产权出版社，2013.

[21] 刘二丽. 风险投资企业的信任——投资后管理对创业企业成长绩效的影响研究[M]. 北京：中国经济出版社，2011.

[22] 刘乃进. 私募股权基金——筹备、运营与管理[M]. 北京：法律出版社，2015.

[23] 刘萍萍. 风险投资运作机制研究[M]. 北京：对外经济贸易大学出版社，2009.

[24] 刘兴业，任纪军. 中国式私募股权投资(1)——私募基金的创建与投资模式[M]. 北京：中信出版社，2014.

[25] 刘兴业，任纪军. 中国式私募股权投资(2)——私募基金的管理[M]. 北京：中信出版社，2015.

[26] 罗国锋. 风险投资策略[M]. 北京：中国财政经济出版社，2013.

[27] 柯希嘉. 机构投资者与中国上市公司治理[M]. 北京：社会科学文献出版社，2015.

[28] 马亨德拉·拉姆辛哈尼. 如何成为一名成功的风险投资人——资金筹集、结构设计、价值创造与退出策略[M]. 路蒙佳，译. 北京：中国金融出版社，2015.

[29] 马提亚斯·君德尔，布庸·卡佐克. 私募股权融资工具与投资方式[M]. 吕巧平，译. 北京：中信出版社，2012.

[30] 欧阳良宜. 私募股权投资管理[M]. 北京：北京大学出版社，2014.

[31] 平力群. 日本风险投资研究[M]. 天津：天津社会科学院出版社，2013.

[32] 乔希·勒纳，费尔达·哈迪蒙. 风险投资和私人权益资本案例[M]. 胡波，朱琳，王芬，译. 北京：经济科学出版社，2002.

[33] 乔希·勒纳. 梦断硅谷[M]. 乔江涛，译. 北京：中信出版社，2012.

[34] 乔希·勒纳，安·利蒙，费尔达·哈迪蒙. 风险投资、私募股权和创业融资[M]. 路跃兵，刘晋泽，译. 北京：清华大学出版社，2015.

[35] 史蒂夫·拉泽鲁斯，尤德彦·古柏塔. 孵化梦想[M]. 彭颢舒，译. 北京：科学出版社，2012.

[36] Tarang Shah，Sheetal Shah. 风投的选择[M]. 袁国忠，译. 北京：人民邮电出版社，2013.

[37] 谈毅. 风险投资与创新[M]. 上海：上海交通大学出版社，2015.

[38] 魏炜. 美国天使投资的成功故事[M]. 北京：企业管理出版社，2014.

[39] 威廉·H. 德雷帕. 风险投资游戏[M]. 李莉，石继志，译. 北京：中信出版社，2011.

[40] 西瑞尔. 德马里亚. 私募股权圣经[M]. 黄嵩，郑磊，译. 北京：机械工业出版社，2015.

[41] 叶有明. 股权投资基金运作[M]. 上海：复旦大学出版社，2014.

[42] 尹伯成. 西方经济学简明教程[M]. 上海：上海人民出版社，2013.

[43] 赵岗. 中国股权基金运营新略[M]. 北京：中国发展出版社，2014.

[44] 邹菁. 私募股权基金的募集与运作[M]. 北京：法律出版社，2015.

[45] 吴艳芳. 创业投资企业的风险控制制度研究[J]. 管理观察，2009，(6):83-84.

[46] 郭江明. 创业投资项目评估与风险管理研究[D]. 南京：南京航空航天大学，2007-10.

[47] 庞跃华. 创业投资的制度研究[D]. 长沙：湖南大学，2011-4.

[48] Andrew Metrick，Ayako Yasuda. Venture Capital and the Finance of Innovation(2nd)[M]. Hoboken: John Wiley & Sons, 2011.

[49] Bob Zider. How Venture Capital Works[J]. Harvard Business Review 1998:11-12.

[50] Brander J A，Amit R，Antweiler W. Venture capital syndication: improved venture selection Versus the value-added hypothesis [J]. Journal of Economics and Management Strategy，2002，11(3):423-452.

[51] Cumming D J. Robust financial contracting among syndicated venture capitalists[J]. Review of Finance，2000，8:75-108.

[52] Fama E. Agency problems and the theory of the firm [J]. Journal of Political Economy，1980，88(2):88‐307.

[53] Gompers P A，Lerner J. Conflict of interest in the issuance of public securities: evidence from venture capital[J]. Journal of Law and Economics，1999，42:1-28.

[54] Kanniainen Vesa，Christian Kensehnigg. The optimal portfolio of start-up firms in venture capital finance[J]. Journal of Corporate Finance，2003，9:521-534.

[55] Kortum S，Lerner J. Assessing the Contribution of Venture Capital to Innovation[J]. The RAND Journal of Economics，2000，31(4):674-692.

[56] Leslie A，Jeng，Philippe C. Wells. The determinants of venture capital funding: evidence across countries[J]. Journal of Corporate Finance，2000，6:241-289.

[57] Sahlman William. The structure and governance of venture capital oganization[J]. Journal of Financial Economies，1990，27:473-521.